本书为国家社科基金重大项目"我国民法典实施中的重大疑难问题研究"(项目编号:23&ZD152)的阶段性成果

民法典中的参照适用条款研究

王雷 著

中国法制出版社

CHINA LEGAL PUBLISHING HOUSE

编委会委员（按姓氏拼音排序）：

常鹏翱　车　浩　陈杭平　陈新宇　侯　猛
劳东燕　雷　磊　李　昊　栗　峥　宋华琳
王　莹　谢海定　许德峰　尤陈俊　张　红
张　翔　张　龑　赵　宏　赵　磊　朱　腾

问渠那得清如许

经过两年多的策划和工作,"青蓝文库"终于面世了。这中间,凝聚了很多人的努力和期待。中国法制出版社邀我写一个总序,考虑到丛书包涉法学各个专业,自己所学狭薄,我一开始有些犹豫。但又想到司马迁所言:"序者,绪也,所以助读者,使易得其端绪也。"参与和见证一段历史,无形中就承载了记录绍介的义务。读者可能希望了解到这套文库的来龙去脉,如果我的序能够有所帮助,那还是义不容辞的。

说来话长。这套文库的大致雏形,最早涌现于2016年3月某日,中国法制出版社的马颖女士与我在陈明楼办公室的一番叙谈。马颖在法律出版界是资深编辑,那时刚接任编辑六部主任一职,很想为法制社的学术出版再开局面,拓展出一些新气象。而我自己当时手头文债积压,并无新货,于是,我们就聊到其他出版项目,其中就包括,法制社打算资助出版一批优秀博士论文。

如所周知,博士论文凝聚了一个人以学术为业的最初心血,是他走上学术之路的叩门砖,意味着从汲取导向的学生,开始向创新导向的学者蜕变。而且,从学术史经验来看,博士论文中也不乏经受住了时间检验的经典之作。尽管意义与价值如此之大，但是，在当下的出版环境中，博士论文出版却非常之难。一来，是由于纯粹的学术著作的受众市场本身就非常狭小；二来，在逼仄的市场中，书的销量和效益又往往与作者的知名度挂钩。于是，一个名不见经传、初出茅庐的学者，捧着手中新鲜出炉的博士论文，既不容易得到学术市场的认可，也因此很难获得出版社的支持。名家大腕被争相约稿，而刚出道的新人，即使自掏腰包自费出版，恐也难逃被冷落敷衍的命运。所以，尽管每年中国的法学院校里有很多博士生毕业，但是，即使是其中最优秀的博士论文，想要立即出版也非易事，往往是"养在深闺人未识"，直到作者闯出腕儿来、有了学术名声的那一天，蒙尘的明珠才可能绽放光芒。

然而，此时出版，已有些错过，不再是学术新人最渴望自我肯定和向学界证明的迫切时机，也不是学者在最艰难的出道之初，最急需的支持和鼓励，因而，可能只是锦上添花。过往，中国人民公安大学出版社的《北大刑法博士文丛》，以及武汉大学出版社的《武汉大学刑法学博士文库》，为很多刚毕业的刑法博士提供了论文出版的平台，成就了他们人生中的第一本书，那是颇有高义的雪中送炭之举。不过，这两套文库作者限于特定高校和刑法专业，影响不免有限。如今，法制社有意精心打造一套文库，推出全国法学院各专业的优秀博士论文，这种对学术新人鼎力相助的力度，可谓前所未有，出版社的学术情怀和社会担当更是令人敬佩。因此，当听到马颖提出这个出版计划并征询我的具体建议时，我也感到很振奋，愿意尽自己绵薄之力，帮助她绘成这个蓝图。

我当时向马颖建议，可以通过民间渠道邀请一批中青年学者，而非官方机构来遴选优秀论文。这不仅是由于，机构评选论文的形式已成窠臼，更主要是考虑，如果评审人与被评审人年龄代际相近，那么无论是个人的学术潜质还是论文情况，都一定更为熟悉。而且，相对于年长的学界大家来说，中青年学者距离在毕业前后的艰难岁月中努力跋涉的经历，时间还未久远，因此，对学术新人出头的不易，以及博士论文出版的困难，大都有尚未淡化和忘却的切身体会，可能更愿意去投入精力帮助后来人。加之较少社会杂务，更多爱惜学术羽毛，评选上也会更加认真、负责和公允。

马颖是个很有决断力的人，她听了我的建议后，完全赞同这个新的民间方案，并请我推荐和联系编委会人选。我被马颖的热诚感染，受她之托，给一些学界朋友打了电话。大家在了解到这个出版计划后，几乎都是毫不犹豫地应允下来，愿意义务承担审查来稿和推荐优秀论文的工作。编委会的人员组成很快就确定下来。这也让我颇有感触，一个有情怀的出版项目，不需要多少鼓吹，自会焕发出它的光彩，吸引和召唤着有学术责任感的学者们汇集。

万事俱备，只欠开会。2016年4月18日，第一次神仙会胜利召开。根据出版社的记录，第一次与会的学者名单如下：车浩、陈新宇、侯猛、劳东燕、雷磊、栗峥、王莹、许德峰、张翔、张龑、赵宏、朱腾、谢海定。舒丹、马颖、王雯汀三位法制社编辑策划主持了第一次聚会。聚会之日适逢当年的北京电影节，于是，由我提议，大家在小西天附近餐叙后，又集体遛弯到中国电影资料馆，看了一场银河映像系列之《暗花》。从电影院出来，仍然意犹未尽，找了一处胡同里的茶馆继续聊。

这次聚会颇有成果。商定的内容包括：（1）在全国范围内面向各个高校和专业征求优秀论文。（2）采用作者自荐和编委推荐两种方式确立稿源。（3）编委会的工作制度和推荐评审的义务。（4）兼顾图书质量和出版规模等基本理念和规则。其实，答应参与编务的学者，虽然是法学各个专业里出类拔萃的青年才俊，但毕竟有学校和专业的隔离，相互间并没有想象中那么熟悉，甚至是闻名已久但从未谋面的神交，是"青蓝文库"这个出版项目中包含的学术理想和情怀，调动了每个人的学术热忱，大家才聚到一起来。每个人都很珍重自己的责任。在集聚餐、喝茶、看电影于一体的聚会中，严肃活泼地讨论了问题，达成了共识，像这样的交游轶事，对我们每个参与者都是很奇妙的体验,也是一次弥足珍贵的回忆。

第一次聚会后不久,法制社就在征求各位编委意见的基础上,面向全国,推出了正式的征稿启事。"'青蓝文库'是由中央级法律专业出版社中国法制出版社创设的重大出版项目,专门出版中国法学专业优秀博士学位论文。文库旨在发现有潜质的学术新星,为法学博士论文的发表搭建优质平台。文库支持和推动高校不断推出创新性成果,与学界一起探索和确立中国法学博士论文的优秀标准。"这份启事,包括我本人在内,多位老师参与修改润色,应当说,完整地表达了出版社编辑和我们编委会成员的共同心声。

在这份启事中,中国法制出版社郑重承诺:"青蓝文库"的出版无需任何资助;出版社会精心打磨每一部作品,以精美的版式设计和装帧风格匹配作品的学术价值;对"青蓝文库"的出版成果,出版社会积极联系各学术刊物、报刊媒体、学校官方平台等进行大力宣传;每一年度出版社将邀请出版论文作者参加"青蓝出版沙龙",享受一次打破学科专业界限相互交流的盛会。显而易见,这些承诺如能一一实现,那么,进入"青蓝文库",对于博士毕业的学术新人在学界影响力的彰显和提升,将会有极大的助力。这可能是青年学者能在国内出版界得到的最好的亮相机会了。当然,这份启事中也写明了我们这些编委的承诺,即编委会成员将尊重学术研究视角和立场的多元化,本着充分的学术包容精神,对挑选出真正有价值的论文怀有使命感,力求评选结果客观公正。

出版社与编委会的第一次碰头议事,设在小西天,以独特的方式,取得了非常好的效果。在其乐融融的气氛中,沟通了感情,增进了对"青蓝文库"这项共同事业的认同度和使命感。可能是受此激励,三个月后的一个周末(2016年7月23、24日),马颖很快又趁热打铁组织了第二次编委会会议,地点设在京郊。报到当天下午,大家就开始了分组审稿的工作。第二天,在北京实创西山科技培训中心,召开了正式的评审会。针对符合征稿要求的 21 篇博士论文，按照"严格筛选、宁缺毋滥"的原则，以编委的个人初审为基础，经过分组审稿、分组讨论以及集中评审后，编委会成员进行匿名投票。再由出版社统计全体编委的推荐意见，当场公布获得三分之二（即 12 名以上）编委推荐的论文名单。针对入选的论文，编委会确定一至两名编委，综合全体编委的修改意见，会后与论文作者直接沟通，提出完善建议。至此，第一次评审会圆满完成，共评选出 4 篇优秀论文，作为"青蓝文库"第一批次推出的作品。

这是一次非常成功的论文评审会。这首先得益于，马颖、王雯汀、罗莎、侯鹏、吴宇辰等几位出版社的编辑及工作人员，为这次评审会付出了大量的心力来准备、策划和安排。其次，参加评审会的编委会成员，包括陈杭平、侯猛、劳东燕、雷磊、栗峥、王莹、许德峰、尤陈俊、张翔、张冀、朱腾、赵磊以及本人在内，都本着珍重这份责任的态度，对评审投入了很大精力。会前，出版社就已经通过邮件把论文发给了编委进行预审，等到开会当天，各学科组的编委对所推荐论文和存在争议的论文讨论得非常深入，争论得也十分激烈，可以说是充分且坦诚地交换了意见。

之后很长时间，我都常常想起这次令人难忘的评审会。马颖等各位编辑老师的策划安排，可谓煞费苦心。会议所在之地离龙泉寺很近，龙泉寺是全国有名的佛教古刹，出过很多高僧，常常以现代人喜闻乐见的方式传播佛法，寺内香火旺盛，游客如织，置身其中，感受到一种出世般的内心宁静，但也不会斩断与人间烟火的勾连。浸染在这种情绪中，特别适合投入接下去的评审工作。因为学术一途，本来也是素心人之事，要能脱心志于俗谛之桎梏，而付出精力去评审和推荐他人的论文，更是要有一种对学术共同体的使命感。所以，我觉得法制社的这次会议策划颇有禅机、值得回味。

半年之后，我们又在法制社的会议室召开了第三次编委会，也是第二次论文评审会。有了前两次成功的会议打下的基础，编委会磨合日趋顺畅，后面的评审会就进入了良性运转的正常轨道。值得一提的是，在几次会议中，大家逐渐达成一项共识，即"青蓝文库"支持的对象，不仅仅是优秀论文本身，而且是论文作者的学术之路。因此，虽然论文质量不错，但是作者博士毕业后就不再从事学术工作的，原则上不纳入出版计划之列。

  受命作序，回想往事，点点滴滴都涌上来。这样不厌其详地叙述过往细节，正如开头所言，因为要向读者诸君讲述"青蓝文库"的来龙去脉，希望文库的每一位作者都能记住历史。法制出版社多次表示，他们有能力、有信心将"青蓝文库"的项目坚持下去，十年、二十年甚至更久。我也相信，未来将有更多的青年才俊，以这套文库为阶，走上学术舞台的中心。序中所记，是在这套文库诞生过程中，出版社编辑和编委会成员付出的热情和心血，当然，肯定还有很多我不了解的幕后工作无法呈现。我一直认为，缺乏学术传承和积累，是中国法学曾被人讥为"幼稚"的重要原因。而学术传统的形成，不是某一两个人甚至一两代人就能毕功的事业。我们每个人，都是在无尽的历史长河中来承担各自的使命。我们努力完成自己的作品，也不要淡忘先行者的努力和恩惠，同样，有能力时，更应尽力去帮助和支持学术之路上的后来人。由此，学术共同体才可能写下历史记忆，中国法学才可能形成绵延不断的积累。

  问渠那得清如许？我想，年轻学者们锐意十足的作品、学界同仁间相互守望和提携的赤诚、出版界襄助学术的热忱，就是那永不枯竭的源头活水吧。愿中国法学的学术传统涓涓不息，清水长流！

  是为序。

车浩

2018 年 4 月 9 日于北大陈明楼

推荐序

王雷老师在专著《民法典中的参照适用条款研究》中，深入研究了参照适用理论、民法典中各类参照适用条款以及参照适用理论的具体应用。按照王雷老师的观点，参照适用又被称为准用、授权式类推适用、法定类推适用等，与类推适用、拟制、直接适用、补充适用不同，"指法律明定将关于某种事项所作的规定，适用于最相类似的其他事项"，"一般用于没有直接纳入法律调整范围，但是又属于该范围逻辑内涵自然延伸的事项"。

王雷老师认为，民法学理论上存在对类推适用与参照适用不分的情况。对此，正确的理解应当是二者都不是形式逻辑思维，而是价值评价思维，只不过类推适用是法律适用过程中应用的技术，参照适用是立法上的事前补漏。"立法上明文规定参照适用条款可以给法官更明确的引导，避免法官在多种法律漏洞补充方法之间任意选择，减轻法官的思考负担，提高裁判的确定性。"

在上述参照适用理论的基础上，王雷老师研究了参照适用在民法学方法论中的功能地位、参照适用方法论的内部构成，尤其是有关找法和法条类型的理论，并结合"法人、非法人组织制度""身份关系协议""非典型合同和典型合同""合同之债和非合同之债""股权转让合同"等具体主题，深入研究了民法典一些重要的参照适用条款。分则部分的研究除了应用参照适用的基础性理论以外，还涉及一系列具体制度中的基础性问题。

王雷老师的这本著作展现了有深度的学术思考和有创见的方法论思想。通过对参照适用理论的系统剖析和对具体应用的深入解读，王雷老师为我们呈现了民法典中参照适用条款的丰富内涵和实践应用。青蓝文库编辑委员会的各位老师一致认为,王雷老师的独到见解和清晰逻辑使本书成为民法学研究领域的重要文献,不仅在理论研究上有所拓展,也为法律实践者提供了有益的指导和启示。受青蓝文库编委会委托,特此推荐本书出版,期待王雷老师未来更多的学术佳作。

许德峰

2024 年 4 月 16 日

序一

我国民法典编纂中大量使用了参照适用这一立法技术，实现了简化条文、规范存储、增进体系化和查漏补缺的功能。在民法典贯彻实施中必须准确适用参照适用规范。参照适用规范与直接适用规范存在区别，也不同于类推。在实践中，应当区分概括参照与具体参照条款。在参照适用条款的适用中，应当从立法目的出发，判断调整对象的相似性，并最终依据法律体系进行法律适用结果的检验。

王雷的书稿《民法典中的参照适用条款研究》关注民法典中参照适用条款这一重要立法现象、法律适用难题和法学方法论话题，是反映新观点、新材料、新方法、新领域、跨学科的优秀研究成果。参照适用条款是理解我国民法典体系效应的重要视角。《民法典中的参照适用条款研究》是我国法学界第一部参照适用专著，是研究民法典参照适用规范意旨与法律适用的前沿重要方法论著作，本书回答了何时参照适用和如何参照适用的难题，系统总结了参照适用在民法商法中的应用，构建了民法典中参照适用条款的理论体系，弥补了参照适用方法论的研究空白，拓宽了法学方法论的视野。我乐意推荐本书出版，乐意向法学法律界同行和广大读者推荐本书。

王利明
2022年1月20日

序二

参照适用是我国民法典在规范配置技术上展现的一项重要"中国元素"。王雷《民法典中的参照适用条款研究》一书致力于构建对民法典中参照适用条款有解释力、回应力的学问，致力于构建对司法实践中参照适用方法具有指导力的理论体系，本书研究视角新颖、独到、前沿，作者对参照适用条款的类型化分析是对民法规范论的有益扩充。

参照适用立法技术增进了民法典的体系化，作者对民法商法中参照适用的体系化研究搭建起了总则与分则、财产法与身份法、人格权法与身份法、合同法与侵权责任法、民法与商法等良性沟通交流对话的平台，有利于充分释放民法典的体系效益和实现民法典的体系强制。

作者持广义民法学方法论和广义法律实践观立场，将本书系统论证的参照适用方法论和初步提出的动态法源观都作为广义民法学方法论的重要组成部分，也展现了广义法律实践观下参照适用对法律发展理论的影响，初步形成了自己思考民法学问题和民法问题的分析框架，丰富了民法学方法论的内容。

如何参照适用是本书贯穿始终的一条线索，这也是民法问题中一个重要的价值判断问题，作者努力将"根据其性质"参照适用变得可论证、可审查、可理解、可接受，有利于加强和规范裁判文书释法说理，所取得的成果也能够对域外同行产生影响力。

王轶

2022 年 1 月 20 日

前 言

"司法解决纠纷的过程，本质上讲是寻找事实、寻找法律的过程。"我国民法典中明确规定了大量参照适用条款，给我们提出了找法、用法问题上的法学（律）方法论的新研究对象和新命题，提供了丰富法学方法论的重要契机，有助于丰富和完善"寻找法律"环节的方法论。

参照适用是指法律明定将关于某种事项所作的规定，适用于最相类似的其他事项。从现象描述实证分析角度，民商事法律和司法解释中存在大量参照适用条款，而且此类条款有越来越多的趋势，由此对应的法律适用则迷雾重重。通过语义辨别规范分析，我们面对一个语词丛林，要厘清"参照适用"在法律适用方法概念体系中的位置。作为规范新贵，要厘清参照适用条款在既有规范体系中的位置。从本体构成角度，参照适用条款的理论研究主要回答两个问题：何时参照适用？如何参照适用？从法学方法论角度，参照适用是方法明珠，应该明辨参照适用方法在法律适用方法中的位置；参照适用是发展必然，应该研究参照适用方法在法律发展理论中的意义；参照适用还使得民商法法源动态化，释放法典的体系效益，从中可以总结提炼动态法源观。

参照适用一般用于没有直接纳入法律调整范围，但是又属于该范围逻辑内涵自然延伸的事项。参照适用又被称为准用、授权式类推适用、法定类推适用等。参照适用与类推适用、拟制、直接适用、补充适用不同。

参照适用是释放民法典体系效益、避免重复规定的立法技术。参照适用技术是对民法典漏洞的有意识弥补，是立法者就法律发展对法官等法律适用者进行授权，此时，法官被授权成为替代的立法者。经由参照适用技术可以推动法律发展，实现民法典的再体系化。参照适用条款提高了民法典的体系化程度，释放了民法典的体系效益，成就了民法典中的隐性总则和大合同编、大物权编、大人格权编等。民法典中的参照适用条款自身也需要类型化、体系化。

参照适用方法是一把"双刃剑"，我们要约束其给法官带来的自由裁量权，使其真正成为"阿拉丁神灯"，而非打开裁判恣意的"潘多拉魔盒"。对民法典的参照适用条款，应该限制法官的自由裁量权，规范裁判说理论证，避免不合宜的同等对待或者不合理的差别对待。参照适用不是简单的逻辑推理，而是目的性评价，它包含价值判断和利益衡量，是对实定法有思考的服从。参照适用是一种类型思维、目的性考量和价值评价思维。

从本体构成角度，参照适用方法论总论部分主要回答两个问题：何时参照适用？如何参照适用？具体又包括谁来参照、何事要参照、参照什么、应当参照还是可以参照，以及参照适用的法理基础、前提条件、找法方法（被参照适用条款的具体化）、援引技术（完全法条的呈现）、逻辑结构（类比推理）、说理论证（相似性论证）、运用边界等。

参照适用方法论包括总论和分论，总论分论结合，构成参照适用方法论的完整体系。从具体应用角度，参照适用方法论分论部分主要展现在民商法各部门法中的具体体现。参照适用方法论分论运用类型化和体系化方法分析参照适用在民法商法中的应用，充分展现参照适用立法技术如何成就大民法典、如何形塑隐性总则，充分展现参照适用司法技术如何保持大民法典的与时俱进。

参照适用方法论分论包括如下内容：民法典总则编的总则性和非总则性特点及其体系影响；法人、非法人组织制度中的参照适用；身份关系协议对民法典合同编的参照适用；非典型合同和典型合同中的参照适用；非合同之债对合同之债有关规定的参照适用；民法典人格权编中的参照适用法律技术；基于身份关系协议的物权变动对民法典物权编的参照适用；股权转让合同对民法典的参照适用。

参照适用方法论分论覆盖《民法典》[1]中的全部参照适用条款,并在动态法源观指引下,梳理分析总则性与非总则性、身份法与合同法、身份法与物权法、人格权法与身份法、民法与商法、非典型合同与典型合同、非合同之债与合同之债等辩证关系。

---

[1] 本书中简称加书名号。法律、法规名称中的"中华人民共和国"省略,其余一般不省略。例如,《中华人民共和国民法典》简称《民法典》。

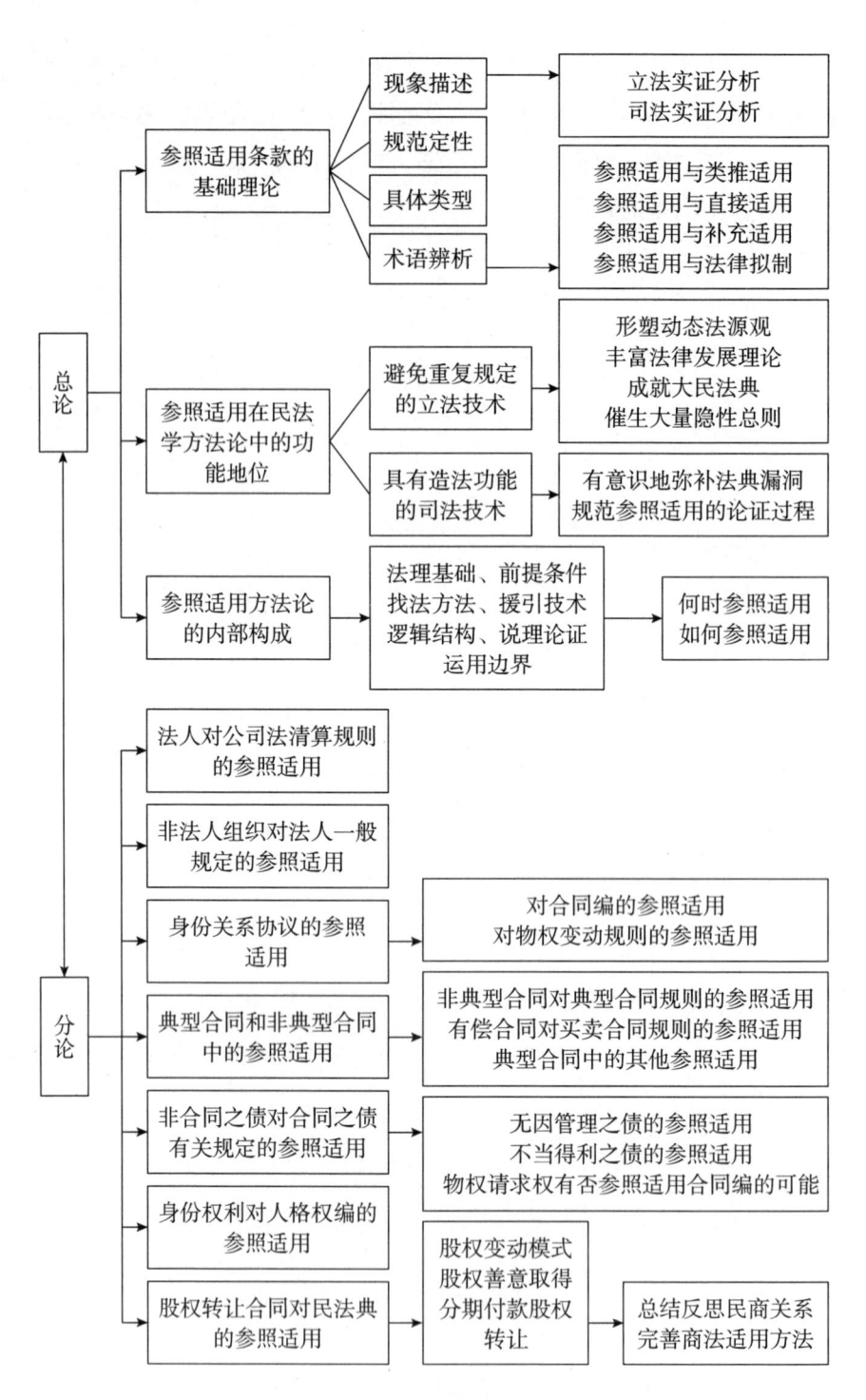

本书总体逻辑结构图

总论

参照适用条款的基础理论
- 现象描述 → 立法实证分析；司法实证分析
- 规范定性
- 具体类型
- 术语辨析 → 参照适用与类推适用；参照适用与直接适用；参照适用与补充适用；参照适用与法律拟制

参照适用在民法学方法论中的功能地位
- 避免重复规定的立法技术 → 形塑动态法源观；丰富法律发展理论；成就大民法典；催生大量隐性总则
- 具有造法功能的司法技术 → 有意识地弥补法典漏洞；规范参照适用的论证过程

参照适用方法论的内部构成
- 法理基础、前提条件；找法方法、援引技术；逻辑结构、说理论证；运用边界 → 何时参照适用；如何参照适用

分论

- 法人对公司法清算规则的参照适用
- 非法人组织对法人一般规定的参照适用
- 身份关系协议的参照适用 → 对合同编的参照适用；对物权变动规则的参照适用
- 典型合同和非典型合同中的参照适用 → 非典型合同对典型合同规则的参照适用；有偿合同对买卖合同规则的参照适用；典型合同中的其他参照适用
- 非合同之债对合同之债有关规定的参照适用 → 无因管理之债的参照适用；不当得利之债的参照适用；物权请求权有否参照适用合同编的可能
- 身份权利对人格权编的参照适用
- 股权转让合同对民法典的参照适用 → 股权变动模式；股权善意取得；分期付款股权转让 → 总结反思民商关系；完善商法适用方法

本书总体逻辑结构图

目 录

第一编 总 论

第一章 民法典中参照适用条款的基础理论

003　一、参照适用条款概述

012　二、对民商事立法和司法解释中参照适用条款的规范实证分析

026　三、参照适用与类推适用、准用、拟制、直接适用、补充适用的关系

045　四、我国民法典中参照适用条款总览

048　五、比较法上参照适用技术集成

第二章 参照适用在民法学方法论中的功能地位

053　一、参照适用是释放民法典体系效益、避免重复规定的立法技术

058　二、参照适用技术形塑动态法源观，妥当协调法律适用衔接关系

063　三、参照适用有意识地弥补民法典漏洞，是具有造法功能的司法技术

066　四、经由参照适用技术推动法律发展，实现民法典的再体系化

069　五、参照适用的核心难题：规范参照适用司法技术，防止法官恣意，增强法律安定性

第三章 参照适用方法论的内部构成

075　一、参照适用的法理基础

076　二、参照适用的前提条件

076　三、参照适用的找法方法：被参照适用条款的具体化

077　四、参照适用的援引技术：完全法条的呈现

078　五、参照适用的逻辑结构：类比推理

080　六、参照适用的说理论证：相似（类似）性论证

084　七、参照适用的运用边界

087　八、参照适用方法论分论展开的类型化标准

第四章 参照适用法律技术是照亮大民法典的"阿拉丁神灯"

089　一、大民法典重构财产法体系

091　二、参照适用立法技术承载大民法典的理想

099　三、参照适用司法技术保持大民法典的与时俱进

101　四、总结

第二编 分　　论

第五章　民法典总则编的总则性和非总则性特点及其体系影响

105　一、民法典总则编对各分编具有统领性作用

112　二、民法典总则编具有鲜明的非总则性特点

124　三、总结

第六章　法人、非法人组织制度中的参照适用

127　一、参照适用公司法清算规则完善法人退出制度

128　二、非营利法人对营利法人规则的类推适用

131　三、外商投资法实施条例中的参照适用条款

132　四、非法人组织参照适用条款的得与失

133　五、非法人组织参照适用条款在司法实践中的类型化

138　六、总结：非法人组织参照适用制度的一般性经验

第七章　身份关系协议对民法典合同编的参照适用

141　一、身份关系协议向财产法的"回归"

144　二、身份关系协议"回归"合同法的规范变迁与参照适用技术

148　三、离婚协议参照适用民法典合同编的可能空间

152　四、离婚协议中的房产赠与条款不能参照适用赠与合同的规定

161　五、夫妻财产约定的法律适用问题

167　六、继承协议、遗赠扶养协议、收养协议、监护协议对合同法的参照适用

172　七、总结

第八章　非典型合同和典型合同中的参照适用

176　一、非典型合同"可以参照适用"典型合同的规定

190　二、有偿合同和互易合同对买卖合同有关规定的参照适用

194　三、服务类合同对委托合同有关规定的参照适用

200　四、典型合同中的其他参照适用

206　五、总结

第九章　非合同之债对合同之债有关规定的参照适用

- 209　一、非合同之债参照适用条款的立法变迁
- 212　二、非合同之债对合同之债的参照适用概述
- 217　三、参照适用法律技术是合同编通则代行债法总则功能的关键
- 226　四、无因管理之债的参照适用
- 230　五、不当得利之债返还范围对无权占有返还范围规则的类推适用及立法转化
- 233　六、侵权损害赔偿之债对民法典合同编的参照适用
- 235　七、余论：民法典合同编中的其他类推适用
- 239　八、总结

第十章　民法典人格权编中的参照适用法律技术

- 242　一、人格权编的小总则功能：身份权利对民法典人格权编的参照适用
- 245　二、《民法典》第1001条构成要件澄清："身份权利"的参照适用抑或"人身权利"的参照适用？
- 252　三、《民法典》第1001条法律适用方法辨析：优先适用与参照适用方法的解释完善

262 四、民法典人格权编肖像权、姓名权中的参照适用

265 五、总结：大人格权编的"雄心壮志"

第十一章 基于身份关系协议的物权变动对民法典物权编的参照适用

267 一、问题的提出

268 二、物权变动公示原则在婚姻家庭领域的过度渗透

271 三、基于身份关系协议的所有权变动

283 四、基于身份关系协议等身份法律行为的居住权变动

285 五、基于夫妻身份关系协议物权变动对强制执行制度的类推适用

287 六、总结：宜确立基于身份关系协议、内外有别的物权变动模式

第十二章 股权转让合同对民法典的参照适用

290 一、公司纠纷等商法疑难案件的法律适用方法

293 二、基于股权转让合同的股权变动模式

295 三、股权转让合同的特殊性

300 四、股权转让合同对分期付款买卖合同规则的参照适用

303 五、股权转让合同对民法典善意取得制度的参照适用

305 六、总结

307 **结　语**

313 **参考文献**

327 **附　录**

329 **后　记**

第一编

总　论

第一章　民法典中参照适用条款的基础理论

"司法解决纠纷的过程，本质上讲是寻找事实、寻找法律的过程。"[1]法官寻找法律的方法主要包括法律解释和法律续造，也有学者将法律续造进一步具体化为受约束的法官法和原本的法官法，这样就对应三阶层的法律发现方法——法律解释、受约束的法官法和超越法律的法官法。[2]"如何妥当运用法学方法对民法典文本展开解释，是民法典适用过程中的首要任务。与此同时，民法典的出台也为法学方法提供了大量全新的素材，成为丰富法学方法的重

---

[1] 周强：《新时代中国法院司法体制改革和智慧法院建设》，2019 年 11 月 6 日中国政法实务大讲堂走进清华大学专题讲座，载正义网，http://news.jcrb.com/jxsw/201911/t20191107_2073573.html，2023 年 9 月 26 日访问。

[2] 奥地利法学家恩斯特·A. 克莱默的法律方法论思想以三阶层法律发现方法为鲜明特色。参见［奥］恩斯特·A. 克莱默：《法律方法论》，周万里译，法律出版社 2019 年版，译者跋第 383 页。

要契机。"[1] 我国民法典中明确规定了大量参照适用条款,是我国民法典立法技术上的重要特色,具有规范约束力,给我们在法学(律)方法论找法、用法问题上提出了新研究对象和新命题,有助于丰富和完善"寻找法律"环节的方法论。

从现象描述、规范实证分析角度,民商事法律和司法解释中存在大量参照适用条款,而且此类条款有越来越多的趋势,由此对应的法律适用则迷雾重重。通过语义辨别、规范分析,我们面对一个语词丛林,要厘清"参照适用"在法律适用方法概念体系中的位置。作为规范新贵,要厘清参照适用条款在既有规范体系中的位置。从本体构成角度,参照适用条款的理论研究主要回答两个问题:何时参照适用?如何参照适用?[2] 从法学方法论角度,参照适用是方法明珠,应该明辨参照适用方法在法律适用方法中的位置;参照适用是发展必然,应该研究参照适用方法在法律发展理论中的意义;参照适用还使得民商法法源动态化,扩展法律的调整范围、实现法律的体系效益,从中可以总结提炼动态法源观。

一、参照适用条款概述

(一)参照适用的法律定义

参照适用又被称为准用、授权式类推适用、法定类推适用等,"是指法律明定将关于某种事项所设之规定,适用于相类似之事项"[3]。作为名词的"参照适用"可被翻译为 reference application,作为动词的"参照适用"可被翻译为 apply accordingly。[4]《德国民法典》中的 entsprechende Anwendung 一词被翻译为"准

---

[1] 王利明:《构建中国特色的民法学理论体系》,载《中国大学教学》2021 年第 3 期。

[2] 有学者认为,类比方法论中的实践性问题包括如何界定法律中类比运用的前提与方式,即何时运用类比、如何运用类比。参见雷磊:《类比法律论证——以德国学说为出发点》,中国政法大学出版社 2011 年版,第 9 页。

[3] 王泽鉴:《同时履行抗辩:第 264 条规定之适用、准用与类推适用》,载王泽鉴:《民法学说与判例研究》(重排合订本),北京大学出版社 2015 年版,第 1245 页。

[4] "参照适用"术语的英文翻译问题,参见本章三(三)。

用"，[1]如果结合我国《民法典》类似语境用语，翻译为"参照适用"会更加妥帖。

"参照适用"是为了达到法典内部各规则间的相融相通，立法者为预先填补文本法律漏洞而采取的一种技术手段。"在出现新的民事关系缺乏具体的民法规范进行调整时，参照适用在性质上最相接近的法律规范，是民法适用中常见的现象。参照即参考并仿照。所谓'参照适用'，是指参考被指向的条文或制度，按照其所包含的法律原理精神，适用于本事项或本案件。"[2]

全国人大常委会法制工作委员会关于立法技术规范的相关规定中指出："'参照'一般用于没有直接纳入法律调整范围，但是又属于该范围逻辑内涵自然延伸的事项。""示例：本法第二条规定的用人单位以外的单位，产生职业病危害的，其职业病防治活动可以参照本法执行。"参照适用不是完全适用。参照适用规定经常被称为准用性规定或者参引性规定。参照适用规定可以作为请求权基础，发挥裁判规范功能。

"类推与准用具有一定相似性。准用是指法律明确规定某一法律规定可以参照适用于其他的情形。准用就是根据法律的规定（准用规定），对有关A的规定进行修正，适用于B。……一般认为，如果类推适用方法由法律明文规定，则应当将其称为'准用'。在准用的情况下，法官的自由裁量权较小，法官只不过要对特定法条进行适用。"[3]准用是立法者体现在实定法上的一项立法技术，类推适用则是法官在个人裁判过程中用于填补实定法漏洞的一项漏洞填补方法。"与准用应予区别者，系类推适用（Analogie）。所谓类推适用，系指关于某种事项，于现行法上未设规定，法院援引其性质相类似之事项之法规，转移适用于该法律未规定之事项。在某种意义上可以说，准用是法律明定之类推适用，而类推适用则是判例学说所创设之'准用'。实务上对法律之适用、准用及类推适用常未明确加以区别，互为混用，有碍法律思维之发展。"[4]基于用语习惯的差别，我国民法典中的参照适用条款中多有

---

[1] 参见台湾大学法律学院、台大法学基金会编译：《德国民法典》，北京大学出版社2017年版。

[2] 张新宝：《〈中华人民共和国民法总则〉释义》，中国人民大学出版社2017年版，第212页。

[3] 王利明：《法学方法论》，中国人民大学出版社2018年版，第502—503页。

[4] 王泽鉴：《同时履行抗辩：第264条规定之适用、准用与类推适用》，载王泽鉴：《民法学说与判例研究》（重排合订本），北京大学出版社2015年版，第1245页。

"参照适用……规定"的用语,类似地,我国台湾地区"民法"中则多有"准用……规定"的用语。

(二)参照适用条款的规范性质

参照适用条款是准用性规范,参照适用条款属于裁判规范、任意性规范、不完全法条、指示参引性法条、特别规定而非例外规定、衡平规定而非严格规定。参照适用条款是立法者对法律适用者的授权。参照适用条款属于裁判规范,而非行为规范。

民法典中的参照适用条款是应当参照还是可以参照?有学者曾指出《合同法》[1]第174条属于"应当参照",且为衡平规定。[2]民法典中的参照适用条款,仅第464条第2款和第467条第1款明示为"可以"参照适用,其他均无类似限定语。笔者认为,参照适用条款既然作为衡平规定,而非严格规定,就不存在"应当"参照的问题,而宜解释为"可以"参照,"参照"本身就意味着授权权衡酌定。有学者认为,"参照"和"应当"不搭配,"参照"本身就不具有强行性特征,而具有任意性、选择性。"可以参照"方为搭配合理,或者径行用"参照"一词。[3]2004年《公司法》第51条第2款规定:"执行董事的职权,应当参照本法第四十六条规定,由公司章程规定。"《最高人民法院关于案例指导工作的规定》第7条规定:"最高人民法院发布的指导性案例,各级人民法院审判类似案例时应当参照。"这些所谓"应当参照"本身就存在逻辑悖反、价值矛盾。笔者不赞同将参照适用条款分类为可以参照适用条款和应当参照适用条款。

参照适用条款(准用条款)属于任意性规范。我国台湾地区"民法"第426条规定就租赁物设定物权时准用所有权变动不破租赁规则,有学者认为,该规定旨在强化承租人地位,"就法律性质言之,系属任意规定,出租人与设

---

[1] 2021年1月1日《民法典》施行后,《民法总则》《物权法》《合同法》等均已失效,鉴于本书对参照适用条款整体研究的连贯性,保留了上述已失效法律以及司法解释的相关表述,不再逐一标注"已失效"。

[2] 参见易军:《买卖合同之规定准用于其他有偿合同》,载《法学研究》2016年第1期。

[3] 参见谢晖:《"应当参照"否议》,载《现代法学》2014年第2期。

定物权者得排除其适用，但应得承租人之同意"[1]。

（三）参照适用条款的具体类型

参照适用条款本身需要类型化，这也是从不同角度对此类条款进行规范识别的过程。

第一，精准具体参照适用条款与模糊概括参照适用条款。从被参照规范的具体程度角度，可以分为精准具体参照适用条款和模糊概括参照适用条款（概括性参照适用），[2]我国民法典中的参照适用条款大多属于模糊概括参照适用条款，精准具体参照适用条款仅有《民法典》第311条第3款、第414条第2款、第806条第3款、第872条第2款、第873条第2款。"在整体参照适用中，法官的裁量余地更大，论证负担更重；而在个别参照适用中，法官的裁量余地更小，论证负担更轻。可以说，概括式的参照适用所提出的解释论任务更重，对裁判者参照适用价值判断结论的妥当性提出了更高要求。"[3]

第二，形式意义上的参照适用条款与实质意义上的参照适用条款。从参照适用条款的形式和实质识别标准角度看，参照适用条款可以分为形式意义上的参照适用条款和实质意义上的参照适用条款。形式意义上的参照适用条款本身包含有"参照适用"用语，实质意义上的参照适用条款则无此用语，只能在法条逻辑结构中分析其实质。《民法典》第468条为实质意义上的参照适用条款，其他均为形式意义上的参照适用条款。《民法典》第806条第3款有"参照"一词，而无"参照适用"的表达，也属于实质意义上的参照适用条款。

第三，普通参照适用条款与特殊参照适用条款。根据参照适用条款中法律适用者自由裁量空间和论证负担不同，参照适用条款还可以分为普通参照适用条款与特殊参照适用条款。特殊参照适用条款以参照适用为原则，不参

---

[1] 王泽鉴：《买卖不破租赁：第425条规定之适用、准用及类推适用》，载王泽鉴：《民法学说与判例研究》（重排合订本），北京大学出版社2015年版，第1093页。

[2] 类推适用也可分为个别类推和整体类推。

[3] 王利明：《民法典中参照适用条款的适用》，载《政法论坛》2022年第1期。

照适用为例外，法律适用者须论证不参照适用的原因。虽然参照适用条款属于衡平规定，但作为衡平规定的参照适用条款本身还存在原则与例外的逻辑关系。《民法典》中的特殊参照适用条款为第 468 条，其他参照适用条款均为普通参照适用。

《最高人民法院关于适用〈中华人民共和国民法典〉总则编若干问题的解释》（以下简称《民法典总则编司法解释》）第 1 条第 1 款规定："民法典第二编至第七编对民事关系有规定的，人民法院直接适用该规定；民法典第二编至第七编没有规定的，适用民法典第一编的规定，但是根据其性质不能适用的除外。"该款后段采取了和《民法典》第 468 条后段同样的立法技术——原则适用、例外不适用，通过设置除外条款避免补充适用的僵化，使得该款后段不是严格规定，而是衡平规定，不是补充适用，而是实质意义上的参照适用。第 1 条第 1 款后段还属于特殊参照适用条款，以参照适用为原则，不参照适用为例外。

第四，构成要件参照适用与法律效果参照适用。从被参照条款的范围角度，可以将参照适用条款分为构成要件参照适用与法律效果参照适用，前者较为少见，后者则属参照适用条款的常态。根据《民法典》第 311 条第 3 款，其他物权参照适用所有权善意取得制度，特别是对该条第 1 款的参照适用，被参照适用的就是善意取得制度的构成要件。

第五，限制性参照适用与修正性参照适用。从对被参照条款变通的角度，可以将参照适用分为限制性参照适用和修正性参照适用，[1] 拟处理案型与被参照规范处理案例之间具有相似性，所以可参照适用，二者也有性质差异，所以有在参照基础上做限制或者修正的变通必要。无此变通，"参照适用"则变为直接"适用"。民法典中参照适用条款没有告诉我们其对应的是限制性参照适用还是修正性参照适用，或者何时作限制性参照、何时作修正性参照，这些都需要法律适用者结合个案具体判断，这也成为参照适用的难点。

---

[1] 有学者曾经把准用区分为限制性准用和修正性准用。参见刘牲：《民事准用制度探析》，载《苏州大学学报（哲学社会科学版）》2016 年第 4 期。

第六，对《民法典》中条文的参照适用与对《民法典》之外的单行法条文的参照适用。"《民法典》中的参照规范不仅包括对法典内部各项制度之间、编与编之间的相互参照，还包括依据《民法典》的规定，参照适用《民法典》之外的单行法规范。"[1] 对《民法典》之外的单行法条文的参照适用，在《民法典》中只有第 71 条。《民法典》第 71 条规定："法人的清算程序和清算组职权，依照有关法律的规定；没有规定的，参照适用公司法律的有关规定。"对《民法典》中条文的参照适用密切了民法典内部各编之间的关系，对《民法典》之外的单行法条文的参照适用密切了民法典和民法典之外单行特别法之间的关系，这些参照适用条款都增强了民法的体系性。

（四）参照适用条款的理论研究现状

民法学理论上存在对准用与参照适用的不分，对类推适用与参照适用／准用的混淆不分，司法实践中还存在对类推适用与拟制的混淆。针对《合同法》第 174 条这一极为重要的参照适用条款，有学者曾指出："该条却未能引起我国民法学者的重视，理论上对其所作的研究可谓完全空白。不仅如此，虽然'参照'也是一个几乎为所有部门法都使用的重要立法技术，但包括法理学界在内的我国整个法学界对之所作的研究却十分薄弱。即使近年来有关法学方法论的研究已蔚然成风，但关于'参照'的研究却未能与有荣焉，仍几乎处于空白状态。"[2]

在法学方法论著述中，类推适用掩盖了参照适用／准用的理论光芒。拉伦茨的《法学方法论》只论及通过类推适用填补开放的漏洞，未系统讨论准用／参照适用问题。[3] 拉伦茨的《法学方法论》一书还没有有效区分直接适用和准用／参照适用，将该书中 entsprechende Anwendung 直译为"相应

---

[1] 王利明：《论民法典时代的法律解释》，载《荆楚法学》2021 年第 1 期。

[2] 易军：《买卖合同之规定准用于其他有偿合同》，载《法学研究》2016 年第 1 期。

[3] 参见［德］卡尔·拉伦茨：《法学方法论》，陈爱娥译，商务印书馆 2003 年版，第 258—267 页；［德］卡尔·拉伦茨：《法学方法论》（全本·第六版），黄家镇译，商务印书馆 2020 年版，第 478—492 页。

地"适用,更是与通说术语相去甚远。[1] 齐佩利乌斯的《法学方法论》也只是从漏洞补充和逻辑推理方法角度论及类推适用。[2] 魏德士的《法理学》同样高度关注作为漏洞补充方法之一的类推适用,该书中译本此条索引中很罕见地出现"参照规范"(Verweisnorm),[3] 对应正文论述,此处所谓"参照"(Verweisung)应为引用之义,而非本书所谓"参照适用",德语 verweisen 意为"指点……参阅,使注意",而无"参照"之义。克莱默《法律方法论》一书也未在类推适用的通说见解之外发现准用/参照适用的方法论意义,该书中译本将 Verweisung 译为"指示参引",更为允当。[4]

我国民法学方法论著述中同样普遍缺乏对参照适用条款的重视和研究。王泽鉴教授《民法思维:请求权基础理论体系》一书在法律漏洞一节中论及类推适用,但未涉及准用/参照适用。[5] 王泽鉴教授《民法学说与判例研究》一书中有 2 篇专题论文同时论及类推适用与准用,并提倡对二者加以区分。[6] 梁慧星教授《民法解释学》一书在介绍作为漏洞补充方法的类推适用时未提及参照适用或者准用。[7] 王利明教授《法学方法论》一书专节论述了"类推适用",论及类推适用的概念、特征、分类、步骤、规则。[8] 王利明教授在讨论法律解释方法时,针对《民法典》第 464 条第 2 款曾指出:"在该规定中,实际上明确了运用参照适用的方法,必须根据法律关系的性质来确定,这与域外的民法典相比较,是独具特色的。国外一些国家的民法典虽然也规定了类似的参照适用条款,但并没有规定依据其性质参照适

---

[1] 参见[德]卡尔·拉伦茨:《法学方法论》(全本·第六版),黄家镇译,商务印书馆 2020 年版,第 332—333 页。

[2] 参见[德]齐佩利乌斯:《法学方法论》,金振豹译,法律出版社 2009 年版,第 97—103 页、第 155—161 页。

[3] 参见[德]魏德士:《法理学》,吴越、丁晓春译,法律出版社 2005 年版,第 64 页、第 457 页。

[4] 参见[奥]恩斯特·A. 克莱默:《法律方法论》,周万里译,法律出版社 2019 年版,第 374 页。

[5] 王泽鉴:《民法思维:请求权基础理论体系》,北京大学出版社 2009 年版,第 206—209 页。

[6] 王泽鉴:《买卖不破租赁:第 425 条规定之适用、准用及类推适用》《同时履行抗辩:第 264 条规定之适用、准用与类推适用》,载王泽鉴:《民法学说与判例研究》(重排合订本),北京大学出版社 2015 年版,第 1077—1096 页、第 1226—1253 页。

[7] 参见梁慧星:《民法解释学》(第三版),法律出版社 2009 年版,第 274—276 页。

[8] 参见王利明:《法学方法论》,中国人民大学出版社 2018 年版,第 499—510 页。

用。所谓依据其性质，就是不仅要考虑被参照适用的法律规范的性质，也要考虑争议案件的法律关系的性质，并对二者进行比较，在此基础上进行参照适用，这就为裁判者准确适用参照适用条款提供了明确的法律指引。"[1] 杨仁寿教授在《法学方法论》一书中指出，若立法已经设有准用规定，法院直接进行类推适用即可，这不同于具有造法作用的类推适用，该书对准用未作专论。[2] 黄茂荣教授《法学方法与现代民法》一书在论及类推适用之外，罕见独创地在"法条之种类"下以短小篇幅专论作为引用性法条之一的准用。[3]

从专题研究论文角度看，根据2020年2月11日在中国知网检索的数据，第一，篇名中包含参照适用意义上的"参照"二字的法学论文有6篇，[4] 专题论文中对指导性案例的"参照"、行政审判对规章的"参照"均不属于本书所论对民商事实定法条文的"参照"。第二，篇名中包含"准用"二字的法学论文有5篇，有对民事准用制度的一般性研究[5]，也有结合具体准用制度的分析展开[6]。易军的《买卖合同之规定准用于其他有偿合同》是研究准用制度的最经典论文，该文发表截至2020年总计被引用29次，其中被公开发表的核心

---

[1] 王利明：《论民法典时代的法律解释》，载《荆楚法学》2021年第1期。

[2] 参见杨仁寿：《法学方法论》，中国政法大学出版社1999年版，第194页。

[3] 参见黄茂荣：《法学方法与现代民法》（第五版），法律出版社2007年版，第174—180页。

[4] 参见于飞：《合同法总则替代债法总则立法思路的问题及弥补——从"参照适用"的方法论性质切入》，载《财经法学》2018年第2期。谢晖：《"应当参照"否议》，载《现代法学》2014年第2期。蔡小雪：《参照民事法律规范认定涉及民事问题的行政行为合法性分析》，载《中国审判》2008年第5期。卫艳霞：《实习生因工作受伤可参照工伤标准赔偿》，载《人民司法·案例》2009年第10期。沈晨程：《股权善意取得何以"参照"物权法第一百零六条——以〈公司法〉司法解释三为例》，载《安徽警官职业学院学报》2018年第2期。占善刚：《证据保全程序参照适用保全程序质疑——〈中华人民共和国民事诉讼法〉第81条第3款检讨》，载《法商研究》2015年第6期。

[5] 参见刘姓：《民事准用制度探析》，载《苏州大学学报（哲学社会科学版）》2016年第4期。

[6] 参见易军：《买卖合同之规定准用于其他有偿合同》，载《法学研究》2016年第1期。王竹：《论医疗产品责任规则及其准用——以〈中华人民共和国侵权责任法〉第59条为中心》，载《法商研究》2013年第3期。杨旭：《〈合同法〉第167条对股权买卖之准用——〈指导案例〉67号评释》，载《现代法学》2019年第4期。林斯韦：《股权转让准用买卖合同障碍研究——〈合同法〉的假设、解释与不完备性》，载《中国政法大学学报》2019年第5期。

期刊论文引用 8 次,总体关注度不高,这也反映出学界对准用/参照适用的研究很大程度上仍如作者当初所论:"仍几乎处于空白状态"[1]。第三,篇名中包含"类推"或者"类推适用"的法学方法论和民商法学论文有 57 篇,其中核心期刊论文 15 篇。[2] 篇名中包含类推(analogy)的代表性英文文献与本书讨论语境有别,前者关注的问题大多并非对实定法的类推,而是作为先例裁判方法的类推。[3] 总体上,这些研究论文中,还存在对"参照"和"类推适用"的混淆、"参照"和"适用"的混淆。[4]

王利明教授 2022 年发表文章《民法典中参照适用条款的适用》,该文分析参照适用条款的功能、与直接适用的区别、与类推的区别、参照适用条款适用的规则和步骤。[5]《民法典》施行后,参照适用成为民法学研究选题的新热点,以参照适用/准用为主题文献的被引用数剧增。

---

[1] 易军:《买卖合同之规定准用于其他有偿合同》,载《法学研究》2016 年第 1 期。

[2] 代表性论文有:屈茂辉:《类推适用的私法价值与司法运用》,载《法学研究》2005 年第 1 期。董惠江:《票据表见代理适用及类推适用的边界》,载《中国法学》2007 年第 5 期。[德]埃尔马·邦德:《类推:当代德国法中的证立方法》,吴香香译,载《求是学刊》2010 年第 3 期。高圣平:《〈物权法〉背景下的海域使用权抵押制度——兼及物权法上的类推适用》,载《海洋开发与管理》2008 年第 2 期。郭富青:《论商法类推适用的依据、范围和正当性》,载《甘肃政法学院学报》2012 年第 5 期。钱炜江:《论民事司法中的类推适用》,载《法制与社会发展》2016 年第 5 期。石一峰:《再论冒名处分不动产的私法适用——类推适用的视角》,载《现代法学》2017 年第 3 期。张弓长:《中国法官运用类推适用方法的现状剖析与完善建议——以三项重要的合同法制度为例》,载《中国政法大学学报》2018 年第 6 期。

[3] Luís Duarte d'Almeida, Cláudio Michelon, The Structure of Arguments by Analogy in Law, Argumentation, 2017, Vol.31 (2), pp.359-393. Tokuyasu Kakuta, Makoto Haraguchi, Yoshiaki Okubo, A Goal-Dependent Abstraction for Legal Reasoning by Analogy, Artificial Intelligence and Law, 1997, Vol.5 (1-2), pp.97-118.

[4] 与 2020 年 2 月 11 日检索的数据情况相比,2021 年 10 月 8 日在中国知网检索的数据情况如下:第一,篇名中包含参照适用意义上的"参照"二字的法学论文新增 5 篇。第二,篇名中包含"准用"二字的法学论文新增 8 篇。第三,篇名中包含"类推"或者"类推适用"的法学方法论和民商法学论文新增 5 篇,其中核心期刊论文新增 1 篇。值得注意的是,根据 2021 年 10 月 8 日在中国知网检索的数据,易军的《买卖合同之规定准用于其他有偿合同》总计被引用次数升至 70 次,其中被公开发表的核心期刊论文引用次数升至 14 次,这在一定程度上显示出学界对准用/参照适用问题研究的日益重视。

[5] 参见王利明:《民法典中参照适用条款的适用》,载《政法论坛》2022 年第 1 期。

二、对民商事立法和司法解释中参照适用条款的规范实证分析

（一）从"参照"到"参照适用"的立法术语变化

我国民事立法用语出现一个从"参照"到"参照适用"的变化过程。从《民法通则》到《民法总则》，立法术语长期以来持续使用"参照"，并不区分对法律的参照适用与对法律之外的市场价格、合同示范文本等的参照。《合同法》《物权法》均使用"参照"一词，未出现过"参照适用"。《民法总则》开始将"参照"改为"参照适用"，这一做法影响了随后的民法典编纂的相应用语。2019年12月28日《中华人民共和国民法典（草案）》（以下简称《民法典（草案）》）统一法律术语为"参照适用"，并区分"参照适用"与"参照"的不同适用情境。参照适用条款立法术语的变迁例示如下：

《民法通则》第88条第2款第4项："价格约定不明确的，按照国家规定的价格履行；没有国家规定价格的，参照市场价格或者同类物品的价格或者同类劳务的报酬标准履行。"《担保法》第94条："抵押物、质物、留置物折价或者变卖，应当参照市场价格。"《合同法》第12条第2款："当事人可以参照各类合同的示范文本订立合同。"《物权法》第195条第3款："抵押财产折价或者变卖的，应当参照市场价格。"第219条第3款："质押财产折价或者变卖的，应当参照市场价格。"第236条第2款："留置财产折价或者变卖的，应当参照市场价格。"这六处"参照"并非作为实定法漏洞补充方法的"参照适用"。

《合同法》第124条："本法分则或者其他法律没有明文规定的合同，适用本法总则的规定，并可以参照本法分则或者其他法律最相类似的规定。"第174条："法律对其他有偿合同有规定的，依照其规定；没有规定的，参照买卖合同的有关规定。"第175条："当事人约定易货交易，转移标的物的所有权的，参照买卖合同的有关规定。"第184条："供用水、供用气、供用热力合同，参照供用电合同的有关规定。"第330条第4款："当事人之间就具有产业应用价值的科技成果实施转化订立的合同，参照技术开发合同的规定。"

《物权法》第105条："两个以上单位、个人共同享有用益物权、担保物权的，参照本章规定。"第106条第3款："当事人善意取得其他物权的，参照前两

款规定。"第 114 条："拾得漂流物、发现埋藏物或者隐藏物的，参照拾得遗失物的有关规定。文物保护法等法律另有规定的，依照其规定。"第 134 条："国家所有的农用地实行承包经营的，参照本法的有关规定。"第 222 条第 2 款："最高额质权除适用本节有关规定外，参照本法第十六章第二节最高额抵押权的规定。"

《民法总则》第 71 条："法人的清算程序和清算组职权，依照有关法律的规定；没有规定的，参照适用公司法的有关规定。"第 108 条："非法人组织除适用本章规定外，参照适用本法第三章第一节的有关规定。"第 174 条第 2 款："作为被代理人的法人、非法人组织终止的，参照适用前款规定。"

此外，《消费者权益保护法》第 62 条："农民购买、使用直接用于农业生产的生产资料，参照本法执行。"2016 年《反家庭暴力法》将同居关系纳入调整的范围，该法第 37 条规定："家庭成员以外共同生活的人之间实施的暴力行为，参照本法规定执行。"[1]2004 年《公司法》第 51 条第 2 款："执行董事的职权，应当参照本法第四十六条规定，由公司章程规定。"《企业破产法》第 135 条："其他法律规定企业法人以外的组织的清算，属于破产清算的，参照适用本法规定的程序。"[2]《民事诉讼法》第 84 条第 3 款："证据保全的其他程序，参照适用本法第九章保全的有关规定。"[3]《行政诉讼法》第 63 条第 3

---

[1] 参见《家庭成员以外共同生活的人之间发生暴力参照本法执行》，载《中国妇运》2016 年第 6 期。

[2] 可以根据《企业破产法》规定清理债务或者重整的主体，主要包括企业法人或者其他法律规定可以参照该法进行破产清算的组织。公司制律师事务所可以参照公司形式进行内部管理，并不代表其系法律规定的营利法人，目前亦无其他法律明确规定律师事务所可以参照《企业破产法》进行破产清算。因此，其不具有《企业破产法》规定的主体资格。参见"重庆富国律师事务所申请破产清算再审案"，(2021) 最高法民申 1295 号。

[3] 有学者认为："2012 年修订的《中华人民共和国民事诉讼法》第 81 条第 3 款关于证据保全程序参照适用保全程序的规定乃错误的立法。因为从方法论上讲，只有性质上相类似的制度或程序才有参照适用的可能，而证据保全程序与保全程序虽均含有保全之名，在性质上却是迥然不同的两类诉讼程序。证据保全乃预先进行的证据调查程序，与正式的证据调查程序具有同一效力；保全程序乃暂时地、假定地确定私权的程序，目的在于保障将来的强制执行中顺利实现当事人的私权。《中华人民共和国民事诉讼法》第 81 条第 3 款是我国立法者长期存在的关于证据保全性质之错误认识在立法上最为集中也是最为直接的反映。为充分实现证据保全制度的机能，应立足于证据保全本质上乃预先进行的证据调查程序而作相应的制度安排。"占善刚：《证据保全程序参照适用保全程序质疑——〈中华人民共和国民事诉讼法〉第 81 条第 3 款检讨》，载《法商研究》2015 年第 6 期。

款:"人民法院审理行政案件,参照规章。"《全国人民代表大会常务委员会关于全面禁止非法野生动物交易、革除滥食野生动物陋习、切实保障人民群众生命健康安全的决定》第2条:"全面禁止食用国家保护的'有重要生态、科学、社会价值的陆生野生动物'以及其他陆生野生动物,包括人工繁育、人工饲养的陆生野生动物。全面禁止以食用为目的猎捕、交易、运输在野外环境自然生长繁殖的陆生野生动物。对违反前两款规定的行为,参照适用现行法律有关规定处罚。"《最高人民法院关于案例指导工作的规定》第7条:"最高人民法院发布的指导性案例,各级人民法院审判类似案例时应当参照。"《最高人民法院统一法律适用工作实施办法》第9条:"待决案件在基本案情和法律适用方面与检索到的指导性案例相类似的,合议庭应当参照指导性案例的裁判要点作出裁判。参照指导性案例的,应当将指导性案例作为裁判理由引述,但不得作为裁判依据引用。在裁判理由部分引述指导性案例的,应当注明指导性案例的编号。"

(二)民法典编纂中"参照适用"条款的重要变化

2018年3月15日《民法典各分编(草案)》(征求意见稿)物权编第105条、第106条、第114条、第135条、第160条、第203条、第227条出现"参照",合同编第1条、第4条、第5条、第62条、第250条、第509条、第537条出现"参照适用",合同编第186条、第191条、第192条、第201条、第363条、第409条出现"参照",人格权编第31条出现"参照适用",婚姻家庭编第46条出现"参照适用",以上合计22个条文中出现"参照适用"条款,合同编条文中开始出现"参照适用"和"参照"混用的现象。该征求意见稿中最令人瞩目的是合同编第5条、第509条、第537条三处"参照适用"条款,即非合同之债参照适用合同编、[1]物业服务合同参照适用委托合同规定、合伙合同参照适用《合伙企业法》。婚姻家庭编第46条祖父母外

---

[1] 2018年3月15日《民法典各分编(草案)》(征求意见稿)合同编第5条规定:"非因合同产生的债权债务,适用有关该债权债务关系的法律规定;没有规定的,可以根据其性质参照适用本编规定。"

祖父母探望权参照适用条款也是制度创新。

2018年9月5日《民法典各分编（草案）》物权编第105条、第106条、第114条、第136条、第162条、第205条、第230条出现"参照"，合同编第255条、第258条、第312条、第446条、第493条、第734条出现"参照适用"，合同编第432条、第436条、第437条、第591条、第636条出现"参照"，人格权编第803条出现"参照适用"，婚姻家庭编第864条出现"参照适用"，以上合计20个条文中出现"参照适用"条款。合同编第259条后段属于实质的参照适用条款。《民法典各分编（草案）》合同编条文中继续存在"参照适用"和"参照"混用的现象。该稿中最引人瞩目的是第259条由形式的"参照适用"条款改为实质的参照适用条款，条文中不再直接出现"参照适用"字样。[1] 第734条物业服务合同"参照适用"委托合同规定继续保留，合伙合同"参照适用"《合伙企业法》规定则被删除。

2019年1月4日《民法典合同编（草案二次审议稿）》第255条、第258条、第312条、第432条、第436条、第437条、第446条、第479条之一、第659条之一出现"参照适用"，第591条第3款出现"参照"，第259条后段属于实质的参照适用条款。第734条物业服务合同"参照适用"委托合同规定被删除。2019年1月4日《民法典侵权责任编（草案二次审议稿）》没有"参照"或者"参照适用"条款。2019年4月26日《民法典人格权编（草案二次审议稿）》第782条之一身份权利"参照适用"人格权保护规定，[2] 第803条"参照适用"条款的范围扩及对自然人声音的保护。2019年4月26日《民法典物权编（草案二次审议稿）》第105条、第106条、第114条、第136条、第162条、第205条、第230条出现"参照适用"。2019年7月5日《民法典婚姻家庭编（草案二次审议稿）》第864条进一步限缩了"参照适用"的前提条件。2019年7月5日《民法典继承编（草案二次审议稿）》没有参照适用条

---

[1] 2018年9月5日《民法典各分编（草案）》第259条规定："非因合同产生的债权债务关系，适用有关该债权债务关系的法律规定；没有规定的，适用本编第四章至第七章的有关规定，但是根据其性质不能适用的除外。"

[2] 2019年4月26日《民法典人格权编（草案二次审议稿）》第782条之一规定："自然人因婚姻、家庭关系等产生的身份权利的保护，参照适用本编人格权保护的有关规定。"

款。以上民法典各分编（二次审议稿）中合计有 21 个参照适用条款。

2019 年 8 月 28 日《民法典侵权责任编（草案三次审议稿）》没有参照适用条款。2019 年 10 月 31 日《民法典婚姻家庭编（草案三次审议稿）》第 864 条被删除，不再有参照适用条款。2019 年 8 月 28 日《民法典人格权编（草案三次审议稿）》第 782 条之一、第 803 条第 1 款和第 803 条第 2 款出现"参照适用"。《民法典人格权编（草案三次审议稿）》第 782 条之一身份权利参照适用人格权保护的规定引人瞩目，[1]《民法典婚姻家庭编（草案三次审议稿）》第 864 条被删除同样令人关注。

2019 年 12 月 28 日《民法典（草案）》总则编第 71 条、第 108 条、第 174 条出现"参照适用"，物权编第 310 条、第 311 条、第 319 条、第 343 条、第 371 条、第 414 条、第 439 条出现"参照适用"，合同编第 464 条、第 467 条、第 521 条、第 642 条、第 646 条、第 647 条、第 656 条、第 690 条、第 851 条、第 872 条、第 873 条、第 876 条、第 960 条、第 966 条出现"参照适用"，人格权编第 1001 条、第 1023 条第 1 款、第 1023 条第 2 款出现"参照适用"，以上合计 26 个条文中出现 27 次"参照适用"条款，对应 27 个形式意义上的参照适用条款。第 468 条后段属于实质意义上的参照适用条款。第 806 条第 3 款的"参照"成为唯一应该被替换而没有被替换为"参照适用"的条款，可作为实质意义上的参照适用条款。

2020 年 5 月 28 日公布的《民法典》中"参照"出现 35 次，具体到"参照适用"则有 28 次。

（三）对民法典编纂过程稿中"参照适用"条款重要变化的总结反思

民法典物权编草案各稿中的参照适用条款始终稳定，保持 7 处不变。

民法典继承编草案各稿和民法典侵权责任编草案各稿中始终没有参照适用条款。

---

[1] 2019 年 8 月 28 日《民法典人格权编（草案三次审议稿）》第 782 条之一规定："对自然人因婚姻家庭关系等产生的身份权利的保护，适用本法总则编、婚姻家庭编和其他法律的相关规定；没有规定的，参照适用本编人格权保护的有关规定。"

民法典婚姻家庭编草案中祖父母外祖父母探望权的参照适用条款经历了从有到无的变化过程，三次审议稿及之后均未再出现，之后本编也就再无参照适用条款。2018年3月15日《民法典各分编（草案）》（征求意见稿）婚姻家庭编第46条规定祖父母外祖父母探望权参照适用条款："祖父母、外祖父母探望孙子女、外孙子女的，参照适用前条规定。"2018年9月5日《民法典各分编（草案）》第864条规定："祖父母、外祖父母探望孙子女、外孙子女的，参照适用前条规定。"2019年7月5日《民法典婚姻家庭编（草案二次审议稿）》第864条进一步限缩了"参照适用"的前提条件："祖父母、外祖父母探望孙子女、外孙子女，如果其尽了抚养义务或者孙子女、外孙子女的父母一方死亡的，可以参照适用前条规定。"

《民法典（草案）》婚姻家庭编和继承编无参照适用条款很大程度上归因于合同编有关身份关系协议的参照适用条款、人格权编身份权利保护的参照适用条款已经代行其责。

民法典合同编草案中的参照适用条款最为丰富，也是最早有意识地将"参照"统一为"参照适用"，并适当区分二词的适用情境。该编一次审议稿开始将非合同之债与合同编形式上可识别的"参照适用"条款改为实质上可识别的参照适用条款，值得从中反思合同编通则如何有效发挥实质债法总则的功能。民法典合同编草案对物业服务合同和合伙合同中的参照适用条款存在从取到舍的变化过程。民法典合同编草案在行纪合同和中介合同两章中存在对参照适用条款和补充适用条款混淆之嫌。

民法典各分编草案中的参照适用条款总体上越来越多，表述越来越完善。《民法典（草案）》中的参照适用条款涵盖主体法、权利法、行为法领域，责任法中未正面出现此类条款。侵权责任编涉及侵权责任与绝对权请求权的适用衔接问题，非参照适用条款所能解决。

（四）民商事司法解释中参照适用条款及总结反思

《最高人民法院关于审理票据纠纷案件若干问题的规定》（法释〔2000〕32号）第39条、第63条第2款和第64条第2款均为参照适用条款，该司法解释随后历次修订过程中，这三个参照适用条款的核心内容都被保留下来。《最高人民法院关于审理票据纠纷案件若干问题的规定》（法释〔2020〕18号）第38条："对于伪报票据丧失的当事人，人民法院在查明事实，裁定终结公示催告或者诉讼程序后，可以参照民事诉讼法第一百一十一条的规定，追究伪报人的法律责任。"第62条："人民法院审理票据纠纷案件，适用票据法的规定；票据法没有规定的，适用《中华人民共和国民法典》等法律以及国务院制定的行政法规。中国人民银行制定并公布施行的有关行政规章与法律、行政法规不抵触的，可以参照适用。"第63条："票据当事人因对金融行政管理部门的具体行政行为不服提起诉讼的，适用《中华人民共和国行政处罚法》、票据法以及《票据管理实施办法》等有关票据管理的规定。中国人民银行制定并公布施行的有关行政规章与法律、行政法规不抵触的，可以参照适用。"

《最高人民法院关于适用〈中华人民共和国担保法〉若干问题的解释》第18条："企业法人的职能部门提供保证的，保证合同无效。债权人知道或者应当知道保证人为企业法人的职能部门的，因此造成的损失由债权人自行承担。债权人不知保证人为企业法人的职能部门，因此造成的损失，可以参照担保法第五条第二款的规定和第二十九条的规定处理。"

《最高人民法院关于审理技术合同纠纷案件适用法律若干问题的解释》（法释〔2004〕20号）第46条："集成电路布图设计、植物新品种许可使用和转让等合同争议，相关行政法规另有规定的，适用其规定；没有规定的，适用合同法总则的规定，并可以参照合同法第十八章和本解释的有关规定处理。计算机软件开发、许可使用和转让等合同争议，著作权法以及其他法律、行政法规另有规定的，依照其规定；没有规定的，适用合同法总则的规定，并可以参照合同法第十八章和本解释的有关规定处理。"该条大部分内容被《民法典》第876条所吸纳："集成电路布图设计专有权、植物新品种权、计算机软件著作权等其他知识产权的转让和许可，参照适用本节的有关规定。"这就实现了从司法解释中的参照适用到立法上的参照适用的转化。《最高人民法院关于审理技术合同纠纷案件适用法律若干问题的解释》（法释〔2020〕19号）第46条："计算机软件开发等合同争议，著作权法以及其他法律、行政法规另有规定的，依照其规定；没有规定的，适用民法典第三编第一分编的规定，并可以参照民法典第三编第二分编第二十章和本解释的有关规定处理。"该司法解释第 25 条第 3 款规定了技术秘密许可适用的参照适用司法技术，第 29 条第 1 款规定了发明专利许可使用合同的参照适用司法技术。

《最高人民法院关于适用〈中华人民共和国合同法〉若干问题的解释（二）》第 19 条第 3 款："债务人以明显不合理的高价收购他人财产，人民法院可以根据债权人的申请，参照合同法第七十四条的规定予以撤销。"《合同法》第 74 条："因债务人放弃其到期债权或者无偿转让财产，对债权人造成损害的，债权人可以请求人民法院撤销债务人的行为。债务人以明显不合理的低价转让财产，对债权人造成损害，并且受让人知道该情形的，债权人也可以请求人民法院撤销债务人的行为。撤销权的行使范围以债权人的债权为限。债权人行使撤销权的必要费用，由债务人负担。"《最高人民法院关于适用〈中华人民共和国合同法〉若干问题的解释（二）》第 19 条第 3 款是对《合同法》第 74 条撤销权适用范围过窄的类推适用。司法解释该款规定也被《民法典》第 539 条吸纳，实现了从司法解释中的参照适用到立法上的参照适用的转化。《最高人民法院关于适用〈中华人民共和国合同法〉若干问题的解释（二）》第 18 条："债务人放弃其未到期的债权或者放弃债权担保，或者恶意延长到期债权的履行期，对债权人造成损害，债权人依照合同法第七十四条的规定提起撤销权诉讼的，人民法院应当支持。"该条也是对《合同法》第 74 条的类推适用，也被《民法典》第 538 条吸纳，但该司法解释第 18 条没有像第 19 条第 3 款那样出现"参照"字样，对债权人撤销权没有在参照适用技术上保持一致。同样语境下，直接把类推适用的结论条文化，还是运用参照适用技术？值得深思。《最高人民法院关于适用〈中华人民共和国民法典〉合同编通则若干问题的解释》中有 5 处参照适用条款。

《最高人民法院关于审理旅游纠纷案件适用法律若干问题的规定》（法释〔2010〕13 号）第 1 条第 4 款规定："旅游者在自行旅游过程中与旅游景点经营者因旅游发生的纠纷，参照适用本规定。"

《最高人民法院关于对因资不抵债无法继续办学被终止的民办学校如何组织清算问题的批复》（法释〔2010〕20 号）规定："依照《中华人民共和国民办教育促进法》第九条批准设立的民办学校因资不抵债无法继续办学被终止，当事人依照《中华人民共和国民办教育促进法》第五十八条第二款规定向人民法院申请清算的,人民法院应当依法受理。人民法院组织民办学校破产清算,参照适用《中华人民共和国企业破产法》规定的程序,并依照《中华人民共和国民办教育促进法》第五十九条规定的顺序清偿。"《最高人民法院关于对因资不抵债无法继续办学被终止的民办学校如何组织清算问题的批复》(法释〔2020〕18号)规定:"依照《中华人民共和国民办教育促进法》第十条批准设立的民办学校因资不抵债无法继续办学被终止,当事人依照《中华人民共和国民办教育促进法》第五十八条第二款规定向人民法院申请清算的,人民法院应当依法受理。人民法院组织民办学校破产清算,参照适用《中华人民共和国企业破产法》规定的程序,并依照《中华人民共和国民办教育促进法》第五十九条规定的顺序清偿。"

《最高人民法院关于审理买卖合同纠纷案件适用法律问题的解释》(法释〔2012〕8号,以下简称原《买卖合同司法解释》)第45条:"法律或者行政法规对债权转让、股权转让等权利转让合同有规定的,依照其规定;没有规定的,人民法院可以根据合同法第一百二十四条和第一百七十四条的规定,参照适用买卖合同的有关规定。权利转让或者其他有偿合同参照适用买卖合同的有关规定的,人民法院应当首先引用合同法第一百七十四条的规定,再引用买卖合同的有关规定。"司法解释中扩大买卖合同有关规定适用范围的此种参照适用条款为什么没有像扩大债权人撤销权适用范围参照适用条款那样被《民法典》吸纳?值得深思。这在一定程度上反映出立法者在将司法解释中的参照适用条款立法化过程中的随意。《最高人民法院关于审理买卖合同纠纷案件适用法律问题的解释》(法释〔2020〕17号,以下简称《买卖合同司法解释》)第32条规定:"法律或者行政法规对债权转让、股权转让等权利转让合同有规定的,依照其规定;没有规定的,人民法院可以根据民法典第四百六十七条和第六百四十六条的规定,参照适用买卖合同的有关规定。权利转让或者其他有偿合同参照适用买卖合同的有关规定的,人民法院应当首先引用民法典第六百四十六条的规定,再引用买卖合同的有关规定。"

《最高人民法院关于个人独资企业清算是否可以参照适用企业破产法规定的破产清算程序的批复》:"根据《中华人民共和国企业破产法》第一百三十五条的规定,在个人独资企业不能清偿到期债务,并且资产不足以清偿全部债务或者明显缺乏清偿能力的情况下，可以参照适用企业破产法规定的破产清算程序进行清算。根据《中华人民共和国个人独资企业法》第三十一条的规定，人民法院参照适用破产清算程序裁定终结个人独资企业的清算程序后，个人独资企业的债权人仍然可以就其未获清偿的部分向投资人主张权利。"

《最高人民法院关于适用〈中华人民共和国公司法〉若干问题的规定（三）》（法释〔2014〕2号）第7条第1款："出资人以不享有处分权的财产出资，当事人之间对于出资行为效力产生争议的，人民法院可以参照物权法第一百零六条的规定予以认定。"第25条第1款："名义股东将登记于其名下的股权转让、质押或者以其他方式处分，实际出资人以其对于股权享有实际权利为由，请求认定处分股权行为无效的，人民法院可以参照物权法第一百零六条的规定处理。"第27条第1款："股权转让后尚未向公司登记机关办理变更登记，原股东将仍登记于其名下的股权转让、质押或者以其他方式处分，受让股东以其对于股权享有实际权利为由，请求认定处分股权行为无效的，人民法院可以参照物权法第一百零六条的规定处理。"《最高人民法院关于适用〈中华人民共和国公司法〉若干问题的规定（三）》（法释〔2020〕18号）第7条第1款："出资人以不享有处分权的财产出资，当事人之间对于出资行为效力产生争议的，人民法院可以参照民法典第三百一十一条的规定予以认定。"第25条第1款："名义股东将登记于其名下的股权转让、质押或者以其他方式处分，实际出资人以其对于股权享有实际权利为由，请求认定处分股权行为无效的，人民法院可以参照民法典第三百一十一条的规定处理。"第27条第1款："股权转让后尚未向公司登记机关办理变更登记，原股东将仍登记于其名下的股权转让、质押或者以其他方式处分，受让股东以其对于股权享有实际权利为由，请求认定处分股权行为无效的，人民法院可以参照民法典第三百一十一条的规定处理。"该司法解释第7条第1款是对《民法典》第311条第1款善意取得制度中"转让"这一适用情境的类推适用；该司法解释第25条第1款和第27条第1款是对《民法典》第311条第3款参照适用条款的具体化。

《最高人民法院关于适用〈中华人民共和国民事诉讼法〉的解释》（法释〔2015〕5号）第470条："根据民事诉讼法第二百三十一条规定向人民法院提

供执行担保的，可以由被执行人或者他人提供财产担保，也可以由他人提供保证。担保人应当具有代为履行或者代为承担赔偿责任的能力。他人提供执行保证的，应当向执行法院出具保证书，并将保证书副本送交申请执行人。被执行人或者他人提供财产担保的，应当参照物权法、担保法的有关规定办理相应手续。"《最高人民法院关于适用〈中华人民共和国民事诉讼法〉的解释》（法释〔2020〕20号）第470条："根据民事诉讼法第二百三十一条规定向人民法院提供执行担保的，可以由被执行人或者他人提供财产担保，也可以由他人提供保证。担保人应当具有代为履行或者代为承担赔偿责任的能力。他人提供执行保证的，应当向执行法院出具保证书，并将保证书副本送交申请执行人。被执行人或者他人提供财产担保的，应当参照民法典的有关规定办理相应手续。"

《最高人民法院关于审理独立保函纠纷案件若干问题的规定》（法释〔2016〕24号）第7条："人民法院在认定是否构成表面相符时，应当根据独立保函载明的审单标准进行审查；独立保函未载明的，可以参照适用国际商会确定的相关审单标准。单据与独立保函条款之间、单据与单据之间表面上不完全一致，但并不导致相互之间产生歧义的，人民法院应当认定构成表面相符。"《最高人民法院关于审理独立保函纠纷案件若干问题的规定》（法释〔2020〕18号）第7条："人民法院在认定是否构成表面相符时，应当根据独立保函载明的审单标准进行审查；独立保函未载明的，可以参照适用国际商会确定的相关审单标准。单据与独立保函条款之间、单据与单据之间表面上不完全一致，但并不导致相互之间产生歧义的，人民法院应当认定构成表面相符。"

《最高人民法院关于审理医疗损害责任纠纷案件适用法律若干问题的解释》（法释〔2017〕20号）第3条："患者因缺陷医疗产品受到损害，起诉部分或者全部医疗产品的生产者、销售者和医疗机构的，应予受理。患者仅起诉医疗产品的生产者、销售者、医疗机构中部分主体，当事人依法申请追加其他主体为共同被告或者第三人的，应予准许。必要时，人民法院可以依法追加相关当事人参加诉讼。患者因输入不合格的血液受到损害提起侵权诉讼的，参照适用前两款规定。"第22条："缺陷医疗产品与医疗机构的过错诊疗行为共同造成患者同一损害，患者请求医疗机构与医疗产品的生产者或者销售者承担连带责任的，应予支持。医疗机构或者医疗产品的生产者、销售者承担赔偿责任后，向其他责任主体追偿的，应当根据诊疗行为与缺陷医疗产品造成患者损害的原因力大小确定相应的数额。输入不合格血液与医疗机构的过错诊疗行为共同造成患者同一损害的，参照适用前两款规定。"《最高人民法院关于审理医疗损害责任纠纷案件适用法律若干问题的解释》（法释〔2020〕17号）第3条："患者因缺陷医疗产品受到损害，起诉部分或者全部医疗产品的生产者、销售者、药品上市许可持有人和医疗机构的，应予受理。患者仅起诉医疗产品的生产者、销售者、药品上市许可持有人、医疗机构中部分主体，当事人依法申请追加其他主体为共同被告或者第三人的，应予准许。必要时，人民法院可以依法追加相关当事人参加诉讼。患者因输入不合格的血液受到损害提起侵权诉讼的，参照适用前两款规定。"第22条："缺陷医疗产品与医疗机构的过错诊疗行为共同造成患者同一损害，患者请求医疗机构与医疗产品的生产者、销售者、药品上市许可持有人承担连带责任的，应予支持。医疗机构或者医疗产品的生产者、销售者、药品上市许可持有人承担赔偿责任后，向其他责任主体追偿的，应当根据诊疗行为与缺陷医疗产品造成患者损害的原因力大小确定相应的数额。输入不合格血液与医疗机构的过错诊疗行为共同造成患者同一损害的，参照适用前两款规定。"

《最高人民法院关于执行担保若干问题的规定》（法释〔2018〕4号）第15条："被执行人申请变更、解除全部或者部分执行措施，并担保履行生效法律文书确定义务的，参照适用本规定。"《最高人民法院关于执行担保若干问题的规定》（法释〔2020〕21号）第15条："被执行人申请变更、解除全部或者部分执行措施，并担保履行生效法律文书确定义务的，参照适用本规定。"

《最高人民法院关于审理生态环境损害赔偿案件的若干规定（试行）》（法释〔2019〕8号）第22条："人民法院审理生态环境损害赔偿案件，本规定没有规定的，参照适用《最高人民法院关于审理环境民事公益诉讼案件适用法律若干问题的解释》《最高人民法院关于审理环境侵权责任纠纷案件适用法律若干问题的解释》等相关司法解释的规定。"《最高人民法院关于审理生态环境损害赔偿案件的若干规定（试行）》（法释〔2020〕17号）第22条："人民法院审理生态环境损害赔偿案件，本规定没有规定的，参照适用《最高人民法院关于审理环境民事公益诉讼案件适用法律若干问题的解释》《最高人民法院关于审理环境侵权责任纠纷案件适用法律若干问题的解释》等相关司法解释的规定。"

《最高人民法院关于审理行政协议案件若干问题的规定》第 25 条："公民、法人或者其他组织对行政机关不依法履行、未按照约定履行行政协议提起诉讼的，诉讼时效参照民事法律规范确定；对行政机关变更、解除行政协议等行政行为提起诉讼的，起诉期限依照行政诉讼法及其司法解释确定。"第 27 条："人民法院审理行政协议案件，应当适用行政诉讼法的规定；行政诉讼法没有规定的，参照适用民事诉讼法的规定。人民法院审理行政协议案件，可以参照适用民事法律规范关于民事合同的相关规定。"

《最高人民法院关于民事诉讼证据的若干规定》（法释〔2019〕19 号）第 89 条第 2 款："当事人对认可的证据反悔的，参照《最高人民法院关于适用〈中华人民共和国民事诉讼法〉的解释》第二百二十九条的规定处理。"第 99 条："本规定对证据保全没有规定的，参照适用法律、司法解释关于财产保全的规定。除法律、司法解释另有规定外，对当事人、鉴定人、有专门知识的人的询问参照适用本规定中关于询问证人的规定；关于书证的规定适用于视听资料、电子数据；存储在电子计算机等电子介质中的视听资料，适用电子数据的规定。"

《最高人民法院关于适用〈中华人民共和国外商投资法〉若干问题的解释》第 6 条："人民法院审理香港特别行政区、澳门特别行政区投资者、定居在国外的中国公民在内地、台湾地区投资者在大陆投资产生的相关纠纷案件，可以参照适用本解释。"

作为"准司法解释"性质的《全国法院民商事审判工作会议纪要》（以下简称《九民纪要》）中"参照""参照适用"合计出现 13 次。《九民纪要》第 32 条第 1 款通过"合同不成立、无效或者被撤销的法律后果"的参照适用法律技术，扩大了原有规则的适用范围，使得合同不成立之后的财产返还和损害赔偿责任法律漏洞被弥补。第 32 条第 1 款指出："《合同法》第 58 条就合同无效或者被撤销时的财产返还责任和损害赔偿责任作了规定，但未规定合同不成立的法律后果。考虑到合同不成立时也可能发生财产返还和损害赔偿责任问题，故应当参照适用该条的规定。"《民法典》第 157 条将民事法律行为无效、被撤销的法律后果扩及"确定不发生效力"的情形。《最高人民法院关于适用〈中华人民共和国民法典〉总则编的解释（一）》（2021 年 11 月 21 日中国人民大学讨论稿）第 29 条规定："民事法律行为不成立，当事人请求返还财产、折价补偿或者赔偿损失的，参照适用民法典第一百五十七条的规定。"《民法典总则编司法解释》第 23 条规定："民事法律行为不成立，当事人请求返还财产、折价补偿或者赔偿损失的，参照适用民法典第一百五十七条的规定。"该条规定区分民事法律行为不成立与民事法律行为的效力，民事法律行为不成立的法律后果参照适用《民法典》第 157 条民事法律行为无效、被撤销或者确定不发生效力的法律后果。

《最高人民法院关于适用〈中华人民共和国民法典〉总则编的解释（一）》（2021 年 11 月 21 日中国人民大学讨论稿）第 12 条规定："具有完全民事行为能力的成年人依照民法典第三十三条的规定与他人事先协商确定自己的监护人的，监护协议的成立、生效等，可以依其性质参照适用民法典合同编通则和合同编关于委托合同的规定。任何一方在该成年人丧失或者部分丧失民事行为能力前请求解除监护协议的，人民法院依法予以支持。在该成年人丧失或者部分丧失民事行为能力后，监护人、其他具有监护资格的人请求解除监护协议的，人民法院不予支持；但是，符合民法典第三十九条第一款规定的情形的，人民法院应当依法认定监护关系终止。监护协议生效后，监护人存在民法典第三十六条第一款规定情形之一，该条第二款规定的有关个人、组织申请撤销其监护人资格的，人民法院应予支持。"《民法典总则编司法解释》第 11 条未保留讨论稿第 12 条第 1 款这个参照适用规范。

《最高人民法院关于适用〈中华人民共和国民法典〉总则编的解释（一）》（2021 年 11 月 21 日中国人民大学讨论稿）第 15 条规定："申请变更监护关系案件以及申请撤销、恢复监护人资格案件，参照特别程序审理，可以由被监护人住所地、监护人住所地基层人民法院管辖。"《民法典总则编司法解释》未对此加以规定。

区分民事法律行为不成立与民事法律行为的效力的态度没有得到一贯持守，《最高人民法院关于适用〈中华人民共和国民法典〉合同编通则若干问题的解释》第 3 条第 3 款规定："当事人主张合同无效或者请求撤销、解除合同等，人民法院认为合同不成立的，应当依据《最高人民法院关于民事诉讼证据的若干规定》第五十三条的规定将合同是否成立作为焦点问题进行审理，并可以根据案件的具体情况重新指定举证期限。"从逻辑一贯性上，该司法解释第 3 条第 3 款作如下表述为宜："当事人主张合同无效或者请求撤销、解除合同等，人民法院认为合同不成立的，参照适用《最高人民法院关于民事诉讼证据的若干规定》第五十三条规定处理。将合同是否成立作为焦点问题进行审理，并可以根据案件的具体情况重新指定举证期限。"

围绕如何协调民法对劳动合同的适用，有学者建议：在劳动法与民法的适用关系上，最高人民法院可以总结近年来司法实践中经常在劳动合同中适用民法的条款，通过司法解释的方式规定何种情况下劳动合同可以参照适用民法。[1]

综合以上实证分析可见，民商事司法解释中的参照适用法律技术日益增多。参照适用法律技术与类推适用方法密切关联，类推适用司法技术有转化为参照适用立法技术的可能。司法解释起草者何时配置参照适用条款，立法者何时将司法实践中类推适用的结论直接条文化、何时将司法解释中的参照适用条款立法化，仍存在一定的随意性。

三、参照适用与类推适用、准用、拟制、直接适用、补充适用的关系

参照适用（准用）、类推适用、拟制、直接适用、补充适用属于不同的法律思考方法和法律适用方法，这些法律方法在立法或者司法上搭建起一座座桥梁。理论和实践中存在对这些法律方法的混淆，亟须澄清。

（一）类推适用与参照适用／准用性规范

民法学理论上存在对准用与参照适用的不分，[2] 对类推适用与参照适用／

---

[1] 参见刘绍宇：《劳动合同法与民法适用关系的法教义学分析——以〈劳动合同法〉修改和民法典编纂为背景》，载《法学》2018 年第 3 期。

[2] 参见杨旭：《〈合同法〉第 167 条对股权买卖之准用——〈指导案例〉67 号评释》，载《现代法学》2019 年第 4 期。

准用的混淆不分。准民事法律行为类推适用／准用民事法律行为制度。如无民事行为能力人所为的意思通知、事实通知都是无效的。准民事法律行为"可以准用民事法律行为的相关规则"。[1] 立法上明确规定某类准民事法律行为可以参照适用民事法律行为的有关规定的，属于准用／参照适用。立法上没有明确规定，法律适用者根据民事法律行为的有关规定弥补准民事法律行为法律漏洞的，属于类推适用。一些研究论文也是参照适用、类推适用不分，[2] 或者准用、类推适用不分。有学者认为："《民法典》借助'其他具有担保功能的合同'概念，在相当程度上缓和了其第 116 条确立的物权法定原则，消除了该原则在担保权益创设方面的制度障碍，从而将物权编担保制度的规范效果扩及于'其他具有担保功能'的交易形态，达成事实上'准用'的效果。"[3] 有学者认为，债权让与是保理合同的要素，融资、债权催收、债权管理、付款担保等保理人的义务皆属于保理合同的偶素，保理合同的各项偶素在现行法上均有相对应的有名合同类型。保理合同所附债权让与以外的内容，当事人对相关权利义务有约定时从其约定，无约定时可准用借款、委托、担保等最相类似有名合同的规定。[4] 有学者直接指出："参照、准用和类推适用同义。"[5]

司法实践中存在对参照适用、准用与类推适用的混淆不分。《九民纪要》中"准用"出现 1 次，"类推适用"出现 1 次，"参照"和"参照适用"合计出现 13 次。第 23 条甚至同时出现"参照"和"准用"，该条认为："［债务加入准用担保规则］法定代表人以公司名义与债务人约定加入债务并通知债权人或者向债权人表示愿意加入债务，该约定的效力问题，参照本纪要关于公司为他人提供担保的有关规则处理。"《九民纪要》在引言中还指出："特别注意外观主义系民商法上的学理概括，并非现行法律规定的原则，现行法律只

---

[1] 王利明主编：《民法》（上册），中国人民大学出版社 2020 年版，第 58 页。

[2] 参见何建：《民办学校举办者可类推适用公司法行使知情权》，载《人民司法·案例》2017 年第 8 期。

[3] 张家勇：《体系视角下所有权担保的规范效果》，载《法学》2020 年第 8 期。

[4] 参见李宇：《保理合同立法论》，载《法学》2019 年第 12 期。

[5] 张弓长：《论民法上之类推适用》，对外经济贸易大学 2019 年博士学位论文。

是规定了体现外观主义的具体规则,如《物权法》第106条规定的善意取得,《合同法》第49条、《民法总则》第172条规定的表见代理,《合同法》第50条规定的越权代表,审判实务中应当依据有关具体法律规则进行判断,类推适用亦应当以法律规则设定的情形、条件为基础。"

参照适用条款或者准用条款具有避免烦琐重复规定的功能。"法典有明文规定得为类推适用者,谓之准用。"[1] 参照适用又被称为准用、授权式类推适用、法定类推适用等。"法定准用的实质是类推适用。"[2]

"类推适用在我国立法、司法以及民法学界是一个至今未被深入研究的问题。"[3] 类推适用不同于类推解释,类推解释是指于解释法律条文用语之文义时,用体系解释之方法,类推其他法条用语之含义加以阐释。[4] 类推解释最常被用于对例示规定的解释适用过程,例示规定包括列举事项和概括事项,是一种避免挂一漏万的立法技术,典型的例示规定如《民法典》第527条第1款不安抗辩权制度。又如《全国民事案件审判质量工作座谈会纪要》指出:"对在婚姻关系存续期间夫妻一方卖断工龄款是何种性质的财产,应当如何界定其归属,在离婚诉讼中能否将其作为夫妻共同财产予以分割等问题,可采取类推解释的方法,根据其与养老保险金或医疗保险金等所共同具有的专属于特定人身的性质,确定其在财产分割中的法律适用原则,即不作为夫妻共同财产。"类推适用是"法律内的法续造"。类推适用的法理基础在于平等原则,其核心工作是类似性的判断。"问题的关键最终同样取决于,所谈论的法律案件相对于受有待类推适用之条款调整的案件来说究竟具有'本质性的'差异,还是只有'非本质性的'不同。"[5]

两大法系法学方法论上都重视类推,但其所指不尽相同。大陆法系的类推适用是一种针对法律漏洞的法条扩张技术,英美法系的类推适用是在先例

---

[1] 李宜琛:《民法总则》,台北正中书局1977年版,第24页。

[2] 杨旭:《〈合同法〉第167条对股权买卖之准用——〈指导案例〉67号评释》,载《现代法学》2019年第4期。

[3] 屈茂辉:《类推适用的私法价值与司法运用》,载《法学研究》2005年第1期。

[4] 参见杨仁寿:《法学方法论》,中国政法大学出版社1999年版,第161页。

[5] [德]乌尔里希·克卢格:《法律逻辑》,雷磊译,法律出版社2016年版,第155页。

制度下对后案与前案相似性的论证。[1]卡多佐将类推方法也称作逻辑方法或者哲学方法，认为类推"是没有哪个法律体系能够放弃不用的工具"[2]。"在很多案件中，'不是用法典化的法去涵摄，而是寻找参照的案件以代替法律发现的方法'。"[3]"法律人乐于使用类推的原因在于，据以'导出'其他规范的论证起点是一项既存规范。借此，论证者仿若基于实证法得以证立。……法律史经验表明，类推在法典法中的运用不断得到扩展。"[4]"在大陆法系国家类推适用的依据是制定法规则，而英美法系国家则是先例而不是制定法规则。如果说大陆法系国家的法律类推适用，是在法律缺乏明文规定的个别情形下，作为少数例外对法律漏洞补充的方法之一。那么，它在英美法系国家不是作为个别法律漏洞补充适用的方法，而是普通法适用的常态，普通法适用本身就是类推适用。"[5]本书中的"类推适用"也是在法律漏洞补充意义上而言。

类推适用是填补法律漏洞的方法之一，类推适用思维是建立在事物类似性基础上的目的性考量，而非单纯的目的性考量。法律漏洞是现行法中违法立法计划所表现出的不完整性。"在实践中，类推无疑是填补公开的法律漏洞的最重要的方法。"[6]类推适用与目的性限缩是一对反义词，德国学者卡纳里斯进一步区分类推适用与目的性扩张，认为目的性扩张是不具备相似性的类推，类推适用则以相似性为重要前提。[7]有学者认为，类推适用与目的性扩张的思维过程几无差别。[8]理论上，还存在论文构思写作中的"类推"方法，即借用他人研究某个素材的方法研究类似的其他素材，这也是寻找研究"漏洞"的技巧。

---

[1] 参见钱炜江：《论民事司法中的类推适用》，载《法制与社会发展》2016年第5期。

[2] [美]本杰明·卡多佐：《司法过程的性质》，苏力译，商务印书馆1998年版，第28页。

[3] [奥]恩斯特·A.克莱默：《法律方法论》，周万里译，法律出版社2019年版，第220页。

[4] [德]埃尔马·邦德：《类推：当代德国法中的证立方法》，吴香香译，载《求是学刊》2010年第3期。

[5] 郭富青：《论商法类推适用的依据、范围和正当性》，载《甘肃政法学院学报》2012年第5期。

[6] [奥]恩斯特·A.克莱默：《法律方法论》，周万里译，法律出版社2019年版，第168页。

[7] See Claus Whilem Canaris, Die Feststellung von Lückenim Gesetz, Dunker & Humbolt,1983, S.89-90. 转引自钱炜江：《论民事司法中的类推适用》，载《法制与社会发展》2016年第5期。另参见张弓长：《论民法上之类推适用》，对外经济贸易大学2019年博士学位论文。

[8] 参见石一峰：《再论冒名处分不动产的私法适用——类推适用的视角》，载《现代法学》2017年第3期。

"所有的论文都或多或少地借用了用于其他素材的方法来分析另外的素材。"[1]

类推适用是指"就法律未规定之事项,比附援引与其性质类似之规定,而为适用"[2]。"所谓类推适用,系指将法律明文之规定,适用到该法律规定所未直接加以规定,但其规范上之重要特征与该规定所明文规定者相同之案型。……在类推适用上,最引起争执之问题为:如何认定拟处理之案型与法律明文规定之案型,分别所具之规范上有意义的特征为相同。"[3] 类推适用"以法律漏洞之存在为前提,依法律规定中的目的,借助于法律评价一致的方式填补该漏洞"[4]。

法原本即带有类推的性质。类推(Analogie)的核心难题是相同性之判断。[5] 这种相同性不是形式的、直观的相同,而只是精神的、意义的、功能的、实质的相同,是一种经比较后的意义关联的类似。类推适用与参照适用都是法律发现的新思维。类推不是精确的形式逻辑的思维,而是类型化的评价思维。类型思维不是非此即彼的,而是或多或少的思维。"类型无法被'定义',只能被'描述'。"[6] 事物本质(Natur der Sache)是类推的出发点,制定法不可能无漏洞,对于开放法律漏洞的法律发现技术就是类推。"'事物本质'是指向类型的。从'事物本质'产生的思维是类型式思维。"[7] "事物的本质,也即在生活关系中固有的、与其需要和目的相符的自然秩序的本质,在法生活和判例中确实具有重要价值。"[8] 例示规定(个案列举与概括条款的结

---

[1] [日]大村敦志等:《民法研究指引:专业论文撰写必携》,徐浩等译,北京大学出版社2018年版,第31页。

[2] 杨仁寿:《法学方法论》,中国政法大学出版社1999年版,第163页。

[3] 黄茂荣:《法学方法与现代民法》(第五版),法律出版社2007年版,第492页。

[4] 易军:《原则/例外关系的民法阐释》,载《中国社会科学》2019年第9期。

[5] 参见[德]亚图·考夫曼:《类推与"事物本质"——兼论类型理论》,吴从周译,台北学林文化事业有限公司1999年版,中文版序言第7页。

[6] [德]亚图·考夫曼:《类推与"事物本质"——兼论类型理论》,吴从周译,台北学林文化事业有限公司1999年版,第117页。

[7] [德]亚图·考夫曼:《类推与"事物本质"——兼论类型理论》,吴从周译,台北学林文化事业有限公司1999年版,第109页。

[8] 转引自[德]莱奥·罗森贝克:《证明责任论》(第五版),庄敬华译,中国法制出版社2018年版,第118页。

合）则是以类推解释方法来加以操作的。考夫曼甚至认为，区分扩张解释与类推完全无可行性。所有拓展我们知识的认识永远是类推的认识。类推的前提是："存在物的一致性与差异性，统一性与多样性。"[1]"所有的法律发现都是一种类推的过程，而且指向扩张的结构，也说明这个一直令我们钦佩的现象：'制定法比立法者聪明'，亦即，从制定法中可以解读出立法者根本未作规定的判断。"[2]

"一般而言，法律类推的作用在于，将一项法律效果原封不动地转用于一项法律未曾考虑的构成要件，不过，仅仅将法律效果'大致'转用，亦无不可。"[3]"类推绝不是永远都是将被类推适用的法律规定（也即法律后果的规定）一字不差地适用于没有被调整的案件；类推也可能仅是相应地适用。"[4]

司法实践中的类推适用是立法上直接适用、参照适用条款供给不足情形下的权宜之计，成熟的类推适用结论有可能被立法化。1980年《婚姻法》第23条规定："有负担能力的兄、姊，对于父母已经死亡或父母无力抚养的未成年的弟、妹，有抚养的义务。"《最高人民法院关于对年老、无子女的人能否按婚姻法第二十三条类推判决有负担能力的兄弟姐妹承担抚养义务的复函》指出："上海市高级人民法院：你院（81）沪高民督字第54号'关于对年老、无子女的人，能否按照婚姻法第23条类推，判决有负担能力的兄弟姐妹承担抚养义务的请示报告'收悉。经研究，基本同意你院的意见。李荷秀过去对其弟妹尽过扶助义务，现年老，丧失劳动能力，又无子女赡养，参照婚姻法有关规定的精神，根据权利义务一致的原则，李培沅、李莉对李荷秀应承担抚养义务，但不宜用'类推'的提法。在处理中，要依靠李培沅、李莉等所在单位组织，对其进行思想教育。并主要根据他们的经济条件，争取调解解

---

[1] ［德］亚图·考夫曼：《类推与"事物本质"——兼论类型理论》，吴从周译，台北学林文化事业有限公司1999年版，第49页。

[2] ［德］亚图·考夫曼：《类推与"事物本质"——兼论类型理论》，吴从周译，台北学林文化事业有限公司1999年版，第95页。

[3] ［德］埃尔马·邦德：《类推：当代德国法中的证立方法》，吴香香译，载《求是学刊》2010年第3期。

[4] ［奥］恩斯特·A.克莱默：《法律方法论》，周万里译，法律出版社2019年版，第172页注660。

决。"《最高人民法院关于贯彻执行〈中华人民共和国民法通则〉若干问题的意见（试行）》第 140 条第 1 款规定："以书面、口头等形式宣扬他人的隐私，或者捏造事实公然丑化他人人格，以及用侮辱、诽谤等方式损害他人名誉，造成一定影响的，应当认定为侵害公民名誉权的行为。"该款实际上类推适用名誉权规定保护隐私权，以弥补隐私权制度的法律漏洞。"由于民法典大量采用了参照适用条款，所以就已经使得类推适用的余地越来越小，在此种情形下，法官必须依据法律的相关规定适用参照适用条款，而因为漏洞已经不存在，因而不能通过类推适用填补漏洞。"[1]

又如，类推适用《最高人民法院关于办理人身安全保护令案件适用法律若干问题的规定》第 6 条，《民法典》第 997 条人身安全保护令的申请人应当提供初步证据证明"行为人正在实施或者即将实施侵害其人格权的违法行为"，人民法院经审查确信待证事实存在较大可能性即可。

再如，《民法典》合伙合同一章是一般法，《合伙企业法》有关合伙协议的规定是特别法，优先适用特别法补充适用一般法的前提是一般法能够充分发挥兜底功能，如果一般法自身也有法律漏洞，如何处理？《民法典》合伙合同一章没有设置类似于《民法典》第 71 条那样的参照适用条款，没有明确规定通过对特别法的参照适用来填补一般法的法律漏洞。法律适用过程中，对《民法典》合伙合同的法律漏洞，可以通过类推适用《合伙企业法》的有关规定来填补。例如，第一，根据《民法典》第 974 条的规定，合伙人向合伙人以外的人转让其全部或者部分财产份额的，须经其他合伙人一致同意，该条并未规定其他合伙人是否享有同等条件下的优先购买权，此时可以类推适用《合伙企业法》第 23 条优先购买权规定。第二，第 974 条也没有规定合伙人之间转让在合伙企业中的财产份额时应当通知其他合伙人，对此可以类推适用《合伙企业法》第 22 条第 2 款的规定。第三，第 974 条没有规定新合伙人入伙规则，鉴于合伙人彼此之间的人合性特点，此时可以类推适用《合伙企业法》第 43 条第 1 款规定。第四，根据《民法典》第 976 条第 3 款合伙人对不定期合伙合同行使任意解除权时，应当在合理期限前通知其他合伙人，何

---

[1] 王利明：《民法典中参照适用条款的适用》，载《政法论坛》2022 年第 1 期。

谓"合理期限"？该款未作规定，此时可以类推适用《合伙企业法》第46条"提前三十日"的规定。第五，入伙的新合伙人对入伙前合伙债务是否承担无限连带责任？《民法典》未作规定，可以类推适用《合伙企业法》第44条第2款规定。退伙人对退伙前的合伙债务是否承担无限连带责任？《民法典》未作规定，同样可以类推适用《合伙企业法》第53条规定。

综上，类推适用和参照适用都以平等原则作为其法理基础，其核心工作都是对事物性质作类似性判断，都不是形式逻辑思维，而是价值评价思维。类推适用和参照适用都属于漏洞补充方法，类推适用是法律适用过程中的事中补漏视角，参照适用是立法上的事前补漏视角。类推适用是立法上直接适用、参照适用条款供给不足情形下的权宜之计，成熟的类推适用结论有可能被立法化，存在从类推适用向参照适用或者直接适用的转化关系。不同于直接适用，类推适用和参照适用过程中都可能存在对被类推适用或者被参照适用条文的变通调适。参照适用是法定类推适用，是立法者对法律适用者漏洞补充的授权和方法的指引。

（二）参照适用与拟制规范、推定规范

"法律后果参照的另一种形式就是法定的拟制。在这种方式中，法律有意识地将两个不同的事实构成等同，以期待取得预期的法律后果。"[1] "法学上的拟制是指有意地将明知为不同者同等对待。"[2] "所谓拟制是指对不同构成要件的事实明知其存在区别，而仍然规定具有相同的法律效果。"[3] 拟制性法条采取"视为"的立法技术，如《民法典》第16条、第18条第2款、第159条等。"民法中常用视为及推定两语。二者效力，不能无别。只曰推定，不过推测当事者之意思，及其他普通之事实而已。若反对之意思事实，获有证明之据，即失其效力。所谓视为者，乃完全之推定，不因有反证而失其效力者也。"[4]

---

[1] ［德］魏德士：《法理学》，吴越、丁晓春译，法律出版社2005年版，第64页。

[2] ［德］卡尔·拉伦茨：《法学方法论》（全本·第六版），黄家镇译，商务印书馆2020年版，第333页。

[3] 王利明：《民法典中参照适用条款的适用》，载《政法论坛》2022年第1期。

[4] ［日］富井政章：《民法原论》（第一卷），陈海瀛、陈海超译，杨廷栋修正，王兰萍点校，中国政法大学出版社2003年版，第70页。

司法实践中存在对类推适用与拟制的混淆。最高人民法院指导案例29号"天津中国青年旅行社诉天津国青国际旅行社擅自使用他人企业名称纠纷案",本案裁判要点有二:"1. 对于企业长期、广泛对外使用,具有一定市场知名度、为相关公众所知悉,已实际具有商号作用的企业名称简称,可以视为企业名称予以保护。2. 擅自将他人已实际具有商号作用的企业名称简称作为商业活动中互联网竞价排名关键词,使相关公众产生混淆误认的,属于不正当竞争行为。"该案裁判要点中所谓"视为企业名称予以保护"是拟制技术,但法学方法论上,拟制通常是作为立法技术存在,对应拟制性法条。"拟制终究无非类推。""拟制的本质是一种类推。""这种以一种证明为重要的观点为标准,而将不同事物相同处理之思想,亦即类推。"[1] 法律适用中的拟制实际上是类推适用,最高人民法院指导案例29号从法学方法论上看实际为类推适用,而非"视为"对应的拟制。

理论上存在对拟制、准用和直接适用的混淆。拉伦茨《法学方法论》一书甚至认为法律拟制和隐藏的指示参照并无不同。[2] 有一种法律拟制的情形是这样的:"其中一项特定的构成要件原本不存在,并且法律也并未主张其存在,而仅仅希望参照相应的规定。"[3]《民法典》第984条规定:"管理人管理事务经受益人事后追认的,从管理事务开始时起,适用委托合同的有关规定,但是管理人另有意思表示的除外。"有学者认为,该条具有拟制功能,其真正意义应指准用关于委托合同的规定,亦即法律效果准用。因为合同须经双方当事人相互表示一致始能成立,不能仅依当事人一方的意思表示,使无因管理此项事实行为,转换成为合同。实则当事人之间的法律关系仍为无因管理法律关系,仅依法于此特定情形下适用委托合同规范而已。[4] 实际上,受益

---

[1] [德]亚图·考夫曼:《类推与"事物本质"——兼论类型理论》,吴从周译,台北学林文化事业有限公司1999年版,第57页、第59页、第61页。

[2] 参见[德]卡尔·拉伦茨:《法学方法论》(全本·第六版),黄家镇译,商务印书馆2020年版,第334页。

[3] [德]罗尔夫·旺克:《法律解释》,蒋毅、季红明译,北京大学出版社2020年版,第38页。

[4] 参见易军:《论中国法上"无因管理制度"与"委托合同制度"的体系关联》,载《法学评论》2020年第6期。叶玮昱:《论无因管理的适法性》,载《经贸法律评论》2020年第4期。

人追认后，从管理事务开始时起，当事人之间就构成委托合同，法律关系发生质变，此时适用委托合同的有关规定顺理成章，并非准用或者拟制。

　　法律适用技术与立法技术可能存在转化，成熟的类推适用可能转化为立法的拟制性法条或者参照适用法条。例如，《民法典（草案）》第1017条对笔名、艺名、网名、字号、简称的保护规定："具有一定社会知名度的笔名、艺名、网名、字号、姓名和名称的简称等，被他人使用足以造成公众混淆的，与姓名和名称受同等保护。"该条文属于隐藏的引用，对应定义性拟制规范。不过，从立法技术的角度，可以对比反思《民法典（草案）》第1023条第2款的参照适用规定与第1017条拟制规定的区别。参照适用是主要相似但仍有一定差别，拟制是完全同一对待。《民法典》第1017条没有采纳拟制技术，而是采纳参照适用技术，该条规定："具有一定社会知名度，被他人使用足以造成公众混淆的笔名、艺名、网名、译名、字号、姓名和名称的简称等，参照适用姓名权和名称权保护的有关规定。"参照适用情形下的同等对待，程度上或多或少可以有所出入，不需要在每一个点上都被同样实行，而拟制或者直接适用则不然。

　　立法上何时配置拟制规范，何时配置直接适用（认定）规范，值得思考[1]，"并非所有带'视为'表述的规范均为拟制"[2]。例如，《民法典》第473条第2款规定："商业广告和宣传的内容符合要约条件的，构成要约。"2018年9月5日《民法典各分编（草案）》第264条第2款规定："商业广告的内容符合要约规定的，视为要约。"2022年1月1日起施行的《全国人民代表大会常务委员会关于修改〈中华人民共和国民事诉讼法〉的决定》第7条：将第九十二条改为第九十五条，第一款修改为："受送达人下落不明，或者用本节规定的其他方式无法送达的，公告送达。自发出公告之日起，经过三十日，即视为送达。"《民事诉讼法》对留置送达和公告送达都采取"视为送达"的拟制技术。《市场主体登记管理条例》第30条第4款规定："市场主体歇业

---

[1] 卡尔·拉伦茨也曾表达过这种困惑。参见［德］卡尔·拉伦茨：《法学方法论》（全本·第六版），黄家镇译，商务印书馆2020年版，第335—336页。
[2] 张焕然：《论拟制规范的一般结构——以民法中的拟制为分析对象》，载《法制与社会发展》2021年第4期。

的期限最长不得超过 3 年。市场主体在歇业期间开展经营活动的，视为恢复营业，市场主体应当通过国家企业信用信息公示系统向社会公示。"结合《民法典》第 140 条，市场主体在歇业期间开展经营活动的，是默示作出恢复营业的意思表示，还是"视为恢复营业"？值得思考。

参照适用不同于拟制，也不同于推定或者直接认定。推定规范可以针对法律条文中的某个构成要件事实，也可以针对法律条文中的法律后果。推定规范可以是民事法律事实推定，也可以是民事权利推定。《民法典》第 1222 条规定三种情形下"推定医疗机构有过错"，实际上不宜配置推定规范，"推定"二字改为"认定"更妥当。法律推定规范不同于拟制规范，拟制是不可反驳推翻的推定。

（三）参照适用与引用性规范

作为一种立法技术，指示参引（Verweisung）"有助于连接法律的外在体系，避免重复规定相同的规范"[1]。"'参照适用'与指引性条款指向的条文之适用，存在一定的差异。指引性条款指向的法律条文，是必须完全适用的，不能参照、酌定。"[2] 有学者将指示参引性法条作为参照适用法条和直接适用法条的上位概念。[3]

有学者认为，《瑞士民法典》第 7 条、第 91 条第 2 款、第 714 条第 2 款均属于直接引用性法条（指引性条款）。《瑞士债法典》第 119 条第 2 款、第 364 条第 1 款、第 412 条第 2 款、第 557 条第 2 款、第 799 条、第 800 条、第 801 条均属于指引性条款。[4] 笔者认为，《瑞士民法典》第 7 条直接适用规定，理论和实务通说均将之解释为类推适用。本段前述所列条文中，《瑞士债法典》第 412 条第 2 款类似于我国《民法典》第 808 条、第 918 条，属于补充适用之义。《瑞士债法典》第 798 条 a 第 2 款、第 798 条 b、第 799 条、第 800 条、第

---

[1] [奥]恩斯特·A. 克莱默：《法律方法论》，周万里译，法律出版社 2019 年版，第 62 页。

[2] 张新宝：《〈中华人民共和国民法总则〉释义》，中国人民大学出版社 2017 年版，第 212 页。

[3] 参见黄茂荣：《法学方法与现代民法》，法律出版社 2007 年版，第 173 页。易军：《买卖合同之规定准用于其他有偿合同》，载《法学研究》2016 年第 1 期。

[4] 参见[奥]恩斯特·A. 克莱默：《法律方法论》，周万里译，法律出版社 2019 年版，第 62—63 页。

801 条德文版中均有"entsprechend anwendbar"一词,一中译本的译者将之译为"类推适用"[1],另一中译本译者将之译为"准用"[2]。吊诡的是,《瑞士债法典》英文版在这几个条文中使用"apply"一词,则为"适用"之义。瑞士官方语言不包括英语,《瑞士债法典》英文版将"entsprechend anwendbar"对译为"apply",这在一定程度上反映出英美法系思维对大陆法系思维中准用/参照适用的忽视,参照适用的更妥当译法是"reference application"或者"apply accordingly"。

我国《民法典》第 269 条第 2 款、第 363 条、第 387 条第 2 款、第 464 条第 2 款前段、第 468 条前段、第 474 条、第 475 条、第 484 条、第 485 条、第 508 条、第 808 条、第 918 条、第 1001 条前段、第 1030 条、第 1176 条第 2 款即引用性法条,这些法条中的"适用"起到指引性作用,是直接适用和补充适用等不同具体情形。《民法典》第 508 条、第 808 条、第 918 条中的"适用"均为补充适用之义。还有一些引用性法条没有出现"适用"一词,但从其逻辑结构上,自可得此结论,如《民法典》第 534 条、第 644 条、第 645 条,这些条文用词为"依照"。这些引用性法条(指引性条款)解决一般法与特别法的法律适用关系,从法律解释适用角度看,当可包含于《民法典》第 11 条之中。

总体上,笔者认为参照适用条款属于引用性规范的下位概念,引用性规范除参照适用条款外,还包括直接适用或者补充适用条款。

(四)参照适用与直接适用

"参照适用"是一种"授权式类推适用",法官并非必须适用,而是有着自由裁量的余地。"参照适用"意味着拟处理案件事实与被参照法律规范构成要件事实具有相似性,"适用"表明的则是相同性。"参照适用"和"适用"

---

[1] 于海涌、唐伟玲翻译的《瑞士债法典》第 798 条 a 第 2 款、第 798 条 b、第 799 条、第 800 条、第 801 条均将"apply"翻译为"类推适用",并不妥当。参见《瑞士债法典》(2017 年 1 月 1 日瑞士联邦议会官方法文修订版),于海涌、[瑞士]唐伟玲译,赵希璇校,法律出版社 2018 年版,第 375 页。

[2] 参见《瑞士债务法》(修订截至 2016 年 1 月 1 日),戴永盛译,中国政法大学出版社 2016 年版,第 363—364 页。

两种立法技术都具有避免立法上烦琐重复的功能。

"适用"条款指示明确，不存在法律漏洞，不存在立法者对法律适用者的授权。典型的"适用"条款，如《公司法》第99条、第108条第3款和第4款，《合同法》第26条第2款、第302条第2款、第303条第2款，又如《民法典》第21条第2款、第502条第3款、第556条、第823条第2款、第824条第2款、第984条、第1034条第3款、第1054条第1款、第1072条第2款、第1111条第1款。

有学者认为："准用即对于适用之语也。适用法规云者，当然应用之之谓也。惟时或因防止疑义之故，特示应用于某事之旨。准用则取他事所定之条规，以用诸类似之事之谓。盖立法之理由既同，斯法律上之处置无异。"[1]这似乎混淆了准用和直接适用。有学者认为，《合同法》第26条第2款、第302条第2款、第303条第2款属于具体准用法条，[2]这混淆了参照适用条款与直接适用条款，前述三个条款均属于直接适用条款，不存在立法者对法律适用者自由裁量权的授予。

《民法典》第467条规定："本法或者其他法律没有明文规定的合同，适用本编通则的规定，并可以参照适用本编或者其他法律最相类似合同的规定。在中华人民共和国境内履行的中外合资经营企业合同、中外合作经营企业合同、中外合作勘探开发自然资源合同，适用中华人民共和国法律。"该条第1款中的"适用"为直接适用、优先适用。第2款中的"适用"为直接适用。对中外合资经营企业合同、中外合作经营企业合同、中外合作勘探开发自然资源合同准据法的选择，还需协调《民法典》第467条第2款和《涉外民事关系法律适用法》第41条的关系。

《物权法》第148条规定："建设用地使用权期间届满前，因公共利益需要提前收回该土地的，应当依照本法第四十二条的规定对该土地上的房屋及其他不动产给予补偿，并退还相应的出让金。"《民法典》第358条规定："建设用

---

[1] [日]富井政章：《民法原论》（第一卷），陈海瀛、陈海超译，杨廷栋修正，王兰萍点校，中国政法大学出版社2003年版，第69页。

[2] 参见易军：《买卖合同之规定准用于其他有偿合同》，载《法学研究》2016年第1期。

地使用权期限届满前，因公共利益需要提前收回该土地的，应当依据本法第二百四十三条的规定对该土地上的房屋以及其他不动产给予补偿，并退还相应的出让金。"笔者认为，不同于因建设用地使用权人闲置建设用地而收回，该条对应情形下，建设用地使用权人没有任何可归责性，此时，基于公共利益而提前收回建设用地导致建设用地使用权消灭的，应该遵循《民法典》第 243 条规定的征收程序，不能仅准用第 243 条的征收补偿规则。《民法典》第 358 条中的"应当依据"是直接适用之义。

立法误将直接适用配置为参照适用，会松动法律规范的强约束力，给法官带来不妥当的自由裁量权。例如，有学者指出《农业保险条例》第 16 条误将直接适用配置为参照适用。[1]

立法上误将参照适用配置为直接适用，会带来不合宜的等量齐观。《担保法》第 78 条规定："以依法可以转让的股票出质的，出质人与质权人应当订立书面合同，并向证券登记机构办理出质登记。质押合同自登记之日起生效。股票出质后，不得转让，但经出质人与质权人协商同意的可以转让。出质人转让股票所得的价款应当向质权人提前清偿所担保的债权或者向与质权人约定的第三人提存。以有限责任公司的股份出质的，适用公司法股份转让的有关规定。质押合同自股份出质记载于股东名册之日起生效。"《最高人民法院关于适用〈中华人民共和国担保法〉若干问题的解释》第 103 条规定："以股份有限公司的股份出质的，适用《中华人民共和国公司法》有关股份转让的规定。以上市公司的股份出质的，质押合同自股份出质向证券登记机构办理出质登记之日起生效。以非上市公司的股份出质的，质押合同自股份出质记载于股东名册之日起生效。"上述股权质押对股权转让的直接适用，存在立法技术的失当。股权质押不必然改变出质人的股东身份，股权质押仅具有股权转让的可能性，而非必然性。[2] 只有当股权质押实现时，方涉及股权转让问题。直接适用股权转让规则，这就对出质人出质股权做了更多不必要的限制，没有顾及股权质押和股权转让的性质差异，对二者做了不适当的等量齐

---

[1] 参见王利明：《民法典中参照适用条款的适用》，载《政法论坛》2022 年第 1 期。

[2] 参见刘牲：《民事准用制度探析》，载《苏州大学学报（哲学社会科学版）》2016 年第 4 期。

观。从立法技术上看,股权质押对股权转让规则参照适用方为妥当。有学者认为《最高人民法院关于适用〈中华人民共和国民法典〉有关担保制度的解释》(以下简称《民法典担保制度司法解释》)第20条误将参照适用配置为直接适用。[1]

最高人民法院关于适用《中华人民共和国民法典》担保部分的解释(征求意见稿)第1条规定:"因抵押、质押、留置、保证等担保方式发生的纠纷,适用本解释。因所有权保留、融资租赁、保理等其他具有担保功能的合同发生的纠纷,适用本解释,但是根据其性质不能适用的除外。""债务人或者第三人提供的反担保,适用本解释。"该条第1款后段实质上为参照适用条款,类似于《民法典》第468条后段。《民法典担保制度司法解释》第1条规定:"因抵押、质押、留置、保证等担保发生的纠纷,适用本解释。所有权保留买卖、融资租赁、保理等涉及担保功能发生的纠纷,适用本解释的有关规定。"该条后段使得该解释直接适用于所有权保留买卖、融资租赁、保理等涉及担保功能发生的纠纷,而非参照适用,法官无自由裁量权。

《最高人民法院关于适用〈中华人民共和国民法典〉婚姻家庭编的解释(一)》第28条规定:"一方未经另一方同意出售夫妻共同所有的房屋,第三人善意购买、支付合理对价并已办理不动产登记,另一方主张追回该房屋的,人民法院不予支持。夫妻一方擅自处分共同所有的房屋造成另一方损失,离婚时另一方请求赔偿损失的,人民法院应予支持。"据此,夫妻共同共有房屋被一方无权处分时,是直接适用善意取得制度,而非参照适用或者类推适用。司法解释的起草者将此种情形直接涵摄到《民法典》第311条第1款和第2款善意取得之下。在婚姻法学理论上,夫妻共同共有房屋被一方无权处分时,存在对能否直接适用善意取得制度的不同意见。笔者认为,本质上还是善意取得制度在婚姻家庭领域究竟是直接适用还是参照适用问题。

---

[1] 参见王利明:《民法典中参照适用条款的适用》,载《政法论坛》2022年第1期。

（五）参照适用与补充适用

《民法典》第 10 条、第 198 条、第 424 条后段[1]、第 446 条后段、第 467 条第 1 款前段、第 511 条、第 602 条、第 603 条、第 616 条、第 626 条、第 769 条、第 808 条、第 827 条第 1 款、第 918 条、第 1065 条中的"适用"是补充适用的意思。

《民法典》474 条、第 475 条、第 484 条、第 485 条、第 508 条都属于"直接适用"条款，而非"补充适用"条款。理由在于，这些条文中被指引的规范都被从合同编提炼到总则编中，成为被提取出的公因式，原本属于合同编规范，被提炼后就质变为总则编规范，以协调《民法典》各分编与总则编的法律适用关系，从法律解释适用角度看，这些法条对应的结论不是"先分则后总则"的适用方法，而是基于从分编中直接被"提取公因式"成为总则编规范。例如，《民法典》第 508 条规定："本编对合同的效力没有规定的，适用本法第一编第六章的有关规定。"该条通过直接适用和引致规定，搭建了合同编和总则编沟通的桥梁。有学者将《民法典》第 464 条、第 467 条和第 468 条作为准用规则加以肯定，又将《民法典》第 466 条、第 474 条、第 475 条、第 484 条、第 485 条、第 497 条作为应当予以减少的准用性规范加以列举和否定，[2]这本身就显示作者未有效区分准用规定（参照适用规定）与直接适用规定，这两类规定功能不同，不宜等同视之。

补充适用和参照适用常被混淆。《行政诉讼法》第 101 条规定："人民法院审理行政案件，关于期间、送达、财产保全、开庭审理、调解、中止诉讼、终结诉讼、简易程序、执行等，以及人民检察院对行政案件受理、审理、裁判、执行的监督，本法没有规定的，适用《中华人民共和国民事诉讼法》的相关规定。"[3]有学者认为《行政诉讼法》第 101 条"可视为行政诉讼对民事

---

[1] 对应《物权法》第 207 条后段，有学者认为该规定属于准用。参见王利明：《法学方法论》，中国人民大学出版社 2018 年版，第 502 页。这实际上混淆了准用与补充适用。

[2] 参见刘承韪：《民法典合同编的立法取向与体系开放性》，载《环球法律评论》2020 年第 2 期。

[3] 类似地，《企业破产法》第 4 条规定："破产案件审理程序，本法没有规定的，适用民事诉讼法的有关规定。"

诉讼规则的类推或准用"[1]。《最高人民法院关于适用〈中华人民共和国行政诉讼法〉若干问题的解释》第14条规定:"人民法院审查行政机关是否依法履行、按照约定履行协议或者单方变更、解除协议是否合法,在适用行政法律规范的同时,可以适用不违反行政法和行政诉讼法强制性规定的民事法律规范。"该条最后一句中的"适用"也是补充适用之义。《最高人民法院关于适用〈中华人民共和国行政诉讼法〉的解释》第141条第1款规定:"人民法院一并审理相关民事争议,适用民事法律规范的相关规定,法律另有规定的除外。"该款中的"适用"为直接适用之义。

《民法典》第960条和第966条配置参照适用条款,第808条和第918条配置补充适用条款,立法技术上的这种差别做法是否都经过了充分论证?是否可能混淆了补充适用和参照适用?值得思考。

《民法典》第808条规定:"本章没有规定的,适用承揽合同的有关规定。"有学者认为承揽合同的有关规定对建设工程合同是参照适用:"对于建筑合同相关纠纷,应当优先适用《民法典》中'建筑合同'章的有关规定。只有在没有这些特别法可以依据的时候,才回归到如何参照适用与承揽或委托有关的规范。"[2]《民法典》第808条通过补充适用承揽合同的有关规定兜住建设工程合同法律适用之底,本条属于补充适用条款,本条前段所谓"本章没有规定的"不限于民法典建设工程合同一章,还应该及于《最高人民法院关于审理建设工程施工合同纠纷案件适用法律问题的解释(一)》。例如,建设工程施工合同中的发包人是否享有第787条所规定的任意解除权?建设工程施工合同中的承包人是否享有第783条的留置权?对此,需要结合运用其他法律解释方法来作出回答。一方面,《民法典》"建设工程合同"一章中没有规定发包人的任意解除权,《最高人民法院关于审理建设工程施工合同纠纷案件适用法律问题的解释》第8条规定了发包人的法定解除权。结合合同的性质和目的,根据目的解释方法,建设工程施工合同标的物具有特殊性,建造工程耗费时间长,投入人力、物力与财力大。一旦

---

[1] 王春蕾:《行政协议诉讼中的〈民法典〉准用》,载《现代法学》2021年第3期。
[2] 唐波涛:《承揽合同的识别》,载《南大法学》2021年第4期。

赋予发包人任意解除权，会给承包人造成极大的损失，对此不能扩大任意解除权的适用范围。因此，建设工程施工合同的发包人不享有任意解除权。根据《民法典》第788条第2款，除建设工程施工合同之外，建设工程合同还包括建设工程勘察合同和设计合同，笔者认为，对建设工程设计合同而言，可以补充适用第787条所规定的任意解除权。另一方面，结合合同性质和目的，运用目的解释方法，第807条建设工程施工合同价款优先受偿权不适用于建设工程勘察合同或者设计合同。进一步，建设工程勘察合同和设计合同可以补充适用第783条承揽合同留置权规则。建设工程施工合同价款优先受偿权与第783条留置权规则冲突，对建设工程施工合同不适用留置权规则，这不属于"本章没有规定"之情形。但对建设工程施工合同可以适用《民法典》第783条新增的"有权拒绝交付"规则，这是举重以明轻解释方法的结论。

《民法典》第769条保理合同补充适用债权转让的有关规定："本章没有规定的，适用本编第六章债权转让的有关规定。"该条存在隐藏漏洞。一方面，结合第761条，保理合同是应收账款债权人将现有的或者将有的应收账款转让给保理人，保理人提供资金融通、应收账款管理或者催收、应收账款债务人付款担保等服务的合同。保理合同实际上是混合合同的有名化、典型化，其法律适用方法应该结合债权转让、资金融通、应收账款管理或者催收、应收账款债务人付款担保等不同服务，分别确定补充适用的依据。另一方面，结合第766条和第767条，保理包括当事人约定有追索权保理和当事人约定无追索权保理，二者具有合同性质的根本差异，对无追索权保理（保理人风险收益自担）存在补充适用债权转让规定的可能，对有追索权保理（应收账款债权人兜底应收账款风险）则无此可能。

《民法典》第1113条第1款规定："有本法第一编关于民事法律行为无效规定情形或者违反本编规定的收养行为无效。"本款将总则编民事法律行为无效规定情形引入，属于补充适用，此时，究竟是补充适用总则编还是参照适用最相类似的法律规定？值得思考。例如，我国台湾地区判例："结婚与收养子女同为发生身份关系之行为，关于结婚无效及撤销违法婚姻之规定，在收养无效及撤销违法收养时，亦有同一之法律理由，自应类推适用,……"[1] 此外,单从总则编规定和本编规定的适用顺序上,也应该首先适用本编规定,然后补充适用总则编规定,因此,建议《民法典》第1113条第1款进一步完善为:"违反本编规定或者本法总则编关于民事法律行为无效规定的收养行为无效。"不过,应该区分违反本编规定的收养行为究竟是无效还是不成立,不能用无效后果掩盖不成立制度的独立性。

(六)对民商事司法裁判中"参照适用"方法的实证观察

民商事司法裁判中类推适用案例增多,特别是在合同报酬或者价款支付期限、标的物检验期限、解除权行使期限等疑难案件中。民商事司法裁判中还存在对"参照适用"与"类推适用"的混淆,对类推适用、参照适用的论证推理展开过程也不够重视,裁判说理不够充分,甚至没有意识到相对比于普通法律解释方法,法官在类推适用或者参照适用中有更重的论证负担,这都会影响裁判的可接受性。"类推能否成立,取决于类推基础的一般化是否足以令人信服。……类推的法律确信度非在逻辑严格性,而在于大前提的信服力。"[2]"法定类推已经明确要求'参照',而法官在依职权类推时需要自行'参照',在自行参照的过程中往往忽略了参照而直接变成了适用。"[3]"在类推词汇使用上,最常见的方式为使用'参照'一词后直接援引相应的法律规则,仅在少数案件中法官明确使用了'类推适用'一词,尽管'参照'之本质乃类推适用。"[4] 疑难案件中还存在对参照适用条款的过分扩张,如对《合同法》第174条有偿合同参照适用买卖合同规则的扩张,缺乏对相似性的充分论证,参照适用就会带来不合宜的"等量齐观"。在股权转让纠纷中,对《合同法》第167条分期付款买卖合同解除权规则的参照

---

[1] 转引自王泽鉴:《举重明轻、衡平原则与类推适用》,载王泽鉴:《民法学说与判例研究》(重排合订本),北京大学出版社2015年版,第69页、第88页。

[2] [德]埃尔马·邦德:《类推:当代德国法中的证立方法》,吴香香译,载《求是学刊》2010年第3期。

[3] 张弓长:《中国法官运用类推适用方法的现状剖析与完善建议——以二项重要的合同法制度为例》,载《中国政法大学学报》2018年第6期。

[4] 张弓长:《中国法官运用类推适用方法的现状剖析与完善建议——以三项重要的合同法制度为例》,载《中国政法大学学报》2018年第6期。

适用更是聚讼纷纭。指导案例 67 号认为《合同法》第 167 条不能类推适用于分期付款股权转让合同解除，"虽然指导案例 67 号的判决结果是正确的，但是其说理不充分、观点不恰当的裁判理由体现出法官运用类推适用方法能力的不足，并对其后的司法实践产生了不良影响。反思商事无名合同的立法现状和法律漏洞填补的司法现状，《民法典》作出的努力值得肯定，未来应继续坚持在立法中重视商法的特殊价值，并加强对于法官运用类推适用方法过程的监督和指导"[1]。

《合同法》第 174 条在"适中最普遍的问题是法院的说理太过简单，不少判决仅仅把第 174 条的条文与被引用的买卖合同章的条文复述一遍"[2]。适用《合同法》第 174 条的案件中，瑕疵担保责任制度是买卖合同各制度中被准用频率最高的。[3]

普通法律解释方法对应的司法三段论有比较成熟的裁判推理模式，但类推适用或者参照适用对应的案件裁判说理论证过程较为混乱，相对成为理论和实务盲点。作为法定类推适用或者授权式类推适用，法官在参照适用中的论证负担确实不同于类推适用，法官不必像在类推适用中那样去论证为什么在多种法律漏洞补充方法中选择了类推适用，但法官在参照适用中仍有对何时参照和如何参照的论证负担。当然，在类推适用过程中，法官也有对何时类推和如何类推的论证负担。

四、我国民法典中参照适用条款总览

我国民法典中存在大量的参照适用条款，民法典中"参照"出现 35 次，具体到"参照适用"则有 28 次，对应 28 个形式意义上的参照适用条款，此外还有 2 个实质意义上的参照适用条款。民法典中的参照适用法律技术开始被广泛借鉴，向其他部门法扩展。中国人大网 2022 年 6 月 24 日公布《民事

---

[1] 张平华、于惠：《分期付款股权转让合同解除制度之漏洞填补——以最高人民法院第 67 号指导性案例为切入点》，载《经贸法律评论》2021 年第 4 期。

[2] 易军：《买卖合同之规定准用于其他有偿合同》，载《法学研究》2016 年第 1 期。

[3] 参见易军：《买卖合同之规定准用于其他有偿合同》，载《法学研究》2016 年第 1 期。

强制执行法（草案）》。《民事强制执行法（草案）》在立法技术上参考《民法典》编纂的有益经验，采取总分结构，采取"提取公因式"和参照适用立法技术，提高了立法的体系性和简约性。《民事强制执行法（草案）》有7个参照适用条款。围绕草案中的参照适用条款，笔者曾提出相应立法建议：第一，《民事强制执行法（草案）》第147条规定："对动产的执行，本章没有规定的，适用本法第九章的规定。"对动产的执行不同于对不动产的执行，笔者曾建议将该条中的"适用"改为"参照适用"。第二，《民事强制执行法（草案）》第十三章规定"对共有财产的执行"，该章共有财产的范围显然不能简单等同于《民法典》物权编中的"共有"，所以才被列在第九至十二章之后，而第171条又直接引用《民法典》第301条，就在本章调整范围上存在前后不一致。笔者曾建议第171条借鉴《民法典》第311条的立法技术，第1款明确为共有的不动产或者动产，增加第2款：对其他共有财产的直接变价分割参照适用第1款。第三，《民事强制执行法（草案）》第190条规定："第三人占有执行依据确定交付标的物的，人民法院可以依照本法第十一章第二节的规定执行。"直接适用、补充适用不同于参照适用，笔者曾建议将本条第2句改为"人民法院可以参照适用本法第十一章第二节的有关规定。"

《民法典》中2个实质意义上的参照适用条款分别是第468条后段、第806条第3款。第468条："非因合同产生的债权债务关系，适用有关该债权债务关系的法律规定；没有规定的，适用本编通则的有关规定，但是根据其性质不能适用的除外。"第806条第3款的"参照"应该被替换为"参照适用"，也可作为实质意义上的参照适用条款，第806条第3款："合同解除后，已经完成的建设工程质量合格的，发包人应当按照约定支付相应的工程价款；已经完成的建设工程质量不合格的，参照本法第七百九十三条的规定处理。"

《民法典》中28个形式意义上的参照适用条款，包括总则编第71条、第108条、第174条，物权编第310条、第311条、第319条、第343条、第371条、第414条、第439条，合同编第464条、第467条、第521条、第642条、第646条、第647条、第656条、第690条、第851条、第872条、

第 873 条、第 876 条、第 960 条、第 966 条，人格权编第 1001 条、第 1023 条第 1 款、第 1023 条第 2 款。具体如下：

第 71 条："法人的清算程序和清算组职权，依照有关法律的规定；没有规定的，参照适用公司法律的有关规定。"

第 108 条："非法人组织除适用本章规定外，参照适用本编第三章第一节的有关规定。"

第 174 条第 2 款："作为被代理人的法人、非法人组织终止的，参照适用前款规定。"

第 310 条："两个以上组织、个人共同享有用益物权、担保物权的，参照适用本章的有关规定。"

第 311 条第 3 款："当事人善意取得其他物权的，参照适用前两款规定。"

第 319 条："拾得漂流物、发现埋藏物或者隐藏物的，参照适用拾得遗失物的有关规定。法律另有规定的，依照其规定。"

第 343 条："国家所有的农用地实行承包经营的，参照适用本编的有关规定。"

第 371 条："以遗嘱方式设立居住权的，参照适用本章的有关规定。"

第 414 条第 2 款："其他可以登记的担保物权，清偿顺序参照适用前款规定。"

第 439 条第 2 款："最高额质权除适用本节有关规定外，参照适用本编第十七章第二节的有关规定。"

第 464 条第 2 款："婚姻、收养、监护等有关身份关系的协议，适用有关该身份关系的法律规定；没有规定的，可以根据其性质参照适用本编规定。"

第 467 条第 1 款："本法或者其他法律没有明文规定的合同，适用本编通则的规定，并可以参照适用本编或者其他法律最相类似合同的规定。"

第 521 条第 3 款："连带债权参照适用本章连带债务的有关规定。"

第 642 条第 2 款："出卖人可以与买受人协商取回标的物；协商不成的，可以参照适用担保物权的实现程序。"

第 646 条："法律对其他有偿合同有规定的，依照其规定；没有规定的，参照适用买卖合同的有关规定。"

第 647 条："当事人约定易货交易，转移标的物的所有权的，参照适用买卖合同的有关规定。"

第 656 条："供用水、供用气、供用热力合同，参照适用供用电合同的有关规定。"

第 690 条第 2 款："最高额保证除适用本章规定外，参照适用本法第二编最高额抵押权的有关规定。"

第 851 条第 4 款："当事人之间就具有实用价值的科技成果实施转化订立的合同，参照适用技术开发合同的有关规定。"

第 872 条第 2 款："让与人承担违约责任，参照适用前款规定。"

第 873 条第 2 款："受让人承担违约责任，参照适用前款规定。"

第 876 条："集成电路布图设计专有权、植物新品种权、计算机软件著作权等其他知识产权的转让和许可，参照适用本节的有关规定。"

第 960 条："本章没有规定的，参照适用委托合同的有关规定。"

第 966 条："本章没有规定的，参照适用委托合同的有关规定。"

第 1001 条："对自然人因婚姻家庭关系等产生的身份权利的保护，适用本法第一编、第五编和其他法律的相关规定；没有规定的，可以根据其性质参照适用本编人格权保护的有关规定。"

第 1017 条："具有一定社会知名度，被他人使用足以造成公众混淆的笔名、艺名、网名、译名、字号、姓名和名称的简称等，参照适用姓名权和名称权保护的有关规定。"

第 1023 条第 1 款："对姓名等的许可使用，参照适用肖像许可使用的有关规定。"

第 1023 条第 2 款："对自然人声音的保护，参照适用肖像权保护的有关规定。"

五、比较法上参照适用技术集成

参照适用／准用（对应德文 entsprechende Anwendung）是大陆法系常用的立法技术，德法日瑞（士）民法典均有准用条款。日本民法典中"准用"

出现 211 次，"民法中载准用二字之条文甚多"[1]。德国民法学方法论中的类推适用对应 Analogie。有关类推（analogy）的英文文献关注的大多并非对实定法的类推，而是作为先例裁判方法的类推。

我国民法典中的参照适用条款多有"参照适用……规定"的用语，类似地，我国台湾地区"民法"中"准用性条文甚多"[2]，有"准用……规定"的用语。如我国台湾地区"民法"第 187 条第 4 款、第 261 条、第 347 条、第 398 条、第 426 条、第 772 条、第 786 条第 4 款、第 787 条第 2 款、第 796 条之一第 2 款、第 796 条之二、第 831 条。准用是授权式类推适用，是法律明文规定将某法律规定适用于另一类型案件之上。立法上称为准用或者参照适用，司法裁判中称为类推适用。我国台湾地区司法实践中也存在对准用与类推适用的混淆，例如所谓意思通知"准用"关于意思表示之规定、无权代表"准用"关于无权代理之规定，这些所谓"准用"亦称为类推适用。[3]

"在罗马法的法律发现中偶尔也可类推适用（相应的）既有法律规范。类推的前提是，成文法规范所调整的事实构成与待决案情具有法律相似性。在这种情形下，就可以将待决案情与有法律相似性的法律规范中的相同法律效果相联接。……在罗马法学家的解释中，并未完全严格区分拟制与类推。法学家法中经常这样做，目的是使在某个确定案件中的法能够适用于具有法律相似性的案件。"[4] 古罗马法中的类推适用方法可以克服法秩序中的形式主义。《十二表法》规定四脚动物的所有人对其动物出于野性造成的损失承担责任。布匿战争后，非洲鸵鸟被带入意大利，裁判官用类推适用方法将原有规定适用于两脚动物造成损害案件中。

大陆法系其他国家民法典中的类似概念经常被翻译为"准用"，对应德语

---

[1] [日] 富井政章：《民法原论》（第一卷），陈海瀛、陈海超译，杨廷栋修正，王兰萍点校，中国政法大学出版社 2003 年版，第 69 页。

[2] 王泽鉴：《举重明轻、衡平原则与类推适用》，载王泽鉴：《民法学说与判例研究》（重排合订本），北京大学出版社 2015 年版，第 82 页。

[3] 参见王泽鉴：《举重明轻、衡平原则与类推适用》，载王泽鉴：《民法学说与判例研究》（重排合订本），北京大学出版社 2015 年版，第 81—82 页。

[4] [德] 马克斯·卡泽尔、罗尔夫·克努特尔：《罗马私法》，田士永译，法律出版社 2018 年版，第 72 页、第 73 页。

中的 entsprechende Anwendung，如《德国民法典》第 254 条第 2 款后段，第 506 条第 1 款前段。德国民法学方法论区分类推适用（类比）与准用，前者对应德语中的 Analogie。《日本民法典》第 546 条也使用"准用"一词。

《法国民法典》中没有出现明确的参照适用／准用条款，在引用性法条的类型上，该法更多配置的是直接适用条款，如《法国民法典》第 279 条、第 279-1 条、第 286 条、第 302 条、第 303 条、第 304 条、第 308 条、第 342-5 条、第 365 条、第 374-2 条、第 436 条、第 456 条、第 515-5-3 条、第 515-6 条、第 813 条、第 815-6 条、第 815-18 条、第 1061 条、第 1297 条、第 1542 条、第 1707 条、第 1830 条、第 1845-1 条、第 1872-1 条、第 1873 条、第 2259 条。[1] 运用功能比较分析方法，在处理买卖合同和互易合同的法律适用关系时，我国《民法典》第 647 条配置了互易合同参照适用买卖合同有关规定的漏洞补充方法，《法国民法典》第 1707 条则规定："有关买卖契约的其他所有规则，均适用于互易。"可以说，《法国民法典》中没有参照适用这一法律发展方法，直接适用掩盖了参照适用的光芒。

《荷兰民法典》不设置大总则，只设财产法总则，并在财产法总则第 326 条规定只要自然人和家庭的法律规则不和法律行为或法律性质抵触，就可准用（apply accordingly）财产法总则，这就淡化了财产法总则和民法总则的差异。第 326 条规定："以与法律行为或法律关系的性质不相冲突为限，本章规定准用于财产法以外的法律领域。"[2]

比较法上经常使用的是类推适用的立法技术。如《意大利民法典》第 12 条第 2 款规定："在无法根据一项明确的规定解决歧义的情况下，应当考虑调整类似情况或者类似领域的规定；如果仍然有疑问，则应当根据国家法律秩序中的一般原则决定。"《西班牙民法典》第 4 条第 1 款规定："针对特别事项没有可以适用的法律规定，但其他规则对类似的事项作出规定的，可以类推

---

[1] 感谢中国政法大学民商经济法学院博士生吴沂哲同学的检索协助。

[2] 王卫国主译：《荷兰民法典》（第 3 编、第 5 编、第 6 编），中国政法大学出版社 2006 年版，第 27 页。Article 3 :326 of Dutch Civil Code [Applicability of Title 3.11 to legal relationships outside the field of property law] The provisions of the present Title apply accordingly outside the field of property law as far as the nature of the involved legal relationship does not oppose to this.

适用后者。"《葡萄牙民法典》第 10 条第 1 款、第 2 款规定："法律无规定之情况，受适用于类似情况之规定规范。法律调整某一情况所依据之理由，于法律未规定之情况中亦成立时，该两种情况为类似。"《奥地利通用民法典》第 7 条前段规定："在不能按照词句，也不能按照法律的自然意思裁判时，应当考虑法律明确规定的类似案件以及与该法律相近的其他法律的理由……"《秘鲁民法典》第 4 条规定："设定例外或限制权力的法律，不得被类推适用。"

《瑞士民法典》第 7 条规定："《债法》关于契约的成立、履行和终止的一般规定，亦适用（Anwendung）于其他的民事法律关系。"类似规定还有《法国民法典》第 1324 条、《奥地利民法典》第 876 条。立法上此种不加限制地将债法规定适用于其他民事法律关系领域，司法和法学理论上无可避免地仍需通过类推适用/参照适用来避免不合宜的等量齐观。如德国学者卡纳里斯倾向于将此种"适用"解释为"类推适用"，认为立法者对单方民事法律行为等其他民事法律行为可以规定原则上类推适用调整合同关系的有关条文。[1] 奥地利学者克莱默也认为，《瑞士民法典》第 7 条整体参引的规定带来相应（entsprechend）、合乎意义（sinngemäß）（不一定是字面上）地适用《债法》规定的结果。[2]

---

[1] ［德］克劳斯-威廉·卡纳里斯：《民法典总则的功能及其作用的限度》，陈大创译，载王洪亮、张双根、田士永、朱庆育、张谷主编：《中德私法研究》第 10 卷，北京大学出版社 2015 年版，第 86—99 页。

[2] 参见［奥］恩斯特·A. 克莱默：《法律方法论》，周万里译，法律出版社 2019 年版，第 62 页注 232。

第二章　参照适用在民法学方法论中的功能地位

从法律适用方法的角度，参照适用（准用）、类推适用、拟制、直接适用、补充适用属于不同的法律思考方法和法律适用方法。从方法论功能地位的角度，参照适用方法也有其独特性。

民法典不可能做到完美无缺、天衣无缝，那只能是法典的"理想国"和"乌托邦"。"19世纪法律实证主义及其无漏洞教义学认为的法律'无所不知'（lex semper loquitur），显然是幻想。"[1]法律适用无法通过形式逻辑方法获得新知，法律适用中的新知得自类推适用/准用、参照适用等立法论性质的漏洞补充方法。瑞士法学家西里尔·黑格纳曾经指出："法律规定什么不重要，重

---

[1]［奥］恩斯特·A.克莱默：《法律方法论》，周万里译，法律出版社2019年版，第153—154页。

要的是法律没有规定的。"[1] 参照适用可以引导我们探索立法者在实定法中的未尽之言。

一、参照适用是释放民法典体系效益、避免重复规定的立法技术

（一）参照适用立法技术有助于避免重复规定，实现立法简约

体系化是民法典相对比于九部民事单行法的发展进步之处。参照适用立法技术释放出民法典各编的体系效益，实现体系融贯。

"《民法典》的参照适用条款极大地增强了民法的体系性，不仅简化了法律条文的规定，而且极大地丰富了法律适用的规则，填补了法律适用的空白。参照适用条款沟通了《民法典》各编内部的关系，增进了《民法典》各编的体系性，同时沟通了各编之间的关系，形成了强大的规范储备功能，增进了《民法典》整体的体系性。"[2] 参照适用条款具有避免重复规定、实现立法简约和辞约旨丰的功能，但又不限于此。作为一种立法技术，指示参引（Verweisung）"有助于连接法律的外在体系，避免重复规定相同的规范"[3]，参照适用/准用同样有此功能。准用是在立法简洁的要求下而为的法律设计，类推适用于遇法有准用之明文时不得为之。[4] 从立法技术和法律适用方法上，应该注意区分民法典中的"参照适用"条款与"适用"条款。纯粹服务于避免重复规定、实现法条简化的立法技术，对应"适用"条款，而非"参照适用"条款。

例如，参照适用立法技术有助于保持民法典合同编的完整性，避免再设债法总则以致规范配置和法律适用上的叠床架屋，实现立法简约而不简单。"不搞债法总则，合同编较为完整，侵权责任自身已有一般规定，未规定的

---

[1] 转引自［奥］恩斯特·A. 克莱默:《法律方法论》，周万里译，法律出版社 2019 年版，第 153 页。
[2] 王利明:《论〈民法典〉实施中的思维转化——从单行法思维到法典化思维》，载《中国社会科学》2022 年第 3 期。
[3] ［奥］恩斯特·A. 克莱默:《法律方法论》，周万里译，法律出版社 2019 年版，第 62 页。
[4] 参见黄建辉:《法律漏洞·类推适用》，台湾蔚理法律出版社 1988 年版，第 141 页。

适当参照合同编的规定，比较实用，但可能照顾不周。"[1]"如果设置了债法总则，其中的规则适用于各种债，体现出各种债的共性，但由于不同债之间的个性，所以要多一些限制性规范；如果不设置债法总则，以合同法为中心构建实质上的债法总则规范，则会多一些准用规范。……明确指示合同法总则的大量规则也可以适用于所有的法定之债，充分实现合同法总则作为实质的债法总则的功能。应注意的是，这里增加的适用规范并不宜采取'参照'的方式。……非因合同产生的债权债务关系，……如果没有特别规定的，应当直接适用合同法总则中除了合同成立和效力之外的有关规定。"[2]设置债法总则的基础是不同民事法律事实所致债的法律效果的统一性，而相对忽略债的不同发生原因。不设置债法总则则关注债的不同发生原因，而不拘泥于债的法律效果的统一性。是否设置债法总则，属于民法问题中的立法技术问题，并无对错之分，而是对不同原因所发生债之共性与个性的不同权衡。我国民法典不设置债法总则，而由合同编通则代行并发挥实质债法总则功能的立法技术背景下，"减编不减量，变表不变里"[3]，从法律适用方法角度，非合同之债对合同之债规则的参照适用多聚焦于被相对忽略的债的法律效果的统一性，集中于对合同编通则相关规则法律效果的参照适用。这既是对非合同之债规范配置的简约，也是不设置债法总则的体系效应。

参照适用条款还具有授权式类推适用的功能，是立法者有意识地授权法律适用者在个案中进行漏洞填补。"适用"条款指示明确，不存在法律漏洞，不存在立法者对法律适用者的授权。典型的"适用"条款，如《公司法》第112条、第120条，又如《民法典》第21条第2款、第824条第2款等。《民法典》第10条、第198条中的"适用"则是补充适用的意思。

总则"提取公因式"的立法技术都具有立法简约、辞约旨丰、言近旨远的功能，类似地，民法典总则编民事法律行为制度主要是以财产法律行为

---

[1] 王胜明:《制订民法典需要研究的部分问题》,载《法学家》2003年第4期。

[2] 朱虎:《债法总则体系的基础反思与技术重整》,载《清华法学》2019年第3期。

[3] 此为上海财经大学法学院李宇博士2017年12月23日、24日于中南财经政法大学研讨会上表达的观点。

和合同行为为典型原型提炼共通规则，实现立法简约，简约和详尽、抽象和具体、共性和个性之间都存在辩证关系，立法的抽象简约带来法律适用变通的必要，应该通过参照适用/类推适用技术消除民事法律行为制度对身份法律行为、单方法律行为、共同行为和决议行为的不适。如德国学者卡纳里斯就认为，单方法律行为对债法的合同部分有关法律行为的规定只能是类推适用。立法者必须决定，有关合同的规定是否以及在何种程度上可以适用于一系列其他的单方法律行为，如代理权的授予、悬赏广告、撤销的意思表示、终止合同、解除合同、抵消或者行使其他所谓的形成权、设立遗嘱、社员大会上的投票等。[1] "法典仅针对特定类型的合同、如债务合同回答了代理的问题、错误的问题以及行为能力的问题，而对于其他所有法律行为并未决定，则没有尽到'本分'：所引用的资料恰恰表明，简单地将适用于债务合同的规则类推转用到其他法律行为、包括单方法律行为，是不公正的。……法律行为规则是最富有成果的一般性规则，如我所确信的，已经为经验所证实。由此产生了另外一个问题，即人们应立即为所有法律行为规定一般性规则，就像《德国民法典》所做的那样，还是仅就合同或者更窄一些、仅就债法合同规定法律行为，然后通过推断条款扩展到其他法律行为呢？"[2]

总则式立法技术会产生限缩解释或者参照适用等不同法律适用方法，这也是总则式立法的体系效应。总则"提取公因式"的立法技术带来了参照适用/类推适用的固有难题。"法律体系必须从法律规则不同的本质内容中萃取出能够一以贯之的关键点。"[3] 总则在可以提炼共通规则，注重共性的同时，也会存在对个性的关照不足，"规则越是一般，它在以后导致人们不认为公平

---

[1] [德]克劳斯-威廉·卡纳里斯：《民法典总则的功能及其作用的限度》，陈大创译，载王洪亮、张双根、田士永、朱庆育、张谷主编：《中德私法研究》第10卷，北京大学出版社2015年版，第86—99页。

[2] [德]恩斯特·齐特尔曼：《民法总则的价值》，王洪亮译，田士永校，载王洪亮、张双根、田士永、朱庆育、张谷主编：《中德私法研究》第10卷，北京大学出版社2015年版，第70—85页。

[3] [德]恩斯特·齐特尔曼：《民法总则的价值》，王洪亮译，田士永校，载王洪亮、张双根、田士永、朱庆育、张谷主编：《中德私法研究》第10卷，北京大学出版社2015年版，第70—85页。

的裁决的危险就会越大"[1]。参照适用/类推适用一定程度上增加了法律适用者的负担。而且总则分则结合的立法技术，使得规则的展开先抽象后具体，这在一定程度上背离了人们的认识规律，也不利于对民法理论的讲授。

可以说，参照适用是理解民法典"提取公因式"总则式立法技术的"密码"，也是释放民法典体系效益的"密码"。保留民法典总则编，是鉴于民法典总则的非总则性特点，其无法有效起到兜底适用和补充适用的功能，类似功能只能由二级总则/隐性总则分担，此种分担技术不再是直接适用或者补充适用，而是变成参照适用。废除民法典总则编，则更需要有二级总则/隐性总则来承担更大量参照适用功能。总则技术和参照适用技术成为大陆法系民法典的"宿命"。

（二）对法律条文适用范围的妥当安排有助于避免不必要的参照适用

我国台湾地区"民法"第767条规定："所有人对于无权占有或侵夺其所有物者，得请求返还之。对于妨害其所有权者，得请求除去之。有妨害其所有权之虞者，得请求防止之。前项规定，于所有权以外之物权，准用之。"该条第2款为我国台湾地区"民法"2009年修正时新增，2010年修正时相应删除第858条准用规定："第七百六十七条之规定，于地役权准用之。"第767条增加第2款，也就消除了对地上权能否类推适用所有权保护请求权的疑惑。此种修正，也使得所有权保护请求权扩大适用范围，上升为物上请求权。从解释论上看，根据第767条第2款准用与否，须结合其他物权是否以占有标的物为内容而定。所有权请求权对占有标的物为内容的用益物权、质权及留置权均可准用。不以占有标的物为内容的抵押权或者不动产役权，可准用所有权妨害除去及预防请求权。[2] 与之相比，《物权法》第34条和第35条、《民法典》第235条和第236条对物权请求权的适用范围自始未局限于所有权领域，而是独立编成"物权的保护"一章，这就避免了法律适用过程中的类推，

---

[1] [德] 恩斯特·齐特尔曼：《民法总则的价值》，王洪亮译，田士永校，载王洪亮、张双根、田士永、朱庆育、张谷主编：《中德私法研究》第10卷，北京大学出版社2015年版，第70—85页。

[2] 参见谢在全：《民法物权论》（上册），中国政法大学出版社2011年版，第142页。

避免了立法技术上的准用／参照适用。

类似做法还存在于《民法典》物权编第七章"相邻关系",我国《民法典》将"相邻关系"置于物权编第二分编"所有权"中予以规定,并在第七章"相邻关系"的具体规定中将适用的主体范围界定为"不动产的相邻权利人""不动产权利人",实际上,这也就使得相邻关系法律规范适用的主体范围及于不动产所有权人、不动产他物权人、依照合同约定的不动产物权的债权利用人如租赁权人等。《民法典》物权编第七章"相邻关系"虽处于第二分编"所有权"之下,但该章对相邻关系主体始终表述为"不动产权利人",从未局限于不动产所有权人,这就通过微妙立法技术,扩大相邻关系规则的适用范围,自始避免了法学方法论和法律适用过程中对类推的探索与争论。也使得第七章"相邻关系"身／形在"所有权"分编、心／实在"通则"分编、在整个"物权"编,不动产所有权人之外的其他不动产权利人围绕相邻关系产生的纠纷,不是参照适用"相邻关系"一章,而是直接适用"相邻关系"规则。与之相比,我国台湾地区"民法"土地所有权相邻关系规定涵括范围有限,就不得不于2010年物权编修正新增第800条之一的准用条款。

《物权法》和《民法典》物权编均采取的前述立法技术,为合同编第四章"合同的履行"、第五章"合同的保全"、第六章"合同的变更和转让"、第七章"合同的权利义务终止"等所坚持和发展,这些章节中相关制度的适用范围大多不再局限于合同权利义务,而是一步到位表述为债权债务,使得这些章节身／形在民法典合同编通则、心／实在发挥"债法总则"功能。"而就合同的订立、效力和解除等仅能适用于合同的规则仍然保留'合同'的表述。"[1]

又如,《最高人民法院关于适用〈中华人民共和国民法典〉婚姻家庭编的解释(一)》(以下简称《民法典婚姻家庭编司法解释一》)未将离婚后对未成年子女抚养费的承担放到第五部分"离婚"下加以规定,而是放在第四部分"父母子女关系"之中,这就使得《民法典婚姻家庭编司法解释一》第42条、第49条、第50条、第51条、第52条、第53条、第58条等相关规定的适用范围和体系效益不局限于离婚后对未成年子女抚养费的承担,婚姻关系存

---

[1] 朱虎:《债法总则体系的基础反思与技术重整》,载《清华法学》2019年第3期。

续期间，未成年子女也可以根据这些规定请求父母给付抚养费。如果将这些规定的适用范围局限于离婚或者婚姻关系存续期间任何其一，对另一种情形下的抚养费承担问题，就只能通过立法上的参照适用法律技术或者司法上的类推适用法律技术来填补。法律条文适用范围的妥当周全界定，有助于避免参照适用或者类推适用的烦琐。

二、参照适用技术形塑动态法源观，妥当协调法律适用衔接关系

法律本身不是完美、封闭、静止不变的体系。法律适用者不是自动售货机或者留声机，司法并不是对立法的简单复制效仿。民法法源论是民法学方法论的重要组成部分，是民法解释学发挥作用的前提。围绕民法法源的过往有限讨论更多关注法源的表现形式，民法法源论要重视动态的法源冲突协调，形成动态法源观。

通过参照适用技术，我们可以观察分析法律的起源、成长和发展，在法律的静止不变（一成不变）和变动不居之间寻求平衡。参照适用使得民商法法源动态化，实现法律的体系效益，从中可以总结提炼动态法源观。"援引其他法律之规定的情况可分为'动态'援引或'静态'援引。动态援引是指，对补充性规范的援引包括对该规范之嗣后变更的援引（也就是说考虑到嗣后法律修改的情形）。"[1] 被参照适用条款除为被参引的民法典条文外，还可能为民事特别法或者民商事司法解释等，体现出开放法源、动态法源特点。民法典中的参照适用条款也给婚姻家庭案件、法定之债案件、其他意定之债案件等带来了开放法源和动态法源。

《民法典》编纂本身就是一个经由规则体系化重塑民法法源的过程，是一个从法律适用和学理体系建构的角度实现《民法典》再法典化、再体系化的过程。妥当协调《民法典》内外部的适用衔接问题，有助于推动民法体系的良性发展，形塑动态法源观。民法典适用衔接是民法法源理论的重要组成部分，是民法解释学发挥作用的前提。过往研究往往把法律渊源作为一种静态

---

[1] ［德］齐佩利乌斯:《法学方法论》，金振豹译，法律出版社2009年版，第49页。

的知识，关注法律的表现形式和解决法律冲突的一般原则，忽略对法律冲突特别是法典编纂这种立法形态下不同法源的动态协调。民法法源论不限于考察静态的法源表现形式，还要及于动态的法源冲突协调，形成动态法源观。我们要"突破传统的以立法为维度的法源定位，转而从方法论或者说司法的维度对法源重新进行解读"。[1]动态法源观是《民法典》编纂立法提出的新方法论命题，参照适用是形塑动态法源观的核心法律技术。[2]动态法源观有助于妥当协调民法典内部各编的适用衔接，以及协调民法与商法的适用衔接。

（一）动态法源观有助于妥当协调民法典内部各编的适用衔接

《民法典》各分编之间存在一般规定和特别规定的法律适用衔接问题，但要注意，在没有特别规定时，是简单补充适用一般规定，还是参照适用一般规定？这属于动态法源论的有机组成部分，是《民法典》内部适用衔接问题。根据《民法典》合同编通则第一章，在没有特别规定时，身份关系协议对《民法典》合同编是"参照适用"，[3]非典型合同对《民法典》合同编典型合同或者其他法律最相类似合同的规定也是"参照适用"，非因合同产生的债权债务关系对《民法典》合同编通则有关规定实际上仍是参照适用。

《民法典》总则编与各分编之间同样存在一般规定和特别规定的法律适用关系。"一般法与特别法的区别是相对的，《民法典》内部的总则与分则的关系，也可以说具有与此相同的关系（特别规定优先于一般规定）。"[4]但《民法典》总则编主要以双方民事法律行为特别是合同行为为典型提炼一般规定，主要以财产法律行为为典型提炼一般规定，这就导致《民法典》总则编对合同行为之外的其他民事法律行为、对身份法律行为的法律适用存在一定的"非总则性"。在没有特别规定时，对合同行为之外的其他民事法律行为、对

---

[1] 姚辉：《民法学方法论研究》，中国人民大学出版社2020年版，第265—266页。

[2] 有关动态法源观的更详细论述，参见王雷：《民法典适用衔接问题研究——动态法源观的提出》，载《中外法学》2021年第1期。

[3] 参见王雷：《论身份关系协议对民法典合同编的参照适用》，载《法学家》2020年第1期。

[4] [日]河上正二：《民法学入门：民法总则讲义·序论》（第2版增订本），[日]王冷然、郭延辉译，北京大学出版社2019年版，第173页。

身份法律行为适用《民法典》总则编时,要充分注意这些民事法律行为性质的特殊性,不要被合同中心主义或者财产法中心主义所遮蔽。《民法典》对身份关系协议的法律适用方法没有在婚姻家庭编和继承编规定时,不能简单补充适用总则编,《民法典》第 464 条第 2 款要求根据身份关系协议的性质参照适用合同编。《民法典》第 153 条民事法律行为无效制度在适用于公司决议无效纠纷时,也应该充分顾及决议行为的团体性、程序性和内外部法律关系区分性特点,避免用合同无效思维框定公司决议无效事由。

还要注意的是《民法典》法源制度存在因事而定适当"收"或者"放"的情形。如《民法典》物权法定中的"法"限于狭义的法律。要求合同办理批准、登记手续方生效的"法"限于法律、行政法规。包含可致合同无效的效力性强制性规定的"法"限于法律、行政法规。国家机关、国家举办的事业单位对国有资产享有"依照法律和国务院的有关规定"处分的权利,宅基地使用权的取得、行使和转让,适用土地管理的法律和国家有关规定,这都是更广义的"法"。在对《民法典》各编有关法源表述中的"法律"进行解释时,不宜简单做同类解释,而要具体问题具体分析。

(二)动态法源观有助于妥当协调民法商法的适用衔接

民商关系若即若离。《民法典》之外还存在《公司法》《合伙企业法》《个人独资企业法》《证券法》《保险法》《企业破产法》《海商法》《票据法》《商业银行法》等商事特别法。"如何处理民法典与特别民法的关系,是后发国家编纂民法典面临的巨大挑战。……在界分民法典和特别民法的调整内容时,最疑难的领域是同时涉及民商的领域。"[1] 在《民法典》编纂过程中,通过混合性规范等立法技术妥当协调民商关系、落实民商合一的立法体例是立法论上的创举。[2]

如果就同一事项,《民法典》编纂时有意修正完善、补充发展商事特别法

---

[1] 谢鸿飞:《民法典的外部体系效益及其扩张》,载《环球法律评论》2018 年第 2 期。
[2] 参见王轶、关淑芳:《民法商法关系论:以民法典编纂为背景》,载《社会科学战线》2016 年第 4 期。

有关条款的，均应当适用《民法典》的新规定。如《民法典》合同编第二分编增加规定合伙合同为典型合同之一，合伙合同一章以《合伙企业法》第二章规定的合伙协议为典型，进行规则提炼。《民法典》颁行后，《合伙企业法》中合伙协议的规定并不废止，但如与《民法典》合同合伙合同章存在不一致，则适用《民法典》合伙合同的规定，此时是新的一般规定优先于旧的特别规定，而非特别规定优先于一般规定。例如，与《合伙企业法》第 41 条不同，《民法典》合同编合伙合同章第 975 条增加但书规定，允许合伙人的债权人代位行使合伙人享有的利益分配请求权。

商法主要调整平等主体之间营利性的营业关系，主要包括商事组织法和商事行为法。国务院新闻办公室 2011 年 10 月 27 日发布《中国特色社会主义法律体系》白皮书对商法和民法的关系做了权威界定："商法调整商事主体之间的商事关系，遵循民法的基本原则，同时秉承保障商事交易自由、等价有偿、便捷安全等原则。"商法思维强调商事主体营业自由、鼓励和便捷商事交易、外观主义、企业维持、商事主体严格责任等。我国采取民商合一的立法体例，通常说的民法包括商法在内。我国《民法典》典型合同制度总体是民商合一的立法体例，其既包括融资租赁合同、保理合同、技术合同、仓储合同、行纪合同、中介合同等典型的商事合同；也包括赠与合同、客运合同、保管合同、委托合同等典型的民事合同；还包括一些既可以作为民事合同又可以作为商事合同的合同类型，如买卖合同、保证合同等。我国《民法典》一体调整民事关系和商事关系。商法适用民法的一般规定，但民法之外又存在针对商事法律关系的商事特别法。《民法典》颁行后，《民法典》与商事特别法的规定不一致的，根据特别规定优于一般规定的法律适用规则，原则上应当适用《公司法》等商事特别法的规定。比如《公司法》《证券法》《票据法》中有关于民法债权转让制度的特别规定。[1]

在适用法律解决商事法律纠纷时，要优先适用商事特别法，商事特别法没有规定的，则补充适用民法的一般规定。例如，公司担任保证人，认定保

---

[1] 参见虞政平、陈辛迪：《商事债权融资对债权让与通知制度的冲击》，载《政法论丛》2019 年第 3 期。

证合同效力时,要优先适用《公司法》第 16 条、《民法典》合同编无权代表合同等规定,补充适用《民法典》合同编保证一章的规定。学理上,有学者反对民事一般法对调整商事关系的漏洞补充功能,认为应该优先"通过遵循和阐释商法通则所确定的基本原则填补商法漏洞"[1]。"在确立商法优先适用地位的基础上,商事习惯法优先于民法适用,只有当没有商事习惯法时,才补充适用民法的一般规定。"[2]

笔者认为不能简单重复特别法优于一般法的所谓共识。"即使对于一般法—特别法关系的情况毫无争议,也绝不能无批判、机械地适用特别性原则。……不能接受自始就赋予特别法相对于一般法所具有的排他的优先性——即使该观点还没有得到重视。……谨慎行事是必然的要求。"[3] 当没有商事特别法或者商事习惯法,而简单补充适用民法的一般规定又有悖商事交易的本质时,宜结合商事交易的特殊性对民法的一般规定做参照适用而非补充适用,如此,使得民事一般法既能兜住商事关系法律适用的"底",有效填补商法漏洞,又能具体问题具体分析,顾及商事关系的特色、性质和规律,有所变通调适,避免以民代商。例如,隐名投资中名义股东行使股权,夫妻共有股权登记在一方名下该名义股东行使股权,此时应该遵循商事外观主义原则,而不能简单补充适用民法善意取得或者夫妻共同财产制的一般规定。《民法典》第 65 条也规定:"法人的实际情况与登记的事项不一致的,不得对抗善意相对人。"又如,最高人民法院 2016 年 9 月 19 日发布指导案例 67 号"汤长龙诉周士海股权转让纠纷案",认为有限责任公司的股权分期支付转让款中发生股权受让人延迟或者拒付等违约情形,股权转让人要求解除双方签订的股权转让合同的,不适用《合同法》关于分期付款买卖中出卖人在买受人未支付到期价款的金额达到合同全部价款的五分之一时即可解除合同的规定。

---

[1] 于莹:《民法基本原则与商法漏洞填补》,载《中国法学》2019 年第 4 期。
[2] 钱玉林:《商法漏洞的特别法属性及其填补规则》,载《中国社会科学》2018 年第 12 期。
[3] [奥]恩斯特·A. 克莱默:《法律方法论》,周万里译,法律出版社 2019 年版,第 78—79 页。

三、参照适用有意识地弥补民法典漏洞，是具有造法功能的司法技术

（一）通过参照适用有意识地弥补法律漏洞

"法网恢恢"，不见得"疏而不漏"。成文法注定具有局限性和不完满性。法律必有漏洞。完美无缺、天衣无缝的民法典只能是一个"理想国""乌托邦"。类推适用、目的性限缩等方法是对立法者无意识、不希望存在的法律漏洞的填补方法，分别用于填补公开漏洞和隐藏漏洞。法律续造中最重要、最常见的是公开漏洞，填补公开漏洞的最主要方法是类推。类推是超出法律文义，"法律无规定，却要适用它"。目的性限缩是违背法律文义，"法律虽有规定，却不适用它"[1]。"漏洞补充，必须由于立法者之疏忽，未预见，或情况变更所造成的缺漏，始可加以补充，故补充之大前提，必须其规定有缺漏。若法律为避免规定之重复繁杂，已就事项中一主要事项设有规定，而将类似之其他事项，准用其他类似之规定，斯已无缺漏可言。"[2]

参照适用技术是对民法典漏洞的有意识弥补，是立法者就法律发展对法官等法律适用者进行授权，此时，法官被授权成为替代的立法者。在参照适用条款中，"立法者明确承认法律漏洞的存在，并明确授予民事法官宽泛的司法造法的权力"[3]。法律规范中的一般条款、自由裁量权条款、引用性法条、参照适用条款等均属于立法者有意识地对法院等法律适用者的授权，对应的是"授权漏洞"和"一块开放的立法"。[4] 如美国法官卡多佐所言："法律应当稳定，但不是停滞不前。"（Law must be stable and yet it cannot stand still.）法官在疑难案件裁判过程中也存在"寻找和参照类似的案件"的习惯思维，这也有利于类似案件得到类似的处理。参照类似案件的第一步是找到类似案件，基本事实相似是判断相似性的重要标准。参照并不是机械地"照着葫芦画瓢"。[5]

---

[1] ［奥］恩斯特·A.克莱默:《法律方法论》，周万里译，法律出版社2019年版，译者跋第393页。
[2] 杨仁寿:《法学方法论》，中国政法大学出版社1999年版，第266页注93。
[3] 易军:《买卖合同之规定准用于其他有偿合同》，载《法学研究》2016年第1期。
[4] 参见［奥］恩斯特·A.克莱默:《法律方法论》，周万里译，法律出版社2019年版，第161页。
[5] 参见孙海波:《裁判对法律的背离与回归：疑难案件的裁判方法新论》，中国法制出版社2019年版，第258—260页。

即使民法典不设置参照适用条款，仍须司法裁判中的类推适用以济其穷。如对合同之债以外的其他债权债务关系，依然可以类推适用合同编的相关规定，以弥补漏洞。只不过像《民法典》第468条那样明确规定之后，能使法官适用更加有据可依，稍微减轻论证负担，不必在多种漏洞补充方法间费尽思量。

（二）参照适用并不是对法律漏洞的终结

当然，参照适用司法技术是一种法律漏洞补充方法，还是法律解释方法，存在不同观点。[1] 笔者认为，这属于法学问题中的解释选择问题，不影响参照适用方法本身在裁判过程中的具体展开。

可以认为参照适用条款实际上是立法者有意识留下法律漏洞，并提供了参照适用司法技术这一法律漏洞补充方法。参照适用不再是法律解释，而属于法律适用者根据立法者授权所进行的法律续造。

也可以认为立法者设置参照适用条款弥补了可能的法律漏洞，参照适用条款仅属于概括条款，参照适用司法技术仅属于法律解释方法。

参照适用法律技术并不是对法律漏洞的终结。立法未明确规定参照适用法律技术，但仍存在开放漏洞时，有必要通过类推适用方法加以填补。"于法律明定'适用'或'准用'之情形外，尚有应以类推适用予以填补的法律漏洞存在。"[2] 例如，《民法典》第311条第3款其他物权善意取得参照适用所有权善意取得制度，并不意味着善意取得制度就不存在任何开放漏洞，对物权之外股权等其他财产权利的善意取得，仍存在通过类推适用弥补法律漏洞的可能。

（三）对准民事法律行为存在类推适用的必要

民法学理论通说对类推适用与参照适用/准用混淆不分，准民事法律

---

[1] 参见冉克平：《"身份关系协议"准用〈民法典〉合同编的体系化释论》，载《法制与社会发展》2021年第4期。

[2] 王泽鉴：《举重明轻、衡平原则与类推适用》，载王泽鉴：《民法学说与判例研究》（重排合订本），北京大学出版社2015年版，第78页。

行为"可以准用民事法律行为的相关规则"[1]。如无民事行为能力人所为的意思通知、事实通知都是无效的。准物权、准共有、准合同、人格利益准共有也存在类推适用既有民法规则的必要。准民事法律行为（geschäftsähnliche Handlungen）究竟是类推适用还是准用民事法律行为制度？

王泽鉴教授认为，我国台湾地区"民法"第440条第1项所谓支付租金的催告，属于意思通知，而非意思表示，意思通知不是立法用语，而属于准法律行为的一种，乃表示一定期望之行为，法律没有规定催告何时发生法律效力，属于法律漏洞，应类推适用而非准用"民法"第95条第1项意思表示到达生效的规定填补。[2]

"《德国民法典》对于法律上行为（juristische Handlungen）根本没有规定一般性规则；尤其对于那些人们称为观念通知、事实表达（如公告、警告、通知、通告）类型的行为，没有规定任何规则。如此决断，谈不上有何优点，因为人们不能清晰概览，为法律行为规定的规则在多大程度上可以类推适用到这些行为上，在某些关系上，该类推是肯定的，在其他方面，则令人怀疑。在立法者规定前，首先需要科学上研究，但直至今天，实际上也没有充分的研究，这是相当的遗憾。"[3]"法律没有为准法律行为设置单独的规范。倘若个案中利害关系表明是合理的，那么法律行为的规定将相应地适用于准法律行为（类推适用，Analogie）。可以考虑的是，比如有关行为能力、意思瑕疵和代理的规定。"[4]"撤销的法律规定还适用于准法律行为，比如催告。"[5]

还有学者认为，单方行为没有具体规定时，可以准用合同中的相关规范。《意大利民法典》第1324条就规定关于契约的规则可以准用于具有财产内容

---

[1] 王利明主编：《民法》，中国人民大学出版社2020年版，第58页。

[2] 参见王泽鉴：《举重明轻、衡平原则与类推适用》，载王泽鉴：《民法学说与判例研究》（重排合订本），北京大学出版社2015年版，第81—82页。

[3] [德]恩斯特·齐特尔曼：《民法总则的价值》，王洪亮译，田士永校，载王洪亮、张双根、田士永、朱庆育、张谷主编：《中德私法研究》第10卷，北京大学出版社2015年版，第70—85页。

[4] [德]本德·吕特斯、阿斯特丽德·施塔德勒：《德国民法总论》，于馨淼、张姝译，法律出版社2017年版，第147页。

[5] [德]本德·吕特斯、阿斯特丽德·施塔德勒：《德国民法总论》，于馨淼、张姝译，法律出版社2017年版，第375页。

的单方行为。[1]

《民法典总则编司法解释》第 29 条规定："法定代理人、被代理人依据民法典第一百四十五条、第一百七十一条的规定向相对人作出追认的意思表示的，人民法院应当依据民法典第一百三十七条的规定确认其追认意思表示的生效时间。"针对第 29 条，有学者认为："民法典没有对追认这类准法律行为的生效时间作出规定。该解释第 29 条规定，应当直接依据民法典第 137 条的规定来确定生效时间，即追认、撤销以对话方式作出表示的，相对人知道其内容时生效；以非对话方式作出的，到达相对人时生效。"[2] 这就混淆了民事法律行为与准民事法律行为。追认不同于催告，追认、撤销属于单方民事法律行为的意思表示、属于辅助的民事法律行为，催告则是意思通知，属于准民事法律行为。追认意思表示的生效直接适用《民法典》第 137 条，理应如此。如果要确定《民法典》第 145 条和第 171 条催告的生效时间，则可类推适用《民法典》第 137 条民事法律行为意思表示的生效时间。

四、经由参照适用技术推动法律发展，实现民法典的再体系化

现代社会法律发展的任务不能由立法者独担。"法律的健全与进步，可以类推适用作为测试的指标，并因类推适用而渐趋成熟。……民法的成长，一方面在于实体法，另一方面则在方法论上的警觉、反省和突破。最近实务上类推适用案例的增多，充分显示社会快速变迁、法官造法机能的加强、法律思维的益臻成熟，以及法律教育的发展。"[3]

（一）通过参照适用创造法律，丰富法律发展理论

卡多佐曾指出："司法过程的最高境界并不是发现法律，而是创造法

---

[1] 参见薛军：《中国民法典编纂：观念、愿景与思路》，载《中国法学》2015 年第 4 期。

[2] 王利明：《一部有力保障民法典总则编实施的司法解释——评〈最高人民法院关于适用《中华人民共和国民法典》总则编若干问题的解释〉》，载《人民法院报》2022 年 2 月 26 日。

[3] 王泽鉴：《举重明轻、衡平原则与类推适用》，载王泽鉴：《民法学说与判例研究》（重排合订本），北京大学出版社 2015 年版，第 69 页、第 88 页。

律。"[1]参照适用技术是立法者对法律适用者的授权。参照适用技术打破了纯粹法理论对法律漏洞性的否定,使得法律的沉默不当然等同于"有意义"的沉默。围绕参照适用条款的法学方法论,自始至终的目标是让法律发现尽可能客观、不受法官的主观"心情"影响,避免方法论上的盲目飞翔。参照适用技术具有不确定性,但参照适用技术又是必要的。我们不能基于其主观性和不确定性就"将孩子和洗澡水一起倒掉了"。

参照适用是一种类型思维、目的性考量和价值评价思维,经由参照适用技术的法律发展不能"听天由命",要通过充分、正当化的法律论证,避免陷入新的规则怀疑主义的不确定性泥淖中。法官"作为立法者"的目的考量绝不是纯粹的决断主义的偏见或主观恣意,而是要受法秩序预先确定的价值判断的约束和限定,尽可能"客观地"、理性地探究和发展法秩序的规则和评价。参照适用不是简单的逻辑推理,而是目的性评价,包含价值判断和利益衡量,是对实定法有思考的服从。

梅因曾指出:"关于使'法律'和社会相协调的媒介,有一个有些价值的一般命题可以提出。据我看来,这些手段有三,即'法律拟制'、'衡平'和'立法'。"[2]"法与时转则治",法律需因应社会发展与时俱进,推动法律发展的技术手段除了立法、法律拟制、衡平外,成文法传统下的参照适用和类推适用等也功不可没。通过参照适用创造法律,实现立法权和司法权的动态互动,法官得以创造性地参与法律的适用乃至法律发展,是我国《民法典》的重要创举,丰富了法律发展理论。

(二)从同时履行抗辩权适用范围的具体化看法律发展

《合同法》第66条规定:"当事人互负债务,没有先后履行顺序的,应当同时履行。一方在对方履行之前有权拒绝其履行要求。一方在对方履行债务不符合约定时,有权拒绝其相应的履行要求。"同时履行抗辩权的适用范围为"当事人互负债务,没有先后履行顺序"。同时履行抗辩权规则在构成要件上

---

[1] [美]本杰明·卡多佐:《司法过程的性质》,苏力译,商务印书馆1998年版,第105页。
[2] [美]梅因:《古代法》,沈景一译,商务印书馆1984年版,第17页。

存在开放性漏洞，涵括范围过窄。

双务合同无效、被撤销或解除时双方的清理关系，宜认可类推适用同时履行抗辩权。[1]"合同解除后互负恢复原状义务能否构成同时履行之抗辩，合同法对此未加以规定。互负恢复原状义务虽不具有对价关系，但二者之间的对立在实质上仍具有牵连性，基于类似事项、相同处理的平等原则，亦应类推适用合同法第六十六条关于同时履行抗辩权的规定。"[2]《九民纪要》第34条指出："双务合同不成立、无效或者被撤销时，标的物返还与价款返还互为对待给付，双方应当同时返还。关于应否支付利息问题，只要一方对标的物有使用情形的，一般应当支付使用费，该费用可与占有价款一方应当支付的资金占用费相互抵销，故在一方返还原物前，另一方仅须支付本金，而无须支付利息。"第34条实际上是通过类推适用扩大了同时履行抗辩权的适用范围，使得双务合同不成立、无效或者被撤销所生的不当得利返还义务可类推适用同时履行抗辩权规则。

《九民纪要》第49条指出："合同解除时，一方依据合同中有关违约金、约定损害赔偿的计算方法、定金责任等违约责任条款的约定，请求另一方承担违约责任的，人民法院依法予以支持。双务合同解除时人民法院的释明问题，参照本纪要第36条的相关规定处理。"问题是，合同解除后的恢复原状义务是否可以类推适用同时履行抗辩权规则？笔者持肯定意见，认为存在进一步类推适用的必要。我国台湾地区"民法"第261条规定："当事人因契约解除而生之相互义务，准用第二百六十四条至第二百六十七条之规定。"

婚约属于身份情谊行为，对婚约不能参照适用民法典合同编预约合同法律规则。有学者指出，婚约消灭时互赠礼物返还义务应类推适用同时履行抗辩权规则，因为互为赠与乃基于订婚之同一法律或生活关系，其因婚约消灭而生之返还义务，具有牵连关系。[3]笔者认为，根据我国民法典之前的民事单行法律，彩礼互相返还可类推适用同时履行抗辩权规则，《民法典》第464

---

[1] 参见韩世远：《合同法总论》，法律出版社2018年版，第410页。

[2] 李冬、陈林：《合同解除后的互负债务类推适用同时履行抗辩权》，载《人民司法·案例》2011年第22期。

[3] 参见王泽鉴：《同时履行抗辩：第264条规定之适用、准用与类推适用》，载王泽鉴：《民法学说与判例研究》（重排合订本），北京大学出版社2015年版，第1251页。

条第 2 款对身份关系协议规定了参照适用条款，由此，彩礼互相返还义务可参照适用同时履行抗辩权规则，过去通过类推适用弥补的法律漏洞，此后可通过参照适用解决。可以说，基于《民法典》第 464 条第 2 款之规定，身份关系协议司法领域几乎不再有类推适用的空间。

同时履行抗辩权规则在构成要件上还存在隐藏漏洞，并非所有互负债务的双务合同皆可适用该规则，《民法典（草案）》第 968 条第 2 款规定："一个或者数个合伙人不履行出资义务的，其他合伙人不能因此拒绝出资。"该条不仅排除同时履行抗辩权规则的适用，还排除了先履行抗辩权规则乃至不安抗辩权规则的适用。当然，草案该款规定也可能存在不周延，若一个或者数个合伙人不履行出资义务导致合伙合同目的不能实现的，应另当别论，此时要求其他合伙人继续出资，失之过苛。

类似地，我国台湾地区"民法"及其民事司法实务中对同时履行抗辩权适用范围的具体化，也经历了立法准用 / 参照适用与司法类推适用的互动，并通过学说加以总结提炼。"同时履行抗辩系根植于诚信原则，以对立债务之牵连性为其法律理由。从同时履行抗辩对双务契约所生给付义务之适用，进而到对双务契约解除的恢复原状义务之'准用'，再发展到对双务契约不成立（无效或撤销）所生不当得利返还义务，尤其是对非同一双务契约所生具有牵连性对立债务之类推适用，我们可以看到，诚实信用及法律公平之原则在一个重要法律制度的形成及实践。这实在是一个深具启示性的法律成长过程。"[1]

五、参照适用的核心难题：规范参照适用司法技术，防止法官恣意，增强法律安定性

"即便社会福利真的是最终的试金石。'确定性与秩序本身就是我们试图发现的社会福利的一部分。'"[2] 规范参照适用技术，法律适用者谨小慎微地行

---

[1] 王泽鉴：《同时履行抗辩：第 264 条规定之适用、准用与类推适用》，载王泽鉴：《民法学说与判例研究》（重排合订本），北京大学出版社 2015 年版，第 1253 页。

[2] ［美］本杰明·N. 卡多佐：《法律的成长：法律科学的悖论》，董炯、彭冰译，中国法制出版社 2002 年版，第 45 页。

使立法者的授权，要从实定法不确定性的荒漠中找到确定与有序，追求价值判断作出过程的可视性与客观性。

（一）规范参照适用的论证过程

运用参照适用方法解决的案件属于疑难、复杂案件，应当强化释法说理。法官对参照适用的展开过程可谓"戴着镣铐的舞蹈"。参照适用不是简单的逻辑推理，而是目的性评价，包含价值判断和利益衡量，是对实定法有思考的服从。法官须将参照适用过程中对实定法"有思考的服从"通过释法说理展现出来，避免裁判恣意，增强裁判说服力、公信力。《最高人民法院关于加强和规范裁判文书释法说理的指导意见》第1条指出："裁判文书释法说理的目的是通过阐明裁判结论的形成过程和正当性理由，提高裁判的可接受性，实现法律效果和社会效果的有机统一；其主要价值体现在增强裁判行为公正度、透明度，规范审判权行使，提升司法公信力和司法权威，发挥裁判的定分止争和价值引领作用，弘扬社会主义核心价值观，努力让人民群众在每一个司法案件中感受到公平正义，切实维护诉讼当事人合法权益，促进社会和谐稳定。"

规范参照适用论证过程的关键是将拟处理案件的性质揭示出来，对比分析其与被参照适用条款的相似性，相似为主则参照适用，差异为主则不参照适用，这符合平等法理，也可以提高参照适用裁判结论的正当性和可接受性。参照适用使得被参照适用条款发挥作用的范围进一步扩大，实质上拓展了实定法的约束力。参照适用的核心工作是对事物性质作相似性判断并将之展示出来，这不是形式逻辑思维，而是类型思维和价值评价思维。

在判断《民法典》第464条第2款身份关系协议"性质"时，在判断第467条第1款"最相类似合同"时，在判断第468条非合同之债的"性质"时，在判断第1001条身份权利"性质"时，类型思维和价值评价思维占据主导地位，这要求法官阐明裁判结论的形成过程和正当性理由，阐明自由裁量所考虑的相关因素并分析其论证力的强弱。参照适用过程可以有效沟通立法和司法、理论和实践，理论上对身份法律行为性质、合同分类、债的分类、身份权利性质形成的通说观点，可以发挥解释力、回应力、说服力。不能未经分析论证而直接使用"根据其性质,本院不予参照适用"或者"根据其性质,本院予以参照适用"之类的表述作为结论性论断,以避免不合宜的等量齐观或者不合理的差别对待。

即便立法上未明确要求"可以根据其性质参照适用",鉴于参照适用本身就包含可以参照适用和不予参照适用的不同选择,法官裁判过程中仍须通过揭示事物的性质以确认相似性与否,并以此为基础作出参照适用与否的判断,以免裁判恣意。例如,根据《民法典》第646条,其他有偿合同参照适用买卖合同有关规定,在有偿性问题上二者具有相似性,故有参照适用的可能性。在此基础上,还应该进一步分析待处理的其他有偿合同是否在合同其他法律性质上还有特殊之处,以确认在争议焦点问题上是否阻碍与买卖合同的相似性构成。[1]在事物本质不相类似之处,不能参照适用,也不能类推。完整、有说服力的参照适用论证过程离不开围绕争议焦点对事物性质作周详细致考察。

(二)参照适用较之类推适用具有更高的确定性

"但解释各项明文所定之法律关系,不得滥用类推论法。因仿德意志民法,设准用之语,既藉以达节减法文之目的,复使解释法典者,知既曰准用,则其效力,只及可以准用之范围。"[2]

"在实践中存在许多新的案型,既没有可以明确适用的法律规范,也没有准用性条文可以适用,这时就需要根据'类推适用原则'加以调整。一旦在审判实践中形成稳定的类推适用规则,就需要以立法的方式明确以法律准用规则进行规范,以维护法律的稳定性和权威性。从这个角度看民事准用制度不是固定的和静止的,而是不断发展成长的,随着社会的发展不断发展和完善的。"[3]

与类推适用相比,参照适用作为法定类推适用,本身即可防止类推适用

---

[1] 我国台湾地区"民法"第347条规定:"本节规定,于买卖契约以外之有偿契约准用之。但为其契约性质所不许者,不在此限。"

[2] [日]富井政章:《民法原论》(第一卷),陈海瀛、陈海超译,杨廷栋修正,王兰萍点校,中国政法大学出版社2003年版,第69—70页。

[3] 刘姝:《民事准用制度探析》,载《苏州大学学报(哲学社会科学版)》2016年第4期。

被滥用。参照适用司法技术存在对类推适用方法的借鉴，成熟的类推适用也有转化为参照适用乃至法律明文规定的可能。立法上明文规定参照适用条款就可以给法官更明确的引导，避免法官在多种法律漏洞补充方法之间任意选择，减轻法官的思考负担，提高裁判的确定性。

法官在类推适用过程中，首先需要在多种漏洞补充方法中选出类推适用方法，然后根据事物的性质作相似性判断，并在类推适用基础上得出裁判结论。法官在参照适用过程中，省去对不同漏洞补充方法的选取，立法者已经明确指引可以采取参照适用方法补漏，法官可以直接根据事物的性质作相似性判断，并在参照适用基础上得出裁判结论。可见，较类推适用，参照适用的步骤更简洁，法官的自由裁量权相对更小。类推适用的前提需要由法官判断，而参照适用不需要法官作前端判断，即立法者已经选定了漏洞补充方法，法官在适用过程中需要判断是否参照适用和如何参照适用。参照适用对应的不是立法者无意识的沉默，而是有意识的沉默和对法官发展法律的明确授权。立法者既刻意留白，以待后观，又通过参照适用作出明确引导，以约束法官的自由裁量权，避免参照适用过程中打开裁判恣意的"潘多拉魔盒"。参照适用方法是一把"双刃剑"，我们要约束其给法官带来的自由裁量权，使其真正成为"阿拉丁神灯"，而非打开裁判恣意的"潘多拉魔盒"。

参照适用方法丰富了裁判文书释法说理的层次，通过较类推适用更小的裁量空间以得到更高的裁判确定性和可接受性。《最高人民法院关于加强和规范裁判文书释法说理的指导意见》第7条后段指出："民事案件没有明确的法律规定作为裁判直接依据的，法官应当首先寻找最相类似的法律规定作出裁判；如果没有最相类似的法律规定，法官可以依据习惯、法律原则、立法目的等作出裁判，并合理运用法律方法对裁判依据进行充分论证和说理。法官行使自由裁量权处理案件时，应当坚持合法、合理、公正和审慎的原则，充分论证运用自由裁量权的依据，并阐明自由裁量所考虑的相关因素。"《最高人民法院关于深入推进社会主义核心价值观融入裁判文书释法说理的指导意见》第6条规定："民商事案件无规范性法律文件作为裁判直接依据的，除了可以适用习惯以外，法官还应当以社会主义核心价值观为指引，以最相类似的法律规定作为裁判依据；如无最相类似的法律规定，法官应当根据立法精神、立法目的和法律原则等作出司法裁判，并在裁判文书中充分运用社会主义核心价值观阐述裁判依据和裁判理由。"在裁判文书释法说理的过程中，民商事案件没有明确的法律规定作为裁判直接依据时，如果立法者在参照适用规范中作了明确指引，应优先运用参照适用方法，而不必自行寻找最相类似的法律规定作类推适用。参照适用方法较之类推适用，确定性程度更高，法官的自由裁量权更小；参照适用较之根据习惯、法律原则等作出司法裁判，确定性程度更高，法官的自由裁量权更小。在全面依法治国的背景下，当法律适用存在不同的解释方法和漏洞补充方法时，使法官自由裁量权更小的解释方法更可取。

第三章　参照适用方法论的内部构成

《最高人民法院关于加强和规范裁判文书释法说理的指导意见》第 7 条后段指出:"民事案件没有明确的法律规定作为裁判直接依据的,法官应当首先寻找最相类似的法律规定作出裁判;如果没有最相类似的法律规定,法官可以依据习惯、法律原则、立法目的等作出裁判,并合理运用法律方法对裁判依据进行充分论证和说理。法官行使自由裁量权处理案件时,应当坚持合法、合理、公正和审慎的原则,充分论证运用自由裁量权的依据,并阐明自由裁量所考虑的相关因素。"民商事司法裁判类推适用时,应当"寻找最相类似的法律规定作出裁判",参照适用时也应当"寻找最相类似的法律规定作出裁判"。针对精准具体参照适用条款,法官自不必再去寻找,只需论证。针对模糊概括的参照适用条款,法官自当寻找加论证。

《最高人民法院关于加强和规范裁判文书释法说理的指导意见》第 1 条

指出："裁判文书释法说理的目的是通过阐明裁判结论的形成过程和正当性理由，提高裁判的可接受性，实现法律效果和社会效果的有机统一；其主要价值体现在增强裁判行为公正度、透明度，规范审判权行使，提升司法公信力和司法权威，发挥裁判的定分止争和价值引领作用，弘扬社会主义核心价值观，努力让人民群众在每一个司法案件中感受到公平正义，切实维护诉讼当事人合法权益，促进社会和谐稳定。"参照适用条款发挥作用时，法官更需要注意"通过阐明裁判结论的形成过程和正当性理由，提高裁判的可接受性"。

类推适用的推理过程包括三个阶段：肯定法无明文系法律漏洞；探求立法理由；依同一法律理由类推适用。[1]参照适用技术的内部构成包括是否参照和如何参照，这也是其主要内容。是否参照又可细化为法理基础、前提条件，如何参照可细化为找法方法、援引技术、逻辑结构、说理论证和运用边界。

一、参照适用的法理基础

"所有法律解释都有合法性的问题。这对于所谓'开放性的'法律续造活动，……也是一样的。在这里同样需要通过论辩为所找到的特定法律问题的解决方法提供具有公认力的正当化理由。而且，对于超越法律的开放性法律续造，这一'合法性门槛'还要更高。"[2]

参照适用的法理基础是法官不得拒绝裁判、同等对待与充分尊重实定法的权威。基于平等原则，相类似案件相同处理/同类事物应作相同处理，这也有利于实现法的安定性。

法律推理本身具有规则取向的倾向。[3]参照适用也具有规则取向，以被参照适用的法律规范为目标取向和解决问题的依据。

---

[1] 参见王泽鉴：《举重明轻、衡平原则与类推适用》，载王泽鉴：《民法学说与判例研究》（重排合订本），北京大学出版社2015年版，第80页。
[2] ［德］齐佩利乌斯：《法学方法论》，金振豹译，法律出版社2009年版，第102页。
[3] 参见陈坤：《法律推理中的独特思维倾向及其可能的误区》，载《现代法学》2020年第1期。

与类推适用一样,参照适用也具有评价性和主观性,参照适用不是形式逻辑,而是建立在规范目的基础上的价值评价。参照适用的正当性、可接受性、可靠性来自相似性论证。

二、参照适用的前提条件

作为授权式类推适用,参照适用的前提条件与类推适用有相似也有差异。参照适用的前提条件之一是存在法律漏洞,针对属于法律调整范围的事项,法律未加以规定,立法者作有意识的沉默。参照适用的前提条件之二是立法者对法律适用者进行了授权。

类推适用是对实定法中开放性漏洞(公开漏洞)的弥补方法(法律续造方法),目的性限缩则是对实定法中隐藏漏洞的弥补方法。类推适用的情形下,实定法存在违反立法计划的不圆满性。

法学方法论通说认为,立法者有意的沉默包括两种情形:法外空间和反面解释。[1] 参照适用条款对应的也是立法者对具体价值判断结论的有意沉默,但此种沉默并不对应法外空间,也不适宜作反面解释,而是对应第三种情形:立法者的刻意留白、明确指引和以待后观。

三、参照适用的找法方法:被参照适用条款的具体化

我国民法典中的参照适用条款大多属于模糊概括参照适用条款(概括性参照适用),对此,参照适用的找法过程是对被参照适用条款的具体化。被参照适用条款的构成要件事实与拟处理案件事实应当最相类似,进言之,被参照适用条款应当是最相类似的法律规定。

例如,《民法典》第467条对非典型合同参照适用方法有此指引:"并可以参照适用本编或者其他法律最相类似合同的规定"。《民法典》第464条第2款、第468条等未作此限,本着对参照适用条款本身进行同类解释的方法,

---

[1] 参见黄茂荣:《法学方法与现代民法》,法律出版社2007年版,第422—423页。

这些条款中也包含：参照适用本编"最相类似"规定、适用本编通则的"最相类似"有关规定之义。

精准具体参照适用条款对应参照适用找法方法会有所不同，此类参照适用条款中已经对被参照适用的条款作了精准制导、明确选定，不存在找法的困难。我国《民法典》中的精准具体参照适用条款仅有第311条第3款、第414条第2款、第806条第3款、第872条第2款、第873条第2款。

四、参照适用的援引技术：完全法条的呈现

（一）寻找作为完全法条的司法三段论大前提

类推适用的大前提是最相类似的法律规定。当实定法没有规定，也没有参照适用条款时，构成开放漏洞，方需要类推适用。参照适用的大前提是参照适用条款和被参照适用规定，参照适用条款本身属于不完全法条，与被参照适用规定结合方能组成完全法条。

原《买卖合同司法解释》第45条规定："法律或者行政法规对债权转让、股权转让等权利转让合同有规定的，依照其规定；没有规定的，人民法院可以根据合同法第一百二十四条和第一百七十四条的规定，参照适用买卖合同的有关规定。""权利转让或者其他有偿合同参照适用买卖合同的有关规定的，人民法院应当首先引用合同法第一百七十四条的规定，再引用买卖合同的有关规定。"《买卖合同司法解释》第32条规定："法律或者行政法规对债权转让、股权转让等权利转让合同有规定的，依照其规定；没有规定的，人民法院可以根据民法典第四百六十七条和第六百四十六条的规定，参照适用买卖合同的有关规定。权利转让或者其他有偿合同参照适用买卖合同的有关规定的，人民法院应当首先引用民法典第六百四十六条的规定，再引用买卖合同的有关规定。"第32条第2款提供了参照适用的一般援引技术：首先引用参照适用条款，再引用被参照适用的有关规定，如此方可组成完全法条。

（二）参照适用条款本身能否再被类推？

参照适用条款本身能否再被类推？有学者持肯定说："类推适用准用之规定，尚值商榷，似以类推适用第 264 条规定较为妥适。盖第 264 条乃同时履行抗辩之基本规定也。"[1] 笔者认为，参照适用优先于类推适用，参照适用条款本身不能再被类推适用。举例说明，《民法典》第 311 条第 3 款规定："当事人善意取得其他物权的，参照适用前两款规定。"所有权之外的其他物权善意取得，应该先引用本条第 3 款，再引用本条第 1 款和第 2 款。

《最高人民法院关于适用〈中华人民共和国公司法〉若干问题的规定（三）》（以下简称《公司法司法解释三》）第 25 条第 1 款："名义股东将登记于其名下的股权转让、质押或者以其他方式处分，实际出资人以其对于股权享有实际权利为由，请求认定处分股权行为无效的，人民法院可以参照民法典第三百一十一条的规定处理。"第 27 条第 1 款："股权转让后尚未向公司登记机关办理变更登记，原股东将仍登记于其名下的股权转让、质押或者以其他方式处分，受让股东以其对于股权享有实际权利为由，请求认定处分股权行为无效的，人民法院可以参照民法典第三百一十一条的规定处理。"该司法解释第 25 条第 1 款和第 27 条第 1 款是对《民法典》第 311 条第 3 款参照适用条款的具体化，实际为股权善意取得对所有权善意取得制度的参照适用，但对该司法解释第 25 条第 1 款和第 27 条第 1 款之外其他情形下的股权善意取得，立法和司法解释没有规定，此时可以直接类推适用所有权善意取得规定，而不必先类推适用其他物权善意取得的参照适用条款（《民法典》第 311 条第 3 款），再间接转至所有权善意取得。

五、参照适用的逻辑结构：类比推理

同等对待是类比推理的基础，"类比推理意味着在法律上已经确立的法律思想，应借助同等对待原则予以一般化，并适用于所有实质上相同的情

---

[1] 王泽鉴：《同时履行抗辩：第 264 条规定之适用、准用与类推适用》，载王泽鉴：《民法学说与判例研究》（重排合订本），北京大学出版社 2015 年版，第 1251 页。

形"[1]。"类推是一种以相似性以及该相似之重要性推定为关注基础的论证形式。"[2] 类比推理既可以是对法律条文构成要件的漏洞进行弥补，也可以针对法律条文法律后果的漏洞进行弥补。"类比推理实际上蕴涵着一个以内容评价为基础的'一般化'命题，即已在法律上作出规定的情形与法律上尚未作出规定的情形之间的区别并未重要到这样的程度，以至于可成为区别对待的正当理由。换句话讲，这两种情形之间的共同（一般性）要素即足以构成对它们赋予相同法律后果的正当根据。这表明了，类比推理实际上只是同等对待原则的适用而已。在法律上同等对待和同等评价总是意味着按照一定的法律视角对既存的不同加以抽象（即不考虑既存的不同）。"[3] "类比'推理'并不符合严格的逻辑要求"，"类推就其性质而言非属逻辑"，"类推乃判决的证立形式，可称之为相似性论证"，"大多数类推的适用与拒绝都是以结果导向为前提进行目的衡量的产物"。[4]

"我们需要一种由演绎和归纳组合而成的推理形式。这种推理形式有二：类比和设证。类比是从一个已知的特殊推断一个未知的特殊，但这只有超越一般才有可能。……在类比中，待认识的对象不是在其内部及从其本身（在其本质上），而是在关系中被获知的，对象与其他已知的东西具有一种关系。这是一种从在一些特征上一致，向在未知的其他特征上一致的推理。但因为在现实中，从未存在完全的相同和完全的不相同，这种推理总是有疑问的。"[5]

有学者强调不能将类推适用简单等同于类比推理。"类推适用是以类比推理为逻辑基础的法律适用过程，但不能将类推适用等同于类比推理。"[6] 类

---

[1] ［德］齐佩利乌斯：《法学方法论》，金振豹译，法律出版社 2009 年版，第 103 页。

[2] ［德］埃尔马·邦德：《类推：当代德国法中的证立方法》，吴香香译，载《求是学刊》2010 年第 3 期。

[3] ［德］齐佩利乌斯：《法学方法论》，金振豹译，法律出版社 2009 年版，第 99 页。

[4] ［德］埃尔马·邦德：《类推：当代德国法中的证立方法》，吴香香译，载《求是学刊》2010 年第 3 期。

[5] ［德］阿图尔·考夫曼：《法哲学的问题史》，载阿图尔·考夫曼、温弗里德·哈斯默尔主编：《当代法哲学和法律理论导论》，郑永流译，法律出版社 2002 年版，第 180 页。

[6] 屈茂辉：《类推适用的私法价值与司法运用》，载《法学研究》2005 年第 1 期。

推适用的逻辑结构为"M是P（大前提），S与M类似（小前提），故S是P（结论）"，这展现的是类比推理的逻辑过程，但类比推理兼有形式推理和实质推理的双重特性，也可以说它本质上是一种以形式推理为表现形式之实质推理。[1]

参照适用的逻辑基础同样是类比推理，可以说类比推理是手段，参照适用是目的。裁判文书释法说理对类比推理过程的展示就是在阐明裁判结论的形成过程。

参照适用方法并不排斥司法三段论。通过相似性论证，参照既有类似规范，进行相同评价，形成针对待决案件的新规范，弥补实定法漏洞，将该新规范作为大前提，进行司法三段论演绎推理，得出裁判结论。[2]

六、参照适用的说理论证：相似（类似）性论证

（一）相似性论证属于法律论证中的外部证成

"参照适用与类推适用的思维过程极为相似。在方法论上，类推适用系填补立法者因未能预见而无意形成的法律漏洞的主要方式。"[3] 参照适用在拟处理的案件事实和被参照法律规定构成要件事实之间进行相似性论证，二者只是"最相类似"，而非相同，是大同而小异。有学者认为："《民法典》第646条的实质是类推适用，关键在于类似性判断，类似性判断赋予法官过大的自由裁量权，可能使裁判陷入恣意和专断。通过对司法实践适用第646条的526个案例的梳理和分析，可以发现类似性判断失范现象比较严重，故规范类似性判断就成了重中之重。"[4]

法律论证包括内部证成和外部证成，内部证成判断是否从为了证立而引

---

[1] 参见张保生：《法律推理的理论与方法》，中国政法大学出版社2000年版，第245页。

[2] 参见易军：《买卖合同之规定准用于其他有偿合同》，载《法学研究》2016年第1期。

[3] 冉克平：《"身份关系协议"准用〈民法典〉合同编的体系化释论》，载《法制与社会发展》2021年第4期。

[4] 李飚：《类似性判断的失范与规范——以〈民法典〉第646条的适用为中心》，载《厦门大学法律评论》2020年卷（总第32辑），厦门大学出版社2021年版。

述的前提中逻辑地推导出来，外部证成的对象则是这个前提的正确性问题。[1]有学者认为："此准用条款的增设使法院可以先行认定二者具有类似性，与直接的类推适用相比，实际上降低了法院的论证负担。"[2]实际上，在参照适用（准用）过程中，法律适用者仍须对相似性承担论证责任。参照适用中相似性论证的目标是对内部证成所使用的大前提实定法规则的寻找和证立。[3]参照适用中的相似性论证属于法律论证中的外部证成。

（二）相似性论证的具体方法

"遵循逻辑规则毫无疑问是正确法律思维的一个必要条件。然而对这一点的重要性不能过高估计。……单纯形式逻辑方面的论据对反面推论以及类比推论这两种法律解释方法所提供的支持都是有限的。只有同等评价（Gleichbewertung）的考虑才能为它们提供更进一步的根据。……关键性的问题同样在于价值判断，即有关的案例类型与法律上已经规定的案例类型是否足够相似，以至于所规定之法律后果亦可适用于这一案例类型。"[4]类比推理逻辑结构中的"S 与 M 类似（小前提）"须进行相似性论证。相似性论证不是一个逻辑问题，不是事实判断，而是价值判断和目的考量，不是形式论证，而是实质论证。"类推适用是在相类似事物之间的比附援引，因而要求待决案

---

[1] 参见［德］罗伯特·阿列克西：《法律论证理论》，舒国滢译，中国法制出版社 2002 年版，第274 页。

[2] 刘征峰：《结婚中的缔约过失责任》，载《政法论坛》2021 年第 3 期。

[3] 相似性论证还存在于案例指导工作和类案检索工作中。《最高人民法院关于案例指导工作的规定》第 7 条规定："最高人民法院发布的指导性案例，各级人民法院审判类似案例时应当参照。"《最高人民检察院关于案例指导工作的规定》第 15 条规定："各级人民检察院应当参照指导性案例办理类似案件，可以引述相关指导性案例进行释法说理，但不得代替法律或者司法解释作为案件处理决定的直接依据。各级人民检察院检察委员会审议案件时，承办检察官应当报告有无类似指导性案例，并说明参照适用情况。"《最高人民法院关于统一法律适用加强类案检索的指导意见（试行）》第 1 条规定："本意见所称类案，是指与待决案件在基本事实、争议焦点、法律适用问题等方面具有相似性，且已经人民法院裁判生效的案件。"第 6 条规定："承办法官应当将待决案件与检索结果进行相似性识别和比对，确定是否属于类案。"

[4] ［德］齐佩利乌斯：《法学方法论》，金振豹译，法律出版社 2009 年版，第 159—161 页。

件与法定案型或者说类推对象之间具有类似性。"[1] 相似性论证是参照适用成败的关键和难点。

参照适用中的相似性论证，就是要在拟处理的案件事实和被参照法律规定构成要件事实之间进行相似性论证，就是要如《民法典》第 464 条第 2 款和第 468 条规定的那样"根据其性质"参照适用，以"求同存异"。相似性论证是发现两个事物之间的大同小异，求同存异，同等对待。参照适用过程要"根据其性质"展开，以避免参照适用带来不合宜的等量齐观，不参照适用带来不合理的差别对待。

"问题在于如何决定事项的类似性。显然的，此非形式逻辑思维活动，而是一种法律上的判断。"[2] 对类推适用中类似性的判定，德国学者主要有三种不同观点，即构成要件类似说、实质一致说和同一思想基础说。[3] 我国台湾地区司法实务上还存在法律理由同一说。[4] 笔者认为，这些学说表述不同，实质内涵相同，都是相类似案件应为相同处理法理的具体化。相似性论证的关键是拟处理案件事实的性质，以及被参照适用法律规定的规范目的，前者即事物本质，后者即规范意旨。"找出相似性本身就是一种独立的精神活动，是一种理解，意味着两者尽管非常相似，但又不是相等同一，而是相互区别。这时便需要创造发挥。"[5] 通过发现被参照法律规定的规范意旨，判断参照适用于拟处理案件事实，是否具备同一法律理由。"世界上没有两片完全相同的树叶"，对比拟处理案件事实与被参照法律规定构成要件事实的相同点与不同点，评价同或异的各自重要程度，相似性论证的核心就是对构成要件异同点重要程度的评价。[6] 凭此，可以

---

[1] 单华东、江厚良:《民法规范在行政审判中的类推适用》，载《人民司法·应用》2012 年第 23 期。

[2] 王泽鉴:《举重明轻、衡平原则与类推适用》，载王泽鉴:《民法学说与判例研究》(重排合订本)，北京大学出版社 2015 年版，第 84 页。

[3] 参见黄建辉:《法律漏洞·类推适用》，台北蔚理法律出版社 1998 年版，第 110 页。

[4] 参见王泽鉴:《举重明轻、衡平原则与类推适用》，载王泽鉴:《民法学说与判例研究》(重排合订本)，北京大学出版社 2015 年版，第 84 页。

[5] [德] 汉斯·波赛尔:《科学：什么是科学》，李文潮译，上海三联书店 2002 年版，第 176 页、第 179 页。

[6] 参见 [美] 史蒂文·J. 伯顿:《法律和法律推理导论》，张志铭、谢兴权译，中国政法大学出版社 2000 年版，第 25 页以下。

谨慎严密地提出可以被检验的论证，展现法律适用者的思考过程，追求参照适用方法论上的诚实可观，增强裁判的妥当性和可接受性。

裁判文书释法说理中对相似性论证的展开就是在阐明裁判结论的正当性理由。相似性论证属于价值评价、利益动态衡量、类型思维和外部证立，相似性判断并非"非此即彼"泾渭分明，而是"或多或少"，须作动态衡量。此种相似性（而非同一性）论证须结合被参照适用条款的规范目的、调整对象、债的类型、合同性质和目的、交易安全维护等展开。性质考量是相似性判断中的重要且首要因素，但并非唯一因素。参照适用意味着一定程度上的变通适用，变通的原因则在于性质差异。

我国台湾地区"民法"第347条规定："本节规定，于买卖契约以外之有偿契约准用之。但为其契约性质所不许者，不在此限。"《民法典》第646条规定："法律对其他有偿合同有规定的，依照其规定；没有规定的，参照适用买卖合同的有关规定。"参照适用中的相似性论证，首要考量因素即事物的性质。

对于不同类型事物的法律调整要通过不同条文加以区分，避免削足适履，避免不合宜的等量齐观。如我国《合同法》第49条和第50条区分表见代理和表见代表，《民法典》第172条和第504条总体延续此种区分。表见代理的基础是对代理权外观的信赖，表见代表的基础是对行为人的职务信赖。表见代理和表见代表的信赖基础不同，对应的举证责任也有差别，表见代理中由相对人举证证明"有理由相信行为人有代理权"，表见代表中由被代表人举证证明"相对人知道或者应当知道代表人超越权限"。立法对表见代表缺位的情况下，就可能存在类推适用表见代理制度的不合宜的等量齐观。如我国台湾地区一则判例显示："代表与代理固不相同，惟关于公司所为之法律行为，解释上应类推适用关于代理之规定，故无权代表人代表公司所为之法律行为，若经公司承认，即对于公司发生效力。"[1] 若无权代表人代表该公司所为之法律行为，不被公司追认，能否类推适用表见代理规则？不无疑问，笔者对此持否定说。

---

[1] 转引自王泽鉴：《土地征收补偿金交付请求权与第225条第2项规定之适用或类推适用》，载王泽鉴：《民法学说与判例研究》（重排合订本），北京大学出版社2015年版，第1270—1271页。

（三）不同参照适用条款中论证负担规则的差异

基于法律的安定性和依法裁判原则，主张参照适用之人，应该对拟处理的案件事实和被参照法律规定构成要件事实之间的相似性承担论证责任，这是参照适用条款中论证负担的一般原则。

《民法典》第 468 条作为实质意义上的参照适用条款，本身包含一条特殊论证负担规则。法律对非合同之债没有特别规定时，适用民法典合同编通则合同之债的有关规定，此为原则，例外的是根据非合同之债的性质不能适用。由此，主张不适用合同之债通则有关规定者，须对不适用的理由负担论证义务。这种原则适用，例外不适用的参照适用立场，有助于避免作为实质债法总则的合同编通则对非合同之债的松动。

联系对比《民法典》第 464 条第 2 款进行体系解释，第 464 条第 2 款为"根据其性质参照适用"，第 468 条为"参照适用，但是根据其性质不能参照适用的除外"，这两个条款的原则例外关系不一样，第 468 条以参照适用为原则，不参照适用为例外；第 464 条第 2 款中，参照适用本身就是例外。因此，法官根据第 464 条参照适用合同编规定时，要负担论证义务；而法官根据第 468 条不参照适用合同编通则时，才负担论证义务。因此，第 468 条对于自由裁量权的限制更大，对于非合同之债，法官不参照适用合同编通则时就要说明理由，因为立法者于此通过但书配置了一项例外规定。主张适用例外规定之人，须对例外规定对应的事实负担论证义务。

七、参照适用的运用边界

（一）参照适用条款在民商法中的运用边界

法律解释优先于类推适用，同样地，法律解释优先于参照适用。民法学方法论通说认为，禁止不利类推，[1] 此外，对例外规定不作扩张解释，也不作类推适用或者参照适用。如果扩张或者类推适用例外规定，就会架空法律想

---

[1] 参见王利明：《法律解释学导论——以民法为视角》，法律出版社 2009 年版，第 514 页。

要的一般规定与例外规定之间的关系。对类推适用范围的限缩和界定，对参照适用同样成立。

"对例外规定的类推适用同样要回归到类似性的判断上。只要综合构成要件和立法目的等因素，可以判定例外规定与待决案件具有相当之类似性，就应准许类推适用。……民法上禁止不利类推适用以保护一方当事人权益，是以牺牲对方当事人的权益为代价。因此，民法领域应容许不利类推适用。然而，行政行为的法律效果不仅事关行政相对人的权益，而且通常事涉公共利益的维护或公共管理目标的实现。……因此，行政审判中应当摒弃不利类推禁止规则。"[1]

有学者认为："通常限于民法内同一法律领域内部的类推。类推通常限于合同法、物权法等法律内部，而一般不能在它们之间相互类推。"[2]"应当指出的是，并非全部的私法都可以适用类推适用，凡是实行法定主义的领域即不得实行类推适用。其中最典型的是物权法。"[3]

有学者进一步指出，商公法规范禁止类推适用，商法的强制性规定不得类推适用，商法特别规则不得类推适用于特定领域之外。除此之外，其他商法领域均存在类推适用的空间，尤其是商行为领域众多的任意性规范，类推适用大有用武之地。[4]

（二）参照适用条款在行政法中的可适用性

德国行政法学者奥托·迈耶认为："不应以类推方式援引民事法律规定来改善和补充行政法。法律类推只是在解释法律本意时才可适用，而民事法规的本意与公法关系之间并无相似性。"[5]"在刑法领域，类推禁止一直是绝对的主流学说，而行政法领域，对确立公权介入的规范之类推禁止，则受到一定

---

[1] 单华东、江厚良：《民法规范在行政审判中的类推适用》，载《人民司法·应用》2012年第23期。
[2] 王利明：《法学方法论》，中国人民大学出版社2018年版，第506页。
[3] 屈茂辉：《类推适用的私法价值与司法运用》，载《法学研究》2005年第1期。
[4] 参见郭富青：《论商法类推适用的依据、范围和正当性》，载《甘肃政法学院学报》2012年第5期。
[5] [德] 奥托·迈耶：《德国行政法》，刘飞译，商务印书馆2002年版，第122页。

程度的限缩。"[1] 笔者认为，行政法有参照适用或者类推适用民法的空间，民法的体系溢出效益可以进一步被释放到行政法领域。

在公私法融合的背景下，法律保留原则要求行政机关"法无授权不可为"，但"对法律保留原则的遵循并不等于行政法禁止类推适用，而应理解为法律保留原则限制了类推适用的范围"[2]。应对法律保留的"保留密度"作具体分析，比如，侵害行政的保留密度要大于给付行政的保留密度。[3]"在行政法未明确规定诸如诚实信用、公序良俗等原则的情况下，在行政审判中适用上述原则应认定为行政法对民法原则的类推适用。……除类推适用外，并不存在行政法对民法规范的直接适用。……在行政审判中，法官对民法规范的运用只能通过类推适用的途径。"[4]

"在刑法领域，类推禁止一直是绝对的主流学说，而行政法领域，对确立公权介入的规范之类推禁止，则受到一定程度的限缩。"[5] "类推适用当然不仅在同一个法律领域（如私法领域）中可行，在法秩序统一原则的意义上，也是跨领域的，比如，在行政法中类推适用私法原则。"[6] 司法实践中存在类推适用民法不当得利返还请求权规范作为行政法上给付请求权基础的做法。[7] 又如，"杨庆峰与无锡市劳动和社会保障局工伤认定纠纷上诉案"中，法院认为工伤认定申请时效虽然与民事诉讼时效不同，但在判断时效起算时间时，应当参照民事诉讼时效起算时间的有关规定。[8]

《行政诉讼法》第63条第3款规定："人民法院审理行政案件，参照规

---

[1] [德] 埃尔马·邦德：《类推：当代德国法中的证立方法》，吴香香译，载《求是学刊》2010年第3期。

[2] 单华东、江厚良：《民法规范在行政审判中的类推适用》，载《人民司法·应用》2012年第23期。

[3] 参见黄学贤：《行政法中的法律保留原则研究》，载《中国法学》2004年第5期。

[4] 单华东、江厚良：《民法规范在行政审判中的类推适用》，载《人民司法·应用》2012年第23期。

[5] [德] 埃尔马·邦德：《类推：当代德国法中的证立方法》，吴香香译，载《求是学刊》2010年第3期。

[6] [奥] 恩斯特·A.克莱默：《法律方法论》，周万里译，法律出版社2019年版，第174页。

[7] 参见"北京如林建筑劳务分包有限公司诉北京市平谷区社会保险事业管理中心劳动社会保障行政给付案"，北京市平谷区人民法院（2017）京0117行初301号行政判决书。

[8] 参见"杨庆峰与无锡市劳动和社会保障局工伤认定纠纷上诉案"，载《最高人民法院公报》2008年第1期。

章。"《最高人民法院关于审理行政协议案件若干问题的规定》第 12 条规定："行政协议存在行政诉讼法第七十五条规定的重大且明显违法情形的，人民法院应当确认行政协议无效。人民法院可以适用民事法律规范确认行政协议无效。行政协议无效的原因在一审法庭辩论终结前消除的，人民法院可以确认行政协议有效。"第 25 条规定："公民、法人或者其他组织对行政机关不依法履行、未按照约定履行行政协议提起诉讼的，诉讼时效参照民事法律规范确定；对行政机关变更、解除行政协议等行政行为提起诉讼的，起诉期限依照行政诉讼法及其司法解释确定。"第 27 条规定："人民法院审理行政协议案件，应当适用行政诉讼法的规定；行政诉讼法没有规定的，参照适用民事诉讼法的规定。人民法院审理行政协议案件，可以参照适用民事法律规范关于民事合同的相关规定。"第 12 条第 2 款的"适用"和第 27 条第 2 款的"参照适用"如何分工？值得思考。有学者指出："行政协议的无效、变更与解除，分别准用《民法典》合同无效、情势变更及合同解除规则。"[1]

八、参照适用方法论分论展开的类型化标准

参照适用方法论包括总论和分论，总论分论结合，构成参照适用方法论的完整体系。

参照适用方法论分论运用类型化和体系化方法分析参照适用在民法商法中的应用，充分展现参照适用立法技术如何成就大民法典、如何形塑隐性总则，充分展现参照适用司法技术如何保持大民法典的与时俱进。

参照适用方法论分论包括如下内容：民法典总则编的总则性和非总则性特点及其体系影响；法人、非法人组织制度中的参照适用；身份关系协议对民法典合同编的参照适用；非典型合同和典型合同中的参照适用；非合同之债对合同之债有关规定的参照适用；民法典人格权编中的参照适用法律技术；基于身份关系协议的物权变动对民法典物权编的参照适用；股权转让合同对

---

[1] 王春蕾：《行政协议诉讼中的〈民法典〉准用》，载《现代法学》2021 年第 3 期。另参见冯莉：《论情势变更原则在行政协议履行中的适用》，载《经贸法律评论》2021 年第 5 期。

民法典的参照适用。

参照适用方法论分论覆盖《民法典》中的全部参照适用条款，并在动态法源观指引下，梳理分析总则性与非总则性、身份法与合同法、身份法与物权法、人格权法与身份法、民法与商法、非典型合同与典型合同、非合同之债与合同之债等辩证关系。

第四章　参照适用法律技术是照亮大民法典的"阿拉丁神灯"

一、大民法典重构财产法体系

体系化是民法典的生命。民法典的颁行不是民法体系化的终点，反倒是再体系化的起点。民法典高度体系化追求的境界和带来的好处是释放出体系效益。"一波一波的民法典浪潮，有积累也有创新，其不变的考验，就是体系的效益。"[1]

法律以社会为基础，民法典的体系化不是静止的，而需与时俱进。德国民法典的潘德克顿五编制模式不是体系化的"唯一正解"。潘德克顿五编制对应债物二分、债肥物瘦的财产法体系，物权法定是这个财产法体系最主要的

---

[1] 苏永钦：《寻找新民法》，北京大学出版社 2012 年版，第 114 页。

前提，也是这个体系升级的突破口。

苏永钦教授解开物权法定的枷锁，使债物合流，绘就六编制的大民法典蓝图，形成 2.0 版的潘德克顿法典。大民法典对潘德克顿财产法体系不是修缮粉刷，而是重构再造。大民法典的六编包括总则、财产通则、意定关系、法定关系、婚姻家庭、继承。大民法典六编制蓝图别具一格，展现了苏永钦教授对民法典立法技术的宏观巨视。立法技术的背后是价值权衡，大民法典理念是大民法典蓝图背后的价值判断。大民法典的理念是普通法、裁判法，而非特别法、行为法，换言之，大民法典调整最基础的民事关系且秉持体制中立，公共政策考量则从大民法典中抽离出去交由特别法落实。

苏永钦教授认为，我国《民法典》采用的基本上是九部单行民事法组合起来的水平并立的高度部门化模式，错过了法典化时刻，"也许只能说是九法编纂而成的准法典，连五编制的体系化程度都没有达到"，"很难期待这样没有坚实下层整合的顶层规范可以产出多少体系效益，所以我国《民法典》在水平整合上还不符合德国模式"。[1]

大民法典是苏永钦教授学术版图（大民法典、部门宪法、跨域教义和社科法学）中的首要模块。[2] 苏永钦教授谦虚自评大民法典是"很有未来性的，但比较脱离现实的民法典"[3]。徐国栋教授对大民法典体系提出疑问、分析缺陷，认为"观点难以成立""不值得采用"。[4]

本书无意从宏观立法技术层面探讨大民法典的争论，而是从我国《民法典》参照适用这一中观法律技术角度探讨大民法典的另一种可能进路。

---

[1] 苏永钦：《大民法典的理念与蓝图》，载《中外法学》2021 年第 1 期。

[2] 参见苏永钦：《法学怎样跟上时代的脚步》，2021 年 3 月 27 日在"苏永钦讲座教授七秩祝寿研讨会"上的主题演讲。

[3] 苏永钦：《法学的想象》，载《现代法治研究》2020 年第 1 期。

[4] 参见徐国栋：《论〈民法典〉采用新法学阶梯体系及其理由——兼榷〈民法典〉体系化失败论》，载《财经法学》2021 第 2 期。

二、参照适用立法技术承载大民法典的理想

(一)《民法典》中出现大量参照适用条款

参照适用又被称为准用、授权式类推适用或者法定类推适用等,理论和实务中常有对参照适用和类推适用的混淆、对类推适用和拟制的混淆。立法配置的参照适用规定或者准用规定不同于具有法律漏洞补充作用的类推适用,立法者在参照适用条款中已经替法律适用者在多种漏洞补充方法中作了明确指引,减轻了法律适用者寻找漏洞补充方法时的思考负担。

参照适用也不同于直接适用、补充适用或者拟制。参照适用规范包含了法律适用者何时参照和如何参照的自由裁量权,而在直接适用和补充适用的情形下,法律适用者没有自由裁量权,只能严格适用相应规定,对应严格规定。如《民法典》第1034条第3款规定:"个人信息中的私密信息,适用有关隐私权的规定;没有规定的,适用有关个人信息保护的规定。"该条前段中的"适用"是优先适用、直接适用,后段中的"适用"是补充适用,这些法律适用方法发挥作用时均不像参照适用那样须根据拟处理事项的性质作排除适用或者变通调适。拟制规定运用"视为"的立法表达技术,立法者对两类事项径行等量齐观,且拟制规定同样属于严格规定,也不给法律适用者留有自由裁量权。

结合《合同法》第174条(其他有偿合同对买卖合同规定的参照)这一极为重要的参照适用条款,易军教授总结我国民法学界对该条的研究"可谓完全空白",我国整个法学界对"参照"所作的研究"十分薄弱",法学方法论关于"参照"的研究"几乎处于空白状态"。[1]2019年《九民纪要》中出现"准用"1次,"类推适用"1次,"参照""参照适用"合计13次,第23条名称和正文中同时出现"参照"和"准用",民商事审判工作中对参照适用作出前所未有的重视。

我国民事立法用语呈现出从"参照"到"参照适用"的变化。自《民法

---

[1] 参见易军:《买卖合同之规定准用于其他有偿合同》,载《法学研究》2016年第1期。

通则》以来，立法长期持续使用"参照"这一表述，《民法总则》开始相应统一改为"参照适用"，《民法典》坚持此做法，并区分"参照适用"与"参照"的不同适用情境。《民法典》中存在大量的参照适用条款，"参照适用"字样出现28次，对应28个形式意义上的参照适用条款，此外还有2个实质意义上的参照适用条款（第468条、第806条第3款）。

（二）参照适用立法技术的比较法观察

参照适用/准用是大陆法系常用的立法技术，德国、法国、日本、瑞士等国的民法典均有准用条款。日本民法典中"准用"出现211次。在大陆法系法学方法论著述中，类推适用掩盖了参照适用/准用的理论光芒。有关类推（analogy）的英文文献关注的大多并非对实定法的类推，而是作为先例裁判方法的类推。德国民法学方法论中的类推适用对应Analogie。但在拉伦茨的《法学方法论》中只论及通过类推适用填补开放漏洞，未涉及准用/参照适用问题。齐佩利乌斯的《法学方法论》也只是从漏洞补充和逻辑推理方法角度论及类推适用。魏德士的《法理学》同样高度关注类推适用，该书的中译本词条索引中很罕见地出现了"参照规范"（Verweisnorm）这一表述，其正文所论"参照"（Verweisung）应为引用之义，而非所译的"参照适用"，德语verweisen意为"指点……参阅，使注意""援引、指向"，无"参照"之义。克莱默的《法律方法论》也未在类推适用的通说见解之外发掘准用/参照适用的方法论意义，中译本将Verweisung译为"指示参引"，更为允当。[1]

比较法上则逐渐出现了区分适用与准用/参照适用的方法论自觉。第一，德文版《瑞士债法典》第798—801条中均有"entsprechend anwendbar"，两份不同的中译本将之分别译为"类推适用"和"准用"，显示出我国学界对这两个词语的混淆。英文版《瑞士债法典》在这几个条文中使用"apply"，为"适用"之义。英语不是瑞士官方语言，英文版将"entsprechend

---

[1] 参见［德］卡尔·拉伦茨：《法学方法论》（全本·第六版），黄家镇译，商务印书馆2020年版，第478—492页。［德］齐佩利乌斯：《法学方法论》，金振豹译，法律出版社2009年版，第97—103页、第155—161页。［德］魏德士：《法理学》，吴越、丁晓春译，法律出版社2005年版，第64页、第457页。［奥］恩斯特·A.克莱默：《法律方法论》，周万里译，法律出版社2019年版，第374页。

anwendbar"对译为"apply",反映出英美法系思维对大陆法系中准用/参照适用的认识错位。第二,《瑞士民法典》第7条不加限制地将债法规定适用于(Anwendung)其他民事法律关系,司法和法学理论上不得不通过类推适用/参照适用来避免不合宜的等量齐观。卡纳里斯倾向于将此种"适用"解释为"类推适用"。[1] 克莱默也认为,《瑞士民法典》第7条整体参引的规定带来了相应(entsprechend)、合乎意义(sinngemäß)(不一定是字面上)地适用《债法》规定的结果。[2]

(三)参照适用立法技术成就大民法典

参照适用立法技术成就大民法典,通过参照适用所释放出的民法典体系效益经得住找法、储法、立法和传法四个角度的检验。[3]

第一,参照适用立法技术丰富了民法法源理论,提高了民法法源的体系化程度,促成了大民法典,我们还可以从中总结动态法源观。"法律的体系化追求不可能只是基于一种单纯的美感,体系化最原始的功能还是在帮助找法。"[4] "就立法技术问题的讨论而言,妥当的立法技术应当是便利裁判者寻找法律依据的立法技术。"[5] 参照适用条款丰富了找法的方法,实质上扩大了调整对象的民法法源范围,并使此种法源随着被参照适用条款的变化而动态跟进。

一方面,参照适用的找法过程是将被参照适用条款具体化。被参照适用条款的构成要件事实与拟处理案件事实应当最相类似,进言之,被参照适用条款应当是最相类似的法律规定。《民法典》第467条对非典型合同参照适用方法有此指引:"……并可以参照适用本编或者其他法律最相类似合同的规

---

[1] 参见〔德〕克劳斯-威廉·卡纳里斯:《民法典总则的功能及其作用的限度》,陈大创译,载王洪亮、张双根、田士永、朱庆育、张谷主编:《中德私法研究》第10卷,北京大学出版社2015年版,第86—99页。

[2] 参见〔奥〕恩斯特·A. 克莱默:《法律方法论》,周万里译,法律出版社2019年版,第62页注232。

[3] 参见苏永钦:《大民法典的理念与蓝图》,载《中外法学》2021年第1期。

[4] 苏永钦:《寻找新民法》,北京大学出版社2012年版,第76页。

[5] 王轶:《民法原理与民法学方法》,法律出版社2009年版,第187页。

定"。《民法典》第 464 条第 2 款、第 468 条等未作此限,本着对参照适用条款本身进行同类解释的方法,这些条款中也包含参照适用本编"最相类似"规定,适用本编通则"最相类似"的有关规定之义。

另一方面,参照适用的找法过程展现出动态的法源冲突协调,形成动态法源观。[1]《民法典》并没有像垂直切割的部门民法那样"只顾到作单行法内的体系解释,少了跨越各法的体系化规范"[2]。《民法典》第 464 条第 2 款、第 468 条、第 1001 条、第 646 条等规定的参照适用方法是财产法和身份法、合同之债和非合同之债、人格权法和身份法、民法和商法等关联互动的接口,在充分顾及拟处理法律关系特殊性质的前提下,可以为身份法、非合同之债、商法等提供开放法源。对被参照适用的规范而言,其调整对象随之扩大,也对应形成了大合同编、大合同编通则、大人格权编乃至大民法典。

第二,参照适用立法技术储存了更多法律规范,成就了民法典更大的体系容量。参照适用技术推动法律发展,实现民法典的再体系化,但现代社会法律发展的任务不能由立法者独担。卡多佐曾指出:"司法过程的最高境界并不是发现法律,而是创造法律。"[3] 参照适用技术实际上是立法者对法律适用者的授权。

参照适用立法技术使被参照适用规范的调整对象扩充至最大,产生体系溢出效益,被参照适用规范也成为那块最大的积木,被放在法典底层,通过立法技术中的积木规则承载、储存、释放更多的法律规范。参照适用的大前提是参照适用条款和被参照适用规范,参照适用条款本身属于不完全法条,二者结合方能组成完全法条。相近的规则组合成一个单位,小单位再组合成大单位,符合立法技术中的蜂窝规则,可以使整部法律井井有条、结构均衡,避免畸轻畸重。[4] 例如,《民法典》第 966 条通过参照适用技术将中介合同法

---

[1] 参见王雷:《民法典适用衔接问题研究——动态法源观的提出》,载《中外法学》2021 年第 1 期。

[2] 苏永钦:《体系为纲,总分相宜——从民法典理论看大陆新制定的〈民法总则〉》,载《中国法律评论》2017 年第 3 期。

[3] [美] 本杰明·卡多佐:《司法过程的性质》,苏力译,商务印书馆 1998 年版,第 105 页。

[4] 有关立法技术中积木规则和蜂窝规则的更详细论述,参见苏永钦:《寻找新民法》,北京大学出版社 2012 年版,第 84—86 页。

律规范和委托合同法律规范组合在一起,成为一个弥补中介合同法律漏洞的完全法条单位。《民法典》第646条又将委托合同法律规范和买卖合同法律规范组合在一起,成为一个弥补委托合同法律漏洞的更大的完全法条单位。买卖合同法律规范成为典型合同规范体系中最大的那块积木。

第三,参照适用是发挥民法典体系效益、避免重复规定的立法技术。"妥当的立法技术……应当是遵循了'立法美学',力求简明、便捷,避免法律规则重复、烦琐的立法技术。"[1] 参照适用立法技术通过更妥当的规范配置,避免重复规定,大道至简,实现立法简约,释放民法典的体系效益。纯粹服务于避免重复规定、实现法条简化的立法技术,对应"适用"条款,而非"参照适用"条款。参照适用条款更重要的是还具有授权式类推适用的功能,是立法者有意识地授权法律适用者在个案中进行漏洞填补。

立法技术中的标兵规则要求"在各种并立的类型中,选择其中最具普遍性、重要性者作为领头羊,放在前面的位置,并就所涉各种规则详为规定,以便其他有一定共同性者,在制定规范时可以视情形或为概括准用或就具体规则准用,即其未明文规定的情形,于适用时如发现有漏洞,仍可就近参考类推"[2]。参照适用法律技术对应的被参照适用规范都属于标兵规则,具有典型示范意义和体系辐射效应。

例如,根据《民法典》第414条第2款,抵押权清偿顺序规则可以被参照适用到其他可以登记的担保物权清偿顺序情形中。抵押权制度成为担保物权体系中的标兵规则。《民法典》第403条规定动产抵押权登记对抗主义规则,《民法典担保制度司法解释》第54条细化了善意第三人的范围,该司法解释第67条通过参照适用技术将善意第三人规则扩大到所有权保留买卖合同、融资租赁合同等领域,实现动产和权利担保规则的统一。

又如,所有权保留买卖合同、融资租赁合同还可以参照适用《民法典》第404条动产抵押权不得对抗正常经营买受人规则。有学者进一步指出,《民法典》第388条第1款第2句"为债物二分体系搭建了一个互通有无的桥梁,

---

[1] 王轶:《民法原理与民法学方法》,法律出版社2009年版,第187页。

[2] 苏永钦:《寻找新民法》,北京大学出版社2012年版,第90页。

其可以发挥现有规则扩张适用的体系效应,使得《民法典》物权编的担保规则可以运用到合同编的担保制度之中,这是单行法完全不可能具有的功能"。《民法典》第 404 条"动产抵押的规则也能够适用于具有担保功能的合同。因此,正常经营活动买受人规则可以适用于所有权保留和融资租赁等情形"[1]。

再如,《民法典》第 388 条第 1 款第 2 句规定的其他具有担保功能的合同清偿顺序如何确定?坚守债权平等原则还是其他?《民法典》第 768 条突破债权平等原则,规定多重保理中应收账款的分配顺序,该条成为应收账款融资担保规范体系中的标兵规则。《民法典担保制度司法解释》第 66 条通过参照适用技术进一步释放了《民法典》第 768 条的体系效益,实现应收账款融资担保顺位规则的统一。

第四,参照适用是大民法典的重要方法论根基。民法学方法论上存在对参照适用的研究空白,我们要树立参照适用在民法学方法论体系中的地位,绽放其被掩盖的理论光芒,将参照适用夯实为大民法典的重要方法论根基。参照适用具有鲜明的实践品格,经由更务实的理论研究和法学教育,可以建立参照适用的学术体系、话语体系,提升法学教育的实践性,避免理论和实践各行其是。参照适用方法论的本体内部构成围绕何时参照适用和如何参照适用展开,具体又包括谁来参照、何时参照、何事参照、参照什么、应当参照还是可以参照、如何参照,再具体化为参照适用的法理基础、前提条件、找法方法(被参照适用条款的具体化)、援引技术(完全法条的呈现)、逻辑结构(类比推理)、说理论证(相似性论证)、运用边界等。参照适用理论研究有助于立法、司法和学理的良性互动,推动法律发展。

此外,在新科技革命和产业变革时代,参照适用立法技术有助于保持民法典的开放性和生命力,在民法典的变与不变之间保持适度平衡,避免亦步亦趋或者墨守成规,在多变的时代保持民法典对未来法治的充分弹性和张力,以成就大民法典。从法律发展的角度看,参照适用立法技术展现了法典在变与不变之间更高的合宜感,避免过犹不及或者消极无为。对未来法治领域不断涌现的新现象新问题,参照适用不像《最高人民法院关于贯彻执行〈中华

---

[1] 王利明:《民法典的体系化功能及其实现》,载《法商研究》2021 年第 4 期。

人民共和国民法通则〉若干问题的意见（试行）》（以下简称《民法通则意见（试行）》）第 140 条第 1 款隐私保护直接适用名誉权保护规定那样有不合宜的等量齐观，也不像《民法典》第 127 条对数据、网络虚拟财产的保护优先适用特别法那样"拔剑四顾心茫然"，向特别法看全无回应、手足无措，回观一般法又不知哪些规定适合被补充适用。

（四）参照适用立法技术有助于我们更好地理解大民法典

参照适用立法技术还有助于我们更好地理解大民法典，参照适用是释放民法典体系效益的"密码"，也是理解民法典"提取公因式"的总则式立法技术的"密码"。参照适用是民法典"提取公因式"的总则式立法技术的升级版，形成更细致的总分关系。民法典总则编自有其通过抽象概括实现立法简约等优点，但也具有非总则性的缺憾——"《民法典》总则编主要以双方民事法律行为特别是合同行为为典型提炼一般规定，且主要以财产法律行为为典型提炼一般规定，这就导致《民法典》总则编对合同行为之外的其他民事法律行为、对身份法律行为的法律适用存在一定的'非总则性'。"[1] 苏永钦教授也曾指出，德国民法典总则的精华全在法律行为上，作为财产法和身份法的公因子不能算很成功。德国民法典总则的体系效应极为有限，身份关系几乎都"总"不进去，这已经是不争的事实。[2]

总则式立法技术要求法律在适用过程中优先适用分则、补充适用总则，《民法典》总则编的"非总则性"特点又阻断了回归补充适用总则的道路。《民法典》总则编无法有效充分发挥兜底适用和补充适用的功能，因此类似功能只能由二级总则/隐性总则分担。此种分担技术不再是直接适用或者补充适用，而是变成参照适用。"提取公因式"的总则式立法技术和参照适用技术成为大陆法系民法典的"宿命"。

例如，针对非合同之债的法律适用，当债法总则缺位时，《民法典》通过第 468 条原则参照适用、例外不参照适用的立法技术以济其穷。《民法典》

---

[1] 王雷:《民法典适用衔接问题研究——动态法源观的提出》，载《中外法学》2021 年第 1 期。
[2] 参见苏永钦:《寻找新民法》，北京大学出版社 2012 年版，第 49 页。

合同编通则"普通和特别关系以如此佶屈聱牙的文字和混乱的逻辑去处理，法条像麻花一样绞成一团，未来在找法、传法上都将滋生无穷困扰"[1]。实际上，《民法典》不存在独立成编的形式意义上的债法总则，而存在实质意义上的债法总则，合同编通则代行债法总则的实质功能，可谓"得其意，忘其形"。非合同之债法律适用难题可在"根据其性质不能适用的除外"这一规定的基础上，通过参照适用的解释论妥当化解。参照适用立法技术也丰富了法律发展理论。"债法的一般规则是民法的重要内容，考虑到现行合同法总则已规定了大多数债的一般规则，这次编纂不再单设一编对此作出规定。"[2]《民法典》保留了1999年《合同法》总则的完整性，这种立法技术不存在进步或者倒退、正确或者错误之分，要从立法的历史延续性角度和编纂立法的特点来理解《民法典》中不设独立成编的债法总则这一现象。此时，"一页历史就抵得上一卷逻辑"。[3] "唯有结合特定的法律传统（包括立法和司法传统）以及法学教育背景，才能做出何种立法技术更具有适应性的判断。具有较高适应性的立法技术即属较优的立法技术。"[4]《民法典》通过立法术语的变化，如将合同编通则很多条文中的"合同权利义务"修改为"债权债务"，增加准合同分编，再结合第468条参照适用立法技术，努力用合同编通则的"旧瓶"装下合同之债和非合同之债法律适用的"新酒"。我们要在看得见的合同编通则中找到看不见的实质意义上的债法总则，要在显性的合同编通则中发现隐性的债法总则。《民法典》第468条"扩张了合同编通则的适用范围，使得合同编通则不仅仅在合同编发挥更大作用，同时发挥了债法总则的功能"[5]。《民法典》第468条是大民法典、大合同编的生动体现，也可以帮助我们更好地理解大民法典的体系魅力。

---

[1] 苏永钦：《大民法典的理念与蓝图》，载《中外法学》2021年第1期。

[2] 沈春耀：《关于提请审议〈民法典各分编（草案）〉议案的说明——2018年8月27日在十三届全国人大常委会第五次会议第一次全体会议上》。

[3] Oliver Wendell Holmes, Jr. N.Y. Trust Co. v. Eisner, 256 U.S. 345, 349. 转引自［美］本杰明·卡多佐：《司法过程的性质》，苏力译，商务印书馆1998年版，第32页。

[4] 王轶：《民法原理与民法学方法》，法律出版社2009年版，第187页。

[5] 王利明主编：《中国民法典释评·合同编·通则》，中国人民大学出版社2020年版，第40页。

三、参照适用司法技术保持大民法典的与时俱进

参照适用还是一项进行法律漏洞填补的司法技术。[1] 参照适用在找法和用法方面蕴含丰富的方法论命题。"即便社会福利真的是最终的试金石。'确定性与秩序本身就是我们试图发现的社会福利的一部分。'"[2] 规范参照适用司法技术要求更完善的裁判说理，法律适用者谨小慎微地从参照适用不确定性的荒漠中找到确定与有序，追求价值判断做出过程的可视性与可接受性，推进价值共识达成，避免裁判恣意和方法论上的盲目飞翔，与此同时保持大民法典的与时俱进性。

参照适用司法技术在法人清算、非法人组织、身份关系协议、典型合同、非合同之债、身份权利、股权转让合同等领域能普遍发挥漏洞补充作用，对民法典中的参照适用条款做类型化和体系化解读，实现法典内在体系和外在体系的融贯，释放大民法典的体系辐射效益。少数未设置参照适用条款的，如基于身份关系协议的物权变动、物权请求权能否参照适用合同编，有可能需要通过类推适用来弥补。与类推适用相比，参照适用作为法定类推适用，本身即可防止类推适用被滥用，具有更高的确定性。参照适用司法技术存在对类推适用方法的借鉴，成熟的类推适用也有转化为参照适用乃至法律明文规定的可能，这种互动发展也是参照适用理论乃至法律发展理论研究的难点。

何时参照适用和如何参照适用是参照适用司法技术的重点，相似性论证是解决如何参照适用的方法。要在拟处理的案型和被参照法律规定之间进行相似性论证，以完成对司法三段论大前提实定法规则的有效寻找和谨慎证立。相似性论证不是形式逻辑，而是价值评价。参照适用的核心难题是规范参照适用司法技术，防止法官恣意，增强法律安定性。性质考量是相似性判断中的重要和首要因素，但并非唯一因素。如何通过利益动态衡量，发挥规范目

---

[1] 有关司法技术问题的更多讨论，参见王轶：《民法原理与民法学方法》，法律出版社 2009 年版，第 265—266 页。

[2] [美] 本杰明·N. 卡多佐：《法律的成长 法律科学的悖论》，董炯、彭冰译，中国法制出版社 2002 年版，第 45 页。

的、行为目的、交易安全维护、身份共同体维护等因素的论证力,是参照适用司法技术的难点。《民法典》第464条第2款和第468条规定"根据其性质"参照适用,以"求同存异",规范参照适用过程,厘清对被参照适用的法律规定如何结合拟处理案件的性质进行相应限制或者修正,避免不合宜的等量齐观,也增强法律适用的安定性。法律适用中要结合具体制度做类型化分析,不断验证完善相似性论证方法。

例如,基于身份共同体特点,可以将《民法典》第464条第2款身份关系协议的性质具体化为鼓励缔结婚姻、维护夫妻等身份关系和谐安定、实现家庭共同利益、养老育幼、未成年子女利益最大化等,这也是身份关系协议参照适用《民法典》合同编规则时对被参照适用法条限制或者修正变通的判断标准和解释依归。[1]

又如,苏永钦教授曾深刻发问:"在物权法规范不足的情形,能否适用或准用债法的规定?"[2] 一般债法规定确实有参照适用于所有权人—占有人关系的必要。当立法未授权法律适用者参照适用,而实定法又存在开放漏洞时,就需要通过类推适用来补充。《民法典》第468条"非因合同产生的债权债务关系"表述略显狭窄,债权的权能包括给付请求权、给付受领权等,物权、知识产权等权利的本质在于支配而非受领,但在"请求权"方面,可与债权债务关系相提并论。债权中包括作为原权利的给付请求权,物权请求权等绝对权请求权对应作为救济权的请求权。《民法典》第460条规定:"不动产或者动产被占有人占有的,权利人可以请求返还原物及其孳息;但是,应当支付善意占有人因维护该不动产或者动产支出的必要费用。"于此涉及物权人的"返还原物请求权""返还孳息请求权"、涉及返还义务人的"必要费用偿还请求权"并非基于"债"发生,而是基于物权人的地位和无权占有的事实而发生。"罗马法就已经将债法规则适用于整个请求权法,德国民法典也是想当然地如此处理了(如第990条第2款)。但是一直没有解决的问题,也是现在急迫需要处理的问题,即为债法构建的制

---

[1] 参见王雷:《论身份关系协议对民法典合同编的参照适用》,载《法学家》2020年第1期。

[2] 苏永钦:《大民法典的理念与蓝图》,载《中外法学》2021年第1期。

度在多大程度上一般性地适用于请求权法。"[1]如果返还义务的履行发生给付迟延、给付不能或加害给付，《民法典》物权编并未规定延伸救济规则，立法论上可以参照适用《民法典》合同编的规定，尤其是违约责任的具体规则。在《民法典》各分编中，非基于合同原因发生的"请求权"，若存在同样的问题，立法论上均可参照适用合同编为宜，立法未予明示，解释论上只能基于债权请求权与绝对权请求权在请求权上的共性作类推适用。当然，物权请求权也有"根据其性质不能适用"合同编通则的有关规定的情形，例如，物权请求权不能单独转让，脱离物权请求权的物权是不圆满的。物权请求权具有非财产性、预防性，原则上不以过错为要件，也不适用诉讼时效。

四、总结

体系化是民法典的生命，民法典的体系化也需要与时俱进，唯一不变的是人们对法典体系化的不断追求。体系效益也是对民法典始终不变的考验。苏永钦教授绘就的六编制大民法典蓝图宏观巨视、别具一格，具有鲜明的方法论品格。大民法典所追求的更大体系容量和更高体系效益也许还可通过其他中观层面的立法技术和司法技术实现或者接近。我国民法典中的参照适用法律技术是一盏照亮大民法典理想的"阿拉丁神灯"。参照适用立法技术承载大民法典的理想，参照适用司法技术保持大民法典的与时俱进，通过参照适用所释放出的民法典体系效益经得住找法、储法、立法和传法四个角度的检验。参照适用立法技术还有助于我们更好地理解大民法典，是民法典"提取公因式"的总则式立法技术的升级版。

参照适用立法技术可以避免立法上的重复规定、形塑动态法源，随着被参照法律规定的不断完善，带动拟处理案型对应法源的动态发展，从中我们可以观察总结法律发展理论。参照适用司法技术可以在大民法典体系内部有

---

[1] [德]恩斯特·齐特尔曼：《民法总则的价值》，王洪亮译，田士永校，载王洪亮、张双根、田士永、朱庆育、张谷主编：《中德私法研究》第10卷，北京大学出版社2015年版，第70—85页。

意识地弥补法典漏洞，通过参照适用司法技术在法典中寻找解决方案、释放大民法典的体系效益，但也有必要规范参照适用的论证过程。通过规范相似性论证、完善裁判说理，约束参照适用司法技术带给法官的自由裁量权，避免打开裁判恣意的"潘多拉魔盒"。

第二编

分　论

第五章　民法典总则编的总则性和非总则性特点及其体系影响

"潘德克顿学派将数学上提取公因式的方法运用到法典编纂之中，这种方式被《德国民法典》发挥到了极致，形成了民法典编纂中的总分结构。"[1]《德国民法典》采用了潘德克顿法学体系，由总则、债的关系法、物权法、亲属法、继承法组成，其总则编最具体例设计上的特色，运用权利主体、法律行为等更高级概念将分则中共同性的东西用"提取公因式"（Ausklammerung）的方式统一规定。根据潘德克顿学说体系的建构，总则成为民法体系的第一部分，该体系首先为德国民法典所采纳，并为日本民法典所继受延续，成为民法典编纂体例的特色。"《德国民法典》的总

---

[1] 王利明：《总分结构理论与我国民法典的编纂》，载《交大法学》2019年第3期。

则编是最引人注意、最引起争议的问题。"[1] 德国学者弗卢梅认为："潘德克顿体系的主要特征是总则的前置，而潘德克顿体系总则的核心则是法律行为理论。"[2]

我国《民法典》采取总则编、各分编（分则各编）相结合的科学化、体系化结构。总则编是否能够真正"总"得住、"兜"得住各分编？在总则性特点甚至优点之外，总则编是否还有摆脱不掉的"非总则性"的缺憾甚至宿命？对此，又应如何克服？

一、民法典总则编对各分编具有统领性作用

理解和适用民法典总则编的关键是通过总分结合的立法技术、法律适用技术和学习方法把握总则编的统领性作用，这些都是民法典总则编的总则性特点及其体系影响。民法典总则编是民法典这列火车的"车头"，是民法典这道复杂数学题的"公因式"。民法典"提取公因式"的总分结合立法技术也提供了法典化的一般立法技术。总分结合的立法技术超越民法商法，成为中国特色社会主义法律体系的一个突出立法技术特点，是科学立法的一个突出经验，也为其他部门法立法所借鉴，如行政基本法典总则、环境法典总则等。[3]

（一）民法典总则编统领性作用的具体表现

"中国民法典编纂采取的总则与分则相区分的立法结构，是立法科学性的体现，其优势已经被我国法制实践经验证明。""潘德克顿体系最显著的特征，就是在这个体系中出现了民法总则，或者说，它确立了总则与分则相区分的

---

[1] 谢怀栻：《外国民商法精要》，法律出版社 2006 年版，第 86 页。

[2] Werner Flume, Allgemeiner Teil des Bürgerlichen Rechts. Zweiter Band, Das Rechtsgeschäft, 4.Auflage, Springer-Verlag Berlin 1992, S.28.

[3] 参见赵英男：《行政基本法典总则部分"提取公因式"技术的困境与出路》，载《法律科学》2022 年第 6 期。吴凯杰：《论环境法典总则的体系功能与规范配置》，载《法制与社会发展》2021 年第 3 期。

编纂模式。""民法典总则编,既是潘德克顿体系的特征,也是整个民法典的核心。"[1] 从理解和适用民法典的角度看,科学立法要求我们注意运用体系化视角来理解民法典,理解民法典总分结合的立法技术。

民法典总则编的统领性作用主要通过基本原则和一般性规则来承担。总则编规定了民事活动必须遵循的基本原则和一般性规则,前者对应基本价值取向,是民法典的价值红线;后者对应民事法律关系的不同要素,是民法典的技术红线。各分编在总则编的基础上对各项民事制度作出具体规定。在各分编具体规则不足时,总则编基本原则能够起到填补漏洞作用。

第一,民法典总则编基本原则起到对各分编的价值统领作用。第一编第一章"基本规定"规定了民法典的立法目的和依据。其中,将"弘扬社会主义核心价值观"作为一项重要的立法目的,体现坚持依法治国与以德治国相结合的鲜明中国特色。[2] 同时,规定了民事权利及其他合法权益受法律保护,确立了平等、自愿、公平、诚信、公序良俗等民法基本原则。为贯彻习近平生态文明思想,将绿色原则确立为民法的基本原则,规定民事主体从事民事活动,应当有利于节约资源、保护生态环境。[3]

第二,民法典总则编一般性规则起到对各分编的技术统领作用。"民法总则草案以 1986 年制定的民法通则为基础,采取'提取公因式'的办法,将民事法律制度中具有普遍适用性和引领性的规定写入草案,就民法基本原则、民事主体、民事权利、民事法律行为、民事责任和诉讼时效等基本民事法律制度作出规定,既构建了我国民事法律制度的基本框架,也为各分编的规定

---

[1] 孙宪忠:《中国民法典总则与分则之间的统辖遵从关系》,载《法学研究》2020 年第 3 期。

[2] "坚持依法治国与以德治国相结合,注重将社会主义核心价值观融入民事法律规范,大力弘扬传统美德和社会公德,强化规则意识,倡导契约精神,维护公序良俗。"王晨:《关于〈中华人民共和国民法典(草案)〉的说明——2020 年 5 月 22 日在第十三届全国人民代表大会第三次会议上》,载中国政府网,https://www.gov.cn/xinwen/2020-05/22/content_5513931.htm#1,2023 年 9 月 26 日访问。

[3] 参见李建国:《关于〈中华人民共和国民法总则(草案)〉的说明——2017 年 3 月 8 日在第十二届全国人民代表大会第五次会议上》,载中国政府网,https://www.gov.cn/xinwen/2017-03/09/content_5175399.htm#1,2023 年 9 月 26 日访问。

提供依据。"[1] "民法典总则编关于人格的规定对婚姻家庭编的统辖效果，主要体现在行为能力和监护制度对婚姻家庭关系中人身权变动的各个方面都具有制约的效力。"[2] "作为民法总则的一般规定，它（法律行为制度）统辖着合同法、遗嘱法和婚姻法等具体的设权行为规则。"[3]

（二）总分结合的立法技术发挥总则编统领性作用

民法典乃至民法典分则各编都采取"提取公因式"的总分结合立法技术，有助于避免立法冗余重复，降低立法成本，提高立法简约和体系化、科学化程度，还可以通过公因式展现各分项的共同密码。"民法总则草案以1986年制定的民法通则为基础，采取'提取公因式'的办法，将民事法律制度中具有普遍适用性和引领性的规定写入草案，……既构建了我国民事法律制度的基本框架，也为各分编的规定提供依据。"[4] 总分结合的立法技术是总则式立法的鲜明标志，总分结合立法技术的正当性取决于总则式立法的正当性。我国民法典的总则式立法技术是法律继受的产物。总则式立法从来都不是不证自明的。德国学者维亚克尔认为："我们只在直接受德意志民法典影响的私法典里才发现总则的存在，在文化不同而从事继受的国家（如日本、中国和暹罗）里，接受依教学方式安排的一般化，毋宁是自然的。"[5] "法学一旦自认是体系性的，就会以形成总则为其不可放弃的任务，自前一世纪初起的德意志法学即是如此。"[6] 总分结合的立法技术也是东方综合思维和西方分析思维的

---

[1] 李建国：《关于〈中华人民共和国民法总则（草案）〉的说明——2017年3月8日在第十二届全国人民代表大会第五次会议上》，载中国政府网，https://www.gov.cn/xinwen/2017-03/09/content_5175399.htm#1，2023年9月26日访问。

[2] 孙宪忠：《中国民法典总则与分则之间的统辖遵从关系》，载《法学研究》2020年第3期。

[3] 董安生：《民事法律行为》，中国人民大学出版社2002年版，前言。

[4] 李建国：《关于〈中华人民共和国民法总则（草案）〉的说明——2017年3月8日在第十二届全国人民代表大会第五次会议上》，载中国政府网，https://www.gov.cn/xinwen/2017-03/09/content_5175399.htm#1，2023年9月26日访问。

[5] ［德］弗朗茨·维亚克尔：《近代私法史：以德意志的发展为观察重点》，陈爱娥、黄建辉译，上海三联书店2006年版，第466页。

[6] ［德］弗朗茨·维亚克尔：《近代私法史：以德意志的发展为观察重点》，陈爱娥、黄建辉译，上海三联书店2006年版，第467页。

融合，以兼顾部分和整体，既见树木又见森林，展现法典体系化收放自如的功效，构建具有形式合理性的民法典。民法典总分结合的立法技术具有多层次性和多类型性。

第一，民法典的基本原则和具体规则之间存在总分结构、总分关系。当《民法典》有具体规则时，应适用《民法典》的具体规定，而不能直接适用《民法典》基本原则，以防止出现"向一般条款逃避"的现象。只有在《民法典》对某一特定问题没有具体规则，才能根据《民法典》基本原则作出裁判。凯尔森认为："无论如何，在最高级的人为法之上，也还是有一种假想的超验法。……高级规范并不是给人为法的创制提前确定程序，而是确定基本准则。"[1]《民法典总则编司法解释》第1条第3款规定："民法典及其他法律对民事关系没有具体规定的，可以遵循民法典关于基本原则的规定。"

第二，民法典总则和分则各编之间存在总分关系。"提取公因式"的立法技术将分散在民法典分则各编中的共通规则提炼到总则编加以规定，避免立法的重复规定，实现立法简约。"民法总则是民法典的开篇之作，在民法典中起统领性作用。民法总则规定民事活动必须遵循的基本原则和一般性规则，统领民法典各分编；各分编将在总则的基础上对各项民事制度作出具体规定。"[2] "第一编'总则'规定民事活动必须遵循的基本原则和一般性规则，统领民法典各分编。"[3] "因为民法典总则编在整个法典之中居于统率地位与核心地位，因此，它理所当然地对民法典分则各编的具体规范和制度具有统辖的效力，民法典分则各编对于总则编处于遵从的地位。"[4]

"提取公因式"的立法技术具有可还原性特点，其来源于分则各编，也可

---

[1] 转引自〔法〕莫里斯·奥里乌：《法源：权力、秩序和自由》，鲁仁译，商务印书馆2015年版，第138页。

[2] 李建国：《关于〈中华人民共和国民法总则（草案）〉的说明——2017年3月8日在第十二届全国人民代表大会第五次会议上》，载中国政府网，https://www.gov.cn/xinwen/2017-03/09/content_5175399.htm#1，2023年9月26日访问。

[3] 王晨：《关于〈中华人民共和国民法典（草案）〉的说明——2020年5月22日在第十三届全国人民代表大会第三次会议上》，载中国政府网，https://www.gov.cn/xinwen/2020-05/22/content_5513931.htm#1，2023年9月26日访问。

[4] 孙宪忠：《中国民法典总则与分则之间的统辖遵从关系》，载《法学研究》2020年第3期。

归位于分则各编，总则编作为"提取公因式"立法技术的成果是分则各编的最大公约数，形成民法典的共通规定，包括基本原则和一般性规则。有学者认为，我国民法典总则编所提取的公因式不同于德国民法典，德国民法典总则编公因式的核心是民事法律行为，我国民法典总则编的公因式是民事权利类型列举。民事法律行为被留存在总则编，也许只是出于《民法通则》形成的立法惯性。[1] "虽然我国《民法典》采用总分则编制，亦声称使用'提取公因式'的立法技术，但无论是其技术操作，还是其体系理念，均与潘德克顿体系大相径庭，而是有着深刻的中国特色烙印。这一中国特色体现为，我国《民法典》系单行法的活页式汇聚，总则编规范以民事权利的列举为核心，此类规范并非分则编的公因式，而是活页本法典的活页环，其意义在于串起分则各编，并划定《民法典》的最大编数。"[2] "提取公因式"立法技术的功用不限于避免立法重复实现立法简约、提炼分则的共同密码、协调总分规则适用，还包括提供体系线索塑造法典体系。

第三，民法典各分编内部也存在总分结构。民法典"不仅设总则编规定了整个法典的一般性规则，在分则各编中，也是先规定适用于该编的一般性规则，再规定具体规则或者特别规则"[3]。例如，合同编通则、典型合同和准合同之间存在总分结构，合同编通则第一章至第八章也存在总分结构。《民法典》第 808 条规定："本章没有规定的，适用承揽合同的有关规定。"据此，承揽合同和建设工程合同之间存在一般与特别、总和分的关系。民法典"通过总分结构构建了相对完善的人格权规则体系"。"我国民法典人格权编采用了总分结构的编排方法，这既与民法典其他各编在体系设计上保持了一致，也是我国民法典在人格权保护方面的重要创新。"[4] "我国民法典按照总分结构构建人格权的制度体系具有鲜明的中国特色，也是人格权编的一大创

---

[1] 参见朱庆育：《第三种体例：从〈民法通则〉到〈民法典〉总则编》，载《法制与社会发展》2020 年第 4 期。

[2] 朱庆育：《第三种体例：从〈民法通则〉到〈民法典〉总则编》，载《法制与社会发展》2020 年第 4 期。

[3] 刘贵祥：《〈民法典〉实施的若干理论与实践问题》，载《法律适用》2020 年第 15 期。

[4] 王叶刚：《民法典人格权编的亮点与创见》，载《中国人民大学学报》2020 年第 4 期。

新。"[1] "总分编制下的民法典编纂,以'提取公因式'为技术追求,侵权责任编在形式上也体现了从一般到特别的总分结构,第一章一般规定与第二章损害赔偿相当于侵权责任编的'小总则',其后各章则相当于'侵权分则'。不过,法律适用的规范检视方向与法典编纂相反,是从特别到一般的逆向过程。就此而言,可直接与围绕诉讼请求而展开的法律适用相对接的规范体系,并非法典的总分体系,而是'公因式展开'后的请求权基础规范体系。"[2]

第四,民法典与商法等特别法之间存在一般和特别的关系,民法典作为一般法具有总则性功能。《民法典》第 11 条规定:"其他法律对民事关系有特别规定的,依照其规定。"民法典担当"其他法律"的兜底总则功能,成为所有私法共通适用的原则规定。

第五,民法典中"总分总"结合的立法技术昙花一现,未被最终采纳。民法典人格权编草案曾经一度采取总分总结合的立法技术。人格权编草案(室内稿)共七章 54 条,体例上呈现出"总分总"的结构:第一章一般规定,是总写;第二章生命权、身体权和健康权,第三章姓名权和名称权,第四章肖像权,第五章名誉权和荣誉权,第六章隐私权和个人信息,这五章按照具体人格权依次展开,是分写;第七章人格权的保护,又是总写。"总分总"的写法,在我国的民事立法中实属罕见。人格权编草案(征求意见稿)和民法典人格权编体例上将原来室内稿的第七章合并到第一章里,共同作为"一般规定",将"总分总"结构改成了"总分"结构。

(三) 总分结合的司法技术发挥总则编统领性作用

总分结合具有民事立法技术、司法技术以及民法学学习方法三个不同维度。第一,总分结合的立法技术通过"提取公因式"的方式避免立法重复,实现立法简约。第二,多层次多类型的总分结合的立法技术要求总分结合的法律适用方法,这也加大了法律适用过程中"找法"的难度和初学者学习难度。此种立法技术也要求在法律适用中要遵循"先分则后总则""从后往前

---

[1] 王叶刚:《民法典人格权编的亮点与创见》,载《中国人民大学学报》2020 年第 4 期。

[2] 吴香香:《中国法上侵权请求权基础的规范体系》,载《政法论坛》2020 年第 6 期。

看"的司法技术，而不必因为总则的缺失在分则类似规定之间进行类推适用，以更好地限制法官的自由裁量权。第三，先总后分不符合人们由浅入深的学习习惯。总则最抽象、离生活相对最远。有学者指出："民法典的总则如果不是有害的，至少也是多余的。对如何合乎事理地引导法学初学者而言，总则授课是第一等痛苦重担。"[1]"将民法总则置诸法律学习伊始，虽然有点先苦后甘的味道，但也使法律的学习，容易让人感到挫折。"[2]

作为立法技术的总分结合是先总则后分则，总则置前。作为司法技术的总分结合，是先分则后总则，反其道而行之。"在民法典内部，关于总则和分则之间的关系，如果两者规定的是同一事项，原则上分则的规定应当优先于总则的规定。"[3] 例如，《民法典》第508条规定："本编对合同的效力没有规定的，适用本法第一编第六章的有关规定。"在判断合同效力时，典型合同分编有特别规定时，优先适用特别规定；典型合同分编没有特别规定时，直接适用合同编通则第三章"合同的效力"等一般规定；合同编通则仍无规定时，补充适用总则编第六章的有关规定。先分则后总则的法律适用方法指的是优先适用分则各编和补充适用总则编，总则编的补充适用、兜底适用功能凸显。

法典编纂的公因式提取技术，会导致规范的双重不完整，即括号外的公因式与括号内的规范均不完整。[4] 例如，民法典婚姻家庭编中有关婚姻无效制度在法律适用中存在漏洞。《民法典》第1051条规定："有下列情形之一的，婚姻无效：（一）重婚；（二）有禁止结婚的亲属关系；（三）未到法定婚龄。"《最高人民法院关于适用〈中华人民共和国民法典〉婚姻家庭编的解释（一）》第17条规定："当事人以民法典第一千零五十一条规定的三种无效婚姻以外的情形请求确认婚姻无效的，人民法院应当判决驳回当事人的诉讼请求。当事人以结婚登记程序存在瑕疵为由提起民事诉讼，主张撤销结婚登记

---

[1] [德]弗朗茨·维亚克尔：《近代私法史：以德意志的发展为观察重点》，陈爱娥、黄建辉译，上海三联书店2006年版，第467页。

[2] 陈自强：《契约法讲义I：契约之成立与生效》，元照出版有限公司2018年版，"缘起"第II页。

[3] 王利明主编：《民法》（上册），中国人民大学出版社2020年版，第36页。

[4] 参见朱庆育：《法典理性与民法总则：以中国大陆民法典编纂为思考对象》，载《中外法学》2010年第4期。

的，告知其可以依法申请行政复议或者提起行政诉讼。"从文义解释上看，婚姻无效的情形被严格限定为《民法典》第1051条的三种法定情形，婚姻是否有可能因为违反公序良俗原则而无效？值得思考，婚姻家庭编对此没有规定，总则编民事法律行为制度也未对身份法律行为作特别安排，婚姻家庭编和总则编存在双重不完整，笔者认为，此时可以补充适用总则编第153条第2款，以发挥总则编的统领性作用。当然，身份法律行为补充适用民法典总则编的有关规定是有益的，但也是有限的。

二、民法典总则编具有鲜明的非总则性特点

每位民法学者心目中都会有一部理想的民法典。法律体系不简单等同于法学理论体系。现实中的民法典总是充满了很多妥协。立法是个"遗憾的艺术"，对法律规范宜秉持如下解释、适用和完善的立场：一方面，在推进全面依法治国的背景下，法律人共同体应该尊重立法者、尊重实定法权威，尊重立法者在实定法中所体现的价值判断结论，注重法律人的团结协作，应该本着最大善意将实定法条文尽可能解释得有用和有意义，[1]对于实定法条文中有瑕疵、有漏洞之处，应该努力"化腐朽为神奇"、破立结合、善意弥补。另一方面，面对多种可供选取的法律解释方法和法律适用方法时，一般而言，何种法律解释方法和法律适用方法给法律适用者带来的自由裁量权越小，何种方法的妥当性程度就相对越高。

从立法技术问题的角度看，理想的民法典总则编堪当"总则"功能、充分发挥统领性作用须规定全局性问题，不能拘泥于局部问题，逻辑上应当能够统辖涵括民法典各分编。

现实中的民法典总则编具有鲜明的"非总则性"特点。"《民法典》总则编主要以双方民事法律行为特别是合同行为为典型提炼一般规定，且主要以财产法律行为为典型提炼一般规定，这就导致《民法典》总则编对合同行为之外的

---

[1] 参见王雷：《对〈中华人民共和国民法典（草案）〉的完善建议》，载《中国政法大学学报》2020年第2期。

其他民事法律行为、对身份法律行为的法律适用存在一定的'非总则性'。在没有特别规定时，对合同行为之外的其他民事法律行为、对身份法律行为适用《民法典》总则编时，要充分注意这些民事法律行为性质的特殊性，不要被合同中心主义或者财产法中心主义所蒙蔽。"[1] 民法总则的规定应当对分则具有普遍适用性，但总则的一般规定并非在分则所有地方都能适用，其往往须根据情况设置一些相应的例外，以限制其适用范围，有时这种限制并未实定法化，这就需要我们通过历史解释、类推适用或者规范目的解释等加以推导。[2]

（一）民法典总则编非总则性特点的具体表现

有学者认为："在《民法典》婚姻家庭编未作特别规定的场合，总则编关于民事法律行为的一般规定理应适用于婚姻家庭问题。"[3] 总则编无法充分涵括调整身份关系，不能简单补充适用总则编规定，而要充分照应身份关系性质的特殊之处，做必要的变通适用或者排除适用。《民法典》第146条规定："行为人与相对人以虚假的意思表示实施的民事法律行为无效。以虚假的意思表示隐藏的民事法律行为的效力，依照有关法律规定处理。"通谋虚伪行为能否适用于身份法律行为，尤其在假结婚、假离婚相关的案件中。只要在民政部门办理了离婚登记，在法律上即产生离婚的法律后果，不能认为离婚登记因为违反当事人的真实意思而可撤销，或者因为当事人虚假的意思表示而无效。基于身份法律行为的要式性特点，法律上以形式主义为原则认定虚假婚姻行为的效力，已登记生效的婚姻行为不因当事人内心一致虚假的意思表示而无效。"对民法典总则提出的质疑，往往是总则的关键部分不能普遍适用在分则中，将具体法律规范过度抽象化。"[4] 但还须区分身份法律行为和身份关系协议，夫妻通过假离婚达成离婚财产分割协议逃以避债务承担，对该离婚

---

[1] 王雷：《民法典适用衔接问题研究——动态法源观的提出》，载《中外法学》2021年第1期。

[2] See Dieter Medicus: Allgemeiner Teil des BGB, 9. neu bearbeitete Auflage. 2006 C.F. Müller Verlag Heidelberg.S.18.

[3] 韩世远：《财产行为、人身行为与民法典适用》，载《当代法学》2021年第4期。

[4] 李建华、何松威、麻锐：《论民法典"提取公因式"的立法技术》，载《河南社会科学》2015年第9期。

财产分割协议存在适用《民法典》第 154 条的可能。假若夫妻出于拆迁补偿、解决子女入学等其他目的而假离婚，达成离婚财产分割协议，没有损害债权人等第三人合法权益，对夫妻之间的该离婚财产分割协议纠纷可以适用《民法典》第 146 条第 1 款。

非总则性特点成为总则编的"宿命"。针对《德国民法典》总则编，维亚克尔批评指出："民法第一篇实际上也未能满足总则的真正要求。事实上只有'法律行为'章才包含了真正的'一般性'规则。"[1] 物的概念宜在民法典总则中规定，不宜在物权法中规定。民法典总则编中所规定的物不能局限于特定物。北川善太郎认为："民法总则的物是各种各样的物的总称。"[2] 星野英一认为："是否把家族法特别是有关父母孩子关系的法律和有关交易的法律基于相同的原理，这是一个很大的问题，最近，有实力的民法学者提出了异议。"[3]1931 年，胡长清先生曾批评中华民国民法总则的非总则性。理想的民法总则应该是适用于民法典全部之通则。中华民国民法总则中的"物"只能作为支配权客体中的一种，无法担当全部私权的客体。法律行为之规定除通则一节外其余十之八九仅能适用于债权契约，与其他行为无关，不但无关，而且于其他行为多有明示不适用法律行为一章规定的，法律行为已失其所以为总则之总则性。消灭时效完全以债权请求权为其规定的对象。权利行使中的禁止权利滥用规则是民法的根本问题，但自卫行为、自助行为不过不负损害赔偿责任的局部问题，属于侵权法规则，其均欠缺总则性。胡长清先生认为理想的民法总则包括法例、文例、时例、私权之主体。法例是法律适用的顺序和解释准则，权利行使的标准方可与之匹配堪为总则性规定，但法律行为的方式、确定数量标准之规则均属于局部问题。文例规定民法典中重要术语的含义，时例规定民法典的期间期日制度。[4] 苏永钦先生也认为："总则编的总则性向来受到严厉批评，即在其内容实际上堪称所有其他编通则的非常

---

[1] [德] 弗朗茨·维亚克尔：《近代私法史：以德意志的发展为观察重点》，陈爱娥、黄建辉译，上海三联书店 2006 年版，第 466—467 页。

[2] [日] 北川善太郎：《日本民法体系》，李毅多等译，科学出版社 1995 年版，第 57 页。

[3] [日] 星野英一：《现代民法基本问题》，段匡、杨永庄译，上海三联书店 2012 年版，第 50 页。

[4] 参见胡长清：《论民法总则编之非总则性》，载《法律评论（北京）》1931 年第 8 卷第 19 期。

有限，在主体方面，法人和亲属继承无关，在主要核心的法律行为，能适用到身份法的更是少之又少；身份行为无适用一般意思表示瑕疵规定的余地，无代理可言，也不宜附期限条件，其效力既不可能部分无效，也不能想象如何转换，等等，把这些都予扣除后，比较名正言顺的结构，应该只是一部财产法通则。"[1]

民法典总则编规范供给不足，使得总则编的补充适用、兜底适用功能不彰。在监护制度上，也要注意与传统民事权利体系的对接和碰撞，在法律适用层面既要实现规范的融贯衔接，又要照应身份关系的特殊要求。在父母对未成年子女监护问题上，婚姻家庭编规定优先适用，总则编监护制度恐怕也不是简单的补充适用，而要考虑何时完全适用、何时变通适用、何时不能适用。

民法典总则编对合同行为之外的其他民事法律行为也具有非总则性特点。例如，决议行为就不能简单适用总则编民事法律行为的效力规则，而要充分考虑决议行为自身性质的团体性、程序性和内外部法律关系区分性等特点，做变通调适。从立法技术角度，民法典总则编也并非全都体现"提取公因式"的方法，存在无法担当各分编公因式功能的立法技术上的剩余。[2]

民法典总则编对商事特别法也存在兜底功能不足的情况，"一般认为，《民法典》与单行法是一般法与特别法的关系。但如此理解过于简单"[3]。《民法典》第11条虽然明确了优先适用特别规定，但不意味着缺乏特别规定时当然补充适用民法典一般规定。例如，《公司法》对股权转让合同存在法律漏洞时，不是简单补充适用《民法典》，股权转让合同有因应其自身性质的特殊性，股权转让合同也有参照适用《民法典》买卖合同中权利瑕疵担保制度等有关规定的必要性。此外，《民法典》第71条还给了"公司法律的有关规定"被反向参照适用的空间。

总则不"总"的非总则性特点成为所有总则式立法的"宿命"。有学者认为，公司法修订草案虽设"总则"部分，但何种内容应进入"总则"之中，

---

[1] 苏永钦：《寻找新民法》，北京大学出版社2012年版，第183页。
[2] 参见王轶：《民法总则之期间立法研究》，载《法学家》2016年第5期。
[3] 王利明：《论〈民法典〉实施中的思维转化——从单行法思维到法典化思维》，载《中国社会科学》2022年第3期。

似缺乏精细考量,没有统一的指导思想。[1]

(二)总则编的非总则性特点催生了大量隐性总则

民法典总则编自有其通过抽象概括实现立法简约等优点,但总则编也具有非总则性的缺憾。民法典总则编主要以双方民事法律行为特别是合同行为为典型提炼一般规定,主要以财产法律行为为典型提炼一般规定,具有鲜明的"非总则性"特点。"中国民法之法律行为,实质上不能不成为合同法总则的翻版。"[2] 苏永钦教授也曾指出,《德国民法典》的总则精华全在法律行为上,作为财产法和身份法的公因子不能算很成功。德国民法典总则的体系效应极为有限,身份关系几乎都"总"不进去,已经是不争的事实。[3]

民法典总则编无法有效充分发挥兜底适用和补充适用的功能,类似功能只能由二级总则/隐性总则分担,此种分担技术不再是直接适用或者补充适用,而是变成参照适用。"提取公因式"的总则式立法技术和用于弥补总则式立法技术缺憾的参照适用技术相依相存。"非总则性"成为大陆法系民法典总则编的"宿命"。总则式立法技术要求法律适用过程中优先适用分则、补充适用总则,民法典总则编的"非总则性"特点阻断了回归补充适用总则的道路。总则编的"非总则性"特点也给了各分编做大的默许和机会。

《民法典》物权编第 388 条第 1 款"其他具有担保功能的合同"引入了功能主义担保观,形塑大担保体系。第 414 条第 2 款将抵押权的体系溢出效应展露无遗。《民法典担保制度司法解释》第 66 条第 1 款通过参照适用司法技术与《民法典》第 768 条关联起来,实现应收账款担保规则的统一化。《民法典担保制度司法解释》第 67 条通过参照适用司法技术与第 54 条关联起来,实现动产担保规则的统一化,所有权保留买卖、融资租赁合同中出卖人、出租人的所有权未经登记不得对抗的"善意第三人"的范围及效力与《民法典》第 403 条动产抵押权登记对抗规则保持一致。《民法典》第 311 条第 3 款将所有权善

---

[1] 参见蒋大兴:《公司法修订草案中的关键缺失》,载《中国法律评论》2022 年第 5 期。

[2] 尹田:《民法典总则与民法典立法体系模式》,载《法学研究》2006 年第 6 期。

[3] 参见苏永钦:《寻找新民法》,北京大学出版社 2012 年版,第 49 页。

意取得规则的体系溢出效益延及其他物权善意取得,通过参照适用司法技术弥补后者的规则漏洞。《公司法司法解释三》第25条第1款规定名义股东无权处分股权时参照适用《民法典》第311条善意取得规则,使得第311条的体系溢出效益进一步扩大。《民法典》第311条第3款原本只是笼括物权善意取得,《公司法司法解释三》第25条第1款使得所有权善意取得规则大有"众星拱之""四方来贺"的气派。[1] 在债肥物瘦的法典体系下,物权编也在努力做大。

《民法典》第464条第2款使得身份关系协议的法律漏洞填补方法不是兜底适用总则编,而是参照适用合同编,"外强中干"总则编的兜底适用功能被合同编"捷足先登"了。我们在看得见的民法典合同编通则中找到看不见的实质意义上的债法总则。《民法典》第468条"扩张了合同编通则的适用范围,使得合同编通则不仅仅在合同编发挥更大作用,同时发挥了债法总则的功能"。[2]《民法典》第468条是大民法典、大合同编的生动体现,也可以帮助我们更好地理解大民法典的体系魅力。《民法典》第646条使得买卖合同规则堪任有偿合同法律规则体系中的"小总则",可以有效沟通协调民法商法。

《民法典》第1001条身份权利参照适用人格权保护的有关规定,让我们领略到大人格权编的雄心壮志,人格权编勇敢担任婚姻家庭编、继承编中身份权利保护的"小总则"。

民法典总则编的"非总则性"催生了大量的小总则、隐性总则,也使得作为法律适用方法通说观点的"先分则后总则""先具体规则后基本原则"[3] 凸显出解释力边界。在"先分则后总则"的道路上,大物权编、大合同编、

---

[1] 延伸问题是,若有限责任公司的实际出资人成功否定受让人对股权善意取得,实际出资人能否直接请求将相关股权变更登记到自己名下?在所有权不能被受让人善意取得情形下,根据《民法典》第311条第1款,"所有权人有权追回"。但有限责任公司的实际出资人要求显名登记、变更登记,不能当然参照适用"所有权人有权追回"规则,须有变通调适,须遵循《公司法》第71条、《公司法司法解释三》第24条第3款的规定。

[2] 王利明主编:《中国民法典释评·合同编·通则》,中国人民大学出版社2020年版,第40页。

[3] 《最高人民法院关于加强和规范裁判文书释法说理的指导意见》第7条倒数第2句指出:"民事案件没有明确的法律规定作为裁判直接依据的,法官应当首先寻找最相类似的法律规定作出裁判;如果没有最相类似的法律规定,法官可以依据习惯、法律原则、立法目的等作出裁判,并合理运用法律方法对裁判依据进行充分论证和说理。"据此,民事法律具体规则有漏洞时,类推适用成为优先选择,而非直接求诸法律基本原则。

大人格权编等纷纷挺身而出。在"先具体规则后基本原则"的道路上，基本原则弥补具体规则漏洞之前，参照适用司法技术引导我们先求诸大物权编、大合同编和大人格权编等。民法典各分编之间存在着隐藏的总分关系。

总则编是民法典体系化发展的里程碑。总则编的非总则性使得立法技术上舍弃总则编[1]、用小总则编[2]或者序编[3]取而代之的声音始终存在。但瑕不掩瑜，总则编的缺憾并非无可救药，参照适用法律技术可以成为一剂良方。

（三）总则编非总则性特点带来动态法源观及民法典中更复杂的特别规定和一般规定关系

根据总分结合的立法技术，民法典内部存在一般规定和特别规定关系，总则编对应一般规定，各分编对应特别规定，而总则编的非总则性特点使得总则编经常无法发挥一般规定的兜底功能，这就使得民法典总则编和各分编、各分编彼此之间存在更复杂的一般规定和特别规定关系。总则编非总则性特点催生动态法源观，启发我们思考一般规定和特别规定的定位在解释总则编和各分编之间关系、民法典和民法典特别法之间关系时的边界。

例如，如何协调见义勇为和无因管理之间的关系？见义勇为属于紧急无因管理，无因管理中管理人因管理事务而"支出的必要费用"，"可以请求受益人偿还"。见义勇为救助者所受损害（"受到损害"）只能请求受益人"给予适当补偿"。管理人"支出的必要费用"不同于救助者"受到损害"。传统无因管理制度中的必要费用返还请求权无法救济见义勇为救助者所受损害。传统无因管理制度解决管理人和受益人之间的内部利益冲突，传统无因管理制度曾力图通过扩张解释"必要费用"以实现对管理人受到损害

---

[1] 大木雅夫总结分析过"总则无用论"。参见［日］大木雅夫：《比较法》，范愉译，法律出版社1999年版，第206页。

[2] 参见陈小君：《我国民法典：序编还是总则》，载《法学研究》2004年第3期。

[3] 参见冉克平：《民法典总则的存废论——以民法典总则与亲属法的关系为视野》，载易继明主编：《私法》第8辑·第1卷／总第15卷，华中科技大学出版社2008年版，第283页。曾祥生：《再论民法典总则编之存废》，载《法商研究》2015年第3期。瑞士、荷兰、意大利等国民法典更青睐序编，而非总则编。欧洲民法典研究组、欧盟现行私法研究组起草的《欧洲示范民法典草案》未设总则编，只设序编。

的全面救济。

《民法通则》第93条规定："没有法定的或者约定的义务，为避免他人利益受损失进行管理或者服务的，有权要求受益人偿付由此而支付的必要费用。"《最高人民法院关于贯彻执行〈中华人民共和国民法通则〉若干问题的意见（试行）》第132条规定："民法通则第九十三条规定的管理人或者服务人可以要求受益人偿付的必要费用，包括在管理或者服务活动中直接支出的费用，以及在该活动中受到的实际损失。"这种做法适用到对见义勇为救助者所受损害的救济，类型不周延。见义勇为包括侵害制止型和抢险救灾型，就侵害制止型见义勇为而言，救助者"受到损害"由侵权人引起，救助者虽为受益人利益而行为，但二者不是并列原因，应该先由引发损害的侵权人承担赔偿责任，受益人承担的只能是补充的适当补偿。见义勇为救助者受到损害对应特殊无因管理之债，对救助者受到损害的救济不能完全苛责由受益人负担。

《民法典》第183条对"给予适当补偿"做了类型化处理，第979条第1款后段进一步做了体系照应："管理人因管理事务受到损失的，可以请求受益人给予适当补偿。"立法正式将"给予适当补偿"和"偿还由此支出的必要费用"区分开来，是对《民法典》第121条的发展完善。在对见义勇为救助者受到损害的救济机制上，第979条第1款成为一般规定，第183条成为特别规定，后者是对前者"受益人给予适当补偿"的再类型化。

实际上，因保护他人民事权益使自己受到损害的，完全符合无因管理的构成要件，但《民法典》第183条在法律后果上与第121条无因管理有别，前者不再持守全有全无式的价值判断，而是在受害人（救助者）和受益人之间进行或多或少式的利益衡量。对见义勇为救助者受到损害的救济，发展完善了传统无因管理制度。

对见义勇为救助者受到损害的救济，《民法典》中存在复杂的一般规定和特别规定关系，不能简单、宏观、笼统地认为总则编就是一般规定，分则各编就是特别规定。《民法典》第183条和第121条之间存在特别规定和一般规定关系，第979条和第121条之间存在特别规定和一般规定关系，第183条和第979条之间还存在特别规定和一般规定关系。

类似地，民法典物权编第三章"物权的保护"统合规定了传统的物权请求权和侵权损害赔偿请求权，而侵权责任编第一章第1165条、第1166条和第1167条再次统一规定了多元侵权责任方式。如何协调在物权等民事权利保护问题上的特别规定和一般规定关系？

笔者认为，民法典总则编"民事责任"章统合规定承担民事责任的各种方式，"诉讼时效"章第196条统合解决不同民事责任方式是否适用诉讼时效的问题，侵权责任编着重解决不同责任方式对应的不同归责原则。《民法典》分则各编分别具体规定侵害合同债权的违约责任方式、侵害物权的民事责任方式、侵害配偶权等身份权的民事责任方式、侵害继承权的民事责任方式，这些规定对应民事权利救济方式的特别规定，民法典总则编和侵权责任编则对应民事权利救济方式的一般规定，二者并行不悖、体系和谐、功能协同。

《民法典》物权编第236条和侵权责任编第1167条均规定停止侵害、排除妨碍、消除危险责任，二者在归责原则问题上均适用第1167条无过错责任归责原则，在诉讼时效问题上均根据第196条第1项不适用诉讼时效，第236条和第1167条不因为编章体系位置这种立法技术上的差异而导致价值判断结论迥异。在法律适用方法上，《民法典》第236条是特别规定，第1167条是一般规定，后者的适用范围不仅限于物权保护，还可以及于对其他绝对权的保护，因此在侵害物权的救济上，法官要优先适用第236条。

《民法典》物权编第237条、第238条和侵权责任编第二章"损害赔偿"之间也存在一般规定和特别规定的关系，侵权责任编第二章对损害赔偿的规定更加具体，属于特别规定，对侵害物权的损害赔偿责任承担，法官援引第237条和第238条后，要优先适用侵权责任编第二章来做具体化。

在推进全面依法治国背景下，法律适用过程中优先适用特别规定，补充适用一般规定，这是依法裁判原则的体现，哪种找法用法的方法给法官自由裁量权越小，哪种方法的妥当性程度就相对更高。在协调民法典中的总分关系时，总则编的规定有可能不是一般规定，而是特别规定。民法典分则各编中的特别规定，与之相对应的一般规定不见得在本分编中、本编中或者总则编中，也有可能在其他各编中。

（四）参照适用法律技术弥补总则编的非总则性缺憾

"总则的优点，即将私法上的共同事项加以归纳，具有合理化的作用，避免重复或大量采用准用性的规定。"[1] 民法典总则编的非总则性特点又使得立法者不得不采用参照适用／准用规定以济其穷。民法典中大量参照适用条款搭建起释放法典体系效益的一座座桥梁，[2] 塑造一个个小总则、隐性总则。参照适用法律技术也弥补了总则编的非总则性缺憾。参照适用法律技术在总分结合法律技术解释力的边疆发挥作用，以济其穷。在被参照适用规范和拟参照适用案型之间存在总分结构、总分关系。甚至总则式立法技术还可为参照适用立法技术所替代。"瑞士民法典欠缺总则规定所生问题，藉由其第 7 条之指示参照债务法得以解决，依多年经验，指示参照规定的适用，从未造成任何重大困扰。"[3]《瑞士民法典》第 7 条整体参引的规定带来相应（entsprechend）、合乎意义（sinngemäßig）（不一定是字面上）地适用《债法》规定的结果。[4]

我国民法典人格权编第一章和第二章至第六章之间存在总分关系，对人格标识许可使用优先适用人格权编第二章至第六章规定，补充适用人格权编第一章规定，再补充适用总则编规定。而鉴于总则编未提供人格标识（人格利益）许可使用的一般规则，总则编的非总则性特点凸显，人格权编第四章第 1021 条至第 1022 条肖像许可使用规则就担当起人格标识许可使用一般规则的小总则功能。人格权编第 1023 条第 1 款通过参照适用肖像许可使用有关规定的做法，弥补了总则编的非总则性缺憾。"从我国民法典人格权编的规定来看，人格利益的许可使用规则分别规定在第一章'一般规定'和第四章'肖像权'规则中，并在肖像权规则中设置准用性规范将其准用于其他人格权

---

[1] 王泽鉴：《民法总则》，北京大学出版社 2009 年版，第 21 页。

[2]《民法典》中"参照适用"字样出现 28 次，对应 28 个形式意义上的参照适用条款，此外还有 2 个实质意义上的参照适用条款（第 468 条、第 806 条第 3 款）。

[3] [德] 弗朗茨·维亚克尔：《近代私法史：以德意志的发展为观察重点》，陈爱娥、黄建辉译，上海三联书店 2006 年版，第 467 页。

[4] 参见 [奥] 恩斯特·A. 克莱默：《法律方法论》，周万里译，法律出版社 2019 年版，第 62 页注 232。

益的许可使用。此种立法模式虽然可以减少立法中的争议，但在一定程度上割裂了人格利益许可使用规则的整体性。"[1]

民法典中的参照适用条款集中规定在总则编、物权编、合同编和人格权编四编，婚姻家庭编、继承编和侵权责任编三编没有任何参照适用条款，这是否意味着这三编完整自治？实际上，婚姻家庭编和继承编有关身份关系协议的一般规定由合同编承担，合同编第464条第2款参照适用条款释放出了合同编的体系效益，也可以说身份关系法反向重塑着合同法。婚姻家庭编和继承编有关身份权利保护的一般规定由人格权编承担，人格权编第1001条参照适用条款释放出了人格权编的体系效益。侵权责任编实际提供了民事权益尤其是绝对权保护的一般规则，其他各编对民事权益保护有规定的，要优先适用其他各编的有关规定；其他各编对民事权益保护没有规定的，方存在补充适用侵权责任编的可能。例如，就人格权保护而言，"由于侵权责任编只能就侵权责任的一般规则作出规定，而不可能根据权利的不同就各种侵害权利的行为分别进行规定，这就要求人民法院在适用侵权责任编时，必须先根据人格权编中各种权利的具体内容来确定受侵权责任编保护的限度，再根据侵权责任编来确定行为人是否须承担侵权责任。尤其是人格权的保护程度所涉及的价值判断因素很多，通过人格权独立成编系统地规定受法律保护的人格权范围及其内容，既可起到宣示权利的作用，也可为侵权责任编的适用提供指引和依据，其意义不可谓不大"[2]。

优先适用分则、补充适用或者说兜底适用总则是总分结合立法技术在司法裁判中的延伸要求，但不能混淆优先适用与参照适用，二者功能不同。优先适用分则是先分则后总则法律适用方法的当然要求，法官于此没有自由裁量权。参照适用是对补充适用总则编不能之弥补，是对总则编非总则性缺憾的弥补，是立法者对法官自由裁量权的授予。有法官认为："无论是典型合同还是无名合同，根据《民法典》第646条的规定，在没有关于该合同的特别

---

[1] 王叶刚：《民法典人格权编的亮点与创见》，载《中国人民大学学报》2020年第4期。

[2] 刘贵祥：《〈民法典〉实施的若干理论与实践问题》，载《法律适用》2020年第15期。另参见温世扬、朱海荣：《中国民法典对潘德克顿体系的扬弃》，载《苏州大学学报（哲学社会科学版）》2020年第4期。

规定时，如果该合同是有偿合同，还应在适用合同编通则部分之前，优先适用《民法典》关于买卖合同的规定。"[1] 该观点混淆了"参照适用"与"优先适用"的边界。有偿的典型合同或者有偿的非典型合同，参照适用而非优先适用买卖合同法律规则。典型合同，优先适用典型合同分编，补充适用合同编通则。非典型合同中的总则式问题（如订立、效力、履行、保全、变更和转让、权利义务终止、违约责任），直接适用合同编通则；非典型合同中的分则式问题（如给付请求权、主给付义务的解释确定），可以参照适用最相类似的典型合同法律规则。

《最高人民法院关于适用〈中华人民共和国民法典〉总则编的解释（一）》（2021年11月21日中国人民大学讨论稿）第1条第1款规定："民法典第二编至第七编对民事关系有具体规定的，人民法院应当适用该规定；前述各编没有规定的，适用民法典第一编的规定。"笔者认为，民法典总则编具有典型的"非总则性"特点，总则编民事法律行为的有关规定对身份法律行为、对合同行为之外的其他民事法律行为具有关照回应不足，当分则各编对身份法律行为、对合同行为之外的其他民事法律行为没有规定时，简单补充适用总则编的规定有可能违背其性质。民法典总则编对各分编是强约束，但非全约束，总则编存在兜不住各分编之底的情形。笔者2021年11月21日下午在中国人民大学召开的"民法典总则编司法解释（一）征求意见研讨会"上建议将讨论稿第1条第1款概括修改为："民法典第二编至第七编对民事关系有具体规定的，人民法院应当适用该规定；前述各编没有规定的，适用民法典第一编的规定，但是根据其性质不能适用的除外。"[2]《民法典总则编司法解释》第1条规定："民法典第二编至第七编对民事关系

---

[1] 刘贵祥：《〈民法典〉实施的若干理论与实践问题》，载《法律适用》2020年第15期。

[2] 2021年11月21日下午，在中国人民大学召开的"民法典总则编司法解释（一）征求意见研讨会"上，中国人民大学法学院王轶教授建议将该条修改为："民法典第二编至第七编对民事关系有具体规定的，人民法院应当适用该规定；前述各编没有规定的，适用或者参照适用民法典第一编的规定。"有关本次研讨会的更多内容，参见《最高人民法院关于适用〈中华人民共和国民法典〉总则编的解释（一）》（征求意见稿）专家研讨会成功召开，载微信公众号"中国民商法律网"，2021年11月25日。

有规定的，人民法院直接适用该规定；民法典第二编至第七编没有规定的，适用民法典第一编的规定，但是根据其性质不能适用的除外。就同一民事关系，其他民事法律的规定属于对民法典相应规定的细化的，应当适用该民事法律的规定。民法典规定适用其他法律的，适用该法律的规定。民法典及其他法律对民事关系没有具体规定的，可以遵循民法典关于基本原则的规定。"

三、总结

民法典总则编"总则性"通说观点有解释力、回应力的边疆，民法典总则编鲜明的"非总则性"特点就是力证。如果把民法典总则编看成一个矛盾统一体，总则性就是矛盾的主要方面，非总则性则是矛盾的次要方面。以合同行为和财产法律行为为主要原型提炼共通规则使得民法典总则编对合同行为之外的其他民事法律行为、对身份法律行为的法律适用存在一定的"非总则性"。补充适用不敷所用。民事法律行为一般规则在身份法律行为、决议行为领域具有变通调适的必要，优先适用分则、补充适用总则的法律适用方法存在须完善拓展之处。总则编"总则性"特点使其具有兜底适用、补充适用的功能。总则编的"非总则性"特点阻断了兜底补充适用总则的道路。

体系化是民法典的生命，民法典不是体系化的终点，而是再体系化的起点。民法典各分编总则式立法使其可以发挥体系溢出效益。参照适用可以济民法典总则编补充适用之穷。民法典中的参照适用条款像一座座桥梁，弥补了总则编的非总则性缺憾，塑造着一个个小总则、隐性总则，一定程度上实质发挥着总则性功能，也带来动态法源观和民法典中更复杂的特别规定和一般规定关系。民法典中的参照适用条款也在照亮大物权编、大合同编和大人格权编，这三编都承载着大民法典的理想。

"提取公因式"的总分结合立法技术成就了民法典总则编，发挥总则编的统领性作用，协调民法典总则编和各分编之间的纵向关系。参照适用法律技术是民法典"提取公因式"总则式立法技术的升级版。参照适用法律技术努力释放民法典物权编、合同编和人格权编的体系效益，协调民法典各分编之间的横向关系。我国民法典的总分关系恰如春秋战国末期周王朝和各诸侯国的关系，纷纷做大的诸侯国消解着周王朝的统领性地位，实质分享着周王朝的权威和荣光。民法典总则编的"非总则性"给了各分编做大的默许和机会，参照适用法律技术成就了大物权编、大合同编和大人格权编。

第六章　法人、非法人组织制度中的参照适用

　　清算是法人走向终止的前置程序之一。清算强调正当程序规则。清算程序和清算组职权是清算制度的核心。《民法典》第 71 条规定："法人的清算程序和清算组职权，依照有关法律的规定；没有规定的，参照适用公司法律的有关规定。"《瑞士民法典》第 58 条和我国台湾地区"民法"第 41 条都有类似规定。《公司法》第十章集中规定公司解散清算制度。法律对法人清算程序和清算组职权有特别规定的，依照法律的特别规定。如破产清算的程序优先适用《企业破产法》第 107—124 条规定，破产清算组职权优先适用《企业破产法》第 25 条规定。法律对法人清算程序和清算组职权没有特别规定的，参照适用《公司法》第 234 条清算组职权规定，参照适用《公司法》第 235—237 条清算程序规则。

　　不仅在清算问题上，法人可以参照公司法的有关规定，甚至民法典总则

编法人"一般规定"很大程度上也是从公司法中提炼出来的。

《民法典》第108条使得民法典总则编法人"一般规定"可以发挥法人、非法人组织"小总则"功能，该条规定："非法人组织除适用本章规定外，参照适用本编第三章第一节的有关规定。"《民法典》第四章对非法人组织的规定比较简单、概括，未解决此种规范供给不足的现象。法人与非法人组织同属于组织体，具有一定的相似性。《民法典》第108条既保持立法简约，又避免规范缺漏。针对非法人组织的规范配置，有学者曾指出："应以不破坏民法典特别是民法典有关自然人、法人制度规范的逻辑体系为前提，凡自然人、法人制度有规定或有规则可适用的，应尽量不必在非法人组织章节中重复规定。"[1]

一、参照适用公司法清算规则完善法人退出制度

《民法典》第70条规定法人解散后的清算义务人："法人解散的，除合并或者分立的情形外，清算义务人应当及时组成清算组进行清算。法人的董事、理事等执行机构或者决策机构的成员为清算义务人。法律、行政法规另有规定的，依照其规定。清算义务人未及时履行清算义务，造成损害的，应当承担民事责任；主管机关或者利害关系人可以申请人民法院指定有关人员组成清算组进行清算。"针对所有类型的法人清算后剩余财产处理，《民法典》第72条第2款规定："法人清算后的剩余财产，按照法人章程的规定或者法人权力机构的决议处理。法律另有规定的，依照其规定。"实际上，就营利法人中的有限责任公司和股份有限公司而言，当可直接适用《公司法》第236条第2款规定："公司财产在分别支付清算费用、职工的工资、社会保险费用和法定补偿金，缴纳所欠税款，清偿公司债务后的剩余财产，有限责任公司按照股东的出资比例分配，股份有限公司按照股东持有的股份比例分配。"营利法人中的其他企业法人终止后如何分配剩余财产？存在法律漏洞。《民法典》第71条参照适用条款针对清算程序和清算组职权两个事项，未针对清算后的剩余财产问题，此时可以类推适用《公司法》第186条第2款规定。

---

[1] 肖海军：《民法典编纂中非法人组织主体定位的技术进路》，载《法学》2016年第5期。

参照适用不同于拟制（如《民法典》第 16 条），也不同于推定（如《民法典》第 623 条）。法人清算退出涉及的不仅仅是清算程序、清算组职权，参照适用法律技术照应不周之处，需要类推适用以济其穷。

二、非营利法人对营利法人规则的类推适用

（一）社会团体法人清算退出的新发展

民法典总则编第三章第一节法人"一般规定"对非营利法人也普遍适用，社会团体法人等非营利法人在清算退出问题上有特别规定的，优先适用相关特别规定。

中国电子商务协会是民政部核准登记注册的全国性社团组织，主管单位是工信部。2018 年 12 月 20 日，民政部对中国电子商务协会作出撤销登记的行政处罚。民政部处罚显示，中国电子商务协会存在连续三年未按规定接受全国性社会团体年度检查的违法行为，违反了《社会团体登记管理条例》第 28 条的规定，情节严重。依据《社会团体登记管理条例》第 30 条第 1 款第 3 项的规定，民政部对中国电子商务协会作出撤销登记的行政处罚。同时，依据《社会组织信用信息管理办法》的规定，自行政处罚决定生效之日起，民政部将中国电子商务协会列入社会组织严重违法失信名单。依据《社会团体登记管理条例》第 19 条和第 20 条的规定，中国电子商务协会被撤销登记后，应成立清算组织，完成清算工作并办理注销登记。清算期间，不得开展清算以外的活动。在民政部作出行政处罚后，中国电子商务协会一直未自行组织清算，因此协会主管单位工信部向北京破产法庭申请对该协会进行强制清算。2019 年 10 月 22 日，北京破产法庭正式裁定受理工信部对中国电子商务协会的强制清算申请，该案适用《民法总则》的有关规定，并参照《公司法》规定开展强制清算，该案是北京市首例社团法人强制清算案。[1]

---

[1] 参见《北京破产法庭受理全市首例社团法人强制清算案 中国电子商务协会成被告》，载广西社会组织网，http://shzz.mzt.gxzf.gov.cn/guangxishehuizuzhixxw/xwzx/gzdt/58552，2023 年 9 月 27 日访问。

民政部门对社会团体法人作出撤销登记的行政处罚后，社会团体法人应如何配合履行处罚程序？同时该社会团体法人还存在对外的债权和被诉案件，应该如何处理？企业破产清算相关规定能否参照适用于社会团体法人？笔者认为，此时适用《民法典》第 69 条至第 72 条，就社会团体法人的清算程序和清算组职权，依照有关法律的规定；没有规定的，参照适用公司法律的有关规定。正常程序是先行政处罚（被行政机关撤销）、再清算、再注销登记。一方面，不能因为没有清算，就反推处罚不当。撤销登记的后续结果是清算和注销登记，不能因为没有开展后续活动，就反推撤销登记的处罚无效。就像合同无效的后果之一是返还财产，不能因为没有返还财产，就说合同不可能无效。不能倒果为因。另一方面，未经清算就注销，是否可以撤销注销登记的行为？同样不能倒果为因。参照行政诉讼法相关规定精神，恢复登记此时没有意义，也与先前撤销的行政处罚矛盾。处罚是原因，清算和注销是结果，不能因为一个结果不当，就让法人起死回生。根本上还是个先因后果的问题，不能倒果为因。

社会团体法人被责令撤销登记，下一步就是债权债务清理等清算环节，如果未经清算就直接办理了注销登记，如何处理？笔者认为，如果补清算履行不能，根据《民法典》第 70 条第 3 款，追究清算义务人责任，清算义务人未及时履行清算义务，造成损害的，应当承担民事责任；主管机关或者利害关系人可以申请人民法院指定有关人员组成清算组进行清算。进一步，社会团体法人的清算义务人是谁？社会团体法人没有董监高，应以执行机构成员和负责人作为清算义务人。《民法典》第 70 条第 2 款规定："法人的董事、理事等执行机构或者决策机构的成员为清算义务人。法律、行政法规另有规定的，依照其规定。"

当然，社会团体法人清算后的剩余财产不能类推适用《公司法》第 236 条第 2 款规定，而应当优先适用《民法典》第 95 条、《社会团体登记管理条例》第 22 条等特别规定。如果该社会团体法人并不是公益目的的，而是基于会员共同利益目的的，则相关剩余财产宜按比例退回给社会团体法人活动资金的出资人，而不宜分配给其会员。

(二)非营利民办学校法人对公司法有关规定的类推适用

《民办教育促进法》允许民办学校的举办者可以自主选择设立非营利性或者营利性民办学校。但是，不得设立实施义务教育的营利性民办学校。民办学校应当具备法人条件。因此，存在非营利民办学校法人和营利民办学校法人之分。

有学者建议在公司法总则中增补关于非营利组织法未予以规范的部分，可以参照适用公司法的规定，以此解决实践中非营利组织形式能否适用公司法的争议。[1] 笔者认为，宜区分非营利组织的不同事项分别讨论能否参照适用公司法的有关规定，不宜一概而论。

采取公司组织形态的营利民办学校在《民办教育促进法》没有明确规定时，可以补充适用《公司法》有关规定。例如，《民办教育促进法》第19条第3款规定："营利性民办学校的举办者可以取得办学收益，学校的办学结余依照公司法等有关法律、行政法规的规定处理。"

非营利民办学校法人不能当然类推适用《公司法》的有关规定，《民办教育促进法》第19条第2款规定："非营利性民办学校的举办者不得取得办学收益，学校的办学结余全部用于办学。"非营利民办学校法人还属于公益目的非营利法人，《民法典》第95条对其剩余财产处置也有特别规定。

《民办教育促进法》第5条第2款规定："国家保障民办学校举办者、校长、教职工和受教育者的合法权益。"该款中的"合法权益"具有抽象性、概括性和包容性，属于不确定法律概念。此概念的具体内容不明确，实践中，民办学校举办者享有知情权，对此可以类推适用最相类似的《公司法》相关规定来保护非营利民办学校举办者的合法权益。举办者知情权的内容包括查阅、复制民办学校的章程、董事会会议决议、监事会会议决议和财务会计报告，以及查阅会计账簿。此外，民办学校举办者出资份额的转让也可类推适用《公司法》，民办学校的破产清算类推适用《企业破产法》。[2]

---

[1] 参见蒋大兴：《公司法修订草案中的关键缺失》，载《中国法律评论》2022年第5期。

[2] 参见何建：《民办学校举办者可类推适用公司法行使知情权》，载《人民司法·案例》2017年第8期。

三、外商投资法实施条例中的参照适用条款

2019年3月15日《外商投资法》由十三届全国人大二次会议审议通过,《外商投资法》的核心内容是追求内外资平等一致,给予外资国民待遇,实现内资和外资真正意义上的平等。这部法律出台以后,实际上把整个关于外商投资企业组织和企业行为的法律一概交给《公司法》来解决,这是所谓的民事权利部分;而所谓行政／监管／检查的部分则交由《外商投资法》来解决。《外商投资法》是一部带有行政管理属性的法律,也是一部非常强的约束行政机关的法律。该法对外商投资做了简单定义,它是基于实际控制还是基于注册地标准?除了有注册地标准之外,一定有实际控制的标准。在整个"三资企业法"制定过程当中,对于港澳台地区的投资者都是参照"三资企业法",注意到港澳台投资者的不一样,他们不是典型意义上的外国投资者或者境外投资者。未来可能要通过国务院的特别规定来解决这件事,如国务院在解释《外商投资法》过程当中,一定会以原则性规定的方式或者授权的方式,或者以参照的方式,去把这个规定放进来。[1]李克强总理在2019年3月15日答记者问时明确:"港澳台投资是可以参照、或者比照适用刚刚通过的《外商投资法》,而且我们长期以来行之有效的一些制度安排和实际做法还要继续沿用,不仅不会影响,而且会有利于吸引港澳台的投资。国务院在制定有关法规或者有关政策性文件的过程中,会认真听取港澳台同胞的意见,切实保护好他们的合法权益,也欢迎有更多的港澳台投资。"[2]

参照适用法律技术具有扩大法律调整范围的功能。《外商投资法》中未能配置的参照适用条款,由《外商投资法实施条例》接力完成,以避免出现法律漏洞。《外商投资法实施条例》第48条规定:"香港特别行政区、澳门特别行政区投资者在内地投资,参照外商投资法和本条例执行;法律、行政法规或者国务院另有规定的,从其规定。台湾地区投资者在大陆投资,适用《中华人民共和国台湾同胞投资保护法》(以下简称台湾同胞投资保护法)及其实

---

[1] 参见叶林:《〈外商投资法〉将促进中国优化投资环境》,载中国网,http://fangtan.china.com.cn/2019-03/15/content_74573865.htm,2023年9月26日访问。

[2] 《在十三届全国人大二次会议记者会上 李克强总理答中外记者问》,载中国政府网,https://www.gov.cn/gongbao/content/2019/content_5377102.htm,2023年9月27日访问。

施细则的规定；台湾同胞投资保护法及其实施细则未规定的事项，参照外商投资法和本条例执行。定居在国外的中国公民在中国境内投资，参照外商投资法和本条例执行；法律、行政法规或者国务院另有规定的，从其规定。"

四、非法人组织参照适用条款的得与失

《民法典》第 108 条规定："非法人组织除适用本章规定外，参照适用本编第三章第一节的有关规定。"法律文本中的"参照适用"一般用于没有直接纳入法律调整范围，但是又属于该范围逻辑内涵自然延伸的事项，以实质扩大法律的调整范围。"非法人组织尽管不是法人，但是除了不具有独立的财产（经费）外，在组织体方面与法人几乎具有一样的特征，故本法第三章第一节关于法人制度的一般规定对于非法人组织具有可参照适用性。"[1]

有学者指出："无权利能力社团可以很松散也可以很紧密。若紧密到跟股份有限公司一样的结构，可以按公司或者法人来处理。但是，无权利能力社团也可以很松散，松散到一定程度，就要按照合伙来处理。现在，《民法总则》第四章非法人组织第 108 条规定意味着只要是无权利能力社团，必须按照法人来看待，而不需要考虑其松散程度，这一点恐怕是过分的一刀切了。"[2] 有学者还认为，非法人组织解散后，要参照法人的规定进行清算（《民法总则》第 108 条）。其实，《民法总则》的这种规定实属多余，因为，我国不区分营利与非营利非法人组织而让其成员全部承担无限连带责任，所以，是否清算并不影响债权人的利益。笔者认为，是否清算不仅可能关涉非法人组织的外部债权人利益，还可能关涉非法人组织内部出资人或者设立人的利益，清算制度有其必要性。

此外，《民法典》第 108 条的参照适用条款劣后于非法人组织特别规定的适用，如对合伙企业纠纷应该优先适用《合伙企业法》的规定，没有规定时，适用《民法典》总则编第四章，该章仍无规定时，方有参照适用《民法典》总则编第三章第一节法人"一般规定"的可能。

---

[1] 张新宝：《〈中华人民共和国民法总则〉释义》，中国人民大学出版社 2017 年版，第 212 页。
[2] 参见解亘：《〈民法总则〉简评》，2017 年 3 月 25 日南京大学法学院讲座。

五、非法人组织参照适用条款在司法实践中的类型化

鉴于法人与非法人组织均属于组织体,非法人组织参照适用法人一般规定。及于法人生命全周期的法律调整规则(设立、权利能力与能力的始终、住所、登记、事务执行、表见代表、设立分支机构、合并分立、清算、终止等),在司法实践中主要集中在非法人组织清算、非法人组织执行合伙人活动后果归属时发挥参照适用作用。实证分析非法人组织参照适用条款,还可以发现司法实践中对"非法人组织"概念的扩张解释趋势。

非法人组织债务清偿规则具有特殊性,不能参照适用《民法典》法人一般规定第 60 条"法人以其全部财产独立承担民事责任"规则。《民法典》第 104 条规定:"非法人组织的财产不足以清偿债务的,其出资人或者设立人承担无限责任。法律另有规定的,依照其规定。"根据该规定,非法人组织债务清偿法律适用方法是特别法优先于一般法,不存在《民法典》第 108 条参照适用方法的作用空间。

(一)非法人组织民事权利能力和民事行为能力的参照适用

根据对《民法典》第 102 条的文义解释,非法人组织的具体类型并非封闭的,个体工商户、农村承包经营户、法人的分支机构、设立中的法人、业主大会、业主委员会均能够依法以自己的名义从事民事活动,不具有自然人或者法人的特征,而具备非法人组织的根本特征。司法实践中,有法院曾参照适用《民法总则》第 59 条"法人的民事权利能力和民事行为能力,从法人成立时产生,到法人终止时消灭",以及第 68 条第 1 款"有下列原因之一并依法完成清算、注销登记的,法人终止:(一)法人解散;(二)法人被宣告破产;(三)法律规定的其他原因"来判断个体工商户[1]、个人独资企业[2]、有限合

---

[1] 参见"兴义市信宇室内装饰经营部与北京住宅房地产业商会、北京住宅房地产业商会贵州省黔西南州办事处装饰装修合同纠纷案",兴义市人民法院(2018)黔 2301 民初 5577 号民事裁定书。

[2] 参见"张某、黄某兰民间借贷纠纷执行审查类纠纷案",成武县人民法院(2018)鲁 1723 执异 48 号执行裁定书。另参见"宜宾五粮液股份有限公司商标使用许可合同纠纷管辖案",上海知识产权法院(2018)沪 73 民辖终 202 号民事裁定书。

伙企业[1]是否具有民事权利能力和民事行为能力。

当然，鉴于业主大会、业主委员会的特殊性质，其没有相对独立的财产，本身不具备独立承担民事责任的能力，就财产责任方式的承担，不能简单适用《民法典》第 104 条前段，即先由业主大会或者业主委员会的财产清偿债务，而应当一步到位直接由全体业主承担。[2]业主大会和业主委员会是业主的自治组织，其对外行为的法律后果理应由全体业主来承担；如果业主大会或者业主委员会的行为违反法定职责或者业主授权范围而造成侵权，其行为的后果则不宜由全体业主承担，而应由有过错的业主或者业主委员会委员来承担。[3]

（二）非法人组织住所、负责人代表权的参照适用

《民法典》第四章未规定非法人组织的住所认定规则，对此可以参照适用《民法典》第 63 条规定："法人以其主要办事机构所在地为住所。依法需要办理法人登记的，应当将主要办事机构所在地登记为住所。"个人独资企业应当将主要办事机构所在地登记为住所，其在登记后，又以实际经营地与注册地不一致提出管辖异议，法院不予支持。[4]

银行分支机构属于非法人组织，银行分支机构的行长作为负责人，其有权对外以该银行分支机构的名义从事民事活动，相关后果应当由银行分支机构承受，以保护第三人的合理信赖、维护交易安全，这就类似于法人法定代表人的职务代表行为。[5]对此，可以参照适用《民法典》第 61 条第 2 款、第

---

[1] 虽然有限合伙企业的经营期限届满，但是没有证据表明其依法完成清算、注销登记，进而没有证据表明该合伙企业终止。因此，不能认定其无民事行为能力或限制民事行为能力。参见"重庆科然实业有限公司申请重庆勇探矿业投资中心确认仲裁协议效力案"，重庆市第一中级人民法院（2018）渝 01 民特 155 号民事裁定书。

[2] 参见"钟某春、西昌市安居小区第一届业委员会生命权、健康权、身体权纠纷案"，凉山彝族自治州中级人民法院 2018 川 34 民终 1108 号民事判决书。

[3] 参见陈枫：《在现实与文本之间的谨慎选择——从实务角度看建筑物区分所有权司法解释》，载《法律适用》2009 年第 7 期。

[4] 参见"郭某凡与上海太歌文化传媒工作室、上海鸣弦商务咨询有限公司服务合同纠纷案"，上海市奉贤区人民法院（2018）沪 0120 民初 675 号民事裁定书。

[5] 参见"中国农业银行股份有限公司哈尔滨新发支行、姜某元合同纠纷案"，黑龙江省高级人民法院（2018）黑民终 469 号民事判决书。

3款规定:"法定代表人以法人名义从事的民事活动,其法律后果由法人承受。法人章程或者法人权力机构对法定代表人代表权的限制,不得对抗善意相对人。"当然,参照适用也存在由近及远的规则,由此,银行分支机构的行长对外以该银行分支机构的名义从事民事活动,相关后果应当由银行分支机构承受,优先参照《合伙企业法》第37条更为妥当。《民法典》第504条表见代表合同效力规则也不仅限于法人作为合同一方当事人,非法人组织作为合同一方当事人同样可以存在表见代表合同制度的适用:"法人的法定代表人或者非法人组织的负责人超越权限订立的合同,除相对人知道或者应当知道其超越权限外,该代表行为有效,订立的合同对法人或者非法人组织发生效力。"

(三)执行合伙事务合伙人行为后果归属问题的参照适用

执行合伙事务的合伙人以合伙企业的名义收取投资人投资款项的法律后果,应当由合伙企业承受,而不能认定为该合伙人的个人行为。[1]非法人组织除适用民法典总则编第四章规定外,参照适用民法典总则编第三章第一节的有关规定。《民法典》第61条第2款规定:"法定代表人以法人名义从事的民事活动,其法律后果由法人承受。"虽然《合伙企业法》第26条第2款规定:"按照合伙协议的约定或者经全体合伙人决定,可以委托一个或者数个合伙人对外代表合伙企业,执行合伙事务。"但该条就合伙人对外代表合伙企业执行合伙事务的法律后果归属,规定不彻底、不清晰,对此可以参照适用《民法典》第61条第2款。

《民法典》第105条规定:"非法人组织可以确定一人或者数人代表该组织从事民事活动。"较之第61条,第105条仅属于不完全法条,应该参照适用第61条第2款、第3款补全第105条的法律后果。

(四)投资人为设立个人独资企业所从事民事活动后果归属问题的参照适用

《民法典》第75条第1款规定:"设立人为设立法人从事的民事活动,其

---

[1] 参见"泰顺县双丰水电站、蔡某概不当得利纠纷案",温州市中级人民法院(2018)浙03民终4572号民事判决书。

法律后果由法人承受；法人未成立的，其法律后果由设立人承受，设立人为二人以上的，享有连带债权，承担连带债务。"例如，个人独资企业的投资人为设立个人独资企业所从事民事活动的后果归属，可以参照适用本条规定，由个人独资企业承受。[1]

（五）非法人组织对法人合并规则的参照适用

某个体工商户为"个改企"办理注销登记，并接着办理普通合伙企业设立登记，原个体工商户注册时的申请人和实际经营者均为新设立的合伙企业的合伙人之一，原个体工商户并非真正意义上的消亡，而是其内部组织形式的转变，是一个延续的结果，普通合伙企业的名称、内部手续等均未发生改变，与重新全部办证、取名的新成立企业有本质的区别。原个体工商户在进行本次变更时没有根据《民法典》第 107 条对其债权债务进行公告和清算。根据《民法典》第 108 条，变更后的新合伙企业应参照第 67 条"法人合并的，其权利和义务由合并后的法人享有和承担"，结合民法中的诚信及公平原则，普通合伙企业不能在工商登记与法律之间规避债务的承担，对抗善意第三人。因此，新普通合伙企业应该对原个体工商户负担的债务承担偿还责任。[2]

（六）非法人组织清算问题的参照适用

在"张某岗与王某博合伙协议纠纷二审民事裁定书"中，法院认为原《民法总则》第 102 条第 2 款将个人合伙组织概括纳入非法人组织序列。按照《民法总则》第 107 条、第 108 条及第三章第一节第 71 条的规定，并参照《公司法》第 232 条和第 233 条和《合伙企业法》第 86 条及《最高人民法院关于适用〈中华人民共和国公司法〉若干问题的规定（二）》（以下简称《公司法司法解释二》）第 7 条的规定，张某岗在与王某博未能自行清算形成清算结果，或者运用申请清算的单独程序通过申请人民法院指定清算组进行清算

---

[1] 参见"王某建、东莞市虎门天蓝网咖提供劳务者受害责任纠纷案"，东莞市中级人民法院（2018）粤 19 民终 7043 号民事判决书。

[2] 参见"梁某辉与冷某华、彝良县卢家地采石场民间借贷纠纷案"，彝良县人民法院（2018）云 0628 民初 1205 号民事判决书。

并形成清算结果之前，又基于相同的案由、事实和理由运用直接起诉方式提起诉讼，势必无端消耗民事诉讼的有限司法资源和直接造成审理时间不断向后拖延而影响审判效率。[1] 从现行法律和民法理论上看，非法人组织解散的，应当依法进行清算，非法人组织清算除法律另有规定外，可参照法人组织的清算规定进行清算，[2] 即参照适用法人第一节的"一般规定"和《公司法》的有关规定。不过，该案将个人合伙作为非法人组织看待，值得商榷。

笔者认为，非法人组织不具有法人资格，包括个人独资企业、合伙企业、不具有法人资格的专业服务机构等。非法人组织解散的，应当依法进行清算。非法人组织除适用《民法典》总则编第四章规定外，参照适用《民法典》总则编第三章第一节的有关规定。而法人的清算程序和清算组职权，依照有关法律的规定；没有规定的，参照适用《公司法》的有关规定。《公司法》第232条第1款规定："公司因本法第二百二十九条第一款第一项、第二项、第四项、第五项规定而解散的，应当清算。董事为公司清算义务人，应当在解散事由出现之日起十五日内组成清算组进行清算。"第233条规定："公司依照前条第一款的规定应当清算，逾期不成立清算组进行清算或者成立清算组后不清算的，利害关系人可以申请人民法院指定有关人员组成清算组进行清算。人民法院应当受理该申请，并及时组织清算组进行清算。公司因本法第二百二十九条第一款第四项的规定而解散的，作出吊销营业执照、责令关闭或者撤销决定的部门或者公司登记机关，可以申请人民法院指定有关人员组成清算组进行清算。"更进一步，非法人组织注销后，非法人组织的投资人和管理人应为其清算义务人。[3] 参照适用《民法典》第70条第3款前段"清算义务人未及时履行清算义务，造成损害的，应当承担民事责任"的规定，清

---

[1] 参见"张某岗与王某博合伙协议纠纷案"，庆阳市中级人民法院（2018）甘10民终217号民事裁定书。另参见"宋某海、朱某秋等与郑某标合伙协议纠纷案"，浦北县人民法院（2019）桂0722民初627号民事裁定书。

[2] 参见"广东省丝绸纺织集团有限公司、广东省丝绸公司封开县蚕茧收购站强制清算案"，肇庆市中级人民法院（2018）粤12清申13号民事裁定书。

[3] 参见"九州通医药集团股份有限公司与深圳市友邦投资集团有限公司、中国人民解放军某陆军学院债权转让合同纠纷案"，武汉市汉阳区人民法院（2017）鄂0105民初874号民事判决书。

算义务人未及时履行清算义务，造成损害的，应对非法人组织注销前的债务承担清偿责任。

与之相比，就非法人组织清算而言，《合伙企业法》第 86 条的针对性和可参照适用性都更强，合伙企业解散，应当由清算人进行清算。清算人由全体合伙人担任；经全体合伙人过半数同意，可以自合伙企业解散事由出现后 15 日内指定一个或者数个合伙人，或者委托第三人，担任清算人。自合伙企业解散事由出现之日起 15 日内未确定清算人的，合伙人或者其他利害关系人可以申请人民法院指定清算人。

无论是合伙企业清算还是公司清算，现行法律都采取先自行清算后司法介入清算的调整进路。就非法人组织清算而言，参照适用也应该本着由近及远的顺序展开，如果参照适用调整同类型非法人组织的《合伙企业法》能够解决的，就不必也不应跨类型去参照适用《公司法》的相关规定。

（七）股份合作制企业的参照适用

股份合作制企业，系非公司法人单位，是集体经济的一种新的组织形式，目前，我国尚未颁行实施股份合作制企业法律法规，有关股份合作制企业的纠纷，应以企业内部规定为依据，企业内部无规定的，可以参照适用《公司法》及《合伙企业法》的相关规定。[1]

六、总结：非法人组织参照适用制度的一般性经验

《民法典》第 108 条是立法者对非法人组织规则有意识地沉默、是对法律适用者的明示授权，赋予法人"一般规定"同时担当起法人、非法人组织一般规定的功能。

应该体系地解释看待《民法典》第 108 条，该条并不排斥《民法典》第 11 条的规定。第 108 条的参照适用条款劣后于非法人组织特别规定的适用，

---

[1] 参见"李某江与荣成市铸钢厂权益纠纷申请案"，最高人民法院（2013）民提字第 129 号民事判决书。

如对合伙企业纠纷应该优先适用《合伙企业法》的规定,对个人独资企业纠纷应该优先适用《个人独资企业法》的规定;没有规定时,方适用民法典总则编第四章;该章仍无规定时,方参照适用民法典总则编第三章第一节法人一般规定。

参照适用方法包含了对最相类似法律规则的找寻。参照适用方法存在由近及远的规则,就非法人组织负责人代表权的限制、非法人组织清算等问题,参照适用也应该本着由近及远的顺序展开,如果参照适用调整同类型非法人组织的《合伙企业法》能够解决的,就不必也不应跨类型去参照适用法人一般规定或者《公司法》的相关规定。

在参照适用法人规则过程中,非法人组织和法人共享了"组织体"这一共同属性。在无法参照适用法人债务清偿规则时,非法人组织独享了不能独立承担民事责任的个性。鉴于非法人组织债务清偿问题上的特殊性,根据《民法典》第 104 条规定,非法人组织债务清偿法律适用方法是特别法优先于一般法,不存在第 108 条参照适用方法的作用空间。

第七章　身份关系协议对民法典合同编的参照适用

《合同法》第 2 条规定："本法所称合同是平等主体的自然人、法人、其他组织之间设立、变更、终止民事权利义务关系的协议。婚姻、收养、监护等有关身份关系的协议，适用其他法律的规定。"《民法总则》第 133 条规定："民事法律行为是民事主体通过意思表示设立、变更、终止民事法律关系的行为。"2018 年 9 月 5 日《民法典各分编（草案）》第 255 条规定："本编所称合同是自然人、法人、非法人组织之间设立、变更、终止民事法律关系的协议。婚姻、收养、监护等有关身份关系的协议，适用其他编和其他法律的规定；没有规定的，可以根据其性质参照适用本编规定。"2019 年 1 月 4 日《民法典合同编（草案二次审议稿）》第 255 条作出了同样的规定，这就进一步扩大了合同法的调整范围，使当事人之间设立、变更、终止已经产生的民事责任的协议也可受合同法调整。婚姻、收养、监护等有关身份关系的协议存在适用合同法的空间。

2019年1月4日《民法典合同编（草案二次审议稿）》第255条规定："本编所称合同是民事主体之间设立、变更、终止民事法律关系的协议。婚姻、收养、监护等有关身份关系的协议，适用其他编或者其他法律的规定；没有规定的，可以根据其性质参照适用本编规定。"《民法典》第464条规定："合同是民事主体之间设立、变更、终止民事法律关系的协议。婚姻、收养、监护等有关身份关系的协议，适用有关该身份关系的法律规定；没有规定的，可以根据其性质参照适用本编规定。"该条第2款给我们提出了至少如下法律解释适用难题：一是有关身份关系的协议，适用其他编或者其他法律的规定；没有规定的，何时可以根据其性质参照适用合同编规定？二是有关身份关系的协议，鉴于其特殊性质，何时不能参照适用合同编规定？三是在参照适用与否过程中，起决定性作用的"身份关系协议的性质"有哪些？四是《民法典》第464条第2款后段是否堵上了有关身份关系的协议"回归"适用《民法典》总则编规定的空间？该款前段所谓"其他编或者其他法律的规定"是否包括《民法典》总则编？五是身份关系领域是否有参照适用《民法典》物权编、侵权责任编规定的可能？

笔者从身份法律行为入手，结合《合同法》第2条第2款到《民法典》第464条第2款的规范变迁，以离婚协议、夫妻财产约定、赡养协议等身份关系协议为重点，着重探讨身份关系协议何时以及如何"参照适用"民法典合同编规定，以期在民法典背景下实现身份法和财产法的体系融贯。既解决民法典婚姻家庭编、继承编规范供给不足情况下身份关系协议的法律适用难题，又避免财产法中心主义在身份法领域过度渗透。

一、身份关系协议向财产法的"回归"

身份法律行为以引发身份关系以及身份关系当事人之间财产关系的设立、变更或者终止等身份法律后果为目的。身份关系变动讲究类型法定，身份关系当事人之间财产关系变动则存在类推适用或者参照适用其他法律规定的空间。我国《合同法》第2条、《民法典》第464条区分合同与协议，区分财产合同和身份关系协议，平等主体之间的财产合同归《民法典》合同编调整，婚姻、收养、监护等有关身份关系的协议则适用其他法律的规定，离婚协议、夫妻财产约定等属于典型的能够引发财产法后果的身份法律行为。《民法典》第464条第2款对身份关系协议作例示规定，而非类型封闭的列举规定。[1] 身份权法定，身份法律关系法定，不等同于身份关系协议法定。身份关系协议是身份法律行为的子类型。身份关系协议与合同的共同上位概念是协议。身份关系协议以引发身份关系当事人之间的财产性法律后果为基本特征，不同于结婚、离婚、收养、解除收养等纯粹的身份法律行为。[2] "我国《民法典》第464条明确婚姻可以参照适用合同编之有关规范，说明合同与婚姻具有内在联系性。"[3] 离婚协议的内容具有复合性，离婚协议引发身份关系的变动、财产关系的附随变动等彼此关联，离婚协议中财产分割条款具有附属性。[4] 夫妻财产约定是夫妻就婚姻关系存续期间所得的财产以及婚前财产约定归各自所有、共同所有或部分各自所有、部分共同所有的身份法律行为。

我国现行民事立法对民事法律行为类型化不足，欠缺人身法律行为的共通规定。不能当然地将财产法规则适用于身份法律关系之中，"与由个人权利义务体系构建的财产法相比，家族法在出发点上具有许多性质不同的要素"[5]。"总则的规定主要是以财产行为为对象制定的，原封不动地把它运用到身分法律行为上是不妥当的。学者们还主张，总则的规定一般不适用于身分

---

[1] 相反的观点，参见张平华：《〈民法典〉合同编的体系问题》，载《财经法学》2020年第5期。

[2] 有学者认为，《民法典》第464条第2款前段"适用有关该身份关系的法律规定"，意味着"身份关系法律有特别规定时，应排除本编规定，如婚姻关系的生效、终止及效力瑕疵事由，收养关系的成立、效力及解除，监护的主体资质、监护的撤销及终止等规定"。朱广新、谢鸿飞主编：《民法典评注：合同编·通则》（第1册），中国法制出版社2020年版，第12页，于飞教授执笔。对《民法典》第464条第2款前段"适用有关该身份关系的法律规定"此种范围界定，混淆了身份关系协议和纯粹身份法律行为。

[3] 李永军：《婚姻属性的民法典体系解释》，载《环球法律评论》2021年第5期。

[4] 夫妻离婚协议之内容通常具有复合性，离婚协议所包含的数个行为均为身份法律行为，在效力上具有关联性。夫妻离婚协议之财产分割条款具有附属性。离婚协议主要是为解除双方婚姻关系的目的而设。参见"李某与叶某离婚后财产纠纷案"，北京市第二中级人民法院（2018）京02民终1337号民事判决书。

[5] [日] 加藤雅信等编：《民法学说百年史：日本民法施行100年纪念》，牟宪魁等译，商务印书馆2017年版，第866—867页。

法律行为。"[1] "《民法总则》关于民事法律行为的规定主要适用于财产民事法律行为，不能完全适用于身份民事法律行为。……《合同法》的规定仅适用于财产民事法律行为而不适用于身份民事法律行为。"[2] "身分行为在法律行为当中，具有特殊性，被德国法律行为论收入其法律行为的最上位概念的抽屉中，一定感到相当的不自在，仿佛走进陌生的国度。……身分行为究竟得否适用民法总则法律行为的规定，学说始终有争论。"[3] "身份行为较之于财产行为，有更多伦理色彩。法律行为制度的构建，以财产行为为原型，对于身份关系的适用，多有限制。"[4] 婚姻家庭伦理有别于财产交易伦理，应该避免人伦的婚姻家庭关系全面走向"冰冷"的物化关系。[5] 以财产法为主要原型提炼共通规则使得民法典总则编的非总则性特点凸显，从法律适用的角度看，民法典总则编日趋丧失对家庭法的统辖力。需要认真讨论家庭法对民法典总则编选择适用乃至排除适用的情形。

《民法典》颁行之前，我国婚姻法司法解释对离婚协议、夫妻间赠与、夫妻财产约定等身份关系协议或者其他身份法律事实的法律适用，未展示出明晰的裁判态度，当《婚姻法》没有规定时，能否退而"回归"适用《合同法》《物权法》等财产法以及《侵权责任法》的规定？态度不明。在"可以回归"（如《婚姻法司法解释二》[6]第16—18条，《婚姻法司法解释三》[7]第5条、第6条、第7条、第10条、第11条、第14条和第16条）与"不能简单回归"（如《婚姻法司法解释二》第9条、《婚姻法司法解释三》第9条）之间时有反复，相关司法解释条文"碎片化"现象严重，欠缺体系化考虑，无法有效识别出能够对新类型案件具有裁判指引功能的核心考量因素。[8] 何

---

[1] ［日］我妻荣、有泉亨：《日本民法·亲属法》，远藤浩补订，夏玉芝译，工商出版社1996年版，第8页。

[2] 郭明瑞：《民法总则通义》，商务印书馆2018年版，第215—216页。

[3] 陈自强：《契约法讲义Ⅰ：契约之成立与生效》，元照出版有限公司2014年版，缘起Ⅺ。

[4] 朱庆育：《民法总论》，北京大学出版社2016年版，第134页。

[5] 参见薛宁兰：《婚姻家庭法定位及其伦理内涵》，载《江淮论坛》2015年第6期。

[6] 《最高人民法院关于适用〈中华人民共和国婚姻法〉若干问题的解释（二）》。

[7] 《最高人民法院关于适用〈中华人民共和国婚姻法〉若干问题的解释（三）》。

[8] 民事单行法时代如此，民法法典化时代同样存在这些现象。

种身份关系协议以财产性为主并可类推适用或者参照适用财产法规则？何种身份关系协议须更多强调其身份性特点从而不宜简单"回归"财产法规则？法律对收养协议、监护协议的法律适用几乎是空白。这些仍然是身份法领域特别是在"身份法回归民法"道路上的具体疑难问题。

虽说婚姻法司法解释表现出强烈的回归财产法的倾向，但何时回归个人主义本位为主的财产法，何时基于身份共同体的特殊性而坚守身份法？仍不明确。财产法和身份法的协调衔接上，存在大量的法律空白或者模糊地带。身份关系协议兼具身份法和财产法属性，在婚姻法学理论上，对身份关系协议的法律适用难题，仍未有解。夏吟兰教授指出，家庭法完成了向民法典形式上的回归，承认家庭法的特殊性及其在民法典中的相对独立性已渐成通说。家庭法与民法其他部分貌合神离。债法对家庭法在立法和司法层面的影响都与日俱增，但将家庭法整体融入债法是否妥当，仍有进一步探讨的余地。[1] 刘征峰博士认为，不能将家庭法完全回归债法，但"家庭法如果要在民法教义体系所能提供的有限概念和体系中进行选择，债是唯一可能的方案，然而这一方案同样是存在局限性的"。"债作为一种非支配人身的工具与现代家庭法所制造的氛围呈现出高度的契合。在规范层面，家庭成员间的关系大部分可以化约为债权债务关系。"亲子关系法领域的意定之债主要适用于父母之间。亲子关系法领域大部分债的性质为法定之债，最典型的法定之债就是子女对父母的抚养费请求权所产生的债。[2]

二、身份关系协议"回归"合同法的规范变迁与参照适用技术

"在家庭法与债法交汇的过程中，法院通过类推适用债法的规定来进行

---

[1] 参见刘征峰：《论民法教义体系与家庭法的对立与融合：现代家庭法的谱系生成》，法律出版社2018年版，夏吟兰教授所作序第1—2页。

[2] 参见刘征峰：《论民法教义体系与家庭法的对立与融合：现代家庭法的谱系生成》，法律出版社2018年版，第132页、第117页、第125页、第135页。梅仲协也曾指出，父母子女间相互扶养属于法定债的关系。参见梅仲协：《民法要义》，上海昌明书屋1947年版，中国政法大学1998年版，张谷勘校，第171页。

法律续造仍然面临巨大的争议。"[1]《合同法》第 2 条第 2 款规定："婚姻、收养、监护等有关身份关系的协议，适用其他法律的规定。"该款属于不完全法条，其他法律没有规定时怎么办？立法未予以明示。笔者曾认为应该对《民法总则》第 11 条、《合同法》第 2 条第 2 款进行目的性限缩解释，民法典应该设置有关身份法律行为法律适用的如下一般规则："婚姻、收养、监护、赡养、遗赠扶养等有关身份关系的民事法律行为，适用《婚姻法》、《收养法》、《继承法》等法律的规定，其他法律没有规定时，在不与身份关系性质相冲突的情况下，适用《中华人民共和国民法总则》的规定。"在身份法律关系的法律适用环节，"身份关系性质"（身份法律行为及相应身份权利义务关系所展现出的身份共同体特点）成为运用目的解释方法时的判断标准和解释依归。[2] 现在看来，婚姻、收养、监护等有关身份关系的协议的确存在参照适用合同法的空间。2019 年 1 月 4 日，《民法典合同编（草案二次审议稿）》第 255 条第 2 款对此作出规定，《民法典各分编（草案）》（征求意见稿）合同编第 1 条、《民法典各分编（草案）》第 255 条均曾作出类似规定。

《民法典合同编（草案二次审议稿）》第 255 条第 2 款后段、《民法典》第 464 条第 2 款后段属于引用性法条，有利于避免烦琐的重复规定，该类引用性法条的形式识别方法是法律规范用语中出现"参照适用某规定"（《合同法》第 124 条后段）、"适用某规定"（《合同法》第 2 条第 2 款、《物权法》第 207 条、第 229 条）、"依照某规定"（《合同法》第 172 条、第 173 条）、"参照某规定"（《物权法》第 222 条第 2 款后段，《合同法》第 174 条、第 175 条）等。以上引用性法条总体分为直接适用型和参照适用型。直接适用型引用性法条调整如下情形：拟处理的构成要件事实与拟引用法条的抽象构成要件事实实际上是同一的，在规范评价上做同一对待。参照适用型引用性法条也被称为准用性法条，"准用是指法律明确规定某一法律规定可以参照适用于其他

---

[1] 刘征峰：《论民法教义体系与家庭法的对立与融合：现代家庭法的谱系生成》，法律出版社 2018 年版，第 239 页。
[2] 参见王雷：《婚姻、收养、监护等有关身份关系协议的法律适用问题——〈合同法〉第 2 条第 2 款的解释论》，载《广东社会科学》2017 年第 6 期。

的情形。准用就是根据法律的规定（准用规定），对有关 A 的规定进行修正，适用于 B"[1]。其调整如下情形：拟处理的构成要件事实与拟引用法条的抽象构成要件事实虽然不同一，却类似，基于平等原则"同类事物作相同处理"，对它们在规范评价上应做同一对待。对参照适用型引用性法条／准用性法条，"一直必须注意系争两个法律事实间之特征上的差异，并针对该差异，慎重地认定拟处理之案型是否有限制或修正拟准用之法条的必要"[2]。参照适用型法条中被引用的法条实际上是被类推适用于拟处理的构成要件事实。拟处理的构成要件事实与被引用的构成要件事实相似而不同一，大同而小异。在参照适用的过程中，被引用法条有可能被限制或者修正。

对比《民法典》第 464 条第 2 款后段、第 467 条后段、第 468 条后段、第 646 条后段，[3] 非合同之债对合同编通则是原则上适用，根据其性质（主要是法定之债的特殊性）例外不适用。身份关系协议对合同法不存在原则适用、例外不适用，或者原则不适用、例外适用的问题，无名合同对有名合同规则、其他有偿合同对买卖合同规则均然。这就使得此类参照适用型法条（准用性法条）中包含的论证负担迥异。

参照适用型法条（准用性法条）也不同于作为法律漏洞补充方法的类推适用，具体如下：

第一，参照适用型法条基于立法的明示，具有普遍反复适用的特点，是法定类推适用或者说授权式类推适用。作为法律漏洞补充方法的类推适用具有法官裁量、个案适用的特点。

第二，参照适用型法条并非针对法律漏洞，而是立法者有意识地对法律适用者的明确授权。类推适用则是法律适用者对法律漏洞的补充方法。

第三，法律适用时的援引技术不同。参照适用型法条属于不完全法条，须将该法条与被引用的法条一并援引，方可发挥裁判规范的功能。参照适用型法条在适用时须将该法条与被引用的法条一并援引，且应当首先引用该参

---

[1] 王利明：《法学方法论》（典藏本），中国人民大学出版社 2018 年版，第 502 页。

[2] 黄茂荣：《法学方法与现代民法》（第五版），法律出版社 2007 年版，第 174—175 页。

[3] 对应《民法典合同编（草案二次审议稿）》第 255 条第 2 款后段、第 258 条后段、第 259 条后段、第 436 条后段。

照适用型法条，再引用被参照适用的有关规定。[1]类推适用则只需援引被类推的法条即可。

第四，法官的自由裁量空间及论证负担不同。从文义上看，参照适用型法条中隐含的规范意思包括法官"可以"参照适用和"应当"参照适用两种情形，[2]其共性是均授予法官自由裁量权，只是在是否参照适用上自由程度不同。法官不必论证是否参照适用，只需论证如何参照适用。"在准用的情况下，法官的自由裁量权较小，法官只不过要对特定法条进行适用。"[3]"对于法官而言，准用性法条因法律有较为具体的规定，选择空间较小；相对的，在类推适用的场合，行为模式、被准用的法条以及法律后果之规定都不具体，则裁量空间较大。"[4]"类推适用是在法律无规定的情况下由法官为价值判断和自由裁量"[5]，类推适用时，法官对是否类推以及如何类推均负担论证义务。

第五，参照与类推适用的对象不同。参照适用型法条主要是从法律后果上参照适用。类推适用既有可能类推适用其他法条的构成要件，也有可能类推适用其他法条的法律后果。

第六，所引用条文的范围不同。民法典合同编中的参照适用型法条，如第464条第2款后段、第467条第1款后段、第468条后段、第646条后段、第647条后段、第690条第2款等所引用的条文范围大多为整个章节或者分编。[6]类推适用包括个别类推和整体类推，前者引用的为个别、具体法条，后者引用的通常为一组规范评价具有关联性、相似性条文。

---

[1] 《买卖合同司法解释》第32条规定："法律或者行政法规对债权转让、股权转让等权利转让合同有规定的，依照其规定；没有规定的，人民法院可以根据民法典第四百六十七条和第六百四十六条的规定，参照适用买卖合同的有关规定。权利转让或者其他有偿合同参照适用买卖合同的有关规定的，人民法院应当首先引用民法典第六百四十六条的规定，再引用买卖合同的有关规定。"

[2] 对"应当参照"，类似情形参见《最高人民法院关于案例指导工作的规定》第7条。

[3] 王利明：《法学方法论》（典藏本），中国人民大学出版社2018年版，第502—503页。

[4] 刘风景：《准用性法条设置的理据与方法》，载《法商研究》2015年第5期。

[5] 屈茂辉：《类推适用的私法价值与司法运用》，载《法学研究》2005年第1期。

[6] 对应《民法典合同编（草案二次审议稿）》中的参照适用型法条，如第255条第2款后段、第258条后段、第259条后段、第436条后段、第437条后段、第479条之一第2款等。

总之,《民法典》第 464 条第 2 款后段通过"参照适用"弥补《合同法》第 2 条第 2 款的不足,展现了体系化的找法、释法、补漏技术,提供了身份关系协议谨慎"回归"合同法的机会,也是展现民法典体系化特点的一把秘密钥匙。对身份关系协议分类型讨论,展现"参照适用"技术的说理论证,这既是对身份关系协议法律适用的兜底方案,也是妥当协调身份法与财产法、身份法与民法典总则编之间关系的关键。

三、离婚协议参照适用民法典合同编的可能空间

(一)离婚协议的生效与效力瑕疵

离婚协议是夫妻双方权衡利益、考量利弊后就婚姻关系解除、子女抚养、共同财产分割、夫妻债务承担、离婚损害赔偿等达成的"一揽子"协议,属于具有人身和财产双重性质的合意,离婚协议包括婚内离婚协议和普通离婚协议。"由于家族关系是全人格关系,家族法上的活动不允许附条件。"[1] 引发纯粹身份关系变动的身份法律事实如结婚、离婚等的确不得附条件,以保持身份关系的安定性,但并非所有身份法律事实均不得附条件。

婚内离婚协议是指男女双方在婚姻关系存续期间,以解除婚姻关系为基本目的,并就财产分割及子女抚养问题达成的协议。婚内离婚协议为非要式行为和附生效条件的法律行为。婚内离婚协议是以双方登记离婚或者到人民法院协议离婚为前提,一方或者双方为了达到离婚的目的,可能在子女抚养、财产分割等方面作出有条件的让步。参照适用《民法典》第 158 条中段"附生效条件的民事法律行为,自条件成就时生效"的法律规则,[2] 在双方未能在婚姻登记机关登记离婚或者协议离婚未成的情况下,该协议未生效,对双方当事人均不产生法律约束力,《婚姻法司法解释三》第 14 条、《民法典婚姻家庭编司法解释一》第 69 条第 1 款也采取该司法态度。即便根据婚内离婚协议约定房产已更

---

[1] [日]加藤雅信等编:《民法学说百年史:日本民法施行 100 年纪念》,牟宪魁等译,商务印书馆 2017 年版,第 868 页。

[2]《合同法》第 45 条第 1 款中段规定:"附生效条件的合同,自条件成就时生效。"

名，也不必然属于个人财产。婚内离婚协议无效，按该协议所进行的履行行为也不会发生物权变动的法律效果。双方当事人对财产的处理是以离婚为前提，虽然已经履行了财产权利的变更手续，但因离婚的前提条件不成立而没有生效，已经变更权利人的财产仍属于夫妻婚姻存续期间的共同财产。[1]

根据《婚姻法司法解释二》第9条、《民法典婚姻家庭编司法解释一》第70条规定，离婚财产分割协议（包括婚内离婚财产分割协议和普通离婚财产分割协议）因订立时存在欺诈、胁迫等情形而可变更或者可撤销。[2]对离婚财产分割的反悔只能在一年内，并且证明有欺诈或者胁迫方可，不在限制条件内或者超出时限的，人民法院不予支持。《婚姻法司法解释二》第9条变更或者撤销诉权的一年除斥期间不能简单等同于"男女双方协议离婚后一年内"，而应该类推适用《合同法》第55条"自知道或者应当知道撤销事由之日起一年内"，或者补充适用《民法总则》第152条、《民法典》第152条，鉴于后者实质上修改和细化了《合同法》第55条，且《合同法》已经被废止，未来法律适用过程中应该以《民法典》第152条为准。

夫妻为逃避债务而协议离婚的，财产分割约定无效。夫妻恶意串通，试图通过协议离婚将共同财产转移归一方所有，造成无履行债务能力的假象以逃避承担债务，这种行为不仅侵害了债权人的利益，也违背了诚信原则，相关离婚财产分割协议无效。对债务人以离婚财产分割为名恶意逃避债务的行为，债权人可申请人民法院确认该财产分割约款无效。当然，此时离婚财产分割协议无效确认之诉的裁判规范究竟是"参照适用"《合同法》第74条[3]，"参照适用"《合同法》第52条第2项，还是在特别法没有规定的情况下"补充适用"《民法总则》第154条？不同适用方法不影响最终价值判断结论

---

[1] 参见"莫某诉李某离婚纠纷案"，载《最高人民法院公报》2011年第12期。

[2] 离婚财产分割协议中的财产权利严重失衡，如一方净身出户等，尚不足以认定构成显失公平。离婚财产分割协议兼有财产与感情考虑，不宜简单从财产权利义务对等角度进行观察。参见最高人民法院民一庭：《不宜以显失公平为由支持一方请求撤销登记离婚时的财产分割协议的主张》，载《民事审判指导与参考》2008年第2辑，吴晓芳执笔，法律出版社2008年版，第64页。

[3] 参见"郑某、沈某债权人撤销权纠纷案"，安徽省合肥市中级人民法院（2016）皖01民终5568号民事判决书。

的同一性。但是从裁判说理的角度看,"参照适用"会给法官带来更多的自由裁量权和论证负担,[1]"补充适用"则不会增加法官任何自由裁量权和论证负担,"补充适用"《民法典》第 154 条是更为可取的方案,民法典合同编不能堵上身份关系协议"回归"民法典总则编的道路。

(二) 对离婚协议中子女抚养条款的法定主义调整

"不能回避的一个趋势是:在现代社会,债法的适用范围处于持续扩张中。"[2]"债作为民法教义学中的一种科学概念,在婚姻法中的应用呈现出扩大化的趋势。这不仅表现在契约之债(如婚姻财产合同)方面,而且表现在法定之债(如夫妻法定财产制)方面。"[3] 本着对未成年子女利益最大化的考量,一切有悖于此的离婚子女抚养约款都会受到法定主义调整干预。我们应该本着未成年人利益最大化这一规范目的看待离婚协议子女抚养费违约金条款、免除抚养义务条款乃至抚养费数额变更的法律适用。

如何看待离婚协议书中的违约金条款?夫妻双方以离婚为目的而订立《离婚协议书》,其中约定不直接抚养子女一方逾期支付抚养费时应承担违约责任,支付违约金。一方在离婚后未依约支付抚养费,另一方要求其按照《离婚协议书》中"逾期未付将按双倍罚款"的约定支付违约金,法院不应予以支持。《合同法》第 2 条中将基于身份关系而订立的协议排除在外,换言之,《合同法》不应调整特殊的身份关系。《离婚协议书》是对离婚所涉及人身财产事项协商一致的协议,不应等同于一般意义的合同。抚养费的给付是父母的法定义务,并非基于合同,不因父母协议而免除,义务的法理基础来源于父母子女的身份关系而非平等主体之间的财产关系,离婚协议中抚养费的支付及逾期支付抚养费违约金条款,是基于协议双方身份关系而设定的权利义务,不适用《合

---

[1] 这就更需要防止出现此种怪圈:"一谈周详规定就变得烦苛,一谈灵活运用就变得比附失当。"季卫东:《法律程序的意义》(增订版),中国法制出版社 2012 年版,第 99 页。

[2] [意] 桑德罗・斯奇巴尼:《债之概念反思及其在体系中的地位》,陈汉译,载《北方法学》2015 年第 3 期。

[3] 参见刘征峰:《论民法教义体系与家庭法的对立与融合:现代家庭法的谱系生成》,法律出版社 2018 年版,第 205 页。

同法》。[1]抚养费给付协议只能约定抚养费的数额。抚养义务的履行只能适用法定主义调整方法，而不应当用违约金条款加以约束。抚养人不应当以违约金的形式从子女的抚养费中获利，与财产法不同，一方违约后给对方带来的损失无法确定，也无法衡量此类违约金过高与否的问题。[2]类似地，探望权协议中的违约金条款、彩礼协议中的定金条款均无法获得法律支持。

父母对未成年子女的抚养义务不能因离婚协议而免除。离婚时协议约定孩子由一方抚养，免除对方抚养义务的条款无效。根据《最高人民法院关于人民法院审理离婚案件处理子女抚养问题的若干具体意见》（已失效）第10条，父母双方可以协议子女随一方生活并由抚养方负担子女全部抚育费。但经查实，抚养方的抚养能力明显不能保障子女所需费用，影响子女健康成长的，不予准许。类似地，独立抚养子女一方的经济条件发生了变化，抚养能力已不能保障子女所需，影响其今后的健康成长。即使父母离婚之时有明确约定，也不能免除另一方对孩子的法定抚养义务。子女生活费和教育费的协议或判决，不妨碍子女在必要时向父母任何一方提出超过协议或判决原定数额的合理要求。所谓的"必要时"如原定抚养费数额不足以维持当地实际生活水平的；因子女患病、上学，实际需要已超过原定数额的；有其他正当理由应当增加的。约定抚养费全部由一方承担的协议有效，但是在"必要时"子女可要求履行法定抚养义务，支付或者增加抚养费，以实现未成年子女利益最大化。父母在共同照顾子女问题上达成的分工协议不具有法律效力。父母通常不能通过免责的债务承担脱离债权债务关系，但是可以通过并存的债务承担将部分义务委托给第三人。抚养费给付请求权这类债权不可被转让。

非经协商一致，一方不得擅自变更或撤销离婚协议的约定，尤其是涉及未成年子女抚养费的给付问题，更应严格审查。离婚后，不直接抚养子女一方以经济状况发生变化为由要求减少抚养费的，应提供充足的证据，法院应综合考虑离婚协议对财产及债权债务的约定情况、不直接抚养子女一方现在

---

[1] 参见"谢某媛诉凌某峰抚养费纠纷案"，广州市中级人民法院（2017）粤01民终1852号民事判决书。

[2] 参见王雷：《违约金酌减中的利益动态衡量》，载《暨南学报（哲学社会科学版）》2018年第11期。

的工作和收入状况、财产变动情况等因素进行严格审查,不直接抚养子女一方的证据不足以证明其实际经济状况明显低于离婚时的经济状况导致无力按照约定数额支付抚养费的,其关于变更或撤销抚养费约定的主张不能得到支持。[1]这实际上也是情事变更规则在离婚抚养费约款调整案件中的参照适用,此时能否参照适用、如何参照适用的核心考量因素仍然是未成年子女利益最大化。

四、离婚协议中的房产赠与条款不能参照适用赠与合同的规定

(一)离婚协议中的赠与条款不能套用纯粹的财产赠与合同规则

从文义解释角度看,根据《民法典》第464条第2款,身份关系协议可以参照适用民法典合同编的规定,而不限于民法典合同编通则的规定,典型合同和准合同两个分编也可以为身份关系协议纠纷提供参照适用的规范来源。离婚协议中的财产分割不宜简单等同于赠与。离婚协议经婚姻登记机关确认,系双方当事人的真实意思表示,既包括解除婚姻关系的纯粹身份法内容,也包括夫妻财产分割及子女抚养等以离婚为前提的附随内容。根据《婚姻法司法解释二》第8条、《民法典婚姻家庭编司法解释一》第69条第2款规定,离婚协议中关于财产分割的条款或者因离婚就财产分割达成的协议,对男女双方具有法律约束力。对协议离婚之财产分割,不宜认定为赠与、直接适用或者参照适用有关赠与合同的相关规定,而应以《婚姻法司法解释二》第8条、《民法典婚姻家庭编司法解释一》第69条第2款为请求权基础和裁判依据。[2]

离婚协议中约定将夫妻共同共有的房产赠与未成年子女,离婚后一方在赠与房产变更登记之前无权依据《合同法》第186条第1款、《民法典》第658条第1款的规定撤销赠与。《北京市高级人民法院关于审理婚姻纠纷案件若干疑难问题的参考意见》第45条指出:"夫妻双方离婚时协议约定将夫妻个人财

---

[1] 参见江苏省高级人民法院与江苏省妇联2018年3月8日共同向社会各界和广大群众发布的家事审判十大典型案例之九。

[2] 参见"程某与王某离婚后财产纠纷案",北京市第三中级人民法院(2015)三中民终字第13780号民事判决书。

产或共有财产赠与对方或第三人，离婚后交付或变更登记之前，一方依据《中华人民共和国合同法》第一百八十六条第一款的规定请求撤销赠与的，人民法院不予支持。"离婚协议中约定房屋归子女所有，依附于双方婚姻关系的解除，带有身份关系性质，不能套用纯粹的财产赠与规则。理由如下：一方面，离婚协议的内容通常具有复合性，是数个法律行为的混合。在离婚协议中，双方将共同财产赠与未成年子女的约定与解除婚姻关系、子女抚养、共同财产分割、共同债务清偿、离婚损害赔偿等内容构成了一个有机整体。通常情况下，当事人是在综合考虑上述因素的基础上，对人身关系和财产关系达成一个概括的"一揽子"解决方案。在处理财产时，往往经过不断博弈和协商，一并解决全部财产分割问题。双方约定将共同财产赠与未成年子女是在一个概括的合意之下，该合意中任何一项财产的处分都与其他财产的处分互为前提、互为结果，相互独立又相互依存。如果允许一方反悔，那么男女双方离婚协议的"整体性"将被破坏。同时，离婚协议各个条款的订立都是为了解除婚姻关系，具有目的上的统一性。在婚姻关系已经解除且不可逆的情况下，如果允许当事人对财产部分反悔，将助长先离婚再恶意占有财产的有违诚信的行为，诱发道德风险。另一方面，离婚双方处分夫妻共同财产的行为可以适用《民法典》第301条的规定。离婚协议所涉及的房屋原系夫妻共同财产，由夫妻二人共同共有，夫妻均不单独享有对诉争房屋处分的权利，处分该房屋需双方作出共同意思表示。双方在离婚时已经对共同财产的处分形成合意，共同表示将房屋赠与未成年子女，该意思表示真实有效，理应对双方产生拘束力。因赠与行为系双方共同作出，在未征得作为共同共有人的另一方同意的情况下，离婚后一方无权根据《民法典》第658条第1款单方撤销赠与，撤销赠与应取得双方合意。[1]

有学者认为，通过考察离婚协议中财产处理约定的整体性可以发现，此类条款在性质上属于夫妻婚姻关系解除下的财产清算协议，虽名为"赠与"，实则缺乏赠与的意思，不应界定为赠与协议。[2] 双方协议离婚后，一方不愿按离婚协议

---

[1] 参见"李某某诉王某某离婚后财产纠纷案"，北京市第二中级人民法院（2013）二中民终字第09734号民事判决书，北京法院参阅案例第16号，2014年9月29日北京市高级人民法院审判委员会2014年第16次（总第361次）会议通过，王诗瑶、柯东旭编写。

[2] 参见陆青：《离婚协议中的"赠与子女财产"条款研究》，载《法学研究》2018年第1期。

约定将自己名下房屋赠与子女或他人时，另一方请求法院判令一方按协议约定办理房屋过户手续，是否支持？法院的普遍裁判态度是，离婚协议中关于房屋赠与的约定并不构成一般意义上的赠与合同，这是赠与人为换取另一方同意协议离婚而承诺履行的义务。在相对方已经按约定与赠与人协议解除婚姻关系的情形下，赠与人也应按约定履行给付房屋的义务。如果赠与人不履行该义务，则构成违约，离婚协议相对方有权请求法院判令其履行房屋交付义务。[1] 笔者认为，不能脱离离婚协议的"整体"来看待离婚协议中的"赠与条款"，离婚协议作为一个整体，其标的具有不可分性，这是《民法典》第142条第1款意思表示体系解释方法和"行为的性质和目的"解释方法在身份关系协议领域的具体运用。

进一步，婚前一方房产登记在自己名下，但夫妻双方在离婚协议中约定给子女，产权方反悔，要求撤销约定时，如何适用法律？根据《民法典》第1065条规定，此种离婚财产分割协议和夫妻财产约定结合，不能因为属个人婚前财产就可以单方破坏协议，订立离婚协议时，两人仍为夫妻关系，如反悔必须双方同意方可。离婚时约定房产给子女但未办理房屋移转登记，若随后男女双方都反悔并对房产权属重新进行了约定，则新协议发生效力，此时应该尊重协议双方当事人共同的意思表示。

成年子女依父母离婚协议主张抚养费是否受法院支持？例如，2016年房某的父母经法院调解离婚，双方约定房某随父亲生活，由父亲负担其抚养费。房某父母达成调解协议时，房某已是成年在校大学生，没有经济来源，房某父亲仍然约定自愿承担抚养费，该约定是离婚协议的一部分，系房某父亲为达成离婚协议而自愿承担对房某的抚养义务。从2017年下半年开始，房某父亲未支付房某的学费，房某遂诉至法院，请求父亲支付其在大学期间的抚养费。房某父母离婚时达成调解协议，关于房某的抚养及抚养费的约定系当事人真实意思表示且不违反法律规定，应对双方都产生法律上的约束力，因此子女可以依照该协议约定主张抚养费。[2] 从离婚财产分割协议的视角可以排除对赠与合同规

---

[1] 参见最高人民法院民事审判第一庭编：《民事审判实务问答》，法律出版社2021年版。
[2] 莒县法院：《成年大学生依父母离婚协议主张抚养费是否受法院支持》，载山东省高级人民法院，http://www.sdcourt.gov.cn/nwglpt/2343915/2629638/2738766/index.html，2023年10月7日访问。

则的简单"参照适用",甚至会排除对法定抚养义务的狭义理解。

当事人一方违反离婚财产分割协议中对子女赠与财产条款,如果协议中也未约定受赠子女可以直接请求赠与人向其履行债务,子女是否有直接、独立的请求权和诉权?[1]这涉及合同相对性原理对应的向第三人履行规则能否适用的问题。实际上,离婚财产分割协议中对子女赠与条款,属于为第三人利益合同,《民法典》第522条分别规定了向第三人履行的合同和为第三人利益合同。为第三人利益合同中第三人对债务人享有独立请求权,但此类合同以"法律规定或者当事人约定"为限,如果离婚财产分割协议中未约定受赠子女可以直接请求赠与人向其履行债务,子女是否有直接、独立的请求权?法律没有相应特别规定,此时即便参照适用前述第522条第1款、第2款,答案仍不明晰。因此,笔者建议,在《民法典》婚姻家庭编第1076条作对应立法弥补,增加规定第3款:"离婚协议书财产赠与条款的受赠人可以直接请求债务人向其履行债务,债务人不得主张依据合同编第658条第1款撤销赠与。"

综上,离婚协议中的房产赠与条款、离婚协议中的赠与条款、离婚财产分割协议中对子女的赠与财产条款、离婚财产分割协议中对离异另一方的赠与财产条款均不能参照适用赠与合同的规定。

(二)离婚协议法律适用例示[2]

1. 李某某诉王某某离婚后财产纠纷案[3]事实概要

原告李某某与被告王某某于2001年11月11日登记结婚,婚后于2003年9月生育一子王某。因感情不和,双方于2009年9月2日在法院调解离

---

[1] 参见刘干、殷芹:《子女对离婚协议中受赠财产有无给付请求权》,载《人民法院报》2018年10月11日,第7版。

[2] 参见王雷:《身份关系协议的法律适用》,载周江洪、陆青、章程主编:《民法判例百选》,法律出版社2020年版。

[3] 北京市第二中级人民法院(2013)二中民终字第09734号民事判决书,北京法院参阅案例第16号,2014年9月29日北京市高级人民法院审判委员会2014年第16次(总第361次)会议通过。本案还是最高人民法院公布10起婚姻家庭纠纷典型案例(北京)之一、最高人民法院公布49起婚姻家庭纠纷典型案例之一。

婚。双方离婚时对于共同共有的位于北京市某小区 59 号房屋并未予以分割，而是通过协议约定该房屋所有权在王某某付清贷款后归双方之子王某所有。2013 年 1 月，李某某起诉至北京市东城区人民法院称：59 号房屋贷款尚未还清，房屋产权亦未变更至王某名下，即还未实际赠给王某，目前还处于李某某、王某某共有财产状态，故不计划再将该房屋属于自己的部分赠给王某，主张撤销之前的赠与行为，由法院依法分割 59 号房屋。

被告王某某则认为：离婚时，双方已经协议将房屋赠与王某，正是因为李某某同意将房屋赠与王某，我才同意离婚协议中其他加重我义务的条款，例如在离婚后单独偿还夫妻共同债务 4.5 万元。我认为，离婚已经对孩子造成巨大伤害，出于对未成年人的考虑，不应该支持李某某的诉讼请求。

2. 裁判结果、核心争点及裁判要旨

裁判结果：北京市东城区人民法院于 2013 年 4 月 24 日作出（2013）东民初字第 02551 号民事判决：驳回原告李某某的诉讼请求。宣判后，李某某向北京市第二中级人民法院提起上诉，北京市第二中级人民法院于 2013 年 7 月 11 日作出（2013）二中民终字第 09734 号判决：驳回上诉，维持原判。

核心争点：夫妻双方在离婚协议中约定将共同共有的房屋赠与未成年子女，一方能否在离婚后要求撤销赠与？

裁判要旨：夫妻双方离婚时协议约定将夫妻共同共有的房产赠与未成年子女，离婚后一方在赠与房产产权转移登记之前反悔，主张依据《合同法》第 186 条第 1 款撤销赠与的，法院不予支持。

3. 案例评析

（1）本裁判的思路和意义

本案中，离婚协议中的房产赠与约款能否补充适用《合同法》第 186 条第 1 款（《民法典》第 658 条第 1 款）赠与人的任意撤销权？肯定说将此种房产赠与约款认定为赠与。否定说则主张不能脱离离婚协议的"整体"来孤立看待房产赠与约款这个"部分"。两种对立观点反映出身份关系协议法律适用的难题，"回归"简单适用财产法、坚守身份关系的特殊性抑或有第三条道路？

法院在裁判"李某某诉王某某离婚后财产纠纷案"时坚持离婚协议的特

殊性，拒绝将离婚协议中的财产赠与约款"回归"定性为《合同法》上的赠与，这对于身份关系协议的法律适用，对于妥当协调身份法与财产法之间的关系，均具有重要意义。

（2）身份关系协议法律适用的规范及学理

夫妻双方在离婚协议中约定将共同共有的房屋赠与未成年子女，一方能否在离婚后赠与房产产权转移登记之前要求撤销赠与？与此相关的请求权基础规范主要有：

第一，《婚姻法司法解释二》第8条规定："离婚协议中关于财产分割的条款或者当事人因离婚就财产分割达成的协议，对男女双方具有法律约束力。当事人因履行上述财产分割协议发生纠纷提起诉讼的，人民法院应当受理。"第9条规定："男女双方协议离婚后一年内就财产分割问题反悔，请求变更或者撤销财产分割协议的，人民法院应当受理。人民法院审理后，未发现订立财产分割协议时存在欺诈、胁迫等情形的，应当依法驳回当事人的诉讼请求。"[1] 第8条是离婚财产分割协议法律约束力的基础规范，第9条是对立规范。此处存在的难题是，第9条是不是对立规范的全部？能否对第9条做反面解释，认为若无第9条第2款"订立财产分割协议时存在欺诈、胁迫等情形的"，则离婚财产分割协议皆有法律约束力？本案李某某主张撤销离婚协议中的房产赠与约款的依据就是赠与合同中赠与人的任意撤销权。

第二，《合同法》第186条规定："赠与人在赠与财产的权利转移之前可以撤销赠与。具有救灾、扶贫等社会公益、道德义务性质的赠与合同或者经过公证的赠与合同，不适用前款规定。"[2] 即便将离婚协议中的房产赠与约款认定为赠与，该情形是否属于第186条第2款"道德义务性质的赠与"？此

---

[1]《民法典婚姻家庭编司法解释一》第69条第2款规定："当事人依照民法典第一千零七十六条签订的离婚协议中关于财产以及债务处理的条款，对男女双方具有法律约束力。登记离婚后当事人因履行上述协议发生纠纷提起诉讼的，人民法院应当受理。"第70条规定："夫妻双方协议离婚后就财产分割问题反悔，请求撤销财产分割协议的，人民法院应当受理。人民法院审理后，未发现订立财产分割协议时存在欺诈、胁迫等情形的，应当依法驳回当事人的诉讼请求。"

[2]《民法典》第658条规定："赠与人在赠与财产的权利转移之前可以撤销赠与。经过公证的赠与合同或者依法不得撤销的具有救灾、扶贫、助残等公益、道德义务性质的赠与合同，不适用前款规定。"

种赠与约款建立在解除婚姻关系的基础上,如果将此种赠与认定为目的赠与,具有道德义务性质,仍可排除赠与人任意撤销权的适用。

第三,《物权法》第97条规定:"处分共有的不动产或者动产以及对共有的不动产或者动产作重大修缮的,应当经占份额三分之二以上的按份共有人或者全体共同共有人同意,但共有人之间另有约定的除外。"[1] 即便将离婚协议中的房产赠与约款认定为赠与,鉴于"道德义务性质的赠与"的不确定法律概念属性,如果难以将此种赠与简单涵摄在此概念之下,考虑到本案李某某和王某某在离婚协议中约定将共同共有的房屋赠与未成年子女,属于处分夫妻共同财产。系争房屋由二人共同共有,李某某和王某某均不单独享有对该房屋处分的权利,处分该房屋需双方意思表示一致。相应地,根据《物权法》第97条,在未征得作为共同共有人的王某某同意的情况下,李某某也无权单方撤销赠与。

由此,且不谈未成年人利益最大化或者诚信原则,结合要件事实论的司法技术,单从具体规则和理论最大可能性上,本案存在如下请求—抗辩结构:原告依据《合同法》第186条第1款请求,被告依据《婚姻法司法解释二》第8条抗辩,原告依据《婚姻法司法解释二》第9条第2款再抗辩(认为属于"等情形",暂不考虑该条第1款一年的除斥期间限制),被告依据《婚姻法司法解释二》第9条第2款再再抗辩(认为该款对应情形均须发生在"订立财产分割协议时")、依据《合同法》第186条第2款再再抗辩或者依据《物权法》第97条再再抗辩。当然,在第一轮请求—抗辩环节,被告也可不诉诸《婚姻法司法解释二》第8条,而是针对原告请求所依据的《合同法》第186条第1款,抗辩离婚协议中的房产赠与约款不能简单涵摄到《合同法》的赠与之下,前者存在自身性质的特殊之处。

进一步,离婚协议是夫妻双方权衡利益、考量利弊后就婚姻关系解除、子女抚养、共同财产分割、夫妻债务承担、离婚损害赔偿等达成的"一揽子"

---

[1]《民法典》第301条规定:"处分共有的不动产或者动产以及对共有的不动产或者动产作重大修缮、变更性质或者用途的,应当经占份额三分之二以上的按份共有人或者全体共同共有人同意,但共有人之间另有约定的除外。"

协议，是具有人身和财产双重性质的合宜，离婚协议属于身份关系协议。从具体到抽象，从特殊到一般，如何处理身份关系协议的法律适用？《合同法》第2条第2款规定："婚姻、收养、监护等有关身份关系的协议，适用其他法律的规定。"该款属于不完全法条，当其他法律没有规定时，如何解决身份关系协议的法律适用难题？《民法典》第464条第2款规定："婚姻、收养、监护等有关身份关系的协议，适用有关该身份关系的法律规定；没有规定的，可以根据其性质参照适用本编规定。"这提供了更周延的解决方案，也带来了更多的解释难题——何谓"可以根据其性质参照适用"？本案离婚协议中的房产赠与约款是否属于根据其性质不能参照适用赠与合同中赠与人任意撤销权的情形？在围绕赠与人任意撤销权的第一轮请求—抗辩环节，《民法典》第464条第2款提供了更多的裁判规范和说理论证方法。

（3）既往司法实践状况

本案裁判之后，司法实践中越来越形成如下共识：离婚协议是一个整体，是围绕人身关系和财产关系经过不断博弈协商形成的"一揽子"的概括合意，具有复合性。该合意中任何一项财产的处分都与其他财产的处分互为前提、互为结果，离婚协议各个条款的订立都是为了达到解除婚姻关系这一目的，具有目的上的统一性。男女双方在离婚协议中约定将共同财产赠与未成年子女，如果允许一方反悔，那么离婚协议的"整体性"将被破坏。在婚姻关系已经解除且不可逆的情况下，如果允许当事人对于财产部分反悔，将助长先离婚再恶意占有财产之有违诚信的行为，诱发道德风险。这也是《民法典》第142条第1款有相对人的意思表示体系解释、行为性质和目的解释、诚信解释等解释方法综合作用的结果。

本案之后，北京市第三中级人民法院（2015）三中民终字第13780号"程某与王某离婚后财产纠纷案"对离婚协议的法律适用提供了更多的说理论证技术。本案中，男方程某与女方王某离婚协议中约定将登记在双方名下的共同共有房屋作价分割（此房产未取得上市资格故无法变卖），程某一次性给付王某90万元。事后程某未按照协议履行。二审法院认为本案不属于赠与，而应该适用《婚姻法司法解释二》第8条为请求权基础和裁判依据，判令程某依约履行并支付迟延利息。在本案裁判说理环节，二审法院认为本案离婚协议"既包括解除婚姻关系的形成行为，也包括夫妻财产分割及子女抚养的附随行为"。"在法律适用方面，身份法律行为应当适用民事法律行为的一般理论，……但不能认为其中的附随行为可以当然地适用《中华人民共和国合同法》的规定。……附随行为即使符合了民事法律行为的一般生效要件，但如果'离婚'这一形成行为不生效，财产分割协议也不能生效。从这一效力规则来看，形成行为和附随行为的效力关系与主、从法律行为的效力关系非常类似。"

从民法理论上，北京市第三中级人民法院（2015）三中民终字第13780号裁判说理中系统论证的"形成行为与附随行为"之辩颇值得玩味，其说理目标或者结果同样是坚持离婚协议的整体性和"一揽子"性。该案前后，"形成行为与附随行为"也成为身份关系协议纠纷裁判文书说理中的常见话语、高频词汇。大量离婚协议案件民事判决书中出现类似表达：本案离婚协议"既包括解除婚姻关系的形成行为，也包括夫妻财产分割及子女抚养的附随行为"，凸显离婚协议自身所具有的整体性，拒绝简单回归适用财产法规则，并逐渐汇聚成裁判中如流水潺潺不断的倾向。[1]

（4）本裁判要旨的参考意义及将来的课题

本裁判中，夫妻双方离婚时协议约定将夫妻共同共有的房产赠与未成年子女，离婚后一方在赠与房产产权转移登记之前反悔，主张依据《合同法》第186条第1款撤销赠与的，法院不予支持，这就使得身份关系协议中的赠与约款不简单等同于《合同法》上的赠与，从法律适用上也不能直接"回归"《合同法》。

此类案件在裁判依据和说理论证上有多种可能，是围绕《合同法》第186条第1款做正面请求—抗辩，还是以退为进认可身份关系协议中的赠与

---

[1] 参见广西壮族自治区南宁市中级人民法院（2012）南市民一终字第2458号、北京市第三中级人民法院（2015）三中民终字第13893号、广东省广州市中级人民法院（2016）粤01民终3982号、天津市第一中级人民法院（2016）津01民终5557号、北京市第二中级人民法院（2018）京02民终1337号、江苏省盐城市中级人民法院（2018）苏09民终3156号、贵州省毕节地区中级人民法院（2019）黔05民终656号、北京市第三中级人民法院（2019）京03民终14555号、黑龙江省哈尔滨市中级人民法院（2019）黑01民再161号。

约款属于赠与但依据《物权法》第 97 条拒绝单方撤销赠与？还是二者并用，分列为强理由与弱理由？何谓长久之计？何谓权宜之策？根据《物权法》第 97 条对应的裁判思路，是否意味着此类身份关系协议不能直接"回归"《合同法》，但可"回归"《物权法》？在前述更多请求—抗辩结构中，针对原告撤销赠与的诉讼请求，法院如何在众多可能的请求权规范中最"对症下药"？《民法典》施行后，身份关系协议的参照适用规定对此类案件裁判有何切实影响？均值得进一步思考和观察。

一个好案例的最大意义可能不是提出唯一权威的裁判思路，而是引发更多更深入的思考，在人类认识的边疆探索更多的可能。结合《民法典》第 522 条，本案从理论和实务上还存在如下难题：夫妻双方离婚时协议约定将夫妻共同共有的房产赠与未成年子女或者成年子女，协议未约定受赠子女可以直接请求赠与人履行的情况下，离婚后一方在赠与房产产权转移登记之前反悔、拒绝履行时，受赠子女是否有直接、独立的请求权？

五、夫妻财产约定的法律适用问题

（一）有些忠诚协议构成附生效条件的夫妻财产约定

从体系解释和目的解释角度看，夫妻财产约定可以附条件。忠诚协议本身是一个需要类型化的概念，常见形态包括婚前恋爱合同、"空床费"协议、违反忠实义务时的损害赔偿约定等。笔者曾将这些忠诚协议一并归入当事人彼此之间不具有受法律约束意思的身份情谊行为，否定民事法律行为规则适用的可能。[1] 对该观点仍然基本坚持，但类型化的确有所不足，笔者认为有些忠诚协议实际上属于附生效条件的夫妻财产约定。如夫妻之间约定一方出轨、实施家庭暴力等即产生婚姻关系存续期间所得的某些财产（该方应然份额）以及婚前某些个人财产转移归对方所有，可将此类忠诚协议认定为附生效条件的夫妻财产约定。理由如下：

---

[1] 参见王雷：《论身份情谊行为》，载《北方法学》2014 年第 4 期。

第一,《民法典》婚姻家庭编对此类忠诚协议未作规定,可以补充适用《民法典》第143条民事法律行为一般有效要件的规定,以及该法第158条附条件民事法律行为制度。此类忠诚协议实际上用附生效条件的财产关系安排来防范化解可能的婚姻忠诚危机。

第二,夫妻财产约定附条件,并不违背此类约定的身份关系协议性质,不损及身份关系本身的稳定性,实际上是对《民法典》第1065条与第158条做体系解释。当然,如果立法上能将该体系解释结论增加为《民法典》第1065条中的一款,使其处于第2款和第3款之间,会更清晰、更能发挥行为指引和裁判规范功能:"夫妻对婚姻关系存续期间所得的财产以及婚前财产的约定,可以附条件,附生效条件的财产约定在所附条件成就时生效。"

第三,将夫妻一方出轨作为对其不利的财产变动生效要件,这不违反《民法典》第1043条第2款前段"夫妻应当互相忠实,互相尊重,互相关爱"的法价值导向,此类约定是对婚姻不忠实行为的规制,相关约定不违反法律,也不违背公序良俗。[1] 此类忠诚协议以财产变动为核心内容,以婚姻不忠实行为为生效要件,以维护婚姻忠实和婚姻关系稳定为根本目的,是以财产关系为核心内容的身份关系协议,并没有不当限制他人的结婚自由、离婚自由等人身自由。

第四,忠诚协议是否必须以离婚为实施的前提?根据《民法典》第1091条、《民法典婚姻家庭编司法解释一》第87条第2款和第3款的规定,只有协议离婚后或者诉讼离婚时才能提起离婚损害赔偿诉讼,离婚是此类案件的前置程序。构成附生效条件夫妻财产约定的忠诚协议,不等同于离婚损害赔偿,除非当事人有特别约定,[2] 否则不应以离婚为前提。婚内提起的忠诚协议履行之诉,仍以挽救婚姻、维持婚姻关系存续为最终目的,应该予以认可,

---

[1] 法院通常会认为,忠诚协议约定青春损失费因违反公序良俗而不应得到法律支持。参见"王某与赵某离婚财产分割纠纷案",河南省新郑市人民法院(2008)新民初字第1600号民事判决书,载《人民司法·案例》2009年第22期。

[2] 夫妻特别约定以离婚为前提的忠诚协议,实际上是附生效条件的夫妻财产约定和离婚财产分割协议的结合,从法律定性上看,可将之归入离婚财产分割协议。参见"杨某与张某离婚纠纷案",上海市长宁区人民法院(2015)长民四(民)初字第161号民事判决书。

不能将忠诚协议与离婚财产分割协议混同。当然，如果忠诚协议中包含损失费、赔偿款等精神损害赔偿内容，则应该适用《民法典》第1091条。[1] 而在离婚精神损害赔偿责任的确定上，人民法院可以根据民事侵权精神损害赔偿数额的确定原则，结合双方忠诚协议中对精神损害赔偿的约定及当地社会经济水平确定精神损害赔偿数额。[2]

第五，对"净身出户"的忠诚协议，须另作分析。根据《民法典》第1065条第1款前段的规定，"男女双方可以约定婚姻关系存续期间所得的财产以及婚前财产归各自所有、共同所有或者部分各自所有、部分共同所有。"据此，法律对夫妻财产约定列举了三种形态，无法得出夫妻可以约定婚姻关系存续期间所得的财产以及婚前财产"全部归对方所有"的情形，实际上也是排除了"净身出户"这种"全有全无"式的约定，不宜认定"净身出户"的忠诚协议有法律约束力，以免利益安排对一方过于不利。[3] 这也可以看作《民法典》第151条显失公平规则在夫妻财产约定问题上的适用。对夫妻之间约定一方出轨即产生相应婚姻关系存续期间所得的房产或者婚前该方个人房产转移归对方所有，或者婚前该方个人房产转移归夫妻共有为内容的忠诚协议，完全可以被《民法典》第1065条规定的"部分各自所有、部分共同所有"所涵括。

（二）夫妻财产约定对民法典合同编的参照适用

对构成夫妻财产约定的忠诚协议是否可以参照适用《民法典》第585条违约金规则？此种忠诚协议的财产给付内容以身份关系为前提，属于以财产变动为核心内容的身份关系协议，生效条件成就后其财产给付内容转化为债权债务关系，可以参照适用合同法违约责任的规定。但鉴于此类协议的身份

---

[1] 参见"宋某州诉宋某敏离婚纠纷案"，河南省平顶山市新华区人民法院（2008）新民初字第395号，载《人民法院案例选（月版）》2009年第5辑。

[2] 参见"胡某与叶某离婚纠纷案"，浙江省金华市中级人民法院（2014）浙金民终字第723号民事判决书。

[3] 类似地，有法院也基于利益平衡考虑，作出过变更夫妻财产约定的判决，避免夫妻全部财产都归一方所有。参见"仇某与张某离婚纠纷案"，南京市中级人民法院（2013）宁民终字第2967号民事判决书。

关系性质，无法判断"违约金"是否低于或者过分高于"造成的损失"，不能参照适用违约金调整规则，以免司法审查过度介入家庭自治。

就夫妻财产约定和夫妻间赠与的关系，理论上存在比较多的争论。[1] 笔者认为，必须首先确认是否存在赠与，应该目的性限缩解释《婚姻法司法解释三》第 6 条、《民法典婚姻家庭编司法解释一》第 32 条，该条所谓"房产赠与"限于不附条件的纯粹的赠与合同，是对特定财产而非概括财产的赠与，不宜包括本章所论忠诚协议中的房产赠与条款、离婚财产分割协议中的赠与条款或者夫妻财产约定，对后三者应作体系解释，注重其对夫妻之间乃至家庭整体/共同利益的调整或者实现，不能孤立看待其中的赠与条款并简单"回归"赠与合同的相关规定，否则就有可能遮蔽忠诚协议中婚姻忠实之维护、离婚财产分割协议中财产关系一并清算、夫妻财产约定中维护夫妻和睦团结等主要目的。将婚前房产约定发生该方不忠实于婚姻的情形时即归夫妻双方共有，这属于夫妻财产约定，而非赠与，不同于《婚姻法司法解释三》第 6 条、《民法典婚姻家庭编司法解释一》第 32 条所规定的"将一方所有的房产赠与另一方"。"即使不存在对等的给予，判例中也很少将夫妻间的给予行为认定为赠与，而是视为'以婚姻为条件的给予'，从而不适用有关赠与的规定。"[2] 根据《法国民法典》第 1527 条的规定，夫妻一方从财产制约定中获得的利益，不视为赠与。有学者认为："夫妻财产制约定与夫妻间赠与难以区分，因此二者适用同一规则十分必要。……夫妻财产制约定和夫妻间赠与应当统一于婚姻法而非合同法之下。"[3] 笔者认为，夫妻间纯粹的赠与可以参照适用赠与合同的法律规定，不宜将夫妻间纯粹的赠与"反向回归"婚姻法，使其一概产生法律约束力，否则同样会带来法律对婚姻家庭生活的过度介入。夫妻间的赠与是以婚姻为基础的特殊赠与，具有长期合作性、互惠性和共享性特点。"夫妻间的赠与合同原则上应具有强制执行的效力，但在婚姻未能缔结或离婚的情形，则无论赠与合同是否履行，均应允许赠与人依情事变更规

---

[1] 参见裴桦：《也谈夫妻间赠与的法律适用》，载《当代法学》2016 年第 4 期。

[2] ［德］迪特尔·施瓦布：《德国家庭法》，王葆莳译，法律出版社 2010 年版，第 109 页。另参见薛宁兰、许莉：《我国夫妻财产制立法若干问题探讨》，载《法学论坛》2011 年第 2 期。

[3] 裴桦：《夫妻财产制与财产法规则的冲突与协调》，载《法学研究》2017 年第 4 期。

则主张变更或撤销赠与。"[1]

基于婚姻忠实原则，对夫妻财产约定，也存在参照适用《民法典》第663条赠与人法定撤销权规则的可能。例如，夫妻双方约定将一方个人所有的房产归双方共有或者归对方所有，并办理了登记手续。随后，受益方出现婚姻不忠实行为，房产原所有权人有权撤销赠与。此时不必参照适用《民法典》第533条情事变更规则。能够参照适用民法典合同编典型合同分编的，就不必参照适用民法典合同编通则。对《民法典》第464条第2款的参照适用也应作此解。

（三）夫妻财产约定对民法典总则编的补充适用

夫妻财产约定能否适用《民法典》民事法律行为效力瑕疵的一般规则？"身分的法律行为必须尊重本人的真实意思，所以原则上无意思即为无效。由此可以认为这里采取的是唯意思主义。"[2] 在"吴某诉施某夫妻财产约定纠纷案"中，法院认为案涉《夫妻财产约定协议书》的合同目的应是维系夫妻感情。而施某在签订该协议几个月后即起诉离婚，显然与签订该协议的目的相背离。协议中的财产分配对施某更为有利，综合生活常识与经验规则，难以排除施某签订协议的真实目的是在夫妻感情破裂时取得财产分割的优势地位，即施某在签订协议时向吴某隐瞒了其真实目的，存在欺诈的故意。使吴某误认为双方是为了维系感情而签订协议，因错误而为意思表示。该欺诈行为已损害了吴某的正当权益。可认定施某在与吴某签订《夫妻财产约定协议书》时存在欺诈行为。吴某有权要求撤销《夫妻财产约定协议书》。[3]《婚姻法司法解释二》第9条第2款规定夫妻离婚财产分割协议可以因为订立时存在欺诈、胁迫等情形而可变更或者可撤销。《婚姻法》及其司法解释未对夫妻财产

---

[1] 田韶华：《夫妻间赠与的若干法律问题》，载《法学》2014年第2期。另参见冉克平：《夫妻之间给予不动产约定的效力及其救济》，载《法学》2017年第11期。

[2] [日]我妻荣、有泉亨：《日本民法·亲属法》，远藤浩补订，夏玉芝译，工商出版社1996年版，第10页。

[3] 参见邓青菁、郭莹：《家事合同认定欺诈的角度和思路——吴某诉施某夫妻财产约定纠纷案》，载《北京审判》2018年第5期。

约定的效力作规定，对此，可以类推适用《婚姻法司法解释二》第 9 条第 2 款、《民法典婚姻家庭编司法解释一》第 70 条规定。鉴于民法典总则编对身份法律行为关照回应不足，存在非总则性的特点，身份关系协议在婚姻家庭编内的类推适用优先于对民法典总则编的适用。对夫妻财产约定类推适用离婚财产分割协议效力瑕疵规则，而非简单回归《民法典》"民事法律行为的效力"一般规则，这种解释适用方法更契合二者同属于身份关系协议的"事物本质"。这就类似于对无名合同的法律解释适用规则，先类推适用最相类似的有名合同法律规则，然后补充适用合同法的一般规则。表面上看，对夫妻财产约定补充适用民法典总则编而非类推适用离婚财产分割协议效力瑕疵规则，给法官的自由裁量权更小，但尤其需要注意的是，鉴于民法典总则编的"非总则性"特点，简单补充适用以财产法为原型提炼出的民法典总则编，反倒会罔顾身份关系的"事物本质"。

对债务人以离婚财产分割为名恶意逃避债务的行为，债权人可申请人民法院确认该财产分割协议无效。类似地，戴东雄曾指出，依夫妻生活经验，夫妻在婚姻关系存续中订立或者改废夫妻财产制契约，以诈害债权人之利益居多，必须设法补救保护第三人之债权，以确保交易安全。[1] 根据《婚姻法》第 19 条第 3 款、《民法典》第 1065 条第 3 款，除非第三人知道该夫妻财产约定，否则夫妻财产约定不得对在其之后成立的债权产生约束力。如果夫妻财产约定恶意影响到在其之前成立的债权，则债权人也可申请人民法院确认该约定无效。可见，身份关系协议如果产生负外部性，影响到第三人债权的实现，可以补充适用《民法典》第 154 条处理。

与夫妻财产约定相对应，司法实践中还时常发生夫妻婚内共同财产制背景下的借款协议，根据《婚姻法司法解释三》第 16 条、《民法典婚姻家庭编司法解释一》第 82 条规定，夫妻之间订立借款协议，一方以夫妻共同财产出借给另一方从事个人经营活动或者用于其他个人事务的，离婚时，一方要求对方按照借款协议偿还债务的，可按照借款协议的约定处理。借款人主张借款用于共同从事经营活动或者其他共同生活的，借款人须对此承担举证责任。《婚姻法司法

---

[1] 戴东雄：《亲属法实例解说》，台湾大学法学丛书（六十），2000 年修订版，第 135 页。

解释三》第 16 条、《民法典婚姻家庭编司法解释一》第 82 条对夫妻婚内借款协议这类身份关系协议也采取"回归合同法"的司法态度。当然，考虑到在婚姻关系存续期间，夫妻之间对财产的使用、收益、处分可能经常区分得并不是很清楚，如一方以个人名义在外的负债在很大程度上可能由夫妻双方共同承担偿还责任，并且人民法院在处理离婚纠纷分割夫妻共同财产时，还应考虑夫妻双方的生活收入状况等因素。因此，在处理夫妻一方在婚姻存续期内从夫妻共同财产中的借款问题时也应与处理普通自然人之间的借贷合同有所不同，不能简单地根据借款合同的约定处理，而是应综合考虑上述因素加以妥善处理。[1] 夫妻之间借款合同诉讼时效起算上也存在特殊性，如果一方是以个人财产出借，尽管双方存在婚姻关系，也应按照《民法典》第 188 条诉讼时效的一般规定处理。如果以夫妻共同财产出借给夫妻一方用于个人事务，应视为处分夫妻共同财产的行为，因出借的财产属于夫妻共同财产，在未解除婚姻关系时无法分清，因此诉讼时效应从离婚之日起计算，对此可以类推适用《民法典》第 190 条。

六、继承协议、遗赠扶养协议、收养协议、监护协议对合同法的参照适用

子女对父母有赡养扶助的法定义务，父母与子女约定以子女放弃家庭共有财产、继承等为条件免除子女赡养义务的，事后能否主张子女履行赡养义务？赡养义务是法定的和无附加条件的，对各法定继承人之间、各法定继承人和被继承人之间达成的关于赡养和遗产继承的继承协议，应该充分维护被继承人接受赡养的权利。[2] 继承协议不是通过放弃继承而不履行赡养义务，而是各个继承人和被继承人之间就如何履行赡养义务和继承遗产达成的协议，继承协议不能有损被继承人接受赡养的权利，这些法定主义调整态度是身份

---

[1] 参见最高人民法院民事审判第一庭编著：《最高人民法院婚姻法司法解释（三）理解与适用》，人民法院出版社 2015 年版，第 236—237 页。

[2] 赡养人不能通过赡养协议排除、限缩自身法定的赡养义务。参见李丹阳：《七旬老母与独子协议约定租房独居就必须搬走吗？》，载微信公众号"上海市第一中级人民法院"，2020 年 6 月 23 日。

关系性质所对应养老育幼功能和孝道理念（以敬和养为核心内涵）的体现。[1] 免除义务人赡养义务的赡养协议、分别赡养协议均属无效，在英美法上，类似协议通常会因为违反公共政策而被认定为无效合同。[2] 建议增加《民法典》第1124条之一从而规范继承协议的法律效力："被继承人与继承人之间、继承人相互之间约定免除一位或者几位继承人赡养义务的，该约定无效。约定以该继承人放弃家庭共有财产、继承等为条件免除其赡养义务的，如果协议已履行，可以酌情减轻其给付赡养费的义务。"抚养义务与赡养义务不构成对待给付，承担赡养义务的前提不是被赡养人先前提供的抚养，即便被赡养人未履行抚养义务在先，赡养义务人也不能行使"先履行抗辩权"。[3] 父母未履行抚养义务不能成为子女不履行赡养义务的理由。

遗赠扶养协议具有很强的人身属性，强调人身信赖关系，遗赠扶养协议签订后，在被扶养人死亡前，参照《合同法》第410条，当事人均有任意解除权。但遗赠扶养协议解除权行使的后果有特殊性，不能参照适用《合同法》第410条第2句，而要适用《最高人民法院关于贯彻执行〈中华人民共和国继承法〉若干问题的意见》第56条的规定："扶养人或集体组织与公民订有遗赠扶养协议，扶养人或集体组织无正当理由不履行，致协议解除的，不能享有受遗赠的权利，其支付的供养费用一般不予补偿；遗赠人无正当理由不履行，致协议解除的，则应偿还扶养人或集体组织已支付的供养费用。"适宜将该条上升为《民法典》第1158条之一，以补法律漏洞。《民法典》第933条区分有偿委托合同

---

[1] 有学者认为："中国普通民众的生活并没有与自己的传统决裂，他们在自己的日常生活中仍然自觉、不自觉地践行着孝道，将其作为生活中处理代际关系的基本准则和做人的评价准则。"参见金眉：《婚姻家庭立法的同一性原理——以婚姻家庭理念、形态与财产法律结构为中心》，载《法学研究》2017年第4期。另参见朱晓峰：《孝道理念与民法典编纂》，载《法律科学》2019年第1期。

[2] See Edwin Peel, B.C.L., M.A. *The Law of Contract*. Fourteenth Edition 2015, London: Thomson Reuters UK Limited. pp.551-554. H.G.Beale (General Editor), *Chitty on Contracts*. Thirtieth Edition 2008,Volume 1, General Principles, London: Thomson Reuters (legal) Limited.pp.1129-1134.

[3] 有学者从法社会学的角度分析父慈子孝，肯定父母子女之间存在一个养老育幼的双务合同，包含对待给付和先履行抗辩权。参见苏力：《大国宪制：历史中国的制度构成》，北京大学出版社2018年版，第132—133页。

和无偿委托合同，分别规定任意解除权行使后的不同赔偿范围问题。遗赠扶养协议被任意解除，其法律后果主要是溯及过往的，扶养人行使解除权时不存在扶养人对被扶养人"直接损失"的赔偿问题，被扶养人行使解除权时也不存在被扶养人对扶养人"可以获得的利益"的赔偿问题。有学者指出："财产法上的契约，例如买卖契约，因有瑕疵而无效或者撤销时，相互使对方恢复原状是可能的。"[1]身份关系协议被撤销、解除或者确认无效后的法律效果具有特殊性，不能简单"回归"《民法典》第 157 条。身份关系协议被撤销、解除或无效后的法律效果具有特殊性。身份关系协议被撤销、解除后一般只能向将来发生效力，因为身份关系本身属于继续性法律关系，对身份关系"恢复原状"是很困难的。

收养不同于赠与，收养的理论范式存在从赠与向有偿合同的转型。[2] 收养协议存在三方当事人即送养人、收养人和养子女，类似于为第三人利益的合同。《民法典》婚姻家庭编第五章规定了收养关系的成立、效力与解除。根据《民法典》第 1114 条第 2 款前段，"收养人不履行抚养义务，有虐待、遗弃等侵害未成年养子女合法权益行为的，送养人有权要求解除养父母与养子女间的收养关系"。该条未规定，收养人不履行抚养义务，未达到虐待、遗弃等程度时，送养人的救济方式。笔者认为，此时可以参照适用《民法典》第 577 条中的继续履行责任进行违约救济。达到虐待、遗弃等程度时，则构成收养人的根本违约，送养人自可行使法定解除权。若送养人死亡或者丧失民事行为能力，此时可以本着未成年人利益最大化原则，[3] 参照适用《民法典》第 36 条监护人监护资格撤销制度。收养协议（收养关系）解除后，经养父母抚养的成年养子女对养父母的赡养义务仍应承担。鉴于身份关系的伦理感情底色，本着法、理、情的有机结合，法律上的收养关系可以解除，但对养父

---

[1] ［日］我妻荣、有泉亨:《日本民法·亲属法》，远藤浩补订，夏玉芝译，工商出版社 1996 年版，第 51 页。

[2] See Nigel Lowe, 'The Changing Face of Adoption - The Gift/Donation Model versus the Contract/Services Model', *Child and Family Law Quarterly*, Vol. 9, Issue 4 (1997), pp.371-386.

[3] 儿童利益最大化是所有涉及儿童监护决定的控制标准（governing standard）。See Kristina V. Foehrkolb, 'When the Child's Best Interest Calls for It: Post-Adoption Contract by Court Order in Maryland', *Maryland Law Review*, Vol. 71, Issue 2 (2012), p.490.

母过往抚养、教育的恩情不能否认，认可成年养子女的赡养义务，符合民事权利、义务和责任协调统一的法治原则。

收养不同于寄养或者监护委托，在寄养或者监护委托的情形下，并不发生父母子女身份关系的变化。生父母的亲朋代为抚养也不变更亲子身份关系。《民法典》第1107条规定："孤儿或者生父母无力抚养的子女，可以由生父母的亲属、朋友抚养；抚养人与被抚养人的关系不适用本章规定。"根据《民法典》第464条第2款、参照适用《民法典》第933条，寄养、委托抚养或者监护委托中的委托人有任意解除权。[1] 收养关系中送养人对收养关系的解除权则要受《民法典》第1114条的法定限制。

基于立法技术和规则设计上的便利，民法典总则编还规定了监护协议。民法典总则编中的监护协议包括委托监护协议、成年意定监护协议以及《民法典》第30条规定的协议确定监护人等。[2]《民法典》第33条规定的成年意定监护协议的核心是概括代理权的授予。成年意定监护协议只是特殊委托合同，是委托合同的扩张。[3]《最高人民法院关于适用〈中华人民共和国民法典〉总则编的解释（一）》（2021年11月21日中国人民大学讨论稿）第12条规定："具有完全民事行为能力的成年人依照民法典第三十三条的规定与他人事先协商确定自己的监护人的，监护协议的成立、生效等，可以依其性质参照适用民法典合同编通则和合同编关于委托合同的规定。任何一方在该成年人丧失或者部分丧失民事行为能力前请求解除监护协议的，人民法院依法予以支持。在该成年人丧失或者部分丧失民事行为能力后，监护人、其他具有监护资格的人请求解除监护协议的，人民法院不予支持；但是，符合民法典第三十九条第一款规定的情形的，人民法院应当依法认定监护关系终止。监

---

[1] 参见"陈某与厦门市社会福利中心收养关系纠纷案——为维护被监护人合法权益，监护人可单方解除寄养合同"，福建省高级人民法院2022年5月30日发布10起未成年人权益保护典型案例之一。

[2] 有学者将意定监护作为上位概念，主张用"成年人自主监护"这一下位概念替代"成年意定监护"。参见费安玲：《我国民法典中的成年人自主监护：理念与规则》，载《中国法学》2019年第4期。

[3] 参见李国强：《成年意定监护法律关系的解释——以〈民法总则〉第33条为解释对象》，载《现代法学》2018年第5期。

护协议生效后，监护人存在民法典第三十六条第一款规定情形之一，该条第二款规定的有关个人、组织申请撤销其监护人资格的，人民法院应予支持。"笔者认为，成年意定监护协议的成立、效力、内容等优先适用民法典总则编民事法律行为和监护制度的有关规定，没有规定的，可以根据其性质参照适用合同编规定，特别是可以参照适用委托合同的规定。笔者曾建议将《最高人民法院关于适用〈中华人民共和国民法典〉总则编的解释（一）》（2021年11月21日中国人民大学讨论稿）第12条第1款修改为："具有完全民事行为能力的成年人依照民法典第三十三条的规定与他人事先协商确定自己的监护人的，监护协议的成立、生效等，适用民法典总则编民事法律行为和监护制度的有关规定，没有规定的，可以根据其性质参照适用民法典合同编通则和合同编委托合同的有关规定。"《民法典总则编司法解释》第11条未保留讨论稿第12条第1款。

《民法典》第36条第1款第2项包含了委托监护制度。《民法通则意见（试行）》第22条规定："监护人可以将监护职责部分或者全部委托给他人。因被监护人的侵权行为需要承担民事责任的，应当由监护人承担，但另有约定的除外；被委托人确有过错的，负连带责任。"《民法典》第1189条规定："无民事行为能力人、限制民事行为能力人造成他人损害，监护人将监护职责委托给他人的，监护人应当承担侵权责任；受托人有过错的，承担相应的责任。"笔者认为，委托监护情形下，对被委托人（受托人）法律责任不宜过于苛刻，委托监护协议常为无偿，《民法典》第929条规定无偿委托合同中受托人的归责原则为故意或者重大过失，对比来看，委托监护协议中受托人一有过错就承担连带责任，对受托人过于苛刻。对委托监护中受托人责任，应当参照适用委托合同中受托人的归责原则。《民法通则意见（试行）》第22条第2句后段宜改为："受托人确有过错的，参照适用合同编第929条承担相应的责任。"此外，受托人参照适用委托合同任意解除权规则时，不得损害被监护人的合法权益。

综上可见，继承协议、遗赠扶养协议、收养协议、监护协议对民法典合同编的参照适用时，须从此类身份关系协议的特殊性出发对被引用的民法典合同编规定进行限制或者修正变通。

七、总结

身份法"回归"民法是必要的和有益的。债法等财产法规则在一定程度上能兜住身份关系协议法律适用的"底",成为身份关系协议领域的开放法源。身份法不可能面面俱到,但是财产法规则也从来都不是简单适用于身份关系领域,而要充分尊重婚姻家庭关系的本质和基本原则。法律续造的正当性依赖于法官的裁判说理。对法官在法律续造过程中自由裁量权的限制也依赖于裁判说理。法官在法律续造中的论证负担远高于法律解释。就身份关系协议对合同编的参照适用,有学者认为:"伦理属性的强弱是参照适用合同编和总则编规则的重要标准,伦理属性越强,法官在参照适用时越要考量婚姻家庭编的特殊价值。"[1]"身份关系性质"即身份法律行为及相应身份权利义务关系所展现出的身份共同体特点,成为参照适用民法典合同编规定时对被引用法条限制或者修正变通的判断标准和解释依归。家庭法与民法教义体系的融合是以后者的规范供给和解释结论能够契合身份共同体特点,契合婚姻家庭伦理,[2]契合鼓励缔结婚姻、维护身份关系和谐安定、对夫妻之间乃至家庭整体/共同利益的调整或者实现、养老育幼、未成年人利益最大化等特定价值秩序为前提的,这是身份法基本原则中体现出的价值共识,也是身份关系协议"可以根据其性质参照适用"民法典合同编等财产法规则的目的导向和解释依归。

---

[1] 冉克平:《论身份关系协议对合同编的参照适用——如何架构家庭法与合同法的桥梁》(2022 年 10 月 15 日第 519 期民商法前沿论坛实录),载微信公众号"中国民商法律网",2022 年 11 月 15 日。

[2] 在上海市高级人民法院参考性案例第 144 号"吴某诉陈某离婚纠纷案"[案号(2021)沪 01 民终 9422 号]中,法院认为有关生育权的约定属于有关身份关系的协议,其效力判定应先适用该身份关系的法律规定;没有规定的,根据其性质参照适用民法典合同编的规定。同时,应结合婚姻家庭伦理、文明家风建设、社会主义核心价值观等,综合判断身份关系协议的效力。身份关系协议中有关生育意愿、生育方式、抚养义务的约定,不得违反法律规定,不得违背公序良俗,不得侵害儿童利益。关于在双方均具备生育条件且已生育的前提下,女方可与婚外第三方生子(买精后人工授精生育)的夫妻生育权协议,超越了社会公众的一般认知,有违社会生活中的善良风俗,应属无效约定。协议对于子女抚养权归属的约定,并未考虑是否有利于子女的健康成长,夫妻约定的关于抚养义务的免除也存在侵害子女利益的重大风险。

身份关系协议参照适用民法典合同编，展现了合同编的体系溢出效益，成就着大合同法，但民法典合同编不是身份关系协议的兜底法源，不能堵上此类协议"回归"适用民法典总则编的空间。有些情形下，在参照适用合同编和补充适用总则编之间，后者是更可取的方案。类似地，身份关系领域也有参照适用物权编、侵权责任编、强制执行法律制度的可能。从身份法律行为入手，探讨身份关系协议如何对合同法规定参照适用，有助于在民法典背景下实现身份法和财产法的体系融贯，在不失身份关系特殊性的前提下实现身份法顺畅"回归"民法。可以说，身份关系协议对财产法的参照适用和对民法典总则编的补充适用，是身份法在民法典中体系融贯的关键。

两个延伸问题有待另作分析：第一，基于离婚财产分割协议、夫妻财产约定等身份关系协议引发物权变动时，是否需要遵循物权变动公示原则的要求？身份共同体特点对物权变动公示原则是否产生影响？物权变动公示原则在夫妻财产约定的内部法律效力判断上宜秉持适当的谦抑性。因身份关系协议，导致物权设立、变更、转让或者消灭的，自该协议生效时在身份关系当事人之间发生物权变动效力，未经法定公示方法，不得对抗善意第三人。第二，能否将家庭法中的某些权利作为绝对权利纳入侵权法的保护？不宜将婚姻共同生活不受干扰地纳入侵权责任法所保护的绝对权范围。如果没有配偶一方的配合，婚外第三者是不可能干预婚姻关系的。民法典侵权责任编在身份关系领域同样属于参照适用，而非简单直接适用。

梅因曾指出："关于使'法律'和社会相协调的媒介，有一个有些价值的一般命题可以提出。据我看来，这些手段有三，即'法律拟制'、'衡平'和'立法'。"[1] 有关身份关系协议法律适用的大部分难题可以在正视身份关系性质特殊性的基础上，通过参照适用这一解释论方法妥当化解。作为法律发展手段的立法、衡平和法律拟制之间是辩证互动的。我们通过法律解释、衡平和法律拟制在寻求"法律是什么"的同时，经常也是在回答立法上"法律应当是什么"的问题。在解释论探讨的基础上，笔者提出如下立法论建议，这些立法建议可以在《民法典》中被吸纳转化，也可以在《民法典》配套司

---

[1] [美] 梅因：《古代法》，沈景一译，商务印书馆1984年版，第17页。

解释中被吸纳转化：

第一，建议在《民法典》婚姻家庭编第 1076 条作对应立法弥补，增加规定第 3 款："离婚协议书财产赠与条款的受赠人可以直接请求债务人向其履行债务，债务人不得主张依据合同编第 658 条第 1 款撤销赠与。"

第二，建议在《民法典》婚姻家庭编第 1065 条中增加一款，使其处于第 2 款和第 3 款之间，规定附条件的夫妻财产约定："夫妻对婚姻关系存续期间所得的财产以及婚前财产的约定，可以附条件，附生效条件的财产约定在所附条件成就时生效。"

第三，建议增加《民法典》继承编第 1124 条之一规范继承协议的法律效力。"被继承人与继承人之间、继承人相互之间约定免除一位或者几位继承人赡养义务的，该约定无效。约定以该继承人放弃家庭共有财产、继承等为条件免除其赡养义务的，如果协议已履行，可以酌情减轻其给付赡养费的义务。"

第四，适宜将《最高人民法院关于贯彻执行〈中华人民共和国继承法〉若干问题的意见》第 56 条上升为《民法典》第 1158 条之一："扶养人与被扶养人订有遗赠扶养协议，扶养人无正当理由不履行，致协议解除的，不能享有受遗赠的权利，其支付的供养费用一般不予补偿；被扶养人作为遗赠人无正当理由不履行，致协议解除的，则应偿还扶养人已支付的供养费用。"

第五，《民法典》第 1189 条受托人"承担相应的责任"，语焉不详。建议吸纳并修正《民法通则意见（试行）》第 22 条，在《民法典》委托监护制度的基础上增加委托监护协议情形下侵权责任的承担规则："监护人可以将监护职责部分或者全部委托给他人。因被监护人的侵权行为需要承担民事责任的，应当由监护人承担，但另有约定的除外；受托人确有过错的，参照适用合同编第 929 条承担相应的责任。"2021 年 11 月 21 日，最高人民法院研究室等主办的"民法典总则编司法解释（一）征求意见研讨会"在中国人民大学召开，围绕委托监护制度，笔者在研讨会上表达了此观点。

第八章　非典型合同和典型合同中的参照适用

　　与物权法定不同，不存在针对合同种类或者内容的合同法定原则，合同类型自由，无名合同／非典型合同的出现也就事所必然。无名合同参照适用有名合同规则在司法实践中被重视不够。法院裁判中甚至援引《合同法》第124条的同时明言此为"类推适用"。[1]《合同法》第124条规定："本法分则或者其他法律没有明文规定的合同，适用本法总则的规定，并可以参照本法分则或者其他法律最相类似的规定。"《民法典》第467条第1款规定："本法或者其他法律没有明文规定的合同，适用本编通则的规定，并可以参照适用本编或者其他法律最相类似合同的规定。"《合同法》第124条经常被修辞式

---

[1] 参见"中国工商银行股份有限公司乌鲁木齐钢城支行与中铁物资集团新疆有限公司、广州诚通金属公司合同纠纷案"，最高人民法院（2014）民二终字第271号民事判决书。

引用、一笔带过，缺乏参照适用时的相似性论证及充分说理。《合同法》第124条作为参照适用技术本身属于不完全法条，不能单独作为请求权规范基础，参照适用过程中不能满足于简单依据《合同法》第124条即得出裁判结论，必须对被参照条文明确援引，必须对参照适用中的相似性论证做具体展开。《合同法》第124条经常与第174条对买卖合同规则的参照适用规定一并被援引，此时法条援引顺序就是先适用第124条，再适用第174条，然后是买卖合同的具体法条。《合同法》第174条并不意味着第124条的适用范围仅限于无偿的无名合同。

在非典型合同的参照适用外，《民法典》中还有不少典型合同彼此之间的参照适用条款，使得典型合同内部得以完成漏洞填补工作和实现再体系化。可以说，无论是对非典型合同，还是对典型合同，参照适用既是法律适用中的漏洞补充方法，又是实现合同再体系化和释放民法典体系效益的"密码"。

一、非典型合同"可以参照适用"典型合同的规定

（一）非典型合同参照适用的立法论

典型合同并不只是一个个法律概念，它们同时是现实社会中的生活现象。"非典型契约的主要问题，在于其契约内容不完备时，应如何适用法律，以资规范。"[1] 对无名合同的法律适用应该区分无名合同的不同类型分别讨论，我国《合同法》第124条规定："本法分则或者其他法律没有明文规定的合同，适用本法总则的规定，并可以参照本法分则或者其他法律最相类似的规定。"在解释论上，有学者总结："我国学术界有关无名合同的研究才刚刚开始，无名合同研究的重要性和必要性，实务界人士的体会最为真切。"[2] 在立法论上，有学者主张《合同法》第124条并没有解决无名合同所需要具体适用的法律规则问题，"实际上总则应当是在最后才能适用的规则。因为在合同法中如果能够适用分则的规定，首先应当适用分则的规定，只有在不能适用分则规定

---

[1] 王泽鉴：《债法原理》，北京大学出版社2013年版，第106页。
[2] 宁红丽：《我国典型合同理论与立法完善研究》，对外经济贸易大学出版社2016年版，第382页。

的情况下，才能适用总则的规定"[1]。对于无名合同，在适用合同法总则和参照适用最相类似的有名合同法律规定的这两种法律适用方法之间，主流观点认为应当是先具体后一般，应当先参照适用最相类似的有名合同的规则，再补充适用合同法的总则，因为其指向更加具体，但《民法典》没有采取这种观点。随着某些类型无名合同实践的日益丰富和其作用的日益重要，存在某些类型无名合同通过立法加以有名化的可能。

2018年9月5日《民法典各分编（草案）》第258条规定："本编或者其他法律没有明文规定的合同，适用本编第一章至第八章的规定，并可以参照适用本编或者其他法律最相类似合同的规定。"笔者曾建议将该条改为："本编或者其他法律没有明文规定的合同，参照适用本编或者其他法律最相类似合同的规定，并可以适用本编第一章至第八章的规定。"本编或者其他法律没有明文规定的合同，应该先用最相类似的合同的规定，没有最相类似的规定时，再用本编总则的一般规定。2019年1月4日《民法典合同编（草案二次审议稿）》第258条规定："本法或者其他法律没有明文规定的合同，适用本编通则的规定，并可以参照适用本编典型合同或者其他法律最相类似合同的规定。"有学者建议将第258条修改为："本法或者其他法律没有明文规定的合同，可以参照适用本编典型合同或者其他法律最相类似合同的规定。"理由在于：本编第254条已规定本编调整合同法律关系，故无名合同适用本编没有任何问题，无须就本编通则是否适用作出特别规定。即使未作规定，本编通则部分适用于无名合同，也是当然之理。无名合同的法律适用问题，究竟是优先适用通则编的规定，还是首先参照分则最相类似合同的规定，应优先适用最相类似的分则。如医疗服务合同违约时的损害赔偿，并不适用通则中的无过错要件，而应首先参照适用规定过错责任原则的委托合同。《民法典合同编（草案二次审议稿）》第258条的规定，容易引起法律适用的混乱。[2]

从2018年9月5日《民法典各分编（草案）》第258条，到2019年1月

---

[1] 王利明：《合同法研究》第一卷，中国人民大学出版社2011年版，第22—23页。

[2] 参见周江洪：《关于〈民法典合同编〉（草案）（二次审议稿）的若干建议》，载《法治研究》2019年第2期。

4 日《民法典合同编（草案二次审议稿）》第 258 条，再到《民法典》第 467 条第 1 款，通过历史解释，可以总结如下结论：

第一，《民法典合同编（草案二次审议稿）》第 258 条和《民法典》第 467 条第 1 款对无名合同的界定更科学，无名合同是指民法典或者其他法律没有明文规定的合同。无名合同不再等同于民法典合同编或者其他单行民事特别法没有明文规定的合同。反言之，本编典型合同或者其他法律最相类似合同共同构成有名合同，有名合同的范围既包括民法典合同编和其他单行民事特别法明文规定的合同，也包括民法典其他编如物权编明文规定的合同。有名合同不简单等同于民法典合同编的典型合同，典型合同只是有名合同的子类型。

第二，参照适用的关键是对无名合同和有名合同"最相类似性"的判断，《民法典合同编（草案二次审议稿）》第 258 条"最相类似"修饰限定的不局限于其他法律明文规定的合同，还应该包括本编典型合同的规定。为了文义更清晰起见，适合将"并可以参照适用本编典型合同或者其他法律最相类似合同的规定"修改为"并可以参照适用本编第二分编或者其他法律最相类似合同的规定"。《民法典》第 467 条第 1 款作了一定改进。

第三，《民法典》第 467 条第 1 款"适用本编通则的规定"中的"适用"是直接适用的意思，而非第 3 句所言参照适用。

第四，《民法典》第 467 条第 1 款文义并未指明无名合同补充适用合同编通则和参照适用有名合同规定何者优先的问题，从立法论上看，不宜固定僵化此种适用顺序。

（二）非典型合同参照适用的解释论

非典型合同／无名合同参照适用的第一步是定性分析：认定涉案合同为无名合同。使用他人肖像或者姓名的合同，过去属于纯粹非典型合同，[1] 民法典人格权编将肖像许可使用合同、姓名许可使用合同典型化，不再属于非典型合同。司法实践中存在大量穿着无名合同外衣的实质的有名合同，形异实

---

[1] 参见崔建远主编：《合同法》（第七版），法律出版社 2021 年版，第 17 页。

同。例如商场的附赠，附赠的实质是打折出卖，本质上属于买卖合同，出卖人不能享受法律对赠与人的优待。将有名合同误作无名合同再配合参照适用方法，会增加法律适用的不确定性。如何区分无名合同与具体的有名合同，核心是主给付义务。主给付义务是合同固有的、必备的、用于决定合同类型的法律义务。无名合同本身须再类型化，包括纯粹的无名合同、合同联立和混合合同。合同联立不见得简单还原适用对应的有名合同规则，因为合同联立中的多个有名合同之间可能存在主从关系，影响相应法律规则的适用。

合同性质和效力，往往是确定合同内容的更前置环节。对合同定性时要本着实事求是和言行合一原则，考察当事人合同条款约定和实际履行情况。对无名合同定性的过程，也是寻找与之最相类似有名合同的过程。无名合同法律纠纷实践中，存在大量假托无名合同形式的有名合同。

例如，合同当事人以《股权收益权转让及回购协议》之名行融通资金之实，协议约定的回购价款中的基本价款实质上属于归还借款本金，回购价款中的溢价款实质上属于支付借款利息，此时究竟是将此种协议定性为无名合同并参照适用借款合同的相关规定，[1] 还是直接定性为借款合同？

又如，诉讼代理合同究竟属于服务合同从而参照适用委托合同规则，还是直接适用委托合同规则？[2] 上海市普陀区人民法院（2003）普民二（商）再初字第2号民事判决书采取直接适用委托合同规则的做法，认可委托人的任意解除权，要求委托人应当按照受托人付出的劳务支付相应的报酬，但同时认为不能将"合同中约定的支付金额作为预期可得利益作为损失依据"，"当事人的可得利益不应在此类合同中作为损失予以赔偿"。在损失计算上的此种裁判态度，与《民法典》第933条存在一定的不一致。笔者认为，此类合同

---

[1] "虽有'买入返售'之名，但根据合同约定的具体条款以及协议实际履行情况能够确定信托公司并无买入及承担相应风险真实意思的，应根据合同条款所反映的当事人的真实意思，并结合其签订合同的真实目的以及合同的实际履行情况等因素，综合认定股权收益权转让及回购协议的性质。"参见"北京天悦投资发展有限公司诉安信信托股份有限公司、北京天域新城房地产开发有限公司、王某瑛、黄某海合同纠纷案"，最高人民法院（2017）最高法民终907号民事判决书。

[2] 参见"上海市正夏律师事务所诉浙江省诸暨市第二建筑工程公司法律服务合同抗诉纠纷案"，上海市普陀区人民法院（2003）普民二（商）再初字第2号民事判决书。

中受托人可得利益的计算方法应该结合合同解除时间、合同履行情况、合同约定的总报酬数额等综合判断，的确不能简单等同于合同约定的总报酬数额。

再如，作为无名合同，以物抵债是诺成合同，当事人意思表示一致即可成立，不以抵债物的物权变动为成立要件。民事单行法时代的禁止流质规则不能作为否定以物抵债效力的依据，利益失衡的以物抵债可以通过显失公平规则来调整。民事执行领域的强制以物抵债裁定可以导致物权变动，但以物抵债的确认性法律文书不能引起物权变动。[1]

无名合同参照适用的第二步是遵照当事人约定：合同约定优先，只有当事人没有约定或者约定不合法时，方有参照适用技术展开的必要。当事人有约定，但约定不明确时，须做合同解释，以尽最大可能尊重当事人的合同意思。

无名合同参照适用的第三步是区分/拆分技术：区分直接适用与参照适用。《民法典》第467条第1款中的"适用"是直接适用，[2]而非"应当适用"，不宜将《民法典》合同编通则规定一概理解为强行性规范。第2句中的"适用"不能解释为补充适用和优先适用，否则和"并"字相矛盾，此处就指直接适用的意思。有学者认为《民法典》第467条第1款第3句"实即类推适用"。[3]笔者认为，第467条第1款第3句中的"参照适用"是法定类推适用。虽然《民法典》第467条第1款第2句和第3句之间用"并"字连接，但不宜固定僵化无名合同直接适用合同编通则和参照适用有名合同规定的顺序。第3句中"并"字不是并驾齐驱、同时适用两种方法或者有顺序的先后，而是将这两种方法摆在一个层面以供选择。

在无名合同/非典型合同的实践纠纷中，要注意区分，面对的是总则式问题还是分则式问题。对无名合同的法律适用，要区分是无名合同权利义务的确定，还是权利义务的履行及违约责任，如果是前者则有必要参照适用有名合同的规定，如果是后者则主要是直接适用合同编通则的规定，除非最相类似有名合同对此类问题有特别规定。民法典合同编通则对所有合同均直接

---

[1] 参见"朗某红诉重庆市万华房地产开发有限责任公司建设工程合同纠纷案"，重庆市石柱土家族自治县人民法院（2016）渝0240民初3200号民事判决书。

[2] 参见王利明：《合同法通则》，北京大学出版社2022年版，第19页。

[3] 参见韩世远：《合同法学》，高等教育出版社2022年版，第22页。

适用，不区分有名合同与无名合同。如果针对该无名合同纠纷，当事人没有纠结彼此的权利义务责任等内容，只关注合同中约定的违约金是否过高的问题，此时直接适用合同编通则的规定即可。《民法典》第467条第1款中的"并可以参照适用"，使得参照适用不是优先适用的意思，使得适用本编通则也不是补充适用的意思，这两种方法之间没有先后之别、优劣之分。第2句的"适用"就是直接适用，这不同于第3句的"参照适用"，我们从中提炼出来的方法就是总则的归总则，分则的归分则。

在动态法源观的思维下，在《民法典》第467条第1款各种法律适用方法之间，都要看具体语境，不能当然认定参照适用就一定要更优先。参照适用本身是一把"双刃剑"，一方面告诉法官漏洞补充方法，另一方面又给了法官相当大的自由裁量权。是否参照适用的根本判断标准是事物的性质。应发挥参照适用正面的体系溢出效力，避免法官的自由裁量权过大。如果第467条第1款第2句的"适用"是补充适用，这就意味着后面第3句的"参照适用"被提高到了优先适用的地位，存在问题。因为并非每个个案中，都需要寻找与无名合同最相类似的有名合同。因此第467条第1款的法律适用规则为或者直接适用合同编通则，或者参照适用最相类似的典型合同的法律规则。

无名合同参照适用的第四步是相似性论证：论证无名合同与被参照适用的有名合同之间"最相类似"，这是参照适用方法的关键，也展现了《民法典》第467条第1款第3句作为兜底条款的补漏功能。相似性论证则是对比无名合同与有名合同的主给付义务，重点围绕合同的性质和目的，求同存异，大同小异。合同的性质和目的如何发挥作用并居于何种论证地位？不能将相似性论证完全寄托在主给付义务之上，还要结合合同分类的其他分类标准，多角度观察分析（如有偿合同还是无偿合同、金钱合同还是非金钱合同等等），这也是展示合同的性质和目的的过程。《民法典》第467条第1款第3句"并可以参照适用本编或者其他法律最相类似合同的规定"，还属于概括性参照适用、裁判规范和衡平规定，本句中的"其他法律"当然包括合同编典型合同分编所对应有名合同的专项司法解释。因此，《民法典》第467条第1款第3句中的"其他法律"包括四项：合同编通则如预约合同规定，物权编规定的有名合同如抵押合同规定，保险法中的保险合同规定，有名合同的专项司法解释规定如商品房预售合同规定等。前三项是文义解释和体系解释的结论，第四项要结合民法法源理解，司法解释属于民法法源，"法律"一词在实定法上是有弹性的概念，作为实质法源的广义法律可以包括司法解释。

无名合同法律适用的第五步是适用交易习惯对应的习惯法，这符合《民法典》第 10 条的民法法源条款规定。

需要注意的是，不能将无名合同的范围扩展过宽，以形成合同法中心主义的思维。无名合同法律适用方法发挥作用的前提之一是案涉法律关系属于合同法律关系，能够进入合同法的调整范围。例如，民事诉讼实践中存在诉讼契约，诉讼契约是对合同概念的借用，二者都是平等当事人之间达成的合意。但合同的法律效果原则上仅及于当事人之间（合同相对性原则），而诉讼契约及于的主体还包括人民法院。因此，诉讼契约既不属于《民法典》第 463 条的调整范围，也不属于其第 464 条第 1 款所指的"合同"，更不属于第 467 条第 1 款的适用对象。倘若按照字面意思解释第 467 条第 1 款，似乎可以得出这样的结论：由于民事诉讼法没有就诉讼契约作出明文规定，因而它属于"其他法律没有明文规定的合同"，所以就其成立要件和法律效果的解释和适用，可以"适用本编通则的规定"，"并可以参照适用本编或者其他法律最相类似合同的规定"。但这种解释显然混淆了诉讼契约与民事合同在本质上的区别，并可能造成剥夺当事人诉权的后果。民事主体依约定放弃民事权利具有民法上的正当性和合法性，然而诉权属于公法权利，除法律有特别规定外，国家禁止当事人通过合意形式放弃或约束诉权的行使。诉权不能够按照当事人之间的约定（合同）被剥夺，但当事人可以按照处分原则依法不行使或不完全行使诉权。例如，当事人可以采用不起诉或撤诉方式放弃行使诉权。但此种情形并不意味着当事人不享有甚至被剥夺了诉权。[1] 合同中约定在付款期限内不得提起诉讼的条款，并非排斥当事人的基本诉讼权利，该条款仅是限制其在一定期限内的起诉权，而不是否定和剥夺当事人的诉讼权利，只是推迟了提起诉讼的时间，故其主张在付款期限内不得提起诉讼的条款无效

---

[1] 参见陈刚：《民事实质诉讼法论》，载《法学研究》2018 年第 6 期。

缺乏事实和法律依据。[1]

（三）补充适用、参照适用与保理合同的典型化

对于无名合同而言，有些可以直接由合同编通则予以规范，[2]而不必对之有名化，如储蓄存款合同。有些则可以被有名化，如保理合同、合伙合同、预约合同等。

以保理合同为例，保理合同经历了从无名合同到有名合同的发展过程。保理业务是以应收账款债权的转让为核心的综合性金融服务，所有保理合同均可补充适用债权转让的一般规定。在民法典将保理合同有名化、典型化之前，保理合同实际上属于同时包含金融借款、债权转让、账务管理乃至付款担保等有名合同和无名合同的混合合同。"合同法的历史是非典型合同不断地变成典型合同的历史。"[3]

2019年1月4日《民法典合同编（草案二次审议稿）》新增保理合同作为典型合同。全国人民代表大会宪法和法律委员会关于民法典合同编草案修改情况的汇报中指出："保理合同是应收账款的债权人将应收账款转让给保理人，保理人提供资金支持以及应收账款管理、催收等服务的合同。有的常委委员、部门和社会公众提出，保理业务可以为实体企业提供综合性金融服务，特别是可以为中小型企业拓宽融资渠道。当前我国保理业务发展迅猛、体量庞大，但也存在一些问题，时常发生纠纷，亟须立法加以规范。宪法和法律委员会经研究认为，保理业务作为企业融资的一种手段，在权利义务设置、对外效力等方面具有典型性。对保理合同作出明确规定，有利于促进保理业务的健康发展，缓解中小企业融资难、融资贵的问题，进而促进我国实体经济发展。据此，建议设专章规定保理合同。"

"在有追索权的保理纠纷案件中，保理商向债务人的追索权、向次债务人

---

[1] 参见"六盘水恒鼎实业有限公司、重庆千牛建设工程有限公司建设工程施工合同纠纷案"，最高人民法院（2016）最高法民终415号民事判决书。

[2] 参见"张某丹诉中国工商银行股份有限公司长春大经路支行银行卡纠纷再审案"，吉林省高级人民法院（2017）吉民再33号民事判决书。

[3] 崔建远主编：《合同法》（第七版），法律出版社2021年版，第17页。

的求偿权以及债权反转让的法律性质及相互关系如下：债权反转让的法律效果应为解除债权转让合同，解除后保理商不再具备次债务人的债权人地位，故该项权利与保理商向次债务人的求偿权不得并存；而追索权的功能相当于债务人为次债务人的债务清偿能力提供担保，其功能与放弃先诉抗辩权的一般保证相当，其与保理商向次债务人的求偿权能够同时并存，其中一方的清偿行为相应减少另一方的清偿义务。"[1]

实务中有观点认为："保理合同中既包含债权转让法律关系，也包含金融借款、应收账款催收等法律关系，并非单一的债权转让，此类案件不应确定为债权转让合同纠纷。保理合同中的基础债权是否真实，属于是否能够履行合同问题，与保理合同效力无关。保理商不存在缔约过错问题，且没有违反合同约定，不能以是否尽到审慎义务而判令其承担责任。"[2]《民法典》第763条也特别规定债权人和债务人之间应收账款债权基础合同因为虚假意思表示而无效的，原则上不影响保理合同的法律效力，债务人不得以债权瑕疵为由对抗已经尽到审查义务的善意保理人。这就对《民法典》第146条第1款做了调整变通，区分虚假民事法律行为的内部效力与外部效力。《民法典》第763条强调保理人须为善意，而且对善意做了极大扩展，只有"保理人明知虚构"时方属于非善意，保理人应当知道虚构而不知时仍构成善意。《民法典》第763条与吉林省高级人民法院（2018）吉民再111号不同的是，后者认为保理商是否尽到审慎义务与承担保理合同责任无关，保理合同中的基础债权是否真实，属于是否能够履行合同问题，与保理合同效力无关。因此，尽管保理合同实现了从无名合同到有名合同的转变，但鉴于其特殊性质，使其在规则的参照适用问题上仍有进一步解释空间。

《民法典》第769条保理合同补充适用债权转让的有关规定："本章没有规定的，适用本编第六章债权转让的有关规定。"这是关于保理合同补充适用债权转让规则的规定，但这一规定存在隐藏漏洞。一方面，结合《民法典》

---

[1] "珠海华润银行股份有限公司与江西省电力燃料有限公司、广州大优煤炭销售有限公司保理合同纠纷再审案"，最高人民法院（2017）最高法民再164号民事判决书。

[2] "中央储备粮长春直属库有限公司与吉林省前郭县阳光村镇银行股份有限公司等合同纠纷案"，吉林省高级人民法院（2018）吉民再111号民事判决书。

第761条,"保理合同是应收账款债权人将现有的或者将有的应收账款转让给保理人,保理人提供资金融通、应收账款管理或者催收、应收账款债务人付款担保等服务的合同"。保理合同实际上是混合合同的有名化、典型化,其法律适用方法应该结合债权转让、资金融通、应收账款管理或者催收、应收账款债务人付款担保等不同服务,分别确定补充适用的依据。第761条所列保理服务并不要求在所有保理合同中都同时存在。另一方面,保理合同并非单一的债权转让,结合《民法典》第766条和第767条,保理包括当事人约定有追索权保理和当事人约定无追索权保理,二者具有合同性质的根本差异,对无追索权保理(保理人风险收益自担)存在补充适用债权转让规定的可能,对有追索权保理(基于追索权,应收账款债权人兜底应收账款风险,追索权的功能相当于债权人为债务人的偿债能力向保理人做付款担保)则无此可能。如果当事人在保理合同中对追索权未作约定,则属于无追索权保理,其效果等同于第767条所规定的"当事人约定无追索权保理"。

司法上成熟的类推适用有可能转化为立法上的参照适用,立法上的参照适用也不是对司法实践中类推适用的终结,在参照适用不及之处,仍有类推适用发挥作用的舞台。同样,补充适用和参照适用也是各司其职,互不替代。根据《民法典》第769条,保理合同可以补充适用《民法典》第545—550条债权转让的所有规定。根据合同自由原则,如果当事人在保理合同中对双方的权利义务存在明确的约定,则应当尊重相关的约定内容。例如,保理合同中经常存在债务人向保理人做无异议承诺,即预先承诺放弃行使抗辩权和抵销权,这就使得保理中的债权让与具有了特殊性,不再简单补充适用《民法典》第548条债务人的抗辩规则和第549条债务人的抵销规则,当然,债务人所享有的实体权利并未因此而消灭,其仍然可以向原债权人主张相关的权利。债务人对保理人预先承诺放弃抗辩权和抵销权也不会导致当事人之间利益的失衡。[1]

根据《民法典》第467条第1款,对于非因保理合同发生债权转让的法

---

[1] 参见"中国工商银行股份有限公司乌鲁木齐钢城支行与中铁物资集团新疆有限公司、广州诚通金属公司合同纠纷案",最高人民法院(2014)民二终字第271号民事判决书。

律适用方法，首先适用民法典或者其他法律的明文规定；其次适用民法典合同编第六章第545—550条关于债权转让的一般规定，同时参照适用最相类似的保理合同一章的规定，这就使得保理合同一章在一定程度上可以与合同编第六章第545—550条一起担纲债权转让"小总则"的功能。根据《民法典》第646条和《买卖合同司法解释》第32条，对于非因保理合同发生的债权转让，还可以参照适用买卖合同的有关规定。《民法典》第768条突破债权平等原则，规定多重保理中保理人对应收账款的优先顺序规则，《民法典担保制度司法解释》第66条通过参照适用技术进一步释放了《民法典》第768条的体系效益，实现应收账款融资担保顺位规则的统一。由此，《民法典》第768条既可以作为所有债权转让的一般规则，又可以作为所有应收账款融资担保（如应收账款质押）的一般规则。

（四）演艺经纪合同的参照适用方法

在"金某与天津某影视股份有限公司合同纠纷上诉案"中，围绕核心争点，第一，金某是否基于《演艺经纪合同》享有任意解除权？法院认为《演艺经纪合同》包含影视公司对金某的商业运作、演出安排、包装、推广等多方面内容，各部分内容相互联系、相互依存，《演艺经纪合同》具有居间、代理、行纪等综合属性，属于演出经纪合同，此类合同既非单纯的代理性质亦非行纪性质，亦绝非劳动合同性质，而是各类型相结合的综合性商事合同，不能孤立地适用"单方解除"规则。因此，金某主张其依据《合同法》有关行纪合同、委托合同的法律规定以及《劳动法》的相关法律规定，依法享有《演艺经纪合同》的任意解除权，有违"单方解除"规则的立法本意，亦缺乏事实与法律依据，本院不予采纳。第二，影视公司是否存在根本违约行为致使合同解除？金某主张双方已丧失信赖基础，《演艺经纪合同》不具有继续履行的可能性，《演艺经纪合同》应当解除。法院认为，金某与影视公司虽然在履行合同过程中存在分歧，但上述分歧并非不可调和之矛盾，影视公司表示愿意继续履行合同，且在进行诉讼后，双方仍在陆续合作开展金某的演艺工作，双方作为商业活动的经济利益共同体，亦可在充分协商的基础上重新建立信任关系并实现合同的根本目的。第三，金某是否享有单方解除权？《演艺经纪合同》9.1 条约定:"甲乙双方明确理解,甲乙双方签署本合同为各自真实意思表示,非因双方友好协商一致解除或终止外,双方承诺遵守本合同约定。如于本合同期内,未经甲乙双方协商一致,乙方单方终止或解除本合同,应当根据本合同的争议解决相关规定,提交法院判决相关违约金。"金某以上述合同约定为由主张其享有单方解除权。法院认为,从合同内容的前后语境、合同条款体系、演艺行业的自身特点来看,该条款主要是针对双方未协商一致的情况下,如发生单方终止或解除合同的情况,双方就矛盾提交法院解决及违约责任的相关约定,该合同约定并不能当然地推导出金某据此享有单方解除权。[1]

有学者认为,"演艺经纪合同当事人便不能基于委托合同任意解除权规则(法定解除权)解除合同,而应当采取分立规则与结合规则相结合的混合合同适法规则,任意解除权并无用武之地。我国司法实践创设了演艺经纪合同的'酌定解除'方式,其本质是意在解决合同僵局的违约解除,应当有严格的条件限制,其生效时点也应当以应诉通知之日为准。否定解除合同而强制艺人继续履行合同的做法,因有违行为自由的基本价值,不应得到法院的支持"[2]。演员基于《演艺经纪合同》是否享有合同任意解除权?这就涉及对《演艺经纪合同》性质的识别,《演艺经纪合同》具有居间、代理、行纪等综合属性,此类合同既非单纯的代理亦非行纪或者劳动合同,而是各类型相结合的综合性商事合同,属于无名合同。对该无名合同,可以参照适用民法典合同编或者其他法律最相类似合同的规定。当然,演艺公司与"网红主播"签订的网络直播《合作协议》则属于劳务合同,而非演艺经纪合同,当事人违反《合作协议》时,可以适用《民法典》合同编通则相关法律条文。[3] 笔者认为,《演艺经纪合同》最相类似于行纪合同、委托合同,行纪合同、委托

---

[1] 参见"金某与天津某影视股份有限公司合同纠纷上诉案",北京市第三中级人民法院(2017)京03 民终 12739 号民事判决书,载易继明:《中国娱乐法评论》,华中科技大学出版社 2018 年版,第 200—213 页。

[2] 刘承韪:《论演艺经纪合同的解除》,载《清华法学》2019 年第 4 期。

[3] 参见"黑龙江省齐齐哈尔市某文化传媒有限公司诉周某鑫劳务合同纠纷案",齐齐哈尔市中级人民法院(2017)黑 02 民终字 553 号民事判决书。

合同是《演艺经纪合同》的主要方面，参照适用《民法典》第933条，当事人在《演艺经纪合同》中依法享有任意解除权。《民法典》第580条第2款合同司法终止制度不能代替任意解除权的功能。不过，针对演艺经纪合同，《民法典》第933条和第580条情形下，损害赔偿的范围是否有实质差别，值得思考。

（五）其他常见非典型合同的参照适用

股权转让合同、采矿权转让合同均不属于《民法典》第595条所规定的"转移标的物的所有权"的买卖合同，但均存在参照适用买卖合同的可能。例如，股权转让合同中出让方须负担瑕疵担保义务，需要参照适用《民法典》买卖合同瑕疵担保义务的有关规定。[1] 采矿权转让合同中出让方须负担权利瑕疵担保义务，这就需要参照适用《民法典》第612条。[2]

不特定的社会公众作为捐赠人与募捐人之间形成募捐合同关系，该募捐合同属于为第三人利益订立的合同，使第三人成为当事人双方所订立的合同的受益人，使其取得该合同所设定的权利。为第三人利益的公开募捐合同不同于赠与合同，募捐人不是受赠人，捐赠人和受益人之间不存在赠与合同，募捐人也非受益人的代理人，但募捐合同具有社会公益、道德义务的性质，募捐合同可以参照适用赠与合同法律规则。募捐款项在用于特定用途之后的余款所有权应归哪方所有？如在受益人死亡的情况下，余款是由募捐人所有，还是应该作为受赠人的遗产由其继承人继承？捐赠人与募捐人之间存在的是一种债之关系，捐赠人与募捐人设定的第三人利益若因第三人死亡而使得目的不达，应认为募捐合同中的为第三人捐款的权利义务亦随之消灭，捐赠人可根据合同目的已无法实现而撤销合同并要求返还捐赠款，受益人的继承人对捐赠款余额不享有继承权。[3]

---

[1] 参见王雷：《股权转让合同对民法典的参照适用》，载《广东社会科学》2022年第4期。

[2] 参见"阳春市水务局与谭某定采矿权转让合同纠纷案"，阳江市中级人民法院（2014）阳中法民二终字第79号民事判决书。

[3] 参见"黄某等与江苏省如皋师范学校附属小学返还捐赠余款纠纷上诉案"，南通市中级人民法院（2005）通中民一终字第1017号民事判决书。张胜：《黄甲等与江苏省如皋师范学校附属小学返还捐赠余款纠纷上诉案——受赠人死亡，募捐余款归谁所有？》，载《人民司法·案例》2007年第2期。

彩票合同，是指彩票购买人按照彩票票面金额支付价款，彩票发行人交付彩票并移转彩票的所有权于彩票购买人，彩票购买人按照彩票规则享有中奖机会的合同。彩票合同应采用书面形式订立，为要式合同。总体上，彩票合同应参照适用《民法典》中买卖合同的有关规定。彩票合同为无名合同，参照适用何种最相类似的规定，应兼顾彩票合同的特征和所欲解决的争议问题之性质两个方面。应当区分彩票合同在不同阶段和不同事项上，哪一个特征最为显著（买卖性、射幸性和权利凭证性），而分阶段和分事项地判断所应参照的法律规定。彩票合同是否成立，以及合同订立时买票人有无验票义务的问题存有争议，即涉及彩票合同的订立阶段。彩票合同在订立阶段，其主要特征与买卖合同最相类似，故应参照适用《民法典》中的买卖合同法律规则，而不是《保险法》的有关规定。根据中国体育彩票购票须知，"兑奖号码以本张彩票记录的电脑打印数码为准"，在文义上似乎只是拘束彩票本身，但解释合同重在求得当事人的真实意思，而不是拘泥于文字。彩票合同是一种射幸合同，彩票发行人制定的购票须知所欲拘束的，不仅仅是兑奖行为，也包括缔约行为，即不仅兑奖以彩票的电脑打印数码为准，而且彩票合同的内容亦由此而确定。[1] 而在彩票合同射幸性方面，则可参照适用保险合同法律规则。

包销合同属于无名合同，可参照适用与其最相类似的委托合同和买卖合同对应的法律规则。房屋包销合同是指房地产开发商与房地产销售商之间就特定的房屋予以销售，约定包销商在一定的期限内以开发商的名义销售房屋，商定双方之间结算的基价，并保证在期限届满后，由包销商按基价买入剩余包销房屋的一种合同。房屋包销行为既有代理销售的属性，又有保底买卖的性质。[2]

商品房委托代理销售合同和委托合同都是基于双方的信赖关系成立的合同，该两类合同之间具有很多共性。商品房委托代理销售合同并非《民法典》

---

[1] 参见程建乐：《黄建军与徐东辉等彩票合同纠纷上诉案——错输彩票号码的法律分析》，载《人民司法·案例》2007年第14期。

[2] 参见"隼能有限公司诉联成亚洲有限公司等房屋包销合同纠纷案"，上海市高级人民法院（1997）沪高民终字第161号民事判决书。

明确规定的典型合同,但关于合同解除可以参照适用委托合同任意解除权的规定。[1]

快递服务合同并不属于法律明确规定的典型合同,而属于非典型合同/无名合同。从寄件人与快递公司约定的权利义务内容来看,快递服务合同与货物运输合同最相类似。[2]

二、有偿合同和互易合同对买卖合同有关规定的参照适用

"民法总则中的法律行为规定也好,债编通则关于契约成立或债之效力的规定,立法者就是以买卖契约为典型案型。"[3]有学者指出:"有偿契约与无偿契约区别之实益,在于法律适用上有不同。"[4]《合同法》第174条规定:"法律对其他有偿合同有规定的,依照其规定;没有规定的,参照买卖合同的有关规定。"我国民事立法对无偿合同则无此类法律适用方面的一般规则,对无偿合同的开放法律漏洞,通常只能以整体类推的方式弥补。

《合同法》第174条的存在,不意味着该法第124条第3句只适用于无偿的无名合同。如果对有偿的无名合同,买卖合同无可资参照适用的规定,如何处理?笔者认为,此时可以回归《合同法》第124条,看其他最相类似的有名合同规则可否被参照适用,以及合同法总则是否有直接适用的可能。例如,对合伙人之间的补偿协议,参照适用买卖合同空间有限,此时可以基于补偿协议与借款合同的金钱之债共性,对合伙人之间的补偿协议参照适用借款合同规则。[5]

---

[1] 参见"苏州华茂房地产投资顾问有限公司与向上(苏州)房地产开发有限公司商品房委托代理销售合同纠纷案",江苏省高级人民法院(2015)苏民终字第00479号民事判决书。

[2] 参见"宋某健诉北京明源圆通快递服务有限责任公司赔偿纠纷案",北京市西城区人民法院(2011)西民初字第15007号民事调解书。

[3] 陈自强:《契约法讲义I:契约之成立与生效》,元照出版有限公司2014年版,缘起X。

[4] 史尚宽:《债法总论》,中国政法大学出版社2000年版,第12页。

[5] 司法实践中的类似做法,参见"陈某与潘某合同纠纷案",渠县人民法院(2015)达渠民初字第911号民事判决书。

（一）其他有偿合同对买卖合同有关规定的参照适用

《民法典》第646条规定："法律对其他有偿合同有规定的，依照其规定；没有规定的，参照适用买卖合同的有关规定。"从立法技术上看，"参照"即准用，是法定类推适用，对应明确授权法官补充的法内漏洞，属于辅助规范。参照适用（准用）是立法者为避免立法繁复，特将某种事项，明确规定比照其类似事项已有的规定处理。《买卖合同司法解释》第32条规定："法律或者行政法规对债权转让、股权转让等权利转让合同有规定的，依照其规定；没有规定的，人民法院可以根据民法典第四百六十七条和第六百四十六条的规定，参照适用买卖合同的有关规定。权利转让或者其他有偿合同参照适用买卖合同的有关规定的，人民法院应当首先引用民法典第六百四十六条的规定，再引用买卖合同的有关规定。"《民法典》第646条还属于衡平规定、动态准用、概括准用。[1]

《民法典》第646条（《合同法》第174条）具有明显的特质与重要的功能。在规范性质上，该条为不完全法条、指示参引性法条与准用性法条，其实质是类推适用；该条表明立法者明确承认法律漏洞的存在，并明确授予民事法官宽泛的司法造法的权力。从文义上看，得参照适用买卖合同规定的主体应为民事法官；该条中隐含的规范模态词为"应该"；该条所言参照包括全部参照（构成要件与法律效果参照）与部分参照（构成要件或法律后果参照）两种类型。就被参照的规范而言，该条所言"买卖合同"的外延应为实质意义上的买卖合同规定。就拟处理的合同纠纷而言，该条所言"其他有偿合同"是一个开放的范畴，一些兼有有偿与无偿属性的中间形态能否为该条所涵盖不无疑义。法官对漏洞填补的论证负担比法律解释要大。我国司法实践中涌现了相当数量的适用《合同法》第174条的案例，但法院的说理太过简单。第174条适用中最为核心与关键的工作是类似性的认定，而合同性质当数类似性判断中最重要的因素。某有偿合同是一时性合同还是继续性合同，是财产性合同还是劳务性合同，是移转财产所有权合同还是移转财产使用权合同，是诺成合同还是实践合同，是有名合同还是无名合同等，都会对该条

---

[1] 参见易军：《买卖合同之规定准用于其他有偿合同》，载《法学研究》2016年第1期。

的适用即该有偿合同得否参照买卖合同规定产生决定性影响。若为一时性合同、财产性合同、移转财产所有权合同，则在参照适用买卖合同的有关规定时，不变通调适买卖合同规定的可能性较大。在类似性判断中，尤应避免不合时宜的等量齐观。[1]

《民法典》第597条替代了《合同法》第51条，《民法典》第597条规定："因出卖人未取得处分权致使标的物所有权不能转移的，买受人可以解除合同并请求出卖人承担违约责任。法律、行政法规禁止或者限制转让的标的物，依照其规定。"据此，无权处分买卖合同不再是效力待定，买受人因为出卖人无权处分而最终无法取得标的物所有权的，可以主张出卖人承担违约责任。问题是，买卖合同之外的其他有偿合同甚至无偿合同如果存在无权处分情形，如何适用法律？对此，须结合《民法典》第646条其他有偿合同对买卖合同规定的参照适用制度，参照适用《民法典》第597条予以解决。参照适用较之直接适用，的确存在法律适用者自由裁量权过大的问题，从立法论上看，更适合将第597条提升为处理所有无权处分合同的一般规则，置于"合同的效力"一章。

如果立法者明确排斥某项买卖合同法律规则的扩大适用，则不能将该规则参照适用或者类推适用到其他有偿合同领域。如《最高人民法院关于审理商品房买卖合同纠纷案件适用法律若干问题的解释》第3条规定："商品房的销售广告和宣传资料为要约邀请，但是出卖人就商品房开发规划范围内的房屋及相关设施所作的说明和允诺具体确定，并对商品房买卖合同的订立以及房屋价格的确定有重大影响的，构成要约。该说明和允诺即使未载入商品房买卖合同，亦应当为合同内容，当事人违反的，应当承担违约责任。"该条关于要约与要约邀请的规定，调整的是商品房买卖合同关系，不适用商铺租赁和委托合同关系，不应作为认定商铺租赁合同案件和委托合同案件中广告性质的依据。[2] 结合民法典合同编草案中对司法解释该条文的取舍态度，更能

---

[1] 参见易军：《买卖合同之规定准用于其他有偿合同》，载《法学研究》2016年第1期。
[2] 参见"公某与哈尔滨市戴维斯商业经营管理有限公司等合同纠纷案"，哈尔滨市中级人民法院（2015）哈民二民终字第443号民事判决书。

佐证立法者不拟扩大该规定的适用范围。

买卖合同有关规定的体系溢出效益还可被进一步释放。遗产分割时，则各继承人对于他继承人因分割而得之遗产，负与出卖人同一的瑕疵担保责任，可以直接适用《民法典》第304条第2款共有人对物的瑕疵担保责任。共有人单独所有权之取得与通过买卖取得的单独所有权无异，《民法典》第612条规定了权利瑕疵担保责任，共有物之分割还可以类推适用出卖人权利瑕疵担保责任的规定。[1]

根据《民法典》第646条，买卖合同法律制度通过参照适用法律技术发挥有偿合同"小总则"的功能，能够被参照适用的也不仅限于合同编"买卖合同"一章的规定，还可以及于《买卖合同司法解释》的有关规定，对第646条"参照适用买卖合同的有关规定"中的"有关规定"宜作广义解释。例如，《买卖合同司法解释》第23条规定损益相抵规则："买卖合同当事人一方因对方违约而获有利益，违约方主张从损失赔偿额中扣除该部分利益的，人民法院应予支持。"买卖合同损益相抵规则可以被参照适用到其他有偿合同。结合《民法典》第468条，买卖合同损益相抵规则还可以被类推适用到非合同之债。

（二）互易合同对买卖合同有关规定的参照适用

互易合同也可以被解释为两个买卖合同，只是价款相互抵销而已。《合同法》第175条规定："当事人约定易货交易，转移标的物的所有权的，参照买卖合同的有关规定。"《民法典》第647条规定："当事人约定易货交易，转移标的物的所有权的，参照适用买卖合同的有关规定。"例如，互易合同可以参照适用买卖合同相互交付标的物并转移标的物所有权于对方的义务，可以参照适用买卖合同权利瑕疵担保义务和物的瑕疵担保义务的规定等。当然，互易合同因标的物有瑕疵而减少价金时，在折算价额按比例计算方法上会有特殊性。[2]

---

[1] 张一凡：《民法典遗赠效力解释论——以〈民法典〉第230条为中心》，载《西南政法大学学报》2021年第3期。

[2] 参见最高人民法院民法典贯彻实施工作领导小组编著：《中国民法典适用大全：合同卷（二）》，人民法院出版社2022年版，第1549页。

根据《民法典》第 646 条、第 647 条，买卖合同是有偿合同、转移标的物所有权合同的"小总则"，买卖合同的有关规定发挥参照适用作用而非补充适用作用。补充适用针对的是另一类存在总分关系的条文，如《民法典》第 808 条中的"适用"为补充适用之义，承揽合同也就成为建设工程合同的"小总则"。类似地，根据《民法典》第 918 条的补充适用方法，保管合同成为仓储合同的"小总则"。参照适用对应的总分关系是一种弱约束，补充适用对应的总分关系是一种强约束。

三、服务类合同对委托合同有关规定的参照适用

（一）物业服务合同对委托合同有关规定的参照适用

物业服务合同得否参照适用委托合同中的任意解除权规则？2018 年 9 月 5 日《民法典各分编（草案）》第 734 条规定："本章没有规定的，参照适用委托合同的有关规定。"这显然是承认可以参照适用。应平衡并处理好业主与物业服务人之间的利益关系。将业主可以解除物业服务合同的条件限定为物业服务合同期限内，业主或者物业服务人依照《民法典》第 562 条和第 563 条的规定行使合同的解除权。鉴于物业服务合同团体性特点，个体业主如果享有单方面任意解除物业服务合同的权利，不利于物业服务的稳定性。因此个体业主不应享有任意解除权。解除物业服务合同与否，从业主角度来看，应该是《民法典》第 278 条第 1 款业主大会多数决事项。

2019 年 1 月 4 日《民法典合同编（草案二次审议稿）》未保留物业服务合同对委托合同法律规则"参照适用"的规定。笔者认为，对 2018 年 9 月 5 日《民法典各分编（草案）》第 734 条应该作类型化分析，物业服务合同中的主给付义务具有综合性特点，有些主给付义务属于结果义务，还有些属于行为义务，对前者可以参照适用承揽合同的有关规定，对后者可以参照委托合同的有关规定。鉴于《民法典》未保留物业服务合同法律适用方法条款，解释论上，物业服务合同中的结果义务可以类推适用承揽合同的有关规定，物业服务合同中的行为义务可以类推适用委托合同的有关规定。

物业公司和开发商应否对被盗业主负赔偿责任？鉴于物业服务中存在的委托性质，物业服务合同适用委托合同的规定较为妥当。委托合同作为合同法所规定的一种有名合同，其归责原则是过错责任原则。业主财产被窃，若物业公司未能尽到善良管理人的防范义务，其应负赔偿责任；若开发商未能履行其对小区安全装备的承诺，其亦应承担相应责任。当然，窃贼系直接侵害人，对业主财产被盗所致的损失承担赔偿责任，乃理所当然。且窃贼系终局责任人，物业公司、城建公司承担责任后有权向其追偿。[1]

（二）中介合同对委托合同有关规定的参照适用

根据《民法典》第966条，中介合同一章没有规定的，参照适用委托合同的有关规定，而非直接适用或者简单补充适用委托合同的有关规定。立法者在《合同法》中对行纪合同（居间合同）和中介合同法律规定的漏洞补充方法是"适用"委托合同的有关规定，《民法典》在"适用"前面加上了"参照"二字，有意识地进行了修改，意味着立法者已经矫正了中介合同、行纪合同和委托合同之间的性质界定。《民法典》之前，委托合同是一般，居间合同和行纪合同是特别，特别法没有规定时，补充适用一般法。这是用委托合同来兜住后两类合同的法律适用之底，但其实这三类合同存在很大差别。

《民法典》第963条规定中介人促成合同成立的，中介人享有报酬请求权。第965条规定委托人"跳单"时中介人的报酬请求权。没有规定委托人在中介合同中是否有任意解除权，可否根据第966条的指引，参照适用第933条委托合同任意解除权规则？这需要根据中介合同的性质作分析判断。

委托合同和中介合同都属于提供服务类合同，具有类似性。委托合同和中介合同也具有差异性，参照适用过程中要注意变通调适，避免不合宜的等量齐观。第963条中介人报酬请求权显示中介合同属于结果之债，而非行为之债，中介人的报酬请求权以特定结果的产生为前提，这更类似于承揽合同

---

[1] 参见"郑某与辽宁省沈阳市铁西区城建开发有限责任公司等房屋买卖合同纠纷上诉案"，沈阳市中级人民法院（2004）沈中民三权终字第36号民事判决书。王雷：《房地产法学》，中国人民大学出版社2021年版，第190—191页。

中的报酬请求权，但《民法典》没有规定中介合同可以参照适用承揽合同法律规则。委托合同则属于行为之债，第 928 条受托人报酬请求权取决于委托事务的完成，但不取决于达致特定的结果。

有学者认为："中介合同可参照适用委托合同的规定主要有：……任意解除权的规定（第 933 条）……"[1] 也有学者认为："中介合同可以参照适用委托合同任意解除权的规定，但并不是完全适用。中介合同的委托人享有任意解除权，应无疑义。……不必赋予中介人任意解除权。"[2]《民法典》第 933 条第 1 句规定委托合同任意解除权规则，如果允许中介合同参照适用第 933 条，委托人行使任意解除权时，中介人可以请求赔偿直接损失和可得利益，则会架空第 964 条。这是因为：第一，根据第 964 条，对于直接损失，中介人一般自己承担。中介人一般以自己的费用完成中介服务，除非合同另有约定，否则在未促成合同成立前不能要求委托人承担费用。如果允许中介人参照适用第 933 条获得直接损失的赔偿，则会与第 964 条中介人以自己的费用完成中介服务规则相冲突。第二，中介人的报酬请求权只有在第 963 条和第 965 条对应情形下才会发生，如果允许中介合同参照适用第 933 条，委托人行使任意解除权时，中介人可以请求赔偿可得利益，也会出现参照适用结论与中介合同一章的明确规定相冲突。因此，即便中介合同不排除适用委托合同的任意解除权，对解除后的赔偿问题也不能简单参照适用第 933 条第 2 句，除非委托人的任意解除权对应发生于第 965 条"跳单"违约情形下。[3]

根据《民法典》第 931 条，委托合同中委托人经受托人同意，可以在委托人之外委托第三人处理委托事务。而中介合同具有特殊性，中介合同不能参照适用第 931 条。"一般认为，委托人在中介人之外又委托第三人处理中介事务的，无需经过中介人同意。比如，实践中，很多出售房屋的人都是委托多个房屋中介机构来寻找买家，哪个房屋中介机构能够实际促成交易，委托

---

[1] 徐涤宇、张家勇主编：《〈中华人民共和国民法典〉评注：精要版》，中国人民大学出版社 2022 年版，第 994 页。

[2] 韩世远：《合同法学》，高等教育出版社 2022 年版，第 585 页。

[3] 参见周江洪：《民法典中介合同的变革与理解——以委托合同与中介合同的参照适用关系为切入点》，载《比较法研究》2021 年第 2 期。

人就向其支付中介的报酬。"[1]

(三)旅游合同对委托合同有关规定的参照适用

《最高人民法院民事案件案由规定》将旅游合同纠纷作为服务合同纠纷下的子案由加以规定。[2]

在旅游合同中,通常涉及组团社、地接社、履行辅助人和消费者,这几者之间的法律关系应适用何种规则调整,存在疑问。

《民法典》第523条规定:"当事人约定由第三人向债权人履行债务,第三人不履行债务或者履行债务不符合约定的,债务人应当向债权人承担违约责任。"第三人代为履行情形下,债务人并未发生主体变化。

《民法典》第923条规定:"受托人应当亲自处理委托事务。经委托人同意,受托人可以转委托。转委托经同意或者追认的,委托人可以就委托事务直接指示转委托的第三人,受托人仅就第三人的选任及其对第三人的指示承担责任。转委托未经同意或者追认的,受托人应当对转委托的第三人的行为承担责任;但是,在紧急情况下受托人为了维护委托人的利益需要转委托第三人的除外。"委托合同转委托情形下,受托人发生主体变化,转委托的第三人成为新的受托人,原受托人对自己的选任以及指示过失承担责任。

《旅游法》第71条规定:"由于地接社、履行辅助人的原因导致违约的,由组团社承担责任;组团社承担责任后可以向地接社、履行辅助人追偿。由于地接社、履行辅助人的原因造成旅游者人身损害、财产损失的,旅游者可以要求地接社、履行辅助人承担赔偿责任,也可以要求组团社承担赔偿责任;组团社承担责任后可以向地接社、履行辅助人追偿。但是,由于公共交通经营者的原因造成旅游者人身损害、财产损失的,由公共交通经营者依法承担赔偿责任,旅行社应当协助旅游者向公共交通经营者索赔。"根据该条第2款第1句,组团社、地接社和履行辅助人对旅游者人身损害、财产损失承担不

---

[1] 最高人民法院民法典贯彻实施工作领导小组编著:《中国民法典适用大全:合同卷(五)》,人民法院出版社2022年版,第3711页。

[2] 《最高人民法院民事案件案由规定》137.服务合同纠纷之(6)旅游合同纠纷。

真正连带责任,此种责任形态对地接社和履行辅助人是否过重?该条第1款责任形态和第2款第1句不一致,第1款与《民法典》第523条第三人代为履行规则保持一致。

《旅行社条例》第37条规定:"旅行社将旅游业务委托给其他旅行社的,应当向接受委托的旅行社支付不低于接待和服务成本的费用;接受委托的旅行社不得接待不支付或者不足额支付接待和服务费用的旅游团队。接受委托的旅行社违约,造成旅游者合法权益受到损害的,作出委托的旅行社应当承担相应的赔偿责任。作出委托的旅行社赔偿后,可以向接受委托的旅行社追偿。接受委托的旅行社故意或者重大过失造成旅游者合法权益损害的,应当承担连带责任。"该条第2款将作出委托的旅行社和接受委托的旅行社的关系等同于《民法典》第523条债务人和代为履行的第三人之间的关系,而非《民法典》第923条意义上的转委托关系。转委托关系下,委托人或者作出委托的旅行社法律责任相对更轻。

《最高人民法院关于审理旅游纠纷案件适用法律若干问题的规定》第10条规定:"旅游经营者将旅游业务转让给其他旅游经营者,旅游者不同意转让,请求解除旅游合同、追究旅游经营者违约责任的,人民法院应予支持。旅游经营者擅自将其旅游业务转让给其他旅游经营者,旅游者在旅游过程中遭受损害,请求与其签订旅游合同的旅游经营者和实际提供旅游服务的旅游经营者承担连带责任的,人民法院应予支持。"第13条规定:"签订旅游合同的旅游经营者将其部分旅游业务委托旅游目的地的旅游经营者,因受托方未尽旅游合同义务,旅游者在旅游过程中受到损害,要求作出委托的旅游经营者承担赔偿责任的,人民法院应予支持。旅游经营者委托除前款规定以外的人从事旅游业务,发生旅游纠纷,旅游者起诉旅游经营者的,人民法院应予受理。"该司法解释第12条和第13条区分旅游经营者擅自转让旅游业务与将部分旅游业务对外委托,前者配置连带责任,后者对应作出委托的旅游经营者责任。第13条第1款不同于《民法典》第923条意义上的转委托,而是与《民法典》第523条第三人代为履行规则保持一致。

总体上,作出委托的旅行社更接近《民法典》第523条第三人代为履行情形下的债务人地位,其责任更重;而不像《民法典》第923条作出转委托的受托人，其责任更轻。立法论上，宜区分履行辅助人（代为履行的第三人）、转让中的受让人（债务承担中的第三人或者合同权利义务概括移转中的第三人）、转委托中的受托人，分别其责任轻重，以保持《旅游法》特别法与《民法典》一般法的体系融洽。此外，《旅游法》有法律漏洞时，根据《民法典》第 467 条第 1 款的指引，存在参照适用《民法典》第 923 条第 4 句后段的空间：未经旅游者同意或者追认、旅行社转委托的，旅行社应当对转委托的第三人的行为承担责任；但是，在紧急情况下旅行社为了维护旅游者的利益需要转委托第三人的除外。

（四）定作人任意解除后赔偿范围可类推适用委托人任意解除后赔偿范围规则：《民法典》第 787 条和第 933 条对比分析

《民法典》第 933 条规定："委托人或者受托人可以随时解除委托合同。因解除合同造成对方损失的，除不可归责于该当事人的事由外，无偿委托合同的解除方应当赔偿因解除时间不当造成的直接损失，有偿委托合同的解除方应当赔偿对方的直接损失和合同履行后可以获得的利益。"委托合同任意解除权后的损害赔偿有何不同于第 584 条的特殊性？特别是有偿委托合同任意解除后损害赔偿中的可得利益损失和违约损害赔偿中的可得利益损失范围是否一致？笔者认为，不能将二者简单等同，毕竟委托合同中的任意解除权不同于违约行为，给对方带来的可得利益损失宜重点结合合同履行情况、合同各方当事人的可归责性等因素等比例确定。有偿委托合同中委托人行使任意解除权，其需就受托人已经处理的委托事务按比例支付报酬；如果要求委托人就受托人的全部可得利益予以赔偿，将之与第 584 条赔偿范围等同，也会与第 928 条出现评价矛盾。实际上，如果委托人行使任意解除权的事由不可归责于受托人，根据第 928 条第 2 款规定，"委托人应当向受托人支付相应的报酬"，当事人另有约定的按照其约定。

《民法典》第 787 条规定："定作人在承揽人完成工作前可以随时解除合同，造成承揽人损失的，应当赔偿损失。"承揽合同中定作人在承揽人完成工作前享有任意解除权，但承揽人不享有此种任意解除权。承揽合同中定作人在承揽人完成工作后再主张解除合同，就构成违约，应当适用《民法典》第

584 条。承揽合同中定作人在承揽人完成工作前行使任意解除权，如果承揽人不具有可归责性，可类推适用第 933 条有偿委托合同任意解除后损害赔偿规则，要求定作人按照承揽人已经处理的委托事务比例支付报酬。尽管承揽合同属于提供工作成果的合同，而非提供服务的合同，但承揽合同和委托合同类似，都具有过程性和结果性的统一，都强调承揽人和受托人越努力越幸福，付出多大的努力就会收到多大的回报。类似地，《德国民法典》第 675 条第 1 款后段规定："义务人享有不遵守终止期间而为终止之权利者，亦准用第六百七十一条第二款规定。"

四、典型合同中的其他参照适用

（一）事业单位法人对融资担保法律规定的类推适用

《民法典》第 399 条规定："下列财产不得抵押：……（三）学校、幼儿园、医疗机构等为公益目的成立的非营利法人的教育设施、医疗卫生设施和其他公益设施；……"该规定可以被类推适用于判断《民法典》第 807 条建设工程合同价款优先受偿权中"根据建设工程的性质不宜折价、拍卖"的范围，立法上欠缺参照适用条款配置时，法律适用中的类推适用可济其穷。《民法典》第 683 条规定："机关法人不得为保证人，但是经国务院批准为使用外国政府或者国际经济组织贷款进行转贷的除外。以公益为目的的非营利法人、非法人组织不得为保证人。"《民法典担保制度司法解释》第 6 条规定："以公益为目的的非营利性学校、幼儿园、医疗机构、养老机构等提供担保的，人民法院应当认定担保合同无效，但是有下列情形之一的除外：（一）在购入或者以融资租赁方式承租教育设施、医疗卫生设施、养老服务设施和其他公益设施时，出卖人、出租人为担保价款或者租金实现而在该公益设施上保留所有权；（二）以教育设施、医疗卫生设施、养老服务设施和其他公益设施以外的不动产、动产或者财产权利设立担保物权。登记为营利法人的学校、幼儿园、医疗机构、养老机构等提供担保，当事人以其不具有担保资格为由主张担保合同无效的，人民法院不予支持。"据此，事业单位法人的教育设施、医疗卫生设施和其他公益设施不得设定抵押，事业单位法人不得担任保证人。事业单位法人提供担保的，担保合同无效，除非符合《民法典担保制度司法解释》第 6 条除外情形。事业单位法人不得将自己的资金用于对外放贷（对外出借）。

进一步延伸，民办学校可否进行民间借贷，能否对外提供担保？这取决于该民办学校根据《民办教育促进法》第 19 条属于营利性民办学校，还是非营利性民办学校。营利性民办学校可以进行民间借贷，包括借入借出，可以对外提供担保。非营利性民办学校通常采取社会服务机构的组织形态，属于为公益目的的捐助法人，其为办学需要可以借入资金，但不能将办学资金借出。非营利性民办学校不能担任保证人，其教育设施不能用于设定抵押，其教育设施以外的不动产、动产或者财产权利可以设立担保物权。非营利性民办学校在购入或者以融资租赁方式承租教育设施、医疗卫生设施、养老服务设施和其他公益设施时，出卖人、出租人为担保价款或者租金实现可以在该公益设施上保留所有权。

（二）居住权合同对租赁合同等法律规定的类推适用

《民法典》第 366 条至第 370 条配置 5 个条文具体规定居住权合同引发的居住权变动，第 371 条规定以遗嘱方式设立居住权对前述 5 个条文的参照适用问题。民法典物权编对居住权合同的法律适用存在规范供给不足，合同编对租赁合同的规范供给相对充足。根据《民法典》第 467 条第 1 款，居住权合同属于民法典中的典型合同，无法"参照适用"最相类似合同的规定。民法典物权编对居住权合同存在法律漏洞时，可以通过类推适用方法填补漏洞。居住权合同与租赁合同在有权居住他人住宅问题上最相类似。

第一，居住权优先于在后设立的抵押权。《民法典》第 405 条规定："抵押权设立前，抵押财产已经出租并转移占有的，原租赁关系不受该抵押权的影响。"举轻以明重，就居住权与抵押权的关系，抵押权设立前，作为抵押财产的住宅已经设立居住权并做居住权登记的，居住权不受该抵押权的影响。

第二，居住权人无权将该他人住宅出租，否则住宅所有权人有权解除居住权合同。就居住权与住宅所有权的关系，居住权是对住宅所有权人所有权的限制。一方面，《民法典》第 369 条规定："居住权不得转让、继承。设立居住权的住宅不得出租，但是当事人另有约定的除外。"居住权人无权将该他人住宅进行出租。住宅所有权人也不得将设立居住权的住宅出租，以免影响居住权人居住权的实现，住宅所有权人和居住权人另有约定的除外。另一方面，根据《民法典》第366条，居住权人对他人住宅无收益权能。居住权人未经住宅所有权人同意将住宅出租的，类推适用《民法典》第716条第2款规定，住宅所有权人可以解除居住权合同。《民法典》第716条第2款规定："承租人未经出租人同意转租的，出租人可以解除合同。"

第三，居住权期限具有特殊性，居住权合同没有约定居住权期限或者约定不明确时，宜认定居住权人死亡时居住权消灭。居住权合同一般包括"居住权期限"条款。当居住权合同没有约定居住权期限时，不能类推适用《民法典》第730条将其拟制为不定期居住权合同。《民法典》第370条对居住权期限设置了两种类型——有确定期限居住权和无确定期限居住权，第370条规定："居住权期限届满或者居住权人死亡的，居住权消灭。居住权消灭的，应当及时办理注销登记。"据此，当居住权合同没有约定居住权期限或者约定不明确时，宜结合居住权的人役权特点认定居住权人死亡时居住权消灭。

第四，居住权期限届满后，居住权人继续在住宅中居住使用，住宅所有权人在合理期限内没有提出异议的，宜认定居住权人死亡时居住权消灭。不定期居住权不符合物权法定原则。物权要么是有期限的，要么是无期限的，不存在不定期的物权。合同约定的居住权期限届满后，居住权人继续在住宅中居住使用，住宅所有权人没有提出异议的，能否类推适用《民法典》第734条第1款认定为不定期居住权？笔者认为，合同约定的居住权期限届满后，居住权人继续在住宅中居住使用，住宅所有权人没有提出异议的，应该根据《民法典》第370条认定居住权人死亡时居住权消灭。

第五，居住权人在居住权期限内死亡的，与其生前共同居住的人也可以按照原居住权合同居住该住宅，居住权合同另有约定的除外。《民法典》第732条规定："承租人在房屋租赁期限内死亡的，与其生前共同居住的人或者共同经营人可以按照原租赁合同租赁该房屋。"就居住权人与和其共同居住人之间的关系，居住权人在居住权期限内死亡的，与其生前共同居住的人也可以按照原居住权合同居住该住宅，但居住权合同另有约定的除外，这在一定程度上突破了居住权的人役性特点。但不能认定共同居住人与住宅所有权人之间形成新的以共同居住人死亡为期限的居住权合同。

第六，居住权人与住宅所有权人对住宅维修义务的负担，应区分有偿居住权合同与无偿居住权合同而有别。一方面，对有偿设立的居住权，类推适用《民法典》第708条和第712条，住宅所有权人应当按照约定将住宅交付居住权人，并在居住权期限内保持住宅符合约定的用途。住宅所有权人应当履行住宅的维修义务，但是住宅所有权人和居住权人另有约定的除外。另一方面，对无偿设立的居住权，宜由居住权人负有一般维修义务，方才符合民事权利、义务和责任协调统一的法治原则。有学者认为："居住权人有义务以自己的费用对房屋进行日常维护。居住权人仅占用部分房屋的，应当按照占用的比例分担该费用，但遗嘱另有表示、合同另有约定或者法律另有规定的除外。""房屋的所有权人有义务以自己的费用对房屋进行重大修缮。由于居住权人未履行一般维护义务而导致所有权人必须实施重大修缮的，费用由居住权人承担。"[1]

第七，居住权人应当妥善保管住宅，应当按照居住权合同约定的方法使用住宅。类推适用《民法典》第714条、第709条和第711条，居住权人未按照居住权合同约定的方法使用住宅致使住宅受到损失的，住宅所有权人有权解除居住权合同并请求赔偿损失。更进一步，居住权合同可以类推适用《民法典》第722条、第724条、第729条、第731条等法定解除权规定。

第八，居住权期限内发生住宅所有权变动的，不影响居住权合同的效力，住宅所有权变动不破居住权。《民法典》第725条规定"所有权变动不破租赁"规则："租赁物在承租人按照租赁合同占有期限内发生所有权变动的，不影响租赁合同的效力。"类推适用第725条，就居住权人与住宅买受人之间的关系，居住权期限内发生住宅所有权变动的，不影响居住权合同的效力。

第九，居住权人对住宅有优先购买权。《民法典》第726条规定："出租

---

[1] 李永军、刘家安、翟远见、田士永、刘智慧、席志国、于飞、戴孟勇、尹志强、陈汉、朱庆育、迟颖、易军：《中华人民共和国民法物权编（专家建议稿）》，载《比较法研究》2017年第4期。另参见申卫星：《〈民法典〉居住权制度的体系展开》，载《吉林大学社会科学学报》2021年第3期。单平基：《〈民法典〉草案之居住权规范的检讨和完善》，载《当代法学》2019年第1期。

人出卖租赁房屋的,应当在出卖之前的合理期限内通知承租人,承租人享有以同等条件优先购买的权利;但是,房屋按份共有人行使优先购买权或者出租人将房屋出卖给近亲属的除外。出租人履行通知义务后,承租人在十五日内未明确表示购买的,视为承租人放弃优先购买权。"类推适用第726条,住宅所有权人出卖住宅时,居住权人对该住宅有优先购买权。

第十,居住权人与物业服务人之间的关系。《民法典》第945条第2款规定:"业主转让、出租物业专有部分、设立居住权或者依法改变共有部分用途的,应当及时将相关情况告知物业服务人。"支付物业费等义务的负担,允许住宅所有权人(业主)和居住权人自主约定。若业主与居住权人约定由居住权人支付物业费,基于合同相对性原理,此约定不能对抗物业服务企业。物业服务企业仍可请求业主支付物业费。

(三)行政协议对民事合同法律规定的参照适用

行政协议是指行政机关为了实现行政管理或者公共服务目标,与公民、法人或者其他组织协商订立的具有行政法上权利义务内容的协议。笔者认为,行政协议属于"其他法律明文规定的合同"。针对行政协议,且不论其性质为典型合同还是非典型合同,只讨论其法律漏洞填补问题。当《最高人民法院关于审理行政协议案件若干问题的规定》(以下简称《行政协议司法解释》)有漏洞时,我们无法在整个行政法领域找到行政合同的基准点时,还是要回归借用民商事合同法律规则,展现跨部门法参照适用方法的魅力。

《行政协议司法解释》第27条规定:"人民法院审理行政协议案件,应当适用行政诉讼法的规定;行政诉讼法没有规定的,参照适用民事诉讼法的规定。人民法院审理行政协议案件,可以参照适用民事法律规范关于民事合同的相关规定。"该条第1款解决的是程序法问题,即《行政诉讼法》和《民事诉讼法》之间的适用关系,比如举证责任等。该条第2款将行政合同纳入《民法典》第467条第1款,体现了"大合同法"思想,此款是妥当合理的,此处没有"可以参照适用最相类似的民事合同有关规定"的类似表述,因此无论是合同编通则还是典型合同分编,在解决行政协议纠纷案件的过程中,都通过参照适用方法来发挥漏洞补充作用。

行政协议不是《民法典》第464条第1款所规定的平等主体之间的合同。行政协议类似于合同联立，两个合同是并行不悖、并驾齐驱的。行政协议不同于普通民商事合同的根本特点在于行政优益权的存在，若无行政优益权，则为《民法典》第97条所讲的机关法人从事为履行职能所需要的民事活动。行政协议可被分为行政优益权对应的行政合同、与行政优益权没有任何关系的其他合同权利义务责任关系，具有行政性和协议性的双重属性。适用方法为民法的归民法，行政法的归行政法。相应地，对《行政协议司法解释》第27条第1款，更合理的解释方案是："行政性的部分适用行政诉讼法，协议性的部分参照民事诉讼法。"[1]

《民法典》第467条第1款呈现出的法律适用方法为区分技术，总则的归总则，分则的归分则。这种法律适用方法延伸到行政合同领域，就是行政的归行政，民事的归民事。行政优益权的行使会导致民事合同对应的权利义务关系随之变动或消灭，但这并不影响我们分别判断其各自的法律适用。当行政和民事有连接时，对它一体看待；当没有连接时，进行分别判断。

《行政协议司法解释》第10条规定："被告对于自己具有法定职权、履行法定程序、履行相应法定职责以及订立、履行、变更、解除行政协议等行为的合法性承担举证责任。原告主张撤销、解除行政协议的，对撤销、解除行政协议的事由承担举证责任。对行政协议是否履行发生争议的，由负有履行义务的当事人承担举证责任。"行政协议中的行政优益权，其权力来源、权力行使程序、权力行使主体，都要遵循第10条的三个法定，即职权法定、程序法定和主体法定，行政法定原则是行政法的首要基本原则。行政优益权是否存在、行政优益权由谁来行使、依据何种程序行使，这些都属于具体行政行为，应当由行政主体来承担合法性的论证负担。但对于合同的订立、履行、变更、解除等，当不涉及行政优益权时，如征收、征用补偿协议中行政机关欠付拆迁补偿款，此时仅涉及要不要履行合同款项的问题，参照适用合同编通则的有关规定即可。第10条要求所有有关合同订立、履行、变更、解除等都由行政主体承担合法性的举证责任，没有落实行政的归行政，民事的归民事，并不妥当。

---

[1] 章程：《论行政协议变更解除权的性质与类型》，载《中外法学》2021年第2期。

《行政协议司法解释》第 12 条第 2 款规定:"人民法院可以适用民事法律规范确认行政协议无效。"该款的"适用"应改为"参照适用"。[1] 民事法律规范不能直接适用于行政协议,只能参照适用,根据行政协议的性质作变通调适。《行政协议司法解释》第 14 条规定:"原告认为行政协议存在胁迫、欺诈、重大误解、显失公平等情形而请求撤销,人民法院经审理认为符合法律规定可撤销情形的,可以依法判决撤销该协议。"如何判断一个行政协议是否存在欺诈、胁迫、重大误解、显失公平等情形,行政法没有提供依据,结合《行政协议司法解释》第 27 条第 2 款,此时只能回归参照适用民法典总则编第六章第三节判断当事人之间的协议是否存在效力瑕疵情形,此为参照适用而非直接适用。

五、总结

非典型合同的参照适用被集中规定在《民法典》第 467 条第 1 款。典型合同彼此之间的参照适用条款,则散落在民法典典型合同分编,使得典型合同内部得以完成漏洞填补工作和实现再体系化。

无论是对非典型合同,还是对典型合同,参照适用既是法律适用中立法者向法律适用者指引的漏洞补充方法,又是实现民法典再体系化的"密码",还是破解和释放民法典体系效益的"密码"。

非典型合同和典型合同中的参照适用方法还塑造了不同于补充适用方法语境下的别样总分关系。

---

[1] 参见王洪亮:《论民法典规范准用于行政协议》,载《行政管理改革》2020 年第 2 期。

第九章　非合同之债对合同之债有关规定的参照适用

《民法典》第464条第2款显示民法典合同编代行总则编对身份关系协议兜底适用的功能。《民法典》第468条显示民法典合同编通则代行实质债法总则对非合同之债兜底适用的功能。这两处条文体现了现代民法合同中心主义的特点，通过参照适用技术展现民法典合同编、合同编通则的延展性、包容性，避免立法重复，释放其体系辐射效益，皆为立法技术上的创举，也均带来司法适用上的大量难题。

《民法典》第468条规定："非因合同产生的债权债务关系，适用有关该债权债务关系的法律规定；没有规定的，适用本编通则的有关规定，但是根据其性质不能适用的除外。"《民法典》第468条存在如下解释论难题：

第一，"非因合同产生的债权债务关系"与《民法典》第118条第2款"法律的其他规定"是何关系？非合同之债是否等同于法定之债？非合同之债包括哪些具体类型？"非因合同"是否即"准合同"？合同之债与非合同之债的本质联系和区别为何？

第二，第468条前段第2句"适用有关该债权债务关系的法律规定"中的"适用"是什么意思？

第三，第468条后段以"没有规定的"为前提，若有规定，但规定不明确时如何处理？

第四，第468条后段"适用本编通则的有关规定"中的"适用"又是何意？是补充适用还是参照适用？是对应严格规定还是衡平规定？从立法技术上看，第468条与第464条第2款、第467条第1款有何区别？从司法技术上看，这些条文对法官自由裁量权的配置有何差别？

第五，第468条后段"适用本编通则的有关规定"，由征求意见稿中的"参照适用本编规定"，到一次审议稿中的"适用本编第四章至第七章的有关规定"，再到目前的表述，原因何在？利弊得失如何？当此处仍然存在法律漏洞时，对本补漏条文如何再补漏？

第六，合同编通则一般规定、合同的订立、合同的效力、违约责任对非合同之债是否具有可适用性？

第七，非合同之债"适用"合同编通则的有关规定，是否有"适用"合同编典型合同有关规定的可能？

第八，第468条"根据其性质不能适用"的除外情形有哪些？

第九，第468条"根据其性质不能适用的除外"，第568条第1款后段"但是，根据债务性质、……不得抵销的除外"，两个除外条款在抵销适用范围的确定上是何种关系？

第十，根据第984条，无因管理中管理人管理事务经受益人事后追认的，从管理事务开始时起，适用委托合同的有关规定。有疑问的是，管理事务未经受益人事后追认，对管理人的管理义务是否存在类推适用委托合同中受托人义务的可能？

第十一，给付型不当得利和非给付型不当得利差别较大，是否均可参照适用合同编通则？抑或非给付型不当得利可直接适用侵权责任编？不当得利返还范围规则的立法化展现了类推适用、直接适用、参照适用的何种互动关系？

第十二，物权请求权是否有类推适用债权请求权规则的可能？

总体上，《民法典》不存在独立成编的形式意义上的债法总则，而由合同编通则代行债法总则的实质功能，可谓"得其意，忘其形"。合同编通则的完整性被维持，避免独立成编的债法总则可能带来的规范体系层层嵌套、找法用法烦琐现象。《全国法院贯彻实施民法典工作会议纪要》第20条指出："要牢固树立法典化思维，确立以民法典为中心的民事实体法律适用理念。准确把握民法典各编之间关系，充分认识'总则与分则''原则与规则''一般与特殊'的逻辑体系，综合运用文义解释、体系解释和目的解释等方法，全面、准确理解民法典核心要义，避免断章取义。全面认识各编的衔接配合关系，比如合同编通则中关于债权债务的规定，发挥了债法总则的功能作用，对于合同之债以外的其他债权债务关系同样具有适用效力。"《最高人民法院关于适用〈中华人民共和国民法典〉合同编通则若干问题的解释》并未就"非因合同产生的债权债务关系纠纷案件"的法律适用方法作系统专门规定。笔者分析非合同之债对合同之债有关规定的具体适用方法，以民法典合同编通则特别是第468条为中心，解析法律适用疑难问题，努力实现非合同之债法律规则与合同之债法律规则的体系融贯。

一、非合同之债参照适用条款的立法变迁

2018年3月15日《民法典各分编（草案）》（征求意见稿）合同编第5条规定："非因合同产生的债权债务，适用有关该债权债务关系的法律规定；没有规定的，可以根据其性质参照适用本编规定。"该条使得合同法总则（合同编通则）代行债法总则的功能。于飞教授认为，我国民法典采用"参照适用"合同编规定以替代债法总则的立法思路。"参照"实为准用，这一"参照"，会使得实质上的债总规则对非合同之债丧失强制适用效力，而变为由法官在个案中自主判断是否发生类推，这种立法上的不必要的松动会导致司法上的不一致，使"同样事项，同样处理"的正义要求难以实现。该立法思路还会导致条文遗

漏。非合同之债参照适用合同编，这种个案判断式的、"参照适用"民法典合同编规定松动了原本债法总则对各种具体之债的可适用性，也给法律适用者带来过大自由裁量权。[1] 于飞教授的观点对 2018 年 3 月 15 日《民法典各分编（草案）》（征求意见稿）合同编第 5 条是成立的，《民法典各分编（草案）》第 259 条后段、《民法典合同编（草案二次审议稿）》第 259 条后段、《民法典（草案）》第 468 条后段、《民法典》第 468 条后段已经翻转了原则——例外关系，不会再导致债法总则规则的"松动"，而是实现立法上的"收紧"。

2018 年 9 月 5 日《民法典各分编（草案）》第 259 条规定："非因合同产生的债权债务关系，适用有关该债权债务关系的法律规定；没有规定的，适用本编第四章至第七章的有关规定，但是根据其性质不能适用的除外。"构成债之内在统一性的，乃其法律效果的相同性，而非各类债构成要件的一致性。因此，对非合同之债准用合同之债的履行、保全、变更和转让、权利义务终止等法律规则时，应该注重其构成要件可能带来的法律性质上的根本差异。本条被参照适用的章节未提及违约责任规定，债务人不履行非合同之债时，债权人如何寻求救济？仍存漏洞。

2019 年 1 月 4 日《民法典合同编（草案二次审议稿）》第 259 条规定："非因合同产生的债权债务关系，适用有关该债权债务关系的法律规定；没有规定的，适用本编通则的有关规定，但是根据其性质不能适用的除外。"本条扩大了后段第 2 句的范围，由"适用本编第四章至第七章的有关规定"扩大为"适用本编通则的有关规定"。有学者建议将该条修改为："非因合同产生的债权债务关系，可以适用本编通则的有关规定，但是根据其性质不能适用的除外。"理由在于：原规定在处理侵权与违约竞合情形的损害赔偿时，容易被误解为排除了本编通则适用的可能性，可能发生有违民法基本原理且不妥当之结果。若依二审稿之规定，宾馆安全保障义务违反、学校教育服务合同的义务违反，以及其他一些合同义务违反所导致的人身损害赔偿责任，由于侵权责任编有规定，进而只能适用侵权之规定。如此一来，侵权被当作合同之特别规定，有违

---

[1] 参见于飞：《合同法总则替代债法总则立法思路的问题及弥补——从"参照适用"的方法论性质切入》，载《苏州大学学报（法学版）》2018 年第 2 期。

民法基本原理。与《民法总则》第186条规定的违约侵权竞合的规定相冲突。同样地，在缔约过失责任与其他债发生竞合时，如不正当使用订立合同过程中获悉的商业秘密，可能适用侵权责任法，也可能适用不当得利部分的规定，此时若都依二审稿之规定，明显排除了通则编的适用，存在问题。[1]

2019年12月28日《民法典（草案）》第468条规定："非因合同产生的债权债务关系，适用有关该债权债务关系的法律规定；没有规定的，适用本编通则的有关规定，但是根据其性质不能适用的除外。"第463条规定："本编调整因合同产生的民事关系。"草案第468条给合同编穿上了一件宽松的外套，这件外套能统辖适用于非合同之债，也使得合同编产生体系溢出效益，合同编的调整范围不再局限于草案第463条规定的合同关系。

笔者认为，《民法典》第464条第2款、第467条第1款和第468条三个"参照适用"条文的原则——例外关系并不相同，前二者的"参照适用"给了法官更大的自由裁量权，法官需要结合个案判断是否需要参照适用以及如何参照适用。第468条的"适用本编通则的有关规定"是原则，"根据其性质不能适用"则是例外，法官自由裁量权相对较小。运用历史解释方法，对比2018年3月15日《民法典各分编（草案）》（征求意见稿）合同编第5条后段、《民法典合同编（草案）》第259条后段、《民法典合同编（草案二次审议稿）》第259条后段、《民法典》第468条后段，结论会更明显。

有学者认为，第468条规定，可以适用本编通则的有关规定，而不是参照适用本编通则的有关规定。[2]"第468条，注意这里规定已不是'参照适用'，而是'适用'，无裁量余地。非合同债权债务关系需要适用合同编通则，不适用反而要论证。"[3]王泽鉴教授则认为《民法典》第468条属于参照适用条款："为处理身份法上协议（合同）及合同外的债之关系，民法典采参照适

---

[1] 参见周江洪：《关于〈民法典合同编〉（草案）（二次审议稿）的若干建议》，载《法治研究》2019年第2期。

[2] 参见梁慧星：《合同通则讲义》，人民法院出版社2021年版，第50—51页。韩世远：《合同法学》，高等教育出版社2022年版，第8页。

[3] 朱虎：《合同编通则的功能和规则发展》（2020年7月31日北京市海淀区人民法院"丹棱论坛·专家委员解读《民法典》"系列活动第三场讲座），载微信公众号"京法网事"，2020年8月3日。

用合同法规定的方法。"[1] 王利明教授也认为："在法律已经明确针对某种纠纷的处理，规定有准用规范时，裁判者应当适用准用规范，而不得自行类推适用其他规范。所以，《民法典》第 468 条作为准用规范，对于裁判者具有拘束力。"[2] "《民法典》第 468 条规定非因合同产生的债权债务关系可以参照适用合同编通则的有关规定，就增强了合同编通则的体系性，充分发挥了合同编替代债法总则的功能。"[3] "民法典将传统债编分为合同编和侵权责任编两部分，同时将传统债法总则规则尽可能纳入合同编通则部分，并规定非合同之债可准用合同编通则的规定（《民法典》第 468 条）。"[4]

非合同之债参照适用条款立法过程中还有另一个变化，那就是被参照适用的法律规范范围愈加合理——从参照适用合同编、到合同编第四章至第七章、再到合同编通则。例如，《民法典》第 468 条处于合同编通则第一章，非合同之债没有特别规定时，当然要援引本条并进一步做参照适用。《民法典》第 496—498 条的格式条款规则存在被其他意定之债参照适用的可能。《民法典》第 506 条合同免责条款效力规则、违约责任一章同样存在被非合同之债参照适用的可能。

二、非合同之债对合同之债的参照适用概述

（一）非合同之债包括法定之债和合同之债之外的其他意定之债

根据债的发生原因是否允许当事人的意思自由决定为标准，可以将债分为意定之债和法定之债，民法对之分别采取以意定主义方法为主和以法定主义方法为主的调整方式。意定之债包括合同之债和合同之债之外的其他意定

---

[1] 王泽鉴：《王泽鉴教授七评〈民法典〉》，载微信公众号"德恒深圳"，2020 年 7 月 24 日。
[2] 王利明：《论民法典合同编发挥债法总则的功能》，载《法学论坛》2020 年第 4 期。另参见程啸：《侵权责任法》，法律出版社 2021 年版，第 23 页。
[3] 王利明：《论民法典时代的法律解释》，载《荆楚法学》2021 年第 1 期。类似观点，另参见谭启平主编：《中国民法学》，法律出版社 2021 年版，第 431 页，王洪教授执笔。
[4] 谢鸿飞：《中国民法学的自主性：基础、现状和前瞻》，载《判解研究》2022 年第 2 辑（总第 100 辑）。

之债。法定之债包括不当得利之债、无因管理之债、侵权损害赔偿之债和其他法定之债。有学者认为:"非合同之债,即是法定之债。"[1] "所谓非合同之债,又称为法定之债。"[2] 法定之债仅为非因合同产生的债权债务关系的最重要子类型,但非全部。不能将非合同之债等同于法定之债。法定之债和合同之债之外的其他意定之债共同构成了非合同之债,即《民法典》第468条所说的"非因合同产生的债权债务关系"。缔约过失责任也属于非合同之债。

《民法典》第118条规定:"民事主体依法享有债权。债权是因合同、侵权行为、无因管理、不当得利以及法律的其他规定,权利人请求特定义务人为或者不为一定行为的权利。"第118条在列举了合同、侵权行为、无因管理、不当得利之后,使用了"法律的其他规定"一语,此为债的其他类型,具体情形上有可能是其他意定之债,也有可能是其他法定之债。不能将第118条中"法律的其他规定"简单等同于法定之债。第118条"法律的其他规定",和第468条"非因合同"不完全一样,第118条已经把无因管理、不当得利、侵权行为列举出来了,而这几种类型在第468条中可以被涵括到非因合同产生的债权债务关系。

(二)其他意定之债的参照适用问题

《民法典》第468条提供了债的分类的新方法——合同之债和非合同之债。不能把意定之债简单等同于合同之债,也不能把非合同之债简单等同于法定之债。意定之债是上位概念,合同之债仅仅是意定之债最重要、最常见的类型,除合同之外,与之并列的还包括其他意定之债。《民法典》第134条根据意思表示的数量把民事法律行为划分为单方民事法律行为、双方民事法律行为和多方民事法律行为,多方民事法律行为又分为共同行为和决议行为。既然双方民事法律行为中的合同可以引发债,那么单方民事法律行为、共同行为和决议行为都能引发债,它们引发的债也属于意定之债。

---

[1] 梁慧星:《合同通则讲义》,人民法院出版社2021年版,第49页。

[2] 王利明主编:《民法》(下册),中国人民大学出版社2022年版,第25页,王利明教授执笔。王利明:《合同法通则》,北京大学出版社2022年版,第57页。

最典型的意定之债就是合同之债。基于民事法律行为引发的意定之债，还包括基于单方民事法律行为引发的债、基于共同行为引发的债和基于决议行为引发的债。合同之债在意定之债中"一枝独大"，当悬赏广告、其他单方允诺都被合同之债"收编"时，单方民事法律行为引发的债都可以被拟制为合同之债。有学者认为，单方民事法律行为之外，通过法律行为确立的债的关系均为双方或者多方之债的关系，多方行为，如合伙协议或者决议等。[1] 合伙协议是共同行为引发的债的关系，但《民法典》将"合伙合同"明确纳入合同编。合同之债继续保持强势主导地位。在合伙合同中，合伙人约定的每个人的出资份额不是互负给付义务，其合同义务指向外在的第三方——合伙企业自身，因此合伙合同不能简单适用合同的同时履行抗辩权。"在二人合伙之情形，同时履行抗辩固可适用，但在'三人以上合伙'之情形，似不应适用之。"[2] 决议行为有可能在团体和团体成员间产生债的关系，如公司分红决议，此时也存在兜底适用债法一般规定的空间。因此，"非因合同产生的债权债务关系"不仅限于法定之债，还包括合同之债之外的其他意定之债。

根据《民法典》第499条，悬赏广告被纳入合同范畴之中，悬赏广告是合同订立的一种特殊方式，其特殊性在于承诺人事先不必知道有悬赏广告，承诺人不受行为能力欠缺的约束。对其他类似于"假一罚十"的单方允诺，也可以通过法律拟制技术，把相关允诺作为合同默示条款，从而将之纳入合同之中。基于合同自由原则，当事人得明确约定惩罚性违约金，"假一罚十"的合同条款约定可以被认定为惩罚性违约金，只是法律对此种惩罚性违约金的调整付之阙如，立法论上有学者认为应该设置明文，禁止显失公平的惩罚性违约金条款。[3]《最高人民法院关于审理网络消费纠纷案件适用法律若干问题的规定（一）》第10条规定："平台内经营者销售商品或者提供服务损害消费者合法权益，其向消费者承诺的赔偿标准高于相关法定赔偿标准，消费者主张平台内经营者按照承诺赔偿的，人民法院应依法予以支持。"当然，若出于对消费者进

---

[1] 参见王洪亮：《债法总论》，北京大学出版社2016年版，第11页。

[2] 王泽鉴：《同时履行抗辩：第264条规定之适用、准用与类推适用》，载王泽鉴：《民法学说与判例研究》（重排合订本），北京大学出版社2015年版，第1229页。

[3] 参见崔建远：《合同法》，北京大学出版社2012年版，第368页。

行倾斜保护的目的,将经营者的"假一罚十"的约款认定为单方允诺,则不存在对此类违约金的调整问题乃至纳入合同等问题。[1] 至于"偷一罚十"条款则属于对侵权损害赔偿责任的事先约定,此种条款不符合法律对侵权行为的法定主义调整方法,应本着侵权损害全面赔偿原则予以调整。如此一来,《民法典》第 585 条的规范性质就成为混合性规范,商事主体间放弃违约金酌减保护规则对违约金调整规则的约定排除原则上有效,经营者与消费者之间约定对消费者有利的排除违约金调整规则的违约金条款有效、对经营者有利的排除违约金调整规则的违约金条款无效。当然,也可坚持将"假一罚十"之明示作为经营者的单方允诺,并在参照适用违约金调整规则时,得出如上相同结论。

《民法典》第 118 条第 2 款前段"法律的其他规定"不等同于法定之债,决议行为、[2] 共同行为和单方法律行为均可以引发债的产生,但它们对应的均属于意定之债,均可参照适用合同履行、违约责任等规定。根据《最高人民法院关于适用〈中华人民共和国公司法〉若干问题的规定(五)》(以下简称《公司法司法解释五》)第 4 条,包含利润分配方案的公司分红决议会在公司和股东之间产生利润分配之债,这是决议行为引发的意定之债。如果公司事后拒绝分红,则股东可以根据《民法典》第 468 条的指引参照适用合同编违约责任章,用合同编的违约责任兜住决议行为之债的法律适用之底,以填补公司法上的漏洞。此外,《民法典》第 303 条和第 304 条分割共有物的共同行为也会引发债,也存在参照适用合同编违约责任有关规定的必要。

---

[1] 对于当事人在合同中所约定的极具惩罚性的违约金条款,人民法院应合理调整违约金数额,公平解决违约责任问题。2016 年 12 月 6 日,江苏省高级人民法院召开第 27 次审判委员会会议,对消费者权益保护纠纷案件审理中的若干问题进行了专题讨论,形成《关于审理消费者权益保护纠纷案件若干问题的讨论纪要》。经营者承诺假一罚百、假一罚万等赔偿的,经营者提供的商品存在假冒伪劣等有违其承诺情形的,消费者要求经营者按照承诺承担相应倍数赔偿,经营者主张过高,要求调整的,人民法院可以参照《合同法》第 114 条和《最高人民法院关于适用〈中华人民共和国合同法〉若干问题的解释(二)》第 29 条的规定处理。江苏高院发布消费者权益保护典型案例之七:周某与佰翔公司买卖合同纠纷案——商家对出售伪劣食品作出的"假一赔万"的承诺应认定为违约金,可按照《食品安全法》及《合同法》的规定予以调整。

[2] 潜江市融迅投资有限公司在完成法定减资程序后,应将各股东减少的出资予以返还。其拒不返还李某的减资款项,构成违约,应承担违约责任。参见"李某与潜江市融迅投资有限公司减资纠纷案"。

（三）法定之债的参照适用问题概览

对于非合同之债，民法典总则编规范供给不足。非合同之债需要寻找总则式的依托，侵权责任编补充适用总则编是相对可行的，但对于无因管理之债和不当得利之债，总则编明显存在规范供给的不足。总则编应当发挥两个功能：提取公因式和立法技术剩余。不当得利之债和无因管理之债不宜单独成编，本应由《民法典》总则编来兜住其法律适用之底，[1] 但由于总则编对不当得利、无因管理没有提取出在准合同分编没有规定时的公因式，因此无因管理和不当得利的漏洞填补无法依赖于总则编，总则编给了合同编做大的默许，也在一定程度上促使第468条发挥兜住非合同之债法律适用之底的功能。

《民法典》将整个合同编分为三个分编：通则、典型合同、准合同。"准合同"分编是债法总则缺位的配套举措之一，否则无因管理、不当得利将无安身立命之处。"准合同"不是对典型合同之外合同的兜底，而是特指无因管理之债和不当得利之债，"这样也可以使'无因管理'和'不当得利'的法律规范内容与合同编名称相匹配"[2]。合同编"通则"中并未对"准合同"的法律适用问题进行特别规定，"无因管理"和"不当得利"也应该按照合同编"通则"第468条规定的"非因合同产生的债权债务关系"的法律适用路径处理。

无因管理之债、不当得利之债、侵权损害赔偿之债并非法定之债的全部，还存在其他法定之债，如《民法典》第183条规定的受益人给予适当补偿之债、第1182条规定的获利返还之债、第1186条规定的公平分担损失之债，《税收征收管理法》所规定的税收债权，均可参照适用合同编通则的有关规定。侵权型不当得利也存在适用侵权责任编规定、参照适用合同之债法律规则的可能。

在典型合同分编中也存在作为非合同之债的法定之债，如《民法典》第949条和第950条物业服务人的后合同义务，此种后合同义务发生在物业服

---

[1] 参见《民法典立法背景与观点全集》编写组：《民法典立法背景与观点全集》，法律出版社2020年版，第225页、第275页。

[2] 全国人民代表大会宪法和法律委员会关于《民法典合同编（草案）》修改情况的汇报（2018年12月23日）。

务合同终止后，显然不是合同之债，实际上是立法明确规定的物业服务人负担的法定义务，包括退出义务、交还义务、交接义务、如实告知义务、继续处理物业服务事项义务，对应法定之债。物业服务人违反后合同义务时，承担的并非违约责任，而是根据第 468 条规定参照适用合同编通则的有关规定，特别是参照适用第 577 条继续履行、赔偿损失等违约责任。《民法典》第 558 条后合同义务实质上也会对应非合同之债。

三、参照适用法律技术是合同编通则代行债法总则功能的关键

（一）民法典合同编通则对债法总则"得意而忘形"

合同法中心主义全面向商法、身份法、非合同之债等领域渗透，体现出极强的体系穿透力，"包罗万象、无远弗届"[1]。我国民法典不采纳独立成编的债法总则，而是基于立法传统和立法惯性、保持合同编的完整性，并由合同编通则代行债法总则的实质功能。合同编通则"通过规定非合同之债的法律适用规则、多数人之债的履行规则等完善债法的一般性规则"[2]。"不搞债法总则，合同编较为完整，侵权责任自身已有一般规定，未规定的适当参照合同编的规定，比较实用，但可能照顾不周。"[3] "是否设立总则并不根本影响体系效益，前提是通过准用条款安置法律行为制度，采取何种做法主要取决于立法者对抽象性的偏好程度。……若不规定债总，也应尽可能利用债权概念的体系效益。可以考虑的做法是：……设置其他债之关系参照适用或准用合同规范、侵权规范的具体规定，如其他债权可准用代位权或清偿规则。"[4] 设置债法总则就应多设置一些限制性规范，不设置债法总则就应多设置一些准用

---

[1] 陈自强：《契约法讲义 I：契约之成立与生效》，元照出版有限公司 2014 年版，第二版自序 IV。

[2] 王晨：《关于〈中华人民共和国民法典（草案）〉的说明——2020 年 5 月 22 日在第十三届全国人民代表大会第三次会议上》，载中国政府网，https://www.gov.cn/xinwen/2020-05/22/content_5513931.htm#1，2023 年 9 月 26 日访问。

[3] 王胜明：《制订民法典需要研究的部分问题》，载《法学家》2003 年第 4 期。

[4] 谢鸿飞：《民法典的外部体系效益及其扩张》，载《环球法律评论》2018 年第 2 期。

性规范，无法说哪一种方式更有助于找法和适法。[1]

合同编"通则"有意将原先形式上属于合同之债但实质上具有"债法总则"功能的条款，从表述上修改为"债权债务"，使得这些条款可参照适用于非合同之债。此外，"为了使合同法更好地发挥债法总则的功能，弥补因为没有债法总则而造成的缺陷，民法典合同编适度扩张了合同履行一章的内容，在其中规定了债的分类规则，包括可分之债与不可分之债、选择之债、按份之债与连带之债等各类债的履行规则，并借助准用性规则的设置而直接适用于其他债的关系。在被合同编合同履行部分确认之后，这些规则虽然从体例上而言位于合同编之中，但同样适用于其他债的关系"[2]。《民法典》外在体系中存在一个隐含在合同编通则中的实质意义上债法总则体系。

民法典合同编通则得债法总则之意，忘/舍债法总则之形，塑造出了大合同编的气象，是大合同法思想的生动体现。民法典合同编通则对债法总则"得意而忘形"、使得债法分则体系"形散而神聚"所依赖的关键法律技术就是《民法典》第468条的参照适用，合同编通则通过参照适用释放出自身的体系效益，代行债法总则功能，既避免对非合同之债照顾不周，也避免对非合同之债不合宜的等量齐观。

（二）何谓《民法典》第468条中"适用本编通则的有关规定"？

《民法典》第468条第一个"适用"——"适用有关该债权债务关系的法律规定"是优先适用或直接适用之义，非因合同产生的债权债务关系，对于其他法律应直接适用、优先适用，这就是特别法有规定的优先适用特别法，具体规则有规定的直接适用具体规则。

参照适用也被称为法定类推适用、授权式类推适用或者准用。在民法学理论研究中，参照适用经常被称为准用。[3]《民法典》第468条第二个和第三个"适用"是参照适用之义，而非补充适用或者直接适用，理由如下。

---

[1] 参见朱虎：《债法总则体系的基础反思与技术重整》，载《清华法学》2019年第3期。
[2] 王利明：《民法典合同编通则中的重大疑难问题研究》，载《云南社会科学》2020年第1期。
[3] 如《德国民法典》《瑞士债法典》中的 entsprechende Anwendung 一词常被翻译为"准用"，如果结合我国《民法典》类似语境用语，翻译为"参照适用"会更加妥帖。

第一,《民法典》第 468 条第二个和第三个"适用"本身就是相辅相成的,这两个适用自身应该保持同等解释。有分析认为,"本条规定的是'适用'本编通则的有关规定,而不是'参照适用'……不是再由裁判者斟酌具体情况'参照适用'"[1]。此种分析实际上把第 468 条第二个和第三个"适用"理解为补充适用。笔者认为,第 468 条第二个和第三个"适用"不能解释为补充适用,否则会使得民法典体系内部产生自相矛盾现象,其名为"适用",实为"参照适用",体系解释的理由如下:

一方面,准合同的法律适用漏洞要根据第 468 条解决,准合同的"准"字被解释为准用。针对"准合同"这一概念,有学者也指出:"此处的'准',应当解释为'准用'合同编中有关债法总则的规定。"[2] 而具体结合第 468 条来补充准合同的法律漏洞时,如果又认为第 468 条"适用本编通则的有关规定"为补充适用,这就自相矛盾。

另一方面,非合同之债和合同之债的性质不同,对相同事物同等看待时为直接适用、补充适用,对于相类似事物同等看待时则为法律适用中的类推适用、立法上的参照适用,因此此处不能解释为补充适用,否则会罔顾非合同之债自身性质的特殊之处。

第二,运用历史解释方法,2018 年 3 月 15 日《民法典各分编(草案)》(征求意见稿)合同编第 5 条曾经明确使用"参照适用"一词,随后版本的草案中均为"适用",不再出现"参照适用"一词,是否可以证明此处为补充适用而非参照适用?是否意味着"立法者改变了其基本假设,推定合同之债与非合同之债在债的效果问题上本质是相同的,可以适用同等法律评价。在非合同之债的法律适用中,立法者并不希望法官采用'类推'方法在个案中判断相似性,进而决定是否适用合同规则;而是希望法官原则上不要作相似性判断,直接适用合同编通则中的相关债法规范"[3]。笔者认为,这不是立法深思熟虑的结果,运用体系解释、目的解释方法,非合同之债事物的性质

---

[1] 黄薇主编:《中华人民共和国民法典合同编解读》(上册),中国法制出版社 2020 年版,第 30 页。
[2] 谭启平主编:《中国民法学》,法律出版社 2021 年版,第 431 页,王洪教授执笔。
[3] 于飞:《我国民法典实质债法总则的确立与解释论展开》,载《法学》2020 年第 9 期。

决定了其对合同之债法律规则为"参照适用",文义上删除"参照"二字不会影响法律适用方法的实质内涵。"在债法领域,《民法典》第468条基于这一正义思想,明示了类推适用的方法,尽管该条使用的是'适用',而非如第464条第2款和第467条第1款等条文那样使用'参照适用'这一类推适用的标志性表述。"[1]

第三,反对将《民法典》第468条中"适用本编通则的有关规定"解释为补充适用,并不会导致法官的自由裁量权过大。针对《民法典》第468条,有分析认为"此处使用的表述是'适用'而非'参照适用',裁判者在是否适用的问题上没有自由裁量的空间"[2]。实际上,无论将该句中的"适用"解释为补充适用还是参照适用,虽然解释进路不同,但法官在解决此类案件时的自由裁量权同样存在,即使解释为补充适用,鉴于该条只是对"本编通则的有关规定"作概括指引,而非具体定位,法官仍须实际识别合同编通则中哪些规定具有实质债法总则功能,还要否定但书"根据性质不能适用的除外",论证不属于根据性质不能适用的情景时,法官仍然具有自由裁量权。第468条合同编通则有关规定的参照适用地位不同于第508条总则编第六章有关规定的补充适用地位。第468条的参照适用法律技术本身也是对法官填补法律漏洞时自由裁量权的限制。"准用规范的特征恰恰在于其是以法定的方式,规定了法律适用的必要,因此,对于准用规范而言,立法者是明知不一致而要求裁判者进行一致对待,因此,在法律已经明确针对某种纠纷的处理,规定有准用规范时,裁判者应当适用准用规范,而不得自行类推适用其他规范。……裁判者在非因合同发生的债之关系中,应当遵循第468条的规定,在缺乏规范时,适用合同编通则的规定。"[3]

第四,从联系《民法典》第464条第2款进行体系解释的角度而言,第464条第2款为"根据其性质参照适用",第468条实际上是"参照适用,但是根据其性质不能参照适用的除外",这两个条款的原则——例外关系不同,

---

[1] 翟远见:《论〈民法典〉中债总规范的识别与适用》,载《比较法研究》2020年第4期。
[2] 最高人民法院民法典贯彻实施工作领导小组主编:《中华人民共和国民法典合同编理解与适用》(一),人民法院出版社2020年版,第50页。
[3] 王利明:《论民法典合同编发挥债法总则的功能》,载《法学论坛》2020年第4期。

第 468 条以参照适用为原则，不参照适用为例外；第 464 条第 2 款中参照适用本身就是例外。因此法官根据第 464 条参照适用合同编规定时，要负担论证义务；而法官根据第 468 条不参照适用合同编总则时，才负担论证义务。因此，第 468 条对于自由裁量权的限制更大，对于非合同之债，法官不参照适用合同编通则时就要说明理由，因为这是但书对应的例外规定。

《民法典》第 468 条通过参照适用技术使得合同编通则"旧瓶装新酒"，发挥实质债法总则的功能。从立法术语也出现细微的变化，虽然合同编通则第二章至第七章章名中仍然有限定语"合同的"，但具体条文中多出现从合同法"合同权利义务"到民法典合同编通则"债权债务"的变化，使用债权债务表述的条文不仅调整合同关系，还要调整非合同之债。"凡是《民法典》合同编的条文中采取'债权''债务'或者'债权人''债务人'表述的，表明该规则不仅可以适用于合同，还可以适用于非合同之债；而凡是表述为'合同'或'合同权利''合同义务'的，表明该规则原则上应当仅适用于合同之债。通过这种简洁的表述方式，不仅可以将《民法典》各编分散的法律规则之间隐含的内在价值关联和内在的制度脉络揭示出来，实现从隐而不彰到有机互动，而且可以扩张法律规则的规范功能，使《民法典》合同编有效发挥债法总则的功能。"[1] 合同编通则虽然仍然披着合同这件外衣，但是它的实质和功能已经不仅限于合同之债，还要提供非合同之债的公因式，解决非合同之债的漏洞补充问题，即用合同编通则的"旧瓶"来装下合同之债和非合同之债法律适用的"新酒"。我们要在看得见的合同编通则中找到看不见的实质意义上的债法总则。立法者在民法典合同编通则条文设计的过程中，没有始终如一、体系化地把合同权利义务改为债权债务，毕竟立法的惯性仍然是配置合同法总则，文义解释在寻找实质债法总则的过程中是乏力的，最终还是要作个案实质判断，并根据第 468 条进行验证。《最高人民法院关于适用〈中华人民共和国民法典〉合同编的解释（一）》（2021 年 9 月 18 日中国人民大学讨论稿）第 3 条规定："人民法院审理因侵权行为、无因管理、不

---

[1] 王利明：《论〈民法典〉实施中的思维转化——从单行法思维到法典化思维》，载《中国社会科学》2022 年第 3 期。

当得利，以及法律的其他规定产生的债权债务关系纠纷案件，应当依照民法典第四百六十八条的规定，首先适用民法典及其他法律关于该债权债务关系的具体规定；相应具体规定没有涉及的内容，适用民法典合同编通则第四章至第八章关于债权债务关系的规定。没有前款所述的规定的，可以适用民法典第五百零九条、第五百一十一条、第五百九十条、第五百九十一条、第五百九十二条第二款等关于合同权利义务关系的规定。但是，根据其性质不得适用于非因合同产生的债权债务关系的除外。"宏观总括决断代替不了具体分析、个别识别、个案判断。合同编通则的哪些规定可以被参照适用到非合同之债法律关系？

第一，合同编通则有关意思表示规则被参照适用的可能。合同编通则第一章"一般规定"第 466 条合同条款的解释规则，第二章"合同的订立"中有关要约承诺、合同形式、格式条款、缔约过失等规则，第三章"合同的效力"中有关合同生效时间、被代理人追认、免责条款无效，可以参照适用到合同之债之外的其他意定之债。对不存在意思表示的法定之债，则不可被参照适用。可见，能够发挥参照适用功能和实质债法总则功能的不局限于合同编"第四章至第七章的有关规定"，合同编第 468 条后段第 2 句"适用本编通则的有关规定"范围更大。

有学者认为："不是本编通则的全部规定都可以适用于非合同之债。……本编通则关于合同的订立、合同的效力、合同的撤销、合同的解除、违约责任等规则和制度不能适用。因为法定之债已经发生了。"[1]"合同的成立和生效部分并不能适用于其他类型的债权债务。"[2]《最高人民法院关于适用〈中华人民共和国民法典〉合同编的解释（一）》（2021 年 9 月 18 日中国人民大学讨论稿）第 3 条第 1 款将《民法典》第 468 条后段"本编通则的有关规定"局限到"合同通则第四章至第八章关于债权债务关系的规定"，这就很大程度上又倒回 2018 年 9 月 5 日《民法典各分编（草案）》第 259 条的方案，不可

---

[1] 梁慧星：《合同通则讲义》，人民法院出版社 2021 年版，第 51 页。

[2] 朱广新、谢鸿飞主编：《民法典评注：合同编·通则》（第 1 册），中国法制出版社 2020 年版，第 50 页，于飞教授执笔。

取。这些限缩解释观点是将非合同之债局限于法定之债所致,没有意识到合同编第一章、第二章、第三章对合同之债之外的其他意定之债的可适用性。

第二,合同编通则第四章"合同的履行"规则被参照适用的可能。合同之债和非合同之债都存在履行问题,非合同之债有参照适用第四章合同的履行规则的可能。"在不规定债法总则的情况下,合同之外债的法律关系的规则,其共同性的规定放置在合同法之中。这些规则,主要是多数人之债和债的履行的问题。"[1]例如,非合同之债的债务人也应参照适用第509条的规定全面履行、诚信履行,并坚持绿色原则;债务履行内容不明确的,也可参照适用第510条和第511条进行补充;[2]执行政府定价或者政府指导价的,价格发生变化时,也可参照适用第513条履行。

第514条至第524条特殊类型债的履行规则、债的履行中的第三人规则,第529条至第532条债务的中止履行、提前履行和部分履行等规则,是对债法总则一般规则的回归,可以参照适用于非合同之债,所有的非合同之债均存在履行问题。即便第525条至第528条双务合同履行中的同时履行抗辩权、先履行抗辩权和不安抗辩权规则,也可被参照适用到其他意定之债和法定之债。

虽然法定之债中欠缺意思表示,但法定之债仍不排斥参照适用第533条情事变更规则。"情事变更原则,适用于契约之情形最多,惟非因契约所发生之债,例如无因管理、不当得利等,遇情事变更时,亦宜准用。"[3]

第三,合同编通则第五章"合同的保全"规则被参照适用的可能。合同之债和非合同之债均有保全的可能与必要,第五章的章名虽然仍限定为"合同的保全",但具体条文中均无合同权利、合同义务的表述,而是全部采用债

---

[1] 孙宪忠:《民法体系化科学思维的问题研究》,载《法律科学》2022年第1期。

[2] 有学者认为《民法典》第510条和第511条显然不能适用于非合同之债。参见于飞:《我国民法典实质债法总则的确立与解释论展开》,载《法学》2020年第9期。

[3] 刘春堂:《判解民法债编通则》,三民书局股份有限公司2010年版,第222页。对此,我国台湾地区"民法"第227条之二规定:"契约成立后,情事变更,非当时所得预料,而依其原有效果显失公平者,当事人得声请法院增、减其给付或变更其他原有之效果。前项规定,于非因契约所发生之债,准用之。"

权、债务的表述，凸显了其实质债法总则的功能。在合同编通则各章中，第四章"合同的履行"是发挥实质债法总则功能条文数量最多的一章，第五章"合同的保全"是发挥实质债法总则功能最彻底的一章。

第四，合同编通则第六章"合同的变更和转让"规则被参照适用的可能。债权转让、债务承担规则可以被参照适用到非合同之债领域。某些非合同之债具有人身专属性，如人身损害赔偿债权，不得变更或者转让。

第五，合同编通则第七章"合同的权利义务终止"规则被参照适用的可能。债的消灭原因具有普遍性，因此除了合同的解除不能被适用于法定之债之外，履行、抵销、提存、免除、混同等均可普遍被参照适用。《民法典》第557条在立法技术上也做了区分，区分该条第2款合同解除与第1款债务履行、抵销、提存、免除、混同。当然，基于人身损害赔偿债权的专属性，应当排除人身损害之债作为被动债权的抵销。

第六，合同编通则第八章"违约责任"规则被参照适用的可能。违约责任是合同所特有的，但任何债务可能存在不履行情形，违约责任原则上可以作为债务不履行责任的一般规定。违约责任的有关规定可参照适用于侵权之债等非合同之债。不可抗力规则（第590条）、减损规则（第591条）、与有过失规则（第592条第2款）、第三人原因规则等，可被参照适用到非合同之债领域。鉴于侵权责任编第1173条可以发挥第591条和第592条第2款的功能，因此应该限缩第591条和第592条第2款的体系溢出效益，使其不必再参照适用到侵权损害赔偿之债领域。第580条第2款合同司法终止制度也不能被参照适用于法定之债领域。

（三）何谓《民法典》第468条"根据其性质不能适用"的除外情形？

某些非合同之债"根据其性质"，存在不参照适用合同编通则的可能，如故意侵权损害赔偿之债的债务人不得主张抵销，以避免诱发侵权行为。《德国民法典》第393条就该规则明文化："就故意侵权行为所生之债权，不得主张抵销。"《日本民法典》第509条规定禁止以侵权行为债权等作为被动债权之抵销："下列债务之债务人，不得以抵销对抗债权人。但其债权人自他人处受让其债务所涉之债权时，不在此限。一　基于恶意侵权行为之损害赔偿债务。

二　因侵害人之生命或身体之损害赔偿债务（除前项所列者外）。"该规定中的"不得以抵销对抗债权人"是指接到请求时不得主张抵销，从而免除债务。该规定目的是防止自力救济。《日本民法典》2017 年修法前的对应条文第 509 条规定禁止以侵权行为债权作为被动债权之抵销："债务因侵权行为所生时，其债务人不得以抵销对抗债权人。"对此，我妻荣教授认为："因不法行为而产生主动债权情形下存在一定问题，但适用本条之规定，无论哪一方当事人均不得抵销为妥当。"[1]《最高人民法院关于适用〈中华人民共和国民法典〉合同编的解释（一）》（2021 年 9 月 18 日中国人民大学讨论稿）第 81 条第 2 款规定："因侵害生命权、身体权、健康权或者故意侵害其他人身、财产权利所产生的债务，侵权人主张抵销的，人民法院不予支持。"《民法典》第 468 条"根据其性质不能适用的除外"，第 568 条第 1 款后段"但是，根据债务性质、……不得抵销的除外"，两个除外条款在抵销适用范围的确定上是何种关系？笔者认为，对此应该先适用具体规定，欠缺具体规定时，再适用通则的一般规定，因此，《民法典》第 568 条第 1 款实质上排斥第 468 条的适用。

　　从具体到抽象，债的分类理论可以帮助我们发现债的性质和目的之所在，并据此判断哪些具体债的类型根据其性质不能参照适用合同编通则的哪些具体规定。例如，合同的司法终止、违约金、定金规则具有特殊的意定性特点，不能被参照适用到法定之债领域。以特定物为债之客体的就不适用继续履行规则、债务承担规则；以权利移转为内容的债务就不适用提存规则、质量标准规则、履行地规则；以不作为为内容的，也不适用提存规则、第三人代为履行规则；提供劳务的债务和不作为债务不得抵销；等等。"金钱债务不发生履行不能，金钱债务的债务人不得主张因履行不能而解除合同，不得主张不可抗力免责，债务人总是可以诉请法院强制实际履行。"[2]

　　根据《民法典》第 535 条，债权人代位权中"专属于债务人自身的"权利不得被代位行使。类似地，专属于债权人自身的债权也不得被转让，这属

---

[1] ［日］我妻荣：《我妻荣民法讲义 IV：新订债权总论》，王燚译，中国法制出版社 2008 年版，第 294 页。我妻荣在该页注释①中指出通说和判例认为："雇主殴打雇用人而被要求损害赔偿时，不得要求与雇用人侵犯财产的损害赔偿请求权相抵销。"

[2] 韩世远：《合同法总论》，法律出版社 2018 年版，第 766 页。

于第 545 条第 1 款第 1 项"根据债权性质不得转让"的情形。具体地，抚养费、赡养费或者扶养费请求权不得被代位或者转让，基本养老保险金、失业保险金、最低生活保障金、抚恤金等保障当事人基本生活的债权不得被代位或者转让，人身损害赔偿请求权、精神损害赔偿请求权也具有专属性，不得被代位或者转让。《最高人民法院关于审理人身损害赔偿案件适用法律若干问题的解释》（法释〔2003〕20 号）第 18 条第 2 款曾规定："精神损害抚慰金的请求权，不得让与或者继承。但赔偿义务人已经以书面方式承诺给予金钱赔偿，或者赔偿权利人已经向人民法院起诉的除外。"

四、无因管理之债的参照适用

无因管理之债法律适用方法中的参照适用不同于补充适用、直接适用，设例分析如下：

作为一般规定的无因管理制度，处于补充适用的地位，可以通过补充适用，兜住特别规定法律适用之底。无因管理与见义勇为构成一般与特殊的关系，《民法典》无因管理一章属于一般规定，《民法典》第 183 条和第 184 条属于特别规定。无因管理与拾得遗失物在制度上同样存在一般与特殊的关系。

无因管理中"管理他人事务"的手段可能是合同等民事法律行为，对此可以直接适用合同或者民事法律行为规则，而非参照适用。无因管理转化为侵权行为或者不当得利时，就要直接适用侵权责任或者不当得利返还的有关规定。一方面，无因管理彰显人们的友善互助，构成无因管理就排斥侵权行为，但无因管理也存在转化为侵权行为的可能，此时要直接适用侵权责任的有关规定。另一方面，无因管理与不当得利也存在衔接适用问题。误将他人事务当作自己事务进行管理，不构成无因管理，但可根据《民法典》第 980 条直接适用不当得利制度。误将自己的事务当作他人的事务，同样不构成无因管理。管理人对受益人认识错误，误将他人当作受益人，真实的受益人因无因管理享有权利并负担义务。《民法典》第 980 条规定："管理人管理事务不属于前条规定的情形，但是受益人享有管理利益的，受益人应当在其获得的利益范围内向管理人承担前条第一款规定的义务。"《德国民法典》第 684 条有类似规定。正所谓"如果没有无因管理制度，管理人所支出的费用就只能以不当得利来请求返还"。[1]当然，不当得利返还范围受到得利人善意与否、获得的利益尚存与否的限制。

无因管理处于委托和侵权行为之间。结合《德国民法典》第682条，无因管理中的管理人不一定须具有完全民事行为能力。无因管理中的管理意思不是意思表示，不存在直接适用民事法律行为一般规定的可能。

综上所述，补充适用无因管理制度，可以填补特别规定的漏洞。直接适用侵权责任制度或者不当得利返还制度，可以妥当衔接不同非合同之债的关系。但这些都不涉及对无因管理之债法律漏洞的填补，无因管理之债法律漏洞可以通过《民法典》第468条参照适用合同编通则填补，也可以通过类推适用委托合同的有关规定填补。

（一）无因管理之债对民法典合同编通则的参照适用

《民法典》第524条规定："债务人不履行债务，第三人对履行该债务具有合法利益的，第三人有权向债权人代为履行；但是，根据债务性质、按照当事人约定或者依照法律规定只能由债务人履行的除外。债权人接受第三人履行后，其对债务人的债权转让给第三人，但是债务人和第三人另有约定的除外。"第979条要求无因管理"符合受益人真实意思"，适法无因管理之债要求管理人管理事务符合受益人真实意思。《民法典》第524条第三人代为履行之规定是否构成对该要件的排除？笔者认为，二者不具有类似性和可比性，而且第三人代为履行规则也非无因管理规则的特殊规定。第三人代为履行规则要求"第三人对履行该债务具有合法利益"，不关注代为履行是否符合债务人真实意思，该规则发生的前提恰恰是"债务人不履行债务"。而无因管理中则要求"管理人没有法定的或者约定的义务，为避免他人利益受损失而管理他人事务，并且符合受益人真实意思"。当然，代为清偿债务型无因管理完成后，可以参照适用第524条第2款有法定债权转让规则。

《民法典》第981条规定："管理人管理他人事务，应当采取有利于受益

---

[1] [日] 我妻荣：《我妻荣民法讲义V4：债权各论》（下卷一），冷罗生、陶芸、江涛译，中国法制出版社2008年版，第6页。

人的方法。中断管理对受益人不利的，无正当理由不得中断。"无因管理中，中断管理对受益人不利的，管理人无正当理由不得中断。运用反面解释方法，管理人有正当理由可以中断无因管理，该"正当理由"是否包括受益人很有可能不偿还或者不能偿还必要费用，或者受益人很有可能不给予或者不能给予适当补偿？也就是说，合同履行抗辩以及合同解除（包括法定解除权、意定解除及解除权之行使方式）之相关规定能否参照适用于无因管理之债？笔者认为，无因管理之债属于法定之债，受益人必要费用偿还义务或者给予适当补偿义务都属于法定义务，管理人以受益人有可能不履行或者不能履行这些义务为由进行抗辩，不能成立。

根据《民法典》第982条和第983条，管理他人事务，能够及时通知但未能及时通知或者未通知并继续管理事务的，可能继续管理事务因为违反受益人真实意思构成不适法管理，也有可能不影响适法管理成立。根据第981条，无因管理之债中，管理人采取有利于受益人的方法管理他人事务，这属于管理人的主给付义务。《民法典》第982条和第983条的通知、报告等义务构成附随义务。管理人违反通知、报告、转交财产等义务时，能否参照适用民法典合同编通则第八章"违约责任"相关规则？笔者认为，基于好人做好事、好事做到底的考虑，存在参照适用《民法典》第577条强制"继续履行"违约责任规则的可能。

（二）无因管理之债对委托合同规则的类推适用

管理他人事务的最常见法律事实是委托合同。无因管理中的管理人如同接受了委托那样处理他人事务。《德国民法典》和《瑞士债法典》均将无因管理称作没有委托的事务处理。无因管理和委托合同具有近似性，"最典型体现无因管理与委托合同密切性的，莫过于立法者在规制无因管理时明定无因管理某一或某些制度准用委托合同规定，或者明定无因管理人应如委托合同的委托人那样实施民事行为"[1]。《民法典》第984条规定："管理人管理事

---

[1] 易军：《论中国法上"无因管理制度"与"委托合同制度"的体系关联》，载《法学评论》2020年第6期。

务经受益人事后追认的，从管理事务开始时起，适用委托合同的有关规定，但是管理人另有意思表示的除外。"有学者把《民法典》第984条理解为"准用"，而非"适用"。[1] 管理事务经受益人事后追认，自然构成委托合同，此时是直接"适用"委托合同规则，而非参照适用或者准用。类似地，《瑞士债法典》第424条规定："管理事务，事后得到本人承认者，适用关于委任的规定。"

有疑问的是，管理事务未经受益人事后追认，对管理人的管理义务是否存在类推适用委托合同中受托人义务的可能？有学者认为："非因合同产生的债权债务关系一般不涉及典型合同的相关规则，因为其并非因为合同而产生，也没有以具体合同关系为前提。……《民法典》之合同编中典型合同的规定原则上并不能适用于非因合同产生的债权债务关系。"[2] 非合同之债是否可以参照适用典型合同的有关规定？《民法典》第468条后段的确存在照顾不周：非合同之债除了参照适用合同编通则规定之外，是否存在参照适用合同编典型合同分编规定的可能？对情谊侵权行为和无因管理行为的法律适用过程中，这种可能是存在的。民法典合同编第二十八章适法无因管理中管理人未作妥善管理情形下对受益人的赔偿责任，存在类推适用第929条第2句无偿委托合同中受托人故意或者重大过失违约损害赔偿责任归责原则的必要，以实现对无因管理中管理人的宽容，不适法无因管理和不真正无因管理中则无此类推适用的必要。无因管理对委托合同规则的准用规范不以受益人是否追认为必要。[3] 立法者没有通过参照适用条款对法律适用者作出明确授权时，法律

---

[1] 参见金可可：《〈民法典〉无因管理规定的解释论方案》，载《法学》2020年第8期。易军：《论中国法上"无因管理制度"与"委托合同制度"的体系关联》，载《法学评论》2020年第6期。

[2] 王利明主编：《民法》（下册），中国人民大学出版社2022年版，第26页，王利明教授执笔。

[3] 可资参考的类似立法例：《日本民法典》第701条规定委托制度的准用："第六百四十五条至第六百四十七条之规定，准用于无因管理。"被准用的条文主要规范受托人的报告义务、交付受领物义务、金钱消费之责任等。《德国民法典》第681条有类似规定。《德国民法典》第681条规定："管理人应将管理实务之承担尽速通知本人，如迟延不生危险者，应等待本人之决定。于其他之情事者，关于管理人之义务，准用第六百六十六条至第六百六十八条关于受任人之规定。"被准用的条文主要规范受任人的报告义务、答复义务、返还义务、使用金钱应付利息的义务等。德日准用的规定均不以受益人是否追认为必要。

适用者可以通过类推适用填补法律漏洞。[1] 类推适用是法律适用过程中的事中补漏视角，参照适用是立法上的事前补漏视角。司法实践中的类推适用是立法上直接适用、参照适用条款供给不足情形下的权宜之计，成熟的类推适用结论有可能被立法化。就无因管理中管理人管理义务和归责原则，立法上直接规定的缺失、参照适用条款的缺失，需要司法实践中的类推适用加以填补。

五、不当得利之债返还范围对无权占有返还范围规则的类推适用及立法转化

不当得利制度矫正欠缺法律根据的财产变动，基于公平原则，使得得利人负担返还得利的义务。《民法总则》第122条仅规定："因他人没有法律根据，取得不当利益，受损失的人有权请求其返还不当利益。"在不当得利法律关系中，《民法典》之前的单行法未就原物毁损、灭失或者因其他法律或者事实上的原因返还不能时，受益人应当返还的不当利益范围作出规定，这对法律适用造成困扰，构成法律漏洞。不当得利之债返还范围的法律漏洞无法通过类推适用《合同法》填补。《合同法》对不当得利之债返还范围没有可被类推适用的规则。

在《民法典》出台之前的司法实践中，法院认为不当得利之债返还范围可以类推适用《物权法》第242—244条无权占有返还范围规则。《物权法》第242—244条对占有人使用占有物时权利人的损害赔偿请求权、占有人的必要费用返还请求权，占有物毁损、灭失时权利人的损害赔偿请求权，均区分无权占有人的主观心理状态，分别对善意占有人和恶意占有人赋予不同的权利义务、课以不同的责任方式和责任范围。不当得利返还在法律性质和基本权利义务结构上，与占有关系中占有人和权利人类似，尤其是与占有物毁损、灭失之际，权利人可向善意占有人主张的损害赔偿请求权问题，具有相似性，甚至会产生一定程度的竞合关系。不当得利关系中，应区分受益人的善意与否，确定不同

---

[1] 参见王雷：《论身份关系协议对民法典合同编的参照适用》，载《法学家》2020年第1期。

的返还义务范围,如受益人主观上是善意的,其返还义务的范围应以现存利益为限,没有现存利益的,不再负有不当利益的返还义务;如受益人主观上为恶意,即使没有现存利益,也不能免除其返还所受不当利益的义务。[1]

司法实践中不当得利之债返还范围类推适用无权占有返还范围规则填补法律漏洞,这个成熟合理的类推适用结论后来也被立法化,上升为《民法典》第986条和第987条的立法规定。如果没有此种类推适用结论的立法化,不当得利之债返还范围也无法通过参照适用合同编通则解决,合同编通则并无可被参照适用的规则,最后仍须通过类推适用物权编无权占有返还范围规则填补漏洞。

《民法典》第986条规定:"得利人不知道且不应当知道取得的利益没有法律根据,取得的利益已经不存在的,不承担返还该利益的义务。"此规定是否可反过来被类推适用以填补《民法典》第460条的法律漏洞?《民法典》第460条规定:"不动产或者动产被占有人占有的,权利人可以请求返还原物及其孳息;但是,应当支付善意占有人因维护该不动产或者动产支出的必要费用。"第460条只在必要费用返还请求权有无问题上区分占有人善意与否,权利人对善意占有人必要费用返还实质上是类推适用无因管理必要费用返还制度,是对法律后果的类推,并不意味着善意占有人构成无因管理。无论是善意占有人还是恶意占有人,其对占有物的维护都不构成无因管理。第460条对占有人返还范围的界定并未区分善意占有与恶意占有,是否存在法律漏洞?第460条意味着占有人返还原物及其孳息问题上不区分善意占有与恶意占有,这是法律有意义的沉默,并无法律漏洞。"如对该条规范作字面的解释,则即便为善意占有人也必须返还孳息。"[2] 如果径行类推适用第986条,认为占有物及其孳息不存在时善意占有人无须返还,则会违背第460条的明确规定,还会与第461条的规定产生评价矛盾。占有物及其孳息不存在时应该适用第461条解决,第460条和第461条在法律适用上是前后接力关系。

---

[1] 参见"南昌市市政建设有限公司与刘某、江西省福振路桥建筑工程有限公司建设工程合同纠纷案",最高人民法院(2017)最高法民再287号民事判决书。

[2] 刘家安:《物权法论》,中国政法大学出版社2015年版,第206页。

《民法典》第 461 条就占有物毁损、灭失的赔偿责任区分善意占有与恶意占有。占有物毁损、灭失场合下,权利人请求赔偿的,善意占有人仅负有返还因"毁损、灭失取得的保险金、赔偿金或者补偿金"的义务,对应的仍然是现有利益返还,这是对善意占有人的优待。即便损害未因此得到完全弥补的,善意占有人不负赔偿责任。根据第 461 条后段,恶意占有人还应当赔偿损失。"如果占有为恶意,则占有人不能获得优待,须依侵权法的一般规则,对权利人因物的毁损、灭失所遭受的损害负完全赔偿责任。"[1]

《民法典》第 987 条规定:"得利人知道或者应当知道取得的利益没有法律根据的,受损失的人可以请求得利人返还其取得的利益并依法赔偿损失。"有学者认为:"就加害型不当得利而言,其属于典型的侵权行为,与当事人的意思表示并不存在直接关联,如果将其规定在准合同之中,则可以考虑在加害型不当得利的规则之后增加规定准用条款,规定其可以参照适用侵权责任编的规定。"[2] 第 987 条恶意得利人(恶意受益人)"依法赔偿损失"对应直接适用而非参照适用侵权责任编的相关规定。《日本民法典》第 704 条与我国《民法典》第 987 条类似。日本法上也有判例指出,《日本民法典》第 704 条第 2 句不过是注意性地规定了恶意受益人在满足侵权行为要件的条件下,负有侵权行为责任,而不是让恶意的受益人负有与侵权行为责任相异的特别责任。[3]

综上,根据《民法典》第 468 条,不当得利之债有参照适用合同编通则合同的履行、合同的保全、合同的变更和转让、合同的权利义务终止、违约责任等有关规定的广泛空间。从法律发展角度观察,《民法典》第 986 条和第 987 条使司法裁判中相应类推适用结论得以立法转化,[4] 不当得利之债返还范围规则经历了从类推适用《物权法》相关规定到立法转化的过程,这也给我

---

[1] 刘家安:《物权法论》,中国政法大学出版社 2015 年版,第 207 页。
[2] 王利明:《民法典合同编通则中的重大疑难问题研究》,载《云南社会科学》2020 年第 1 期。
[3] 参见王融擎编译:《日本民法:条文与判例》(上册),中国法制出版社 2018 年版,第 586 页。
[4] 有学者也分析最高人民法院(2017)最高法民再 287 号民事判决书与《民法典》第 986 条的关联,认为"本条肯定司法实践之此种价值判断"。参见谢鸿飞、朱广新主编:《民法典评注:合同编·典型合同与准合同》(第 4 册),中国法制出版社 2020 年版,第 642 页、第 654 页,金可可教授执笔。

们提供了一个观察类推适用和参照适用关系的有益视角。类推适用和参照适用都属于法律漏洞填补方法,类推适用和参照适用的核心工作都是对事物性质作类似性判断,都不是形式逻辑思维,而是价值评价思维。"由于民法典大量采用了参照适用条款,所以就已经使得类推适用的余地越来越小,在此种情形下,法官必须依据法律的相关规定适用参照适用条款,而因为漏洞已经不存在,因而不能通过类推适用填补漏洞。"[1] 存在从类推适用向参照适用或者直接适用的转化关系。不同于直接适用,类推适用和参照适用过程中都可能存在对被类推适用或者被参照适用条文的变通调适。参照适用是法定类推适用,是立法者对法律适用者漏洞补充的授权和方法的指引。不当得利之债返还范围无法通过参照适用合同编通则解决,如果准合同分编不直接配置不当得利之债返还范围规则,司法实践中法院就仍须通过类推适用物权编无权占有返还范围规则填补漏洞。

六、侵权损害赔偿之债对民法典合同编的参照适用

"传统大陆法国家债法总则的内容主要是从合同法中抽象出来的,并且主要适用于合同法领域,如关于债的履行、债的变更、债的转让、债的担保等,很难适用于侵权之债之中。"[2] 有原则就有例外,侵权损害赔偿之债的确存在参照适用民法典合同编的空间。

因人身损害所生的损害赔偿请求权,与受害人的人身利益密切相关,相关事先弃权行为无效。[3] 相应地,侵权损害赔偿发生前,当事人之间的免责条款效力存在参照适用《民法典》第506条的可能。

《民法典》第1168条至第1172条多数人侵权按份责任、连带责任可以参照适用《民法典》第517条至第521条按份债权债务、连带债权债务规则。《民法典》第1203条不真正连带责任则不能参照适用连带债务规则,这属于

---

[1] 王利明:《民法典中参照适用条款的适用》,载《政法论坛》2022年第1期。
[2] 王利明:《民法典合同编通则中的重大疑难问题研究》,载《云南社会科学》2020年第1期。
[3] 参见叶名怡:《论事前弃权的效力》,载《中外法学》2018年第2期。

根据其性质不能适用的情形。不真正连带责任中因责任人一人发生的事由不影响其他人。我妻荣认为，不真正连带债务和连带债务的区别"如用一句话说，在多数债务人之间没有非常紧密的关系，对一个债务人而发生的事由（如免除、时效消灭、混同等）不影响其他人。所以，对债权人更有利"[1]。《民法典》第 520 条规定连带债务中对全体债务人具有绝对效力的事项，除此之外的事项是否均为相对效力事项？《德国民法典》第 425 条、《日本民法典》第 441 条均就连带债务中相对效力事项作出规定。《最高人民法院关于审理民事案件适用诉讼时效制度若干问题的规定》第 15 条规定："对于连带债权人中的一人发生诉讼时效中断效力的事由，应当认定对其他连带债权人也发生诉讼时效中断的效力。对于连带债务人中的一人发生诉讼时效中断效力的事由，应当认定对其他连带债务人也发生诉讼时效中断的效力。"诉讼时效中断这种绝对效力事项，对《民法典》第 1171 条分别侵权连带责任不宜参照适用，这属于根据其性质不能适用的情形，毕竟此种情形下的连带责任人只是行为关联共同，没有共同实施侵权行为，没有主观意思共同。

当事人之间的债务究竟是按份债务还是连带债务、是按份责任还是连带责任，没有约定或者约定不明确，法律亦没有规定时，可以类推适用《民法典》第 308 条按份共有的拟制规定，将之拟制为按份债务、按份责任。

《民法典》第 1217 条规定："非营运机动车发生交通事故造成无偿搭乘人损害，属于该机动车一方责任的，应当减轻其赔偿责任，但是机动车使用人有故意或者重大过失的除外。"好意同乘中的车主责任可否类推适用／参照适用无偿合同的归责原则？如果可以类推适用／参照适用，则车主有一般过错时应当免责而非第 1217 条的减责。第 1217 条的减责规则可以作为立法的特别规定，明确排除了参照适用无偿合同中债务人归责原则规定的可能。

虽然《民法典》第 468 条规定非合同之债"适用"合同编通则的有关规定，从立法论上看，非合同之债也有"适用"合同编典型合同有关规定的可

---

[1] [日] 我妻荣：《我妻荣民法讲义 IV：新订债权总论》，王燚译，中国法制出版社 2008 年版，第 335 页。

能。第 468 条局限于合同编通则，并不妥当，须通过类推适用以补其漏。侵权损害赔偿之债有类推适用典型合同有关规定的可能。例如，《买卖合同司法解释》第 23 条规定损益相抵规则："买卖合同当事人一方因对方违约而获有利益，违约方主张从损失赔偿额中扣除该部分利益的，人民法院应予支持。"买卖合同损益相抵规则可以被类推适用到侵权损害赔偿之债中。

比较法上还存在作为非合同之债的侵权损害赔偿之债有关规定被反向参照适用到合同违约责任领域的做法，如《瑞士债法典》第 99 条第 3 款规定，关于侵权责任损害赔偿范围的规定可类推适用于合同责任。[1]《瑞士债法典》第 99 条第 3 款规定："此外，关于侵权行为责任范围的规则准用于违约行为。"

七、余论：民法典合同编中的其他类推适用

（一）合同编规则存在广泛的类推适用空间

准用、拟制和例示均属于立法授权的"类推适用"，本身就是对法官的一种立法强制。立法准用规定中经常出现"准用"或者"参照适用"等用语。立法拟制规定中经常出现"视为"等用语。类推适用是法律无明文规定时，基于系争案件与相关法律规定案件事实的相似性，司法适用者援引最相似规定的法律漏洞补充方法。[2] 无论是立法授权的"参照适用"还是法官自觉的"类推适用"，本质上都是基于事物本质的类似性，从法律评价上做合宜的等量齐观。但法官自觉"类推适用"的过程中自由裁量权相对更大。民法典合同编的债法规则存在广泛的类推适用空间，使得合同编的体系效益和大合同编的气象进一步被放大。

例如，出卖人冒用房屋所有权人名义（如伪造所有权人身份证明、找相貌近似者冒充所有权人交易等）擅自转让房屋，对冒名签订房屋买卖合同可

---

[1] 参见石佳友：《我们需要一部什么样的合同法？——评"民法典合同编二审稿（草案）"》，载微信公众号"中国民商法律网"，2019 年 1 月 2 日。

[2] 参见屈茂辉：《类推适用的私法价值与司法运用》，载《法学研究》2005 年第 1 期。

以参照适用《民法典》第 171 条和第 503 条无权代理规则认定无效，该合同对房屋所有权人没有约束力，但买受人有证据证明构成《民法典》第 172 条表见代理的除外。买受人信赖出卖人享有代理权法律外观的形成系不可归因于房屋所有权人的，不构成表见代理。

又如，2018 年 3 月 15 日《民法典各分编（草案）》（征求意见稿）合同编第 537 条规定："本章对合伙合同的内容没有规定的，参照适用《中华人民共和国合伙企业法》的相关规定。"虽然该规定未在《民法典》中保留下来，但合伙合同一章有法律漏洞时，类推适用哪些债法规则，仍是立法未尽之言。

再如，民法典合同编的债权请求权规则还可以担当所有请求权的"小总则"功能。"请求权的概念是完全一般性的概念，至少是民法的一般性概念。……但现在实际上，在学术上还没有构建该制度；在所有重要的关系中，仅仅对债法上请求权的制度进行了研究。例如，尽管清偿的制度被置于债法之中，任何请求权还是必须通过被请求人的给付而消灭。一直在债法中探讨的免除、在法庭处提存以及其他消灭原因上，也是同样的情况。同样，在债法中也处理债务人迟延制度、债权人迟延制度、债务承担制度、多数债权人与多数债务人制度，显而易见的是，所有这些制度都属于一般性请求权法。在某些情况下的法律适用，罗马法就已经将债法规则适用于整个请求权法，德国民法典也是想当然地如此处理了（如第 990 条第 2 款）。但是一直没有解决的问题，也是现在急迫需要处理的问题，即为债法构建的制度在多大程度上一般性地适用于请求权法；……时效，而且只有时效，不仅对于债务特别适用，而且对于全部的请求权都适用。"[1] 以下对物权请求权可类推适用债权请求权规则加以分析说明，进一步展现民法典合同编通则的体系溢出效益。

（二）物权请求权对债权请求权规则的类推适用

当立法未授权法律适用者参照适用，而实定法又存在开放漏洞时，需

---

[1] ［德］恩斯特·齐特尔曼：《民法总则的价值》，王洪亮译，田士永校，载王洪亮、张双根、田士永、朱庆育、张谷主编：《中德私法研究》第 10 卷，北京大学出版社 2015 年版，第 70—85 页。

要通过类推适用来填补。债权请求权的一般债法规则有参照适用于所有权人——占有人关系的必要。合同编通则提供的债法一般性规则，不仅可以被参照适用到非合同之债中，其体系效益还可以进一步放大到民法典物权编物权请求权领域。从法律适用看，物权请求权可以根据其性质类推适用债权的有关规定。"物权请求权系请求特定人为特定行为的权利，故与债权相类似。由此，通说认为，于性质许可的范围内，民法对于债权的有关规定（如过失相抵、给付迟延及清偿的规则等），有时可类推适用于物权请求权。"[1]

《民法典》第468条中"非因合同产生的债权债务"表述略嫌狭窄，债权的权能包括给付请求、给付受领等，物权、知识产权等权利的本质在于支配而非受领，但在"请求权"方面，可与债权债务关系相提并论。债权中包括作为原权利的给付请求权，物权请求权等绝对权请求权对应作为救济权的请求权。《民法典》第460条规定："不动产或者动产被占有人占有的，权利人可以请求返还原物及其孳息；但是，应当支付善意占有人因维护该不动产或者动产支出的必要费用。"于此涉及物权人的"返还原物请求权""返还孳息请求权"、涉及返还义务人（占有人）的"必要费用偿还请求权"并非基于"债"发生，而是基于物权和无权占有而发生。如果返还义务的履行发生给付迟延、给付不能或加害给付，物权编并未规定此类规则，可以类推适用合同编的规定，尤其是违约责任的具体规则。在民法典各分编中，非基于合同原因发生的财产权"请求权"，若存在同样的问题，均可类推适用合同编。

物上请求权也会存在给付障碍的情况。"物的返还请求权在结构上与债的请求权相同，可以类推适用《合同法》关于履行的规定。具体些说，A.关于不能履行的规定：在占有物因灭失、毁损或其他事由致使不能返还时，可类推适用《合同法》第94条第1项或第4项的规定，不再返还原物。B.关于逾期履行的规定：物的返还请求权，可视情况而决定是否类推适用《合同法》第107条等规定。C.关于不完全履行的规定：物的返还请求权，可视情况而决定是否类推适用《合同法》第107条等规定。"[2]由于占有人的过错致使物

---

[1] 梁慧星、陈华彬：《物权法》，法律出版社2020年版，第63页。

[2] 崔建远：《物权法》，中国人民大学出版社2017年版，第131页。

受毁损、灭失而不能返还，或者占有人取得占有时是恶意的，或者占有人事后知道自己欠缺占有权，即占有人是恶意、非善意占有人时须对标的物返还不能承担损害赔偿责任。这就不同于针对债权请求权时债务人的严格责任归责原则。恶意占有人对返还不能的损害赔偿责任存在类推适用民法典合同编和侵权责任编的必要。例如，根据《民法典》第316条，遗失物的拾得人在遗失物送交有关部门前，应当妥善保管遗失物，"因故意或者重大过失致使遗失物毁损、灭失的，应当承担民事责任"。根据《民法典》第317条，权利人领取遗失物时，应当区分拾得人占有的品质分别确定是否应当向拾得人支付保管遗失物等支出的必要费用或者是否应当按照悬赏广告承诺履行自己的义务。

在返还原物请求权中，占有人就占有物所支出的必要费用，有权请求权利人偿还。权利人的偿还义务适用无因管理规定。占有人的必要费用偿还请求权与权利人的返还原物请求权可类推适用同时履行抗辩权规则，当然，占有人故意以侵权行为取得对物的占有者，无同时履行抗辩权。

物权请求权具有非财产性、预防性、原则上不适用诉讼时效和不以过错为要件。物权请求权也有"根据其性质不能适用"合同编通则的有关规定的情形，例如，物权请求权不能单独转让，脱离物权请求权的物权是不圆满的。《德国民法典》第413条规定："其他权利之让与，除法律另有规定外，准用关于债权让与之规定。"有学者认为，作为请求权的一种，物权请求权与债权请求权（请求权的典型形态）有一些类似的属性，在其性质许可的范围内亦可适用债权的有关规定，如过失相抵、给付迟延、清偿以及债权让与等。但是，决不能将物权请求权等同于债权请求权。《民法典》第227条规定指示交付，其实质是返还原物请求权的转让，"是否需要通知第三人（占有动产之人），法律未作规定，则宜类推适用《民法典》第546条第1款的规定"[1]。但返还原物请求权不能与物权分离而让与。"物上请求权的特性在于：它们不会通过让与而与物上母权利分离。"[2]

---

[1] 崔建远、陈进：《债法总论》，清华大学出版社2021年版，第123页。

[2] [德] 迪特尔·梅迪库斯：《请求权基础》，陈卫佐、田士永、王洪亮、张双根译，法律出版社2012年版，第120页。

基于债的相对性原理，债权请求权与所有物返还请求权还存在本质区别："在债务人将债务标的交给第三人的时候，债法上的债权人对该第三人通常没有请求权（例外只有第826条），亦即债务关系只约束债务人。相反，在无权占有被移转的时候，所有权人（也就是'物上债权人'）却享有这样的请求权：此时第985条针对的是新的占有人，因为即使该新占有人也必须尊重他人所有权。"[1] 可见，债权请求权具有相对性，物权请求权具有穿透性。

当然，债权请求权也有可能反向类推适用物权请求权规则。《民法典（草案）》第521条第3款第2句曾规定部分连带债权人免除债务人债务的，属于具有相对效力事项，何种情形下的免除方对全体连带债权人产生绝对效力？可以类推适用《民法典》第301条共同共有财产处分时的全体一致同意规则。进一步，连带债权中某一个债权人转让自己的债权时，鉴于《民法典》第521条第1款等份额连带债权的推定规则，其他债权人可以类推适用《民法典》第305条其他按份共有人同等条件下优先购买权规则。

八、总结

《民法典》第468条是解码合同编通则代行债法总则实质功能和释放合同编通则体系效益的一把钥匙。非合同之债参照适用而非补充适用合同编通则的有关规定，参照适用情形下法官有自由裁量权，这不同于补充适用、直接适用或者优先适用。第468条通过原则上参照适用、例外不参照适用的法律技术，使得主张不参照适用者须承担"根据其性质不能适用"的论证责任，以收紧而非松动合同编通则的债法总则功能，避免一事一议、个案判断带来法律适用的不确定性。

第468条使得合同编通则"身在曹营心在汉"，合同编通则体系效益向其他意定之债、无因管理之债、不当得利之债、侵权损害赔偿之债释放，提供债法一般性规则。合同编通则不仅可以被参照适用到非合同之债中，其体系

---

[1]　[德] 迪特尔·梅迪库斯：《请求权基础》，陈卫佐、田士永、王洪亮、张双根译，法律出版社2012年版，第122—123页。

效益还可以进一步放大到民法典物权编物权请求权领域，物权请求权可以根据其性质类推适用合同债权的有关规定。针对非合同之债，合同编通则的有关规定何时被参照适用、如何被参照适用，这是本文体系展开的一条红线。

对非合同之债乃至物权请求权，立法上参照适用法律技术配置缺失时，司法裁判中可通过类推适用的方法来填补。参照适用和类推适用有此消彼长的关系。司法裁判中成熟的类推适用结论被立法化，通过直接适用避免类推适用或者参照适用的不确定性。优先适用、补充适用、直接适用、类推适用、参照适用各有不同的适用语境和纠纷解决功能，横向对比它们与参照适用之间的关系，可以更好把握参照适用的力量与边界，这是本书体系展开的一条暗线。

第十章　民法典人格权编中的参照适用法律技术

《民法典》第 1001 条规定："对自然人因婚姻家庭关系等产生的身份权利的保护，适用本法第一编、第五编和其他法律的相关规定；没有规定的，可以根据其性质参照适用本编人格权保护的有关规定。"以第 1001 条为中心，连同《民法典》第 1017 条、第 1023 条第 1 款和第 1023 条第 2 款，共同形成人格权编中的参照适用法律技术。

参照适用既是一种立法技术，也是一种法律适用的技术。参照适用是人格权编中的一项重大法律技术创新，参照适用在整个民法典中具有普遍性，民法典中"参照适用"一词共出现 28 次。

我们应当对以第 1001 条为中心的、人格权编中的参照适用规范群做法教义学上的解释和构造，以充分释放人格权编的体系效益。

一、人格权编的小总则功能：身份权利对民法典人格权编的参照适用

2019年4月26日《民法典人格权编（草案二次审议稿）》第782条之一规定："自然人因婚姻、家庭关系等产生的身份权利的保护，参照适用本编人格权保护的有关规定。"全国人民代表大会宪法和法律委员会关于《民法典人格权编（草案二次审议稿）》修改情况的汇报对该条的解释是："有的法学教学研究机构和社会公众提出，自然人因婚姻家庭关系产生的身份权利，与人格权在保护上具有一定相似性。对这些身份权利的保护，除了适用婚姻家庭编的规定外，还应当参照适用人格权保护的相关规定。宪法和法律委员会经研究，建议采纳这一意见。"由此，人格权编要跨界规范因婚姻家庭关系等产生的身份权利。有学者认为这是身份权请求权的准用条款，在我国民事立法中首次使用"身份权利"这个概念，是人格权立法的重大进展。[1] 2018年9月5日《民法典各分编（草案）》人格权编中没有对身份权利保护的参照适用条款。

2019年8月28日《民法典人格权编（草案三次审议稿）》第782条之一规定："对自然人因婚姻家庭关系等产生的身份权利的保护，适用本法总则编、婚姻家庭编和其他法律的相关规定；没有规定的，参照适用本编人格权保护的有关规定。"与草案二次审议稿第782条之一相对比，草案三次审议稿第782条之一进一步明确了身份权利保护特别规定优先适用与人格权编参照适用之间的关系。有学者指出："人格权编草案的'一般规定'部分确立了人格权的一般性规则，也是人格权编的总则，因此具有特殊的重要意义。而由于有第782条之一的新规定，人格权的有关规定将可准用于身份权，因此，本章将可成为整个人身关系法的总则，其价值非同小可。"[2] 金眉教授对第782条之一赋予人格权编人身关系法总则的功能总体持否定态度，[3] 认为应该删掉该参照适用条款，二者不存在调整对象的重叠，

---

[1] 参见杨立新：《人格权编草案二审稿的最新进展及存在的问题》，载《河南社会科学》2019年第7期。
[2] 石佳友：《人格权立法的进步与局限》，载《清华法学》2019年第5期。
[3] 2019年10月8日，金眉教授在中国政法大学民商经济法学院民法研究所例会上围绕该条报告《婚姻家庭编与民法典人格权编的关联条款评议》。

而是彼此独立并列，人格权编纯粹个人主义的立场不能完全贯彻于婚姻家庭法领域。当婚姻家庭编出现法律空缺时，法律适用不应当参照人格权编，而需要向民法典总则寻求请求权基础。[1]

2019年12月28日《民法典（草案）》第1001条规定："对自然人因婚姻家庭关系等产生的身份权利的保护，适用本法总则编、婚姻家庭编和其他法律的相关规定；没有规定的，参照适用本编人格权保护的有关规定。"有学者认为该条规定了身份权请求权。[2]有学者通过对民法典草案进行体系解释发现："第110条中列举了婚姻自主权；第990条的列举中没有婚姻自主权。……第1001条指的是身份权，不能涵盖婚姻自主权的问题。"[3]

《民法典》第1001条规定："对自然人因婚姻家庭关系等产生的身份权利的保护，适用本法第一编、第五编和其他法律的相关规定；没有规定的，可以根据其性质参照适用本编人格权保护的有关规定。"相对比于之前历次草案版本，《民法典》第1001条进一步明确了参照适用的标准是"根据其性质"，即自然人因婚姻家庭关系等产生的身份权利的性质。

结合上述立法变迁，围绕身份权利对人格权编的参照适用，至少存在如下法律解释适用难题：

第一，《民法典》第1001条调整的民事权利范围究竟是身份权利，还是人身权利？哪些民事权利属于人身权利？人身权利是否属于绝对权？例如，围绕死者生前日记的著作人身权是否具有参照适用第1019条第2款的可能？

---

[1] 参见金眉：《婚姻家庭编与民法典人格权编的关联条款评议》，2019年10月8日未刊稿，第4—10页。在最新学术研讨会主题报告中，金眉教授认为对于身份权利能否适用人格权保护区别而论，"对于仅仅具有相对权属性的身份权利不宜适用人格权保护"，"对于兼具绝对权和相对权的身份权，区别对待"。金眉：《身份权利对人格权保护的参照适用研究》，中国政法大学2020年7月5日主办民法典系列研讨会第四场"民法典时代中国民法解释论的新发展：婚姻家庭编、继承编"主题报告。

[2] 参见杨立新：《民法典对侵权责任规则的创新发展》，2020年3月12日在"法学大家公益系列"讲座实录稿。

[3] 王成：《关于民法典草案人格权编和侵权责任编的修改建议》，载微信公众号"民法九人行"，2020年2月14日。

进一步，人格权编其他参照适用法律技术所保护的民事权益范围是否及于具体人格权之外的"其他人格利益"？例如第1017条所规定的笔名、艺名、网名、译名、字号、姓名和名称的简称等，第1023条规定的声音。若可及于"其他人格利益"保护，此时能否进一步参照适用第995条人格权请求权规定？

第二，《民法典》第1001条"对自然人因婚姻家庭关系等产生的身份权利的保护，……"，"等"字意味着什么？婚姻家庭关系之外，能够产生身份权利的民事法律事实（生活场域）还有哪些？

第三，《民法典》第1001条调整的民事关系范围是限于"身份权利的保护"，还是也包括身份权利的享有？人格权编第1017条和第1023条第1款调整的民事关系范围可否及于享有？

第四，《民法典》第1001条所规定优先适用的法律规范范围包括民法典总则编、民法典婚姻家庭编和其他法律的相关规定，是否应该包括民法典继承编？对立法者的此处沉默，是"明示其一即排斥其他"意味着问题的结束，还是意味着法律漏洞及补充等问题的开始？特别是在继承权保护问题上，是否应该优先适用继承编？《民法典》第112条"受法律保护"虽然指引范围比较抽象，但涵括力更强。

第五，与第四个难题类似，保护因婚姻家庭产生的身份权利的规范是否包括侵权责任编？反过来说，侵权责任编调整（保护）的范围是否包括因婚姻家庭产生的身份权利？婚姻家庭编中，哪些类型的权利可以适用侵权责任编的规定？例如，如何保护配偶权？侵权责任编应该置于第1001条优先适用的范围，还是与人格权编一样均属于被参照适用的范围？

第六，第1001条的参照适用法律技术仿照第464条第2款规定限制性因素"可以根据其性质"，但为什么在优先适用的法律规范范围上没有仿照第464条第2款做概括规定（如"适用有关该身份权利的法律规定"），而是采取目前这种具体明示的列举规定立法技术？在列举规定指引具体之余，是否也带来了上述第四和第五个问题那样的涵括不周之弊？

第七，第1001条的参照适用法律技术是否打破了先分则后总则的法律适用技术？是否使得人格权编担当人身权利法律适用"总则"之功能？立法者明确指引的这种参照适用技术是否取消了司法裁判中类推适用空间？

第八，第1001条、第1017条、第1023条第1款和第1023条第2款共有4处"参照适用"条款，这些参照适用技术具有何种共性和个性，人格权编中的参照适用法律技术具有何种体系化功能？

笔者认为，人格权编中的参照适用法律技术，源于民法典总则编的"非总则性"和婚姻家庭编对身份权利规范供给不足的现状。民法典总则编除了通过"提取公因式"，避免立法技术重复烦琐，还应该具有补充适用的兜底法源功能。鉴于婚姻家庭身份共同体的特点，民法典总则编的补充适用地位反倒应该被适当弱化，以至于婚姻家庭编应该设置排除总则编某些条款适用的制度。因此，在总则编、婚姻家庭编和其他法律没有规定的情况下，对身份权利的保护可以根据其性质参照适用人格权编的规定，展现了在身份权利保护问题上人格权编的小总则功能，这在打破了先分则后总则的法律适用顺序之余，也提出了将民法典中的身份权利法再体系化的艰巨任务。

二、《民法典》第1001条构成要件澄清："身份权利"的参照适用抑或"人身权利"的参照适用？

（一）身份权利的具体类型及性质争议

理解《民法典》第1001条的首要前提是妥当界定"身份权利"（Personenstandesrecht）的种类和内容。所谓身份权利，是指民事主体基于血缘、婚姻、收养等特定身份关系而依法享有的以身份利益为客体的民事权利。身份权利也经常被称为"身份权"，身份权和人格权被合称为人身权。"身份权是国内民法学说未能充分研讨的领域之一。"[1] "传统民法理论及经典民法典对人身权关注较少。"[2] 有学者认为，随着人格权规范功能不断增强，人格权益与身份权益

---

[1] 张俊浩主编：《民法学原理》（修订第三版）上册，中国政法大学出版社2000年版，第158页。

[2] 张红：《〈民法典（人格权编）〉一般规定的体系建构》，载《武汉大学学报（哲学社会科学版）》2020年第5期。

高度重合，再行建构独立的身份权或者身份权益已无必要。[1]与人格权不同，身份权是以特定身份利益的实现和维持为目的，身份权以一定的身份关系的存在为前提，并以身份的存续为权利存续的前提。身份权中的"身份"是以身份平等为前提的，而不是对他人人身的支配。身份权中既有人格权的具体内容，又有财产权的具体内容。

在身份法律行为所引起的身份法律关系内容中，基于一定亲属身份关系所产生的亲属身份权是极为重要的部分，学者多主张将其作为民事权利中的一种特别权利类型来看待。[2]"家庭是在以下三个方面完成起来的：（一）婚姻，即家庭的概念在其直接阶段中所采取的形态；（二）家庭的财产和地产，即外在的定在，以及对这些财产的照料；（三）子女的教育和家庭的解体。"[3]婚姻家庭法上所研究的身份权主要是以亲属身份关系为基础而发生的亲属身份权，也被称为人身亲属权（Persönliche Familienrechte）[4]。身份权主要包括基于父母子女关系产生的亲权、基于夫妻关系产生的配偶权、基于监护关系产生的监护权及其他亲属身份权。

笔者认为，我国现行法上的身份权主要包括配偶权、监护权和其他亲属身份权。结合《民法典》第26条、第1067条、第1068条，父母与未成年子女之间的亲权已经被监护权吸纳，父母与成年子女之间的亲权属于其他亲属身份权。《民法典》第1086条探望权则是监护权的自然延伸和应有之义，并非独立的身份权。此外，基于继承人地位所享有的权利为继承权，包括继承开始前有得为继承人的权利（仅为法律所保护的一种希望，即期待权），包括

---

[1] 参见温世扬：《〈民法典〉视域下身份权的教义重述》，载《现代法学》2022年第4期。

[2] See Karl Larenz, Manfred Wolf, *Allgemeiner Teil des Bürgerlichen Rechts*, C.H. Beck München 2004, S.256. 谢怀栻：《论民事权利体系》，载《法学研究》1996年第2期。谢怀栻先生主张用亲属权的概念来代替身份权，笔者认为身份权中的"身份"已经变成描述平等主体之间特殊关系的中性概念，而且身份权比亲属权的外延更广，笔者主张仍采身份权的概念表述。至于我国《著作权法》第10条规定的著作人身权中的身份权，是身份权中的特殊规定，因不在本书讨论范围之内，对此不再展开。

[3] [德] 黑格尔：《法哲学原理》，范扬、张企泰译，商务印书馆1961年6月版，第176页。

[4] See Karl Larenz, Manfred Wolf, *Allgemeiner Teil des Bürgerlichen Rechts*, C.H. Beck München 2004, S.256.

继承开始后继承人所有的权利（此即由继承财产对应的各个财产权，并无独立的财产权）。[1]尽管理论上对继承权概念的独立性多有质疑[2]，但我国民法典仍将继承权作为重要民事权利加以规定，从《民法典》第124条的体系位置看，继承权并非第112条所规定的人身权利范围，而属于以特定身份关系为前提的财产权，或者说属于具有"身份性质的财产权"[3]。

在身份权的外延上，须做一些澄清：第一，荣誉权不属于身份权。民法典人格权编已经把荣誉权作为具体人格权。身份权的权利主体只能是自然人。荣誉权可为自然人、法人、非法人组织所享有。第二，婚姻自主权不属于身份权。婚姻自主权并不是基于血缘或者亲缘关系发生的权利。婚姻自主权是指自然人可以根据自己的意志自主决定自己婚姻的缔结和解除，不受他人强迫或干涉的一种具体人格权。《民法典》第110条将婚姻自主权作为具体人格权加以规定。婚姻自主权的客体是权利人在缔结或者解除婚姻问题上的选择自由，包括是否结婚、何时结婚、与谁结婚、禁止他人对于自己婚姻选择自由的干涉等。婚姻自主权的客体属于人格利益而非身份利益，婚姻自主权不属于身份权。婚姻自主权含有自由权的属性，但不是自由权本身。侵犯婚姻自主权的行为主要有包办婚姻、买卖婚姻及其他干涉婚姻自由的行为等。第三，生育权不属于身份权。生育权并不必定发生在特定的法律身份关系人之间。

身份权的特殊性有三：第一，权利主体的特定性。身份权存在于特定身份关系的自然人之间，身份权与其身份不可分离，身份关系产生在前，身份权产生在后，呈现出事实先在性的特点。如夫妻之间的配偶权，父母对子女的监护权等亲权，其他亲属之间的亲属权等。"身分权者，存于有一定身分关系之人之身上之权利也。举凡家长权、亲权、婚权、监护权及继承权皆属之。"[4]身份权的发生、行使、消灭均与权利人的身份密不可分。身份得丧会

---

[1] 参见胡元义：《民法总则》，上海书店1934年版，第55页。

[2] 参见朱庆育：《民法总论》，北京大学出版社2016年版，第509页。

[3] 参见王利明主编：《中华人民共和国民法总则详解》（上册），中国法制出版社2017年版，第533页，许中缘教授执笔。

[4] 胡长清：《中国民法总论》，中国政法大学出版社1997年版，第40页。

引发身份权的得丧。身份权属于专属权,仅限于权利人本人方可享有,不得让与、继承。"身份权与其身有不可分离之关系,为与身份相终始之权利,故身份权原则上为归属一身的专属权,身份权之行使,以由行为人之自由意思决定为必要,原则上他人不得代为行使。"[1]有学者认为:"有的人身权没有特定相对人,有的人身权是有特定相对人的。……无相对人的人身权,大多属于学者所称之人格权,……有特定相对人的人身权,通常都称为身份权,依据相对人的范围可分为配偶权、亲权、其他亲属权、监护权(保护权)。"[2]

第二,权利义务的交织性。身份权往往包含义务在内,并非严格纯粹意义上的民事权利,比如配偶权中夫妻之间一方的权利往往就是另一方的义务;监护权表面看来是监护人对被监护人的权利,实际上监护权本身内含义务,完全是为了被监护人的利益而行为,而且被监护人应该服从监护人监护权的行使,正是从这个意义上有学者将监护权定性为"一项私法上的权力"[3]。有学者也指出:"父母的权利以及监护人的权利不是一种利己的,而是一种具有关心照顾特点的权利;它是一种以法律的形式,为了子女的利益而行使的权利,所以,它实际上也就是父母的一种义务。所以,人们也把它称为'义务权'(Pflichtrecht)。"[4]"身份权由过去以权力为中心变为当今以义务为中心。"[5]"婚姻不是一个权利束,而是一个义务束,人们并非因为进入一段婚姻而获得各种权利,恰恰相反,人们因为婚姻而承担对配偶以及家庭的义务和责任。"[6]

第三,权利内容的复合性。身份权往往是对当事人权利群的概括,而且可能既包括人身方面的权利,又包括财产方面的权利,比如配偶权就是对夫妻之间权利束的统称,这是一个纯粹民法学上的概念,既包括人身方面要求

---

[1] 史尚宽:《亲属法论》,中国政法大学出版社2000年版,第34—35页。

[2] 郭明瑞:《人身权立法之我见》,载《法律科学》2012年第4期。

[3] 参见王利明主编:《民法》,中国人民大学出版社2007年版,第71—72页。

[4] Karl Larenz, Manfred Wolf, *Allgemeiner Teil des Bürgerlichen Rechts*, C.H. Beck München 2004, S.256.

[5] 薛宁兰、金玉珍主编:《亲属与继承法》,社会科学文献出版社2009年版,第105页。

[6] 于程远:《〈民法典〉背景下婚姻法回归民法的路径选择——兼论〈民法典〉分编转介规范的运用》,载《中国高校社会科学》2021年第4期。

对方忠实等权利（对方的忠实义务），又包括财产方面请求对方扶养等权利（相互扶养义务）。

身份权的法律性质聚讼纷纭。以身份权中的配偶权为例，关于配偶权性质的争论，主要集中在两个方面：一是配偶权究竟是绝对权还是相对权？二是配偶权究竟是支配权还是请求权？[1] 早期亲属权中存在支配权，存在一方对另一方的支配，并同时对应绝对权。胡长清先生认为，身份权属于对于一般人请求其不作为之绝对权。[2] 梁慧星教授认为，身份权属于支配权，但"二战"以来身份权已趋于消亡。[3] 王利明教授认为，身份权既属于支配权也属于绝对权。[4] 郭明龙教授认为，现代民法上的身份权不属于支配权，也不属于绝对权，而属于请求权和相对权。身份权不存在对应绝对权请求权。身份关系当事人之间的纠纷根据相对性，以与合同法"违约责任"类似的方式处理。第三人侵害身份权，应适用与"第三人侵害债权"类似的制度进行救济。[5] 笔者赞同身份权性质的内外区分说：身份权对外关系上属于绝对权，对内关系上属于相对权。身份权并非典型的绝对权，其在对外的关系上具有绝对权的性质，在对内的关系上具有相对权的性质，故身份权人的请求权只能向身份义务人主张。身份权与人格权在同属于绝对权这一点上具有相似性，但身份权在对内关系的相对权品格上则具有特殊性。相应地，身份权请求权也应当分为两种，一种是针对身份义务人的请求权，另一种是针对身份关系之外的第三人的请求权。[6] 胡元义认为，亲属权中以要求他人之行为为内容的，属于相对权，如受扶养的权利，可类推准用债权的有关规定。[7]

---

[1] 参见余延满：《亲属法原论》，法律出版社 2007 年版，第 125 页。

[2] 参见胡长清：《中国民法总论》，中国政法大学出版社 1997 年版，第 42 页。

[3] 参见梁慧星：《民法总论》，法律出版社 2017 年版，第 72—73 页。

[4] 参见王利明：《民法总则研究》（第三版），中国人民大学出版社 2018 年版，第 420 页、第 438 页。"身份权是绝对权。""身份权请求权是基于身份权的绝对性和对身份利益的支配而产生的保护性请求权。"最高人民法院民法典贯彻实施工作领导小组主编：《中华人民共和国民法典人格权编理解与适用》，人民法院出版社 2020 年版，第 125 页、第 126 页。

[5] 参见郭明龙：《侵权责任一般条款研究》，中国法制出版社 2019 年版，第 195—196 页。

[6] 参见段厚省：《论身份权请求权》，载《法学研究》2006 年第 5 期。

[7] 参见胡元义：《民法总则》，上海书店 1934 年版，第 54—55 页。

(二）参照适用条款中"身份权利"与"人身权利"的概念疏正

《民法典》第 112 条自然人因婚姻家庭关系等产生的人身权利不同于第 1001 条自然人因婚姻家庭关系等产生的身份权利，应该对二者做对比分析。《民法典》第 112 条规定："自然人因婚姻家庭关系等产生的人身权利受法律保护。"不能将"身份权利"等同于"人身权利"，人身权利包括人格权和身份权。身份权利是人身权利的下位概念。民法典中"身份权利"只在第 1001 条出现一次。

具有人格权性的身份权利或者说因婚姻家庭关系等产生的人格权（如生育权、隐私权、著作人身权等）都受到身份共同体性质的制约，不能简单直接适用侵权责任规则，有必要结合这些人格权的性质通过参照适用技术做变通调适。

例如，配偶一方的生育权也会受到配偶另一方生育权的限制，具有鲜明的相对权品格。《婚姻法司法解释三》第 9 条对生育权侵权救济作出特殊规定："夫以妻擅自中止妊娠侵犯其生育权为由请求损害赔偿的，人民法院不予支持；夫妻双方因是否生育发生纠纷，致使感情确已破裂，一方请求离婚的，人民法院经调解无效，应依照婚姻法第三十二条第三款第（五）项的规定处理。"在生育权问题上，女方受到更优先和倾斜保护，更具有主导地位。

又如，个人信息权益、健康隐私权等在身份关系当事人之间会存在克减现象，在参照适用人格权保护的相关规定时，也须根据其性质做变通调适，以因应身份关系共同体中对方当事人的知情权，维系家庭整体利益，纯粹个人主义方法论无法在婚姻家庭领域发挥作用。以健康隐私权为例，结婚登记前男女一方如果隐瞒患有重大疾病，根据《民法典》第 1053 条，另一方可以向人民法院请求撤销婚姻。

再如，根据《著作权法》第 21 条，如果作者生前明确表示死后不发表某作品，则死后不得发表，若未明确表示，发表权受保护期限限制。但一个人的日记，在这个人死亡 50 年后，是否发表权不再受法律保护、任何人都可以去发表这个日记？发表权确实比较特殊，如果作者生前没有明确表示不允许发表，保护期满后不能认为继承人或受遗赠人可以发表。日记涉及隐私，所以还需受到人格权的保护，不应简单适用《著作权法》的规定。对此，可以参照适用《民法典》第 1019 条第 2 款肖像权保护规定。[1]

综上，笔者认为，因婚姻家庭关系等产生的身份权利的保护参照适用人格权保护的规定，婚姻家庭关系中的人格权保护同样并非简单直接适用人格权保护规定，而须结合身份共同体性质，通过参照适用做必要的变通调适。《民法典》第 112 条没有使用"身份权利"概念，"本条使用'人身权利'的表述，而没有将其限定为身份权，表明婚姻、家庭关系中的人格权也受法律保护"[2]。《民法典》第 1001 条的构成要件存在法律漏洞，应该将第 1001 条中的"身份权利"改为"人身权利"："对自然人因婚姻家庭关系等产生的人身权利的保护，……"如此，既能呼应第 112 条，又能真正体现身份共同体对身份关系当事人所享有的人格权乃至身份权的必要克减限制、变通调适。

（三）身份权利参照适用条款所调整民事关系范围的解释扩展

进言之，著作权人死亡后，著作人身权中发表权与隐私权的冲突协调，属于《民法典》第 1001 条"对自然人因婚姻家庭关系等产生的身份权利的保护"中"等"字对应的适例之一，这种权利冲突并不完全由婚姻家庭关系产生，还要肇因于作品创作和继承关系方可周延。又如，引起监护权产生的不仅限于婚姻家庭关系，在家庭监护之外，第 32 条规定的社会监护、国家监护均不属于婚姻家庭关系，但当民法典总则编没有规定时，相应监护权的保护仍可参照适用民法典人格权编。第 1001 条第 1 句"等"字保持了身份权利参照适用条款所调整民事法律事实的开放性，也与第 112 条保持立法技术上的

---

[1] 张爱玲的《小团圆》就遇到过类似问题，但最后并没有诉讼。《小团圆》作为张爱玲的自传小说、遗世之作，张爱玲生前多次更改其稿，但都没有发表于世。20 世纪 90 年代初，在给好友宋淇夫妇的信中，张爱玲曾说自己并不想出版这本书。1992 年，张爱玲给宋淇的信中写道，自己不会出版《小团圆》，希望对方帮忙销毁它。2009 年《小团圆》由其遗产执行人宋以朗（宋淇的儿子宋以朗）授权出版。"钱钟书书信拍卖案"中存在类似问题。

[2] 王利明主编：《中华人民共和国民法总则详解》（上册），中国法制出版社 2017 年版，第 462 页，石佳友教授执笔。

一致性。

《民法典》第 1001 条调整的民事关系范围限于"身份权利的保护",立法机关的释义著作认为:"能够被参照适用于身份权利保护的只能是本编人格权保护的有关规定,……在身份权利中,不存在此种许可使用的问题,因此也不存在参照适用的可能性。"[1]笔者认为,身份权利的享有不简单等同于身份权利的许可使用,这是上位概念和下位概念之间的关系,身份权利的确不存在许可使用问题,但这不等于身份权利不存在享有问题。"身份权利的享有"乃至"人身权利的享有"应属于本条调整范围。《民法典》第 989 条也区分人格权的享有和保护产生的民事关系。婚姻家庭关系中,一方隐私权的享有会受到必要的克减限制,共同隐私权的享有也具有互相牵连限制性特点。人格权的类型内容边界、人格权行使的限制规则和人格权的许可使用规则构成人格权"享有"的三大支柱。

分析至此,我们可以发现《民法典》第 1001 条第 1 句前段在构成要件上(所调整的民事权利类型、所调整的民事关系类型)的多项法律漏洞,并将之解释弥补为:"对自然人因婚姻家庭关系等产生的人身权利的享有和保护,……"

三、《民法典》第 1001 条法律适用方法辨析:优先适用与参照适用方法的解释完善

(一)第 1001 条优先适用对应法律范围的解释扩展

《民法典》第 1001 条所规定优先适用的法律规范范围包括民法典总则编、民法典婚姻家庭编和其他法律的相关规定。针对此种规定,"有的专家建议,在适用的排序上先适用婚姻家庭编和其他法律的规定;没有规定的,再参照适用本编人格权保护的规定,最后适用总则"[2]。实际上,第 1001 条作为指引性条文,所指引法律范围包括民法典总则编,这主要和监护权的保护有关。

---

[1] 黄薇主编:《中华人民共和国民法典人格权编释义》,法律出版社 2020 年版,第 57 页。
[2] 《民法典立法背景与观点全集》编写组编:《民法典立法背景与观点全集》,法律出版社 2020 年版,第 453 页。

类似地，有学者认为《民法总则》第112条"也指明对于自然人因婚姻、家庭关系等产生的人身权利，还有本法的其他规定（如第二章关于监护的规定）和其他法律（如现行《婚姻法》《收养法》以及未来的民法典分则亲属法编）等提供保护"[1]。监护权保护优先适用民法典总则编规定，总则编没有规定时方参照适用人格权编。例如，"总则编规定了监护权人的权利义务等，但没有规定第三人侵害监护权应承担的责任。此时，允许参照适用人格权编的规则，可以弥补身份权立法规定的不足，是十分必要的"[2]。

民法典婚姻家庭编有关人身权利保护的规定也要优先于人格权编适用。健康信息属于《民法典》第1034条第2款所列举的个人信息范围，健康信息同时具备该条第3款所规定的"私密信息"属性，适用有关隐私权的规定。但夫妻一方在婚姻家庭关系中的隐私权要受到必要克减限制：结婚登记前男女一方如果隐瞒患有重大疾病，根据《民法典》第1053条，另一方可以向人民法院请求撤销婚姻，这对应优先适用婚姻家庭编规定；婚后一方如果患有重大疾病，也应该将相关健康信息及时告知另一方，这属于在婚姻家庭编没有规定的情形下，本着身份共同体的性质，参照适用人格权编规定。

第1001条人身权利保护优先适用的"其他法律的相关规定"主要对应民法典之外的民商事特别法。在这个过程中，还会产生民法典婚姻家庭编中的人身权利保护规定与民商事特别法中的人身权利保护规定之间的适用顺序问题。例如，根据《未成年人保护法》第16条的规定，未成年人的父母或者其他监护人应当尊重未成年人受教育的权利，保障适龄未成年人依法接受并完成义务教育。这是《民法典》第1068条父母对未成年子女教育权利和义务的特别规定，父母不能基于第1068条主张用家庭教育替代学校义务教育，《未成年人保护法》第13条作为特别规定要优先适用。

第1001条保护因婚姻家庭产生的身份权利的规范是否包括侵权责任编？立法者此处的沉默，是"明示其一即排斥其他"意味着问题结束，还是意味着法律漏洞及补充等问题开始？《民法典》第112条"受法律保护"虽然指引

---

[1] 张新宝：《〈中华人民共和国民法总则〉释义》，中国人民大学出版社2017年版，第223页。

[2] 王利明：《民法典人格权编的亮点与创新》，载《中国法学》2020年第4期。

范围比较抽象，但涵括力更强。或者说，侵权责任编调整（保护）的范围是否包括因婚姻家庭产生的身份权利？民法典婚姻家庭编中，哪些类型的权利可以适用侵权责任编的规定？例如，如何保护配偶权？侵权责任编应该置于第1001条优先适用的范围，还是与人格权编一样均属于被参照适用的范围？下文对此做专论。

（二）第1001条的未尽之言：侵权责任编的补充适用

《民法典》第1001条第1句后段的优先适用和第2句后段的参照适用范围能否包括侵权责任编？"是否将家庭法中的某些权利作为绝对权利纳入侵权法体系的保护一直是家庭法续造的热点问题。"[1]侵权责任编在身份关系领域同样属于"参照适用"，而非简单直接适用或者优先适用，"身份关系性质"即身份法律行为及相应身份权利义务关系所展现出的身份共同体特点，同样成为"参照适用"时对被引用法条限制或者修正变通的判断标准和解释依归。

从文义解释看，第1001条第1句后段"适用本法第一编、第五编和其他法律的相关规定"不包括侵权责任编。笔者认为，对自然人因婚姻家庭等产生的人身权利保护，侵权责任编不应被优先适用，而是在优先适用、参照适用之后可被补充适用。理由如下：第一，在人身权利及其他各种绝对权保护问题上，侵权责任编是权利保护的一般规定，人格权编属于特别规定，如果将侵权责任编列为优先适用的范围，反倒是向一般规定逃避，有悖先特别规定后一般规定的法律适用方法。第二，自然人因婚姻家庭等产生的人身权利保护，属于人身权利保护的特别事实，应该根据人身权利在婚姻家庭领域表现出的特殊性质参照适用人格权编人格权保护的有关规定。第三，自然人因婚姻家庭等产生的人身权利保护，参照适用人格权编有关规定仍然不足以解决时，方可补充适用侵权责任编规定，这属于第1001条的未尽之言。例如，就人格权请求权，第995条规定不适用诉讼时效，但未规定人格权请求权的具体构成要件，对此，可以补充适用第1167条等规定。

---

[1] 刘征峰：《论民法教义体系与家庭法的对立与融合：现代家庭法的谱系生成》，法律出版社2018年版，第238页。

父母对未成年子女的监护权属于侵权责任制度的保护范围，以更好地保护未成年子女的利益。[1]《侵权责任法》第2条第2款把婚姻自主权、监护权甚至继承权都作为该法的保护对象。《民法典》第1164条对侵权责任保护对象抽象概括规定为"民事权益"。《民法典》施行后，对因监护权被侵害而主张精神损害赔偿的案件，存在如下可能的法律适用路径：一是直接适用《最高人民法院关于确定民事侵权精神损害赔偿责任若干问题的解释》第2条："非法使被监护人脱离监护，导致亲子关系或者近亲属间的亲属关系遭受严重损害，监护人向人民法院起诉请求赔偿精神损害的，人民法院应当依法予以受理。"二是补充适用《民法典》第1183条第1款："侵害自然人人身权益造成严重精神损害的，被侵权人有权请求精神损害赔偿。"

（三）民法典如何保护配偶权？

对于身份权在侵权责任法上的可救济性，应该做区别对待：夫妻之间的配偶权，如夫妻同居请求权并不受侵权责任法的保护，目的是平衡法律与道德之间的关系，兼顾对配偶人身自由的维护。其他近亲属之间的亲属身份权原则上也不受侵权责任法的保护，但如果受害人因受他人侵害致死，受害人的近亲属因亲属身份关系的丧失，应当享有死亡赔偿金乃至精神损害赔偿请求权等。[2]

配偶权是身份权中最疑难的一类，配偶权本身也是一个类型式概念。理论上将夫妻之间基于配偶身份而享有的一系列权利与义务抽象概括为"配偶权"，配偶权也为学者在描述分析夫妻间法律关系时，针对一系列权利义务而抽象出来。"配偶权是指基于合法婚姻关系而在夫妻双方之间发生的，由夫妻双方平等地专属享有对方陪伴生活、钟爱、帮助的基本身份权利。"[3] 配偶权主要包括夫妻姓名权、人身自由权、住所决定权、同居义务、贞操忠实义务、日常家事代理权、互相扶养义务等。"基于婚姻关系，当事人间负有贞操、互

---

[1] 参见"宋某等诉徐州市第三人民医院因工作失误致其亲子被他人抱走要求找回亲子案"，载《人民法院案例选》1999年第4辑，时事出版社2000年版。

[2] 参见郭鸣：《论亲属身份权的侵权法保护》，载《江西社会科学》2010年第3期。

[3] 马强：《配偶权研究》，载《法律适用》2000年第8期。

守诚信及维持圆满之权利与义务。此种权利,称为身份权、亲属权或配偶权,均无不可。"[1]

夫妻同居请求权不具有强制履行可能性。"基于婚姻关系,夫妻负有同居义务。同居义务是指男女双方基于配偶身份都负有同对方共同生活的义务,夫妻性生活是同居义务的重要内容。同居义务是一种法定义务,是夫妻双方共同的、平等的义务,……由于同居义务的存在,于一般情形,不宜将夫妻间违反一方意志发生性关系的行为界定为侵害贞操权。但是,应当看到,国外法律在规定夫妻同居义务的同时,也规定在一定情况下夫妻可以暂时或部分中止同居义务,在这些情况发生时,违反一方意志发生性关系的行为将构成侵害贞操权。……提起离婚诉讼后,配偶双方在诉讼期间均有停止共同生活的权利。"[2] 可见,对婚内强奸是否侵害一方的贞操权不能一概而论。

夫妻互相忠实的权利义务应受侵权责任制度保护。"配偶权作为一项基本身份权,其最基本的一项义务就是贞操忠实义务。贞操忠实义务又称配偶性生活排他专属义务,它是指配偶专一性生活的义务,它要求配偶双方互负贞操忠实义务,不为婚外性生活。"[3] "法律与性有两种不同的关系:一方面,法律是在执行为社会所采纳的关于性道德问题的法律;另一方面,它也在保护性范畴中个人的普通权利。"[4] 黑格尔说:"在婚姻中提到性的事件,不会脸红害臊,而在非婚姻关系中就会引起羞怯。"[5]

民法典如何保护配偶权,第三人干扰婚姻关系案件中,配偶无过错方是否有权要求第三人承担侵权责任?法院拒绝将婚姻共同生活不受干扰地纳入侵权责任法所保护的绝对权范围,因为共同生活本身不具有法律上的执行力。如果没有配偶一方的配合,婚外第三者是不可能干预婚姻关系的。

---

[1] 王泽鉴:《干扰婚姻关系与非财产上损害赔偿》,载王泽鉴:《民法学说与判例研究》(重排合订本),北京大学出版社 2015 年版,第 691 页。

[2] 马强:《试论贞操权》,载《法律科学》2002 年第 5 期。

[3] 马强:《试论贞操权》,载《法律科学》2002 年第 5 期。

[4] [美]罗素:《婚姻革命》,靳建国译,东方出版社 1988 年版,第 5 页。

[5] [德]黑格尔:《法哲学原理》,范扬、张企泰译,商务印书馆 1961 年版,第 179 页。

理论上也存在不同观点。有学者总体持否定说：婚姻家庭编具有封闭性，夫妻身份权不应参照人格权的保护方式，而应当在婚姻家庭法的框架内寻求救济。第三人侵害他人婚姻关系，无过错方原则上只能依据离婚损害赔偿制度请求过错方配偶承担责任。[1] 有学者总体持肯定说：以忠实义务为基础的配偶权属于受侵权责任法保护的民事利益。当该利益被侵害时，婚姻中无过错方有权向过错方主张婚姻法上的损害赔偿，并由法院依据利益衡量决定其是否有权向违反注意义务的过错第三者主张侵权损害赔偿责任。过错方与第三者所承担的赔偿责任之间的关系，依据数人侵权场合中的意思联络情形区分为连带责任和按份责任。无过错方对过错方主张损害赔偿不受普通诉讼时效限制，应依据婚姻法确定时效限制规则。这实质上反映了我国历史上一直以来否定并制裁危害婚姻家庭之行为的传统法治观念对当代法律实践的影响。[2]

  婚姻家庭法的现代化一定程度上是将婚姻关系或者其他家庭关系权利化。婚姻关系、家庭关系作为权利，受法律保护。《民法典》第1041条第1款规定："婚姻家庭受国家保护。"婚姻的本质是基于夫妻之间的特殊身份关系通过身份法律行为等法律事实所产生的身份权利义务关系。家庭的法律本质则是基于家庭成员间特殊身份通过家庭身份法律行为等法律事实所产生的家庭身份权利义务关系，这种家庭身份权利义务关系形成了夫妻家庭共同生活的内容。婚姻以夫妻终身共同生活为目的，夫妻互负忠实义务，是夫妻身份共同体得以存续的基础，也是对已婚者脱缰任性的约束。是否缔结婚姻，取决于当事人的自主决定，而一旦进入婚姻，则会成为超越个体利益和欲望的共同体，"其关系则和当事人的意志无关，而由客观规定的规范制约着"[3]。已婚男女之一方与他人发生性关系，即违反忠实义务，侵害配偶另一方的配

---

[1] 参见冉克平：《论第三人侵害夫妻身份权的民事责任》，载《华中科技大学学报（社会科学版）》2020年第1期。

[2] 参见朱晓峰：《配偶权侵害的赔偿责任及正当性基础》，载《浙江大学学报（人文社会科学版）》2017年第6期。

[3] ［日］我妻荣、有泉亨：《日本民法·亲属法》，远藤浩补订，夏玉芝译，工商出版社1996年版，第5页。

偶权，而非贞操权或者名誉权。将夫妻婚姻生活权利化为配偶权后，配偶权本身就应受侵权责任制度保护。第三人干扰婚姻关系案件中，配偶无过错方有权要求第三人和配偶一方承担侵权责任。要求第三人和配偶一方承担连带责任，有请求权规范基础，这不单纯是规范分析和逻辑分析，更重要的是法律价值判断，是基于"婚姻家庭受国家保护"对"夫妻应当互相忠实"的具体化。就具体侵权责任方式而言：第一，配偶无过错方有权要求第三人和配偶过错方停止侵害。第二，配偶无过错方有权要求配偶过错方承担《民法典》第 1091 条规定的离婚损害赔偿责任。第三，鉴于婚姻家庭编和人格权编均未规定配偶无过错方能否请求第三人赔偿，笔者认为可以补充适用第 1168 条和第 1183 条第 1 款，配偶无过错方有权要求第三人和配偶过错方承担共同侵权连带责任和精神损害赔偿责任。《民法典》第 1183 条第 1 款也未将精神损害赔偿制度保护的权利范围局限于人格权，或者限缩为侵害身体健康、名誉或者自由之情形，[1] 而是对应"自然人人身权益"，将配偶权纳入其中，不存在制度障碍，补充适用侵权责任编即可解决，不必在法学方法论上大费周章。《民法典婚姻家庭编司法解释一》第 87 条第 1 款只是限制离婚损害赔偿责任主体范围，不能据此否定第三人承担普通侵权责任的可能："承担民法典第一千零九十一条规定的损害赔偿责任的主体，为离婚诉讼当事人中无过错方的配偶。"第三人干扰婚姻关系案件中的精神损害赔偿责任的正当性毋庸置疑，有学者就认为："通奸事件，造成财产上损害者，事例甚少，若否认被害人之非财产上损害赔偿请求权，则干扰他人婚姻关系者，几可不负任何民事责任矣，其不足保护被害人利益及维护社会伦理，似甚显然。"[2] 第四，在第三人干扰婚姻关系案件中，若有欺诈抚养，配偶无过错方在请求行为人承担以上三种责任的同时，还可要求行为人承担欺诈抚养所致财产损

---

[1] 针对第三人干扰婚姻关系案件，我国台湾地区民法理论和实务中着力论证受侵害的是配偶无过错方的名誉权，以使其可根据我国台湾地区"民法"第 195 条请求慰抚金。参见王泽鉴：《干扰婚姻关系之侵权责任》，载王泽鉴：《民法学说与判例研究》（重排合订本），北京大学出版社 2015 年版，第 680—685 页。

[2] 王泽鉴：《干扰婚姻关系与非财产上损害赔偿》，载王泽鉴：《民法学说与判例研究》（重排合订本），北京大学出版社 2015 年版，第 691 页。

失。[1]理论上，有学者认为欺诈抚养情形下配偶无过错方受到侵害的不是配偶权，而是一般人格利益。[2]

（四）身份权利性质作为第 1001 条参照适用与否的判断标准

针对《民法典》第 1001 条，有学者认为："对于身份权的保护而言，首先应当适用《民法典》总则编、婚姻家庭编和其他法律中有关身份权保护的规定。当前述法律没有规定时，才适用人格权保护的有关规定。"[3]这实际上混淆了参照适用与补充适用、直接适用的关系。"参照适用"不同于"适用"。《民法典》第 1030 条规定："民事主体与征信机构等信用信息处理者之间的关系，适用本编有关个人信息保护的规定和其他法律、行政法规的有关规定。"该条中的"适用"是直接适用之义。第 1034 条第 3 款规定："个人信息中的私密信息，适用有关隐私权的规定；没有规定的，适用有关个人信息保护的规定。"该款前段中的"适用"是优先适用之义，后段中的"适用"是补充适用之义。无论是直接适用、优先适用还是补充适用，都不同于第 1001 条中的"参照适用"。

"《民法典》婚姻家庭编对身份权的具体内容加以规定，但未规定身份权请求权。当身份权正遭受侵害或有侵害之虞，权利人有权主张排除妨害行为或者消除妨害的危险。……人身权请求权的保护方法与人格权请求权相近，考虑到身份权与人格权的相似性以及立法成本，在人格权编中设置参照适用条款保护身份权较妥当。侵害人格权的民事责任方式也能适用于侵害身份权行为。"[4]民法典中参照适用方法论的核心问题是何时参照适用、如何参照适

---

[1] 参见"周某诉王某等返还受欺骗抚养非亲生子费用和侵犯配偶权索赔案"，载《人民法院案例选》2001 年第 2 辑，人民法院出版社 2001 年版；《中国审判案例要览》2001 年民事审判案例卷，中国人民大学出版社 2002 年版。

[2] 参见陈甦主编：《民法总则评注》（下册），法律出版社 2017 年版，第 801 页，刘明执笔。

[3] 最高人民法院民法典贯彻实施工作领导小组主编：《中华人民共和国民法典人格权编理解与适用》，人民法院出版社 2020 年版，第 127 页。

[4] 张红：《〈民法典（人格权编）〉一般规定的体系构建》，载《武汉大学学报（哲学社会科学版）》2020 年第 5 期。

用。对第 464 条第 2 款身份关系协议如此,[1] 对第 1001 条因婚姻家庭关系等产生的身份权利保护亦然,须着重判断身份权利性质的特殊性和与人格权性质的相似性。

违约行为侵害身份权利时,可以参照适用《民法典》第 996 条,支持受损害方的精神损害赔偿请求。"在因为违约而侵害对方身份权利并造成严重精神损害的情形,也应当可以主张精神损害赔偿。例如,保姆看管不善,导致主人家的孩子丢失。主人因监护权受到侵害而遭受严重的精神痛苦,在主张违约时应当有权请求精神损害赔偿。"[2]

第 997 条人格权侵权禁令制度也可参照适用于身份权利领域。第 997 条规定侵害人格权的禁令制度,以及时制止侵害,有效预防损害,强化对人格权的保护。大量的网络侵权行为迫切需要禁令制度予以遏制,尤其是针对名誉、隐私等侵权行为,如不及时加以制止,损害后果可能被无限扩大。在人格权侵权中,预防比救济更为重要。停止侵害、诉前禁令制度不能替代禁令制度。与停止侵害制度相比,禁令制度可以使得损害预防的时间更加提前,这种预防功能是停止侵害制度无法代替的。禁令制度的适用范围并不限于人身安全这一领域,在整个人格权保护领域,以及身份权保护中,均可适用禁令制度。[3]

对自然人因婚姻家庭关系等产生的人身权利保护,人格权编能否被参照适用、何时被参照适用、如何被参照适用,均取决于拟处理案件中人身权利的性质,在参照适用人格权编时如何做适当变通调适也取决于人身权利性质所展现出的事物本质。我们要避免人格权编个体主义方法论过分渗透到婚姻家庭关系中人身权利的保护,避免不合宜的等量齐观。身份权利具有保护婚姻家庭共同体的整体价值取向,"参照适用人格权保护的规定不符合有关身份权利保护的整体价值取向的,就不能参照适用人格权保护的

---

[1] 参见王雷:《论身份关系协议对民法典合同编的参照适用》,载《法学家》2020 年第 1 期。
[2] 周友军:《民法典人格权编评析》,载微信公众号"中国民商法律网",2020 年 6 月 7 日。
[3] 参见徐隽:《民法典草案规定侵害人格权的禁令制度 及时制止侵害 有效预防损害——访中国法学会民法学研究会会长王利明》,载人民网,http://legal.people.com.cn/n1/2020/0429/c42510-31693061.html,2023 年 10 月 10 日访问。

规定"[1]。

参照适用又被称为准用、授权式类推适用、法定类推适用等，"是指法律明定将关于某种事项所设之规定，适用于相类似之事项"[2]。《民法典》第1001条的参照适用法律技术仿照第464条第2款规定限制性因素"根据其性质"。作为法定类推适用，参照适用是立法者有意识地对法律适用者的明确授权，立法者通过参照适用法律技术有意识地主动弥补法律漏洞，避免了法律适用者在法律适用过程中从众多法律适用方法中论证和选择出"类推适用"，相应地，法律适用者对当事人的诉求也不能因法律没有设置具体保护规则而简单拒绝提供法律救济。但是，参照适用并非强约束，立法者对参照适用的修饰语是"可以""根据其性质"。是否参照适用、何时参照适用、如何参照适用，均取决于第1001条第2句后段的"根据其性质"，即身份权利性质，或者本书所主张的人身权利性质。如何确定身份权利乃至人身权利的性质？民事权利的类型化思维就是化解应对之道。婚姻家庭是一个休戚与共、利害攸关的身份共同体，身份关系的场景决定身份权利的内容和属性的特殊之所在。具体地：第一，身份共同体下的配偶权、监护权等身份权不属于支配权，而在身份关系当事人之间具有鲜明的请求权、相对权、专属权等品格；对外关系上这些身份权则具有绝对权属性，以落实"婚姻家庭受国家保护"的基本价值。第二，身份共同体下的人格权保护也不能坚持个体主义思维，[3]而要凸显在身份关系当事人之间的相互性、整体性特点。例如，生育权具有相对权属性，鉴于生育负担的偏在性，对女方生育权应倾斜、优先保护。个人信息、隐私权在婚姻家庭关系中受到必要的克减限制、变通调适。

---

[1] 黄薇主编：《中华人民共和国民法典人格权编释义》，法律出版社2020年版，第57页。

[2] 王泽鉴：《同时履行抗辩：第264条规定之适用、准用与类推适用》，载王泽鉴：《民法学说与判例研究》（重排合订本），北京大学出版社2015年版，第1245页。

[3] "在家事领域，个体本位与中国社会和中国家庭的现实有一定的脱节，它夸大了个体主义在中国家事领域的影响。"张剑源：《家庭本位抑或个体本位？——论当代中国家事法原则的法理重构》，载《法制与社会发展》2020年第2期。

四、民法典人格权编肖像权、姓名权中的参照适用

人格权保护和人格权享有民事关系性质不同，《民法典》第 1001 条、第 1017 条、第 1023 条第 1 款和第 1023 条第 2 款共有四处"参照适用"条款，其中三处聚焦于"保护"中的参照适用问题，只有第 1023 条第 1 款规定"许可使用"中的参照适用问题。人格要素"许可使用"可以被解释纳入第 989 条规定的"人格权的享有"之中。第 1017 条和第 1023 条第 1 款调整的民事关系范围可否及于享有？这些参照适用技术具有何种共性和个性，人格权编中围绕保护和许可使用的参照适用法律技术具有何种体系化功能？

（一）肖像许可使用作为人格权商业化的一般情形

《民法典》第 993 条规定标表性人格权许可使用制度，支持人格权商业化，有利于发掘和实现人格权中的财产利益。第 993 条与第 1021 条、1022 条和 1023 条共同组成了人格权商业化的总分体系。肖像许可使用是人格权商业化的典型情形。人格权商业化是当代人格权从消极保护到积极确权发展趋势的体现，也是第 989 条所规定本编调整范围中"人格权的享有"的有机组成部分。"在法律上，并非所有的人格权益均可以成为商业化利用的对象，出于保护个人人格尊严的需要，生命权、身体权、健康权等物质性人格权，不能成为商业化利用的对象，能够成为商业化利用对象的主要是姓名权、肖像权等标表性人格权。"[1] 第 993 条"姓名、名称、肖像等"属于等外等，可以延及隐私、个人信息等。哪些人格权能够商业化，哪些不能，仍取决于第 993 条所谓法律的特别规定或者"根据其性质"，这与第 1001 条的"根据其性质"的限制技术类似。

物质性人格权和标表性人格权确有不同，后者可以商业化利用，前者不可。但不能商业化利用不等同于完全不具有任何积极权能，民法典人格权编

---

[1] 王利明：《人格权法的新发展与我国民法典人格权编的完善》，载《浙江工商大学学报》2019 年第 6 期。

第二章"生命权、身体权和健康权"大多数条文（第 1006 条至第 1011 条）都是围绕身体权的积极权能（身体权的处分）展开的，虽然不是商业化利用，但仍属于第 989 条所规定的"人格权的享有"产生的民事关系。可以说，人格权的积极权能不简单等同于人格权的商业化利用，后者只是前者的具体表现之一而已。人格权的商业化利用（人格权许可使用制度）和身体权的处分构成了人格权编"人格权的享有"的两大支柱。

（二）姓名、名称、声音等许可使用合同的参照适用

《民法典》第 1023 条设置姓名、声音等对肖像许可使用规则的参照适用制度。第 1013 条名称权人可以许可他人使用自己的名称，由此，第 1023 条第 1 款列举范围"等"字中包含"名称"。第 1023 条第 1 款"之所以在'姓名'后面加个'等'字，主要是考虑到还有名称等也可以被许可使用。"[1]第 1023 条第 2 款规定："对自然人声音的保护，参照适用肖像权保护的有关规定。"该款构成要件存在语境错位问题，该款处理的应该是对自然人声音的许可使用，而非保护，如此方能与第 1021 条、1022 条和 1023 条第 1 款的适用语境保持体系协调，也契合人格权保护法定性的调整方法。可见，第 1023 条第 1 款"等"字还包含"声音"。国家网信办、公安部、商务部等七部门联合发布的《网络直播营销管理办法（试行）》自 2021 年 5 月 25 日实施，该办法第 25 条规定："直播间运营者、直播营销人员使用其他人肖像作为虚拟形象从事网络直播营销活动的，应当征得肖像权人同意，不得利用信息技术手段伪造等方式侵害他人的肖像权。对自然人声音的保护，参照适用前述规定。"

使用他人的姓名、名称、声音、肖像的许可使用合同属于民法典人格权编规定的典型合同，肖像许可使用合同为人格权许可使用合同的一般，其他人格权（益）许可使用合同为特别，《民法典》第 1023 条使得肖像许可使用合同有关规定可以发挥"小总则"功能。第 1023 条第 1 款为人格权商业化提供了一般性规则，展现了在标表性人格权等商业化利用问题上隐藏的总分结

---

[1] 黄薇主编：《中华人民共和国民法典人格权编释义》，法律出版社 2020 年版，第 145 页。

构,该款显示"关于肖像权许可使用的规则不是仅仅适用于肖像,而实际上为人格权的商业化利用确定了一般性的规则,从而弥补了我国现行立法在这方面规定的不足"[1]。

《民法典》第 1021 条和第 1022 条分别规定肖像许可使用合同中有利于肖像权人解释规则、肖像权人随时解除权规则,以充分体现对肖像权人人身自由和人格尊严的维护。理论上,肖像许可使用合同中的这些特殊规则有进一步被类推适用的广泛空间。人体及其组成部分"处分"具有特殊性,即得以随时撤回同意且无须赔偿。关于同意的撤回问题,是人格要素使用中的重大问题之一,民法典只规定了肖像许可使用中的"随时解除"问题,并没有对人体及其组成部分的使用同意的撤回、个人信息收集使用同意的撤回或"随时解除"作出规范,实属遗憾。[2]

(三)笔名、网名、简称等参照适用姓名权、名称权保护的有关规定

《民法典》第 1017 条规定:"具有一定社会知名度,被他人使用足以造成公众混淆的笔名、艺名、网名、译名、字号、姓名和名称的简称等,参照适用姓名权和名称权保护的有关规定。"本着第 989 条人格权编调整对象的二元性特点,第 1017 条也不应该仅仅调整保护问题,还可及于许可使用等享有问题。第 1017 条和第 1023 条共同体现出标表性人格权许可使用等享有权能的扩展性。

第 1017 条在立法技术上与第 1001 条第 2 句不同之处在于,没有出现"根据其性质参照适用",而是把此种"根据其性质"明示规定出来,具体为"具有一定社会知名度,被他人使用足以造成公众混淆",这本身均属不确定法律概念,属于程度性要件,决定了是否参照适用、如何参照适用问题上的裁量性特点,天然有别于"直接适用"。

---

[1] 王利明:《民法典人格权编草案的亮点及完善》,载《中国法律评论》2019 年第 1 期。

[2] 参见周江洪:《关于〈人格权编(草案)〉(二次审议稿)人体试验相关规定的意见建议》,载微信公众号"浙大民商法",2019 年 5 月 5 日。

五、总结：大人格权编的"雄心壮志"

婚姻家庭编回归民法典，成为独立的一编，显示出民法与婚姻家庭法分久必合。侵权责任法从大陆法系传统债法体系中分离出来，成为民法典中独立的分支，并继续作为民法典中的独立一编，显示出债法与侵权责任的合久必分。人格权编从传统民法体系中的民法总则或者债法侵权责任制度中独立出来，也是民法典中合久必分的一个生动事例。民法典中的合同编一编独大，显示出合同中心主义。而且，合同编还在努力展现其体系溢出效应，通过参照适用条款，兜住身份关系协议和非合同之债法律适用的"底"，体现出民法典合同编的雄心抱负，民法典中有一个"大合同编"。民法典总则编的"非总则性"给了各分编纷纷"做大"的机会和默许。继合同编之后，我们看到"大侵权责任编"，大侵权责任编的保护对象及于"民事权益"。人格权编一面世就不甘居小，而要努力做大，人格权编对因婚姻家庭等产生的身份权利乃至人身权利的兜底保护将该编的"雄心壮志"显露无遗。且夕间，民法典分则各编诸侯环伺，分则没有规定时补充适用总则的道路处处受阻，民法典总则编地位岌岌可危。[1]

人格权保护和人格权享有民事关系性质不同。围绕因婚姻家庭关系等产生的人身权利保护、标表性人格权的许可使用等民事关系，民法典人格权编设置四处参照适用条款。人格权编中的这些参照适用法律技术在一定程度上打破了先分则后总则的法律适用技术，使得人格权编担当人身权利法律适用"总则"之功能，使得肖像许可使用规则担当人格权商业化利用"总则"之功能。《民法典》第1001条参照适用技术致力于兜住身份权利保护法律适用之"底"，第1023条致力于兜住其他人格要素许可使用法律适用之"底"。人格权编中的参照适用法律技术使得人格权编具有体系开放性，产生体系溢出效

---

[1] 例如，有学者指出，《民法典（草案）》第1034条第1款与第111条第1句重复，第109条与第990条第2款存在解释衔接困难，第110条第1款与第990条第1款存在重叠，第119条与第465条第2款存在重叠，第121条与第979条第1款重叠，第122条与第985条重叠，第185条与第994条存在解释衔接困难。参见王成：《关于民法典草案人格权编和侵权责任编的修改建议》，载微信公众号"民法九人行"，2020年2月14日。

应。参照适用技术充分释放人格权编的体系效益，立法者明确指引的这种参照适用技术挤压了司法裁判中类推适用空间。

我们要善用、妥用人格权编中的参照适用法律技术，使得人格权编能够真正兜住人格权的享有和保护产生的民事关系之"底"，充分论证"根据其性质"的限制技术，使得这些参照适用条款成为释放人格权编体系效益的"阿拉丁神灯"，而非打开裁判恣意的"潘多拉魔盒"。可以根据因婚姻家庭关系等产生的人身权利性质参照适用人格权编保护的有关规定，让我们发现人身权利性质乃至民事权利分类并非与民法典规则设计和适用无关的纯粹民法学问题，而是关乎参照适用立法技术和司法技术的实实在在的民法问题。根据《民法典》第464条第2款，我们结合身份关系协议所追求的身份共同体中特定价值秩序，将身份关系协议参照适用合同编规定控制在理性范围，避免合同中心主义的过度渗透。根据第1001条，我们结合人身权利在身份共同体中所表现出民事权利的特殊性质，发现因婚姻家庭关系等产生的人身权利的本质，通过参照适用技术释放人格权编的体系效益，在坚持以人为本、保护个体平等自由的同时，保护婚姻家庭、重视家庭文明、维护婚姻家庭团结和睦、着力亲情维持修复与增进，避免个体主义方法论的过度渗透。

第十一章　基于身份关系协议的物权变动对民法典物权编的参照适用

一、问题的提出

《民法典》第 464 条第 2 款规定："婚姻、收养、监护等有关身份关系的协议，适用有关该身份关系的法律规定；没有规定的，可以根据其性质参照适用本编规定。"该款解决了身份关系协议与民法典合同编的法律适用关系。身份法和财产法的体系融贯还涉及身份法和民法典物权编的法律适用关系。从基于身份关系协议引发物权变动角度，是否存在参照适用物权编物权变动规定的可能？抑或对物权编相关规定是"直接适用"／"补充适用"而非"参照适用"？基于离婚财产分割协议、夫妻财产约定等身份关系协议引发物权变动时，是否需要遵循物权变动公示原则的要求？抑或身份关系协议生效即直接在身份关系当事人之间产生物权变动效力？是否需要区分基于身份关系协议物权变动的内部效力与外部效力？身份共同体特点对物权变动公示原则是否产生影响？

《民法典》实现了婚姻法和继承法向民法的回归，但未就基于身份关系协议的物权变动做特殊对待，婚姻家庭编、继承编存在规范配置不足的现象，如何看待物权编物权变动规则在婚姻家庭生活领域的可适用性？值得思考。以最高人民法院公报案例"唐某诉李某某、唐某乙法定继承纠纷案"为代表，[1] 司法实践中近年出现大量基于身份关系协议的物权变动疑难问题，亟须统一裁判标准。

在理论研究方面，基于身份关系协议的物权变动，一直是婚姻家庭法学界和物权法学界的"两不管"地带。在民事单行法时代，有学者就曾指出："罕有民法学者思考《物权法》与《婚姻法》的关系、……《婚姻法》躲进小楼自成一统，只关注离婚案件而不大将夫妻财产的物权逻辑当回事儿。"[2] 基于身份关系协议的物权变动是婚姻家庭法上的一个细节问题和难点问题，需要讨论财产法上物权变动规则对基于身份关系协议物权变动的解释力、涵括力。笔者从身份法律行为入手，以离婚协议、夫妻财产约定、遗赠扶养协议等身份关系协议为重点，着重探讨身份关系协议的物权变动问题，使得物权变动制度能够更充分类型化，以顾及身份关系协议的性质，在民法典背景下实现身份法和财产法的体系融贯。

二、物权变动公示原则在婚姻家庭领域的过度渗透

《婚姻法司法解释三》出台后，婚姻法与物权法的衔接成为众矢之的。[3] 有学者认为物权法个人财产制入侵婚姻法，这是一种以市场化解决家庭问题的思维定式，婚姻家庭财产关系是不能根据一般财产法规则处理的。《婚姻法司法解释三》是用一般社会关系的原理去解释家庭内部关系，

---

[1] 参见"唐某诉李某某、唐某乙法定继承纠纷案"，载《最高人民法院公报》2014年第12期。

[2] 贺剑：《论婚姻法回归民法的基本思路——以法定夫妻财产制为重点》，载《中外法学》2014年第6期。

[3] 参见孙若军：《论夫妻财产制的定位及存在的误区——以〈婚姻法〉司法解释（三）第7条为视角》，载《法律适用》2013年第4期。

用调整市场关系的规则去调整家庭关系，当然是不妥的，必然引起民众的争议。[1]"物权法以权属为核心构建的利益分配规范在婚姻家事领域时常'失灵'。"[2]

对于婚姻法和物权法及其他民事财产法的关系，学界普遍认为是特别和一般、优先适用和补充适用关系。有学者主张对基于身份关系协议引发的物权变动直接适用物权法规则："于婚姻关系存续中，夫或妻如何取得财产，在亲属编之夫妻财产制别无规定，故应适用民法物权编或其他法律之规定。……亲属编修正后，凡登记为妻名义之不动产，不论登记时为结婚前或婚姻存续中，均为妻所有。"[3] 有学者概括指出："婚姻法对于夫妻财产的规定属财产法的特别法，其适用可凌驾于一般财产法之上，但夫妻财产法并非与一般财产法平行的法律规范，而是与一般财产法配套适用的特别法，当婚姻法有特别规定时，适用婚姻法，当婚姻法没有特别规定时，适用一般财产法。"[4]"物权法是调整家庭财产关系的基础性法律。"[5]"在婚姻法司法解释三中有关夫妻共同财产的规则上，体现的是《物权法》规定的调整物权法律关系的规则与《婚姻法》规定的夫妻共同财产规则的一致性、统一性。夫妻共同财产是共有财产，……必须贯彻《物权法》规定的共有规则，不符合共有规则的做法都应当统一到《物权法》确定的共有规则上。"[6]

《婚姻法司法解释三》主要解决 2007 年《物权法》实施后，有关法条与《婚姻法》未能衔接的问题。[7] 如《婚姻法司法解释三》第 7 条和第 10 条确认

---

[1] 参见马忆南：《〈婚姻法解释三〉忽视婚姻家庭团体价值 偏向个人主义》，载《中国社会科学报》2011 年 8 月 30 日。

[2] 于程远：《〈民法典〉背景下婚姻法回归民法的路径选择——兼论〈民法典〉分编转介规范的运用》，载《中国高校社会科学》2021 年第 4 期。

[3] 戴东雄：《亲属法实例解说》，台湾大学法学丛书（六十），2000 年修订版，第 148—149 页。

[4] 孙若军：《论夫妻财产制的定位及存在的误区——以〈婚姻法〉司法解释（三）第 7 条为视角》，载《法律适用》2013 年第 4 期。

[5] 龙翼飞：《我国〈物权法〉对家庭财产关系的影响》，载《浙江工商大学学报》2008 年第 6 期。

[6] 杨立新：《最高人民法院〈关于适用婚姻法若干问题的解释（三）〉的民法基础》，载《法律适用》2011 年第 10 期。

[7] 参见王涌：《法律不应离间婚恋》，载《新世纪》2011 年第 33 期。

了物权法上的不动产登记效力，不动产的登记效力将不会因为婚姻关系的变动而发生变化。《婚姻法司法解释三》第11条确认了物权法上不动产善意取得制度在夫妻共同共有房屋无权处分情形下的适用。实际上，《婚姻法司法解释三》适用民事财产法的规则并不意味着就是简单运用市场经济规则调整婚姻家庭关系。其第7条[1]、第10条[2]并非调整婚姻家庭领域的交易关系，与登记制度相衔接，以此作为确认赠与人意思表示的一种方式或者作为确认按揭房屋所有权归属问题的规则。《婚姻法司法解释三》第11条[3]虽然可能导致夫妻共同共有财产形态的转化，但也并非像有学者所指出的那样即会违背家庭伦理和与之相应的家产制。[4]何况家产制与家庭关系稳定性的正相关性也尚须严密论证。[5]

当然，不可否认的是，婚姻法与物权法在调整夫妻财产问题上的特别与一般关系源于婚姻法所调整财产关系的特殊性。如婚姻法只调整自然人之间的婚姻家庭财产关系，而物权主体则具有广泛性。婚姻法调整财产关系的对象内容更宽，其不限于有体物。婚姻法在调整相关财产关系时还具有倾斜保护妇女、儿童和老人的鲜明特点。[6]《最高人民法院关于当前形势下加强民事审判切实保障民生若干问题的通知》第7条指出："……在审理婚姻家庭案件中，应当在整体上全面准确地理解和把握婚姻法及其相关司法解释的精神，不能机械理解，孤立适用。在涉及财产权属的认定、共同财产的分割等问题上，要按照婚姻法及有关司法解释规定，依法保护当事人特别是妇女、儿童和老人的合法权益。"对以身份为前提的财产关系不能直接套用财产法原理。[7]婚姻家庭财产关系的身份共同体特点，使得身份关系协议不是补充适用而是参照适用民法典合同编，身份权利保护不是补充适用而是参照适用民

---

[1] 参考《民法典婚姻家庭编司法解释一》第29条。
[2] 对应《民法典婚姻家庭编司法解释一》第78条。
[3] 对应《民法典婚姻家庭编司法解释一》第28条。
[4] 参见赵晓力：《中国家庭资本主义化的号角》，载《文化纵横》2011年第1期。
[5] 参见孙若军：《论夫妻财产制的定位及存在的误区——以〈婚姻法〉司法解释（三）第7条为视角》，载《法律适用》2013年第4期。
[6] 参见辛焕平：《物权法与婚姻法的关系及适用中的衔接问题探讨》，载《中华女子学院学报》2009年第4期。
[7] 参见丁慧：《身份行为基本理论的再认识》，载《法学杂志》2013年第1期。

法典人格权编，基于身份关系协议的物权变动对民法典物权编物权变动制度也非补充适用而是参照适用，会有变通调适。

三、基于身份关系协议的所有权变动

（一）物权变动公示原则的适用边界

"公示原则固然重要，但也并非'法力'无边，不得将之绝对化。"[1] 物权变动公示原则主要适用于基于民事法律行为发生的物权变动之中，不适用于债权意思主义物权变动模式之中，也不适用于非基于民事法律行为发生的物权变动之中，后者主要包括基于事件（如征收决定、法院判决、被继承人死亡等）和事实行为（包括合法建造拆除房屋、拾得遗失物等合法的事实行为和侵权行为等非法的事实行为）发生的物权变动，这是根据引发物权变动原因的不同和公示、公信原则本身权属公开和信赖保护的功能而对公示、公信原则适用范围所做的目的性限缩。我国民法典物权编第二章第三节"其他规定"主要调整非基于民事法律行为的物权变动，但该节并未穷尽非基于民事法律行为引发物权变动的全部情形。

在基于民事法律行为发生的物权变动之中，根据成立民事法律行为所需意思表示的数量又可以分为基于单方民事行为（如抛弃）、双方民事行为、共同行为和决议行为引发的物权变动。物权变动中的核心是基于民事法律行为，特别是基于合同行为发生的物权变动，这是物权变动规则设计的重点。《民法典》第208条规定："不动产物权的设立、变更、转让和消灭，应当依照法律规定登记。动产物权的设立和转让，应当依照法律规定交付。"民法典物权编第二章第一节和第二节主要调整基于民事法律行为的物权变动。

物权变动公示原则主要在财产法领域发挥作用，其协同物权变动公信原则，使得物权变动为人所"知"、所"信"，以维护财产法律秩序，维护交易安全。物权变动公示原则在夫妻财产约定的法律效力判断上应该秉持适当的谦抑

---

[1] 崔建远：《中国民法典释评·物权编》（上卷），中国人民大学出版社2020年版，第43页。

性。不分彼此、同居共财、同甘共苦、患难与共的夫妻法定财产制可以突破物权变动公示要件主义的规定，这源于结婚登记的公信力，而且我国《民法典》及其实践中也是以法定财产制为常态，法定财产制是基于法律规定而非基于民事法律行为引发的物权变动，故无须以不动产物权登记为夫妻法定财产制生效要件或对抗要件。对夫妻婚后所得，你的就是我的，我的也是你的，不采债权形式主义的物权变动模式。在法定财产制下，即使共同所有的房产登记在妻子名下，除非妻子能够举证证明该房产并非共同所有，而是其原有的个人财产，否则该房产所有权仍归夫妻共同共有，此种房产共同共有不以登记为必需要件。[1] 基于身份共同体特点和以法定财产制为原则，夫妻婚后所得财产中，如果不能举证证明为夫或者妻个别所有的，即推定为夫妻共有财产。

不动产物权变动原则上以登记完成为生效要件。夫妻共同财产制适用共同共有法律规则，不以公示为必要，夫妻对共同共有的财产有平等处理权，一方擅自将夫妻共同财产赠与他人的，赠与行为无效。夫妻一方擅自抵押自己名下的共有房屋，他人可善意取得抵押权。[2] 当然，对夫妻共同财产也不能简单适用物权法共有制度，也存在身份法上特殊利益衡量的空间，例如，"虽然夫妻对共同所有的财产，有平等的处理权，但夫或妻也有合理处分个人收入的权利，不能因未与现任配偶达成一致意见即认定支付的抚养费属于侵犯夫妻共同财产权，除非一方支付的抚养费明显超过其负担能力或者有转移夫妻共同财产的行为。"[3]

但司法实践中仍然存在财产法物权变动规则被直接适用到身份关系协议领域的做法。如离婚协议约定夫妻共同共有的房产离婚后转归女方所有，但是双方未进行不动产物权的转让登记，有法院认为，这种情形下，物权的转让不发生效力，涉案房产仍属于夫妻共同所有。男方负有个人债务，对其和

---

[1] 参见"周某与刘某、邢台依林山庄食品有限公司、河北融投担保集团有限公司、中元宝盛（北京）资产管理有限公司、郑某案外人执行异议之诉"，最高人民法院（2019）最高法民申 5165 号民事裁定书。另参见许莉：《夫妻财产归属之法律适用》，载《法学》2007 年第 12 期。

[2] 参见韩耀斌：《夫妻一方擅自将登记在自己名下的共有房屋抵押的法律后果》，载《人民法院报》2018 年 11 月 29 日，第 7 版。

[3] 参见"刘某诉徐某、尹某抚养费纠纷案"，载《最高人民法院公报》2016 年第 7 期。

女方共有的财产，人民法院可以查封、扣押、冻结。[1] 相反的裁判态度认为，分居协议是"夫妻双方对采取何种夫妻财产制所作的约定"，属于夫妻财产制契约，应优先适用夫妻财产法的规定，尽管房屋未办理过户登记，但不妨碍夫妻一方以"事实物权人"身份取得房屋所有权。[2]

物权变动公示原则主要适用于基于民事法律行为发生的物权变动，不适用于非基于民事法律行为发生的物权变动，不适用于夫妻法定财产制，物权变动公示原则是否可以适用于基于身份关系协议发生的物权变动？基于身份关系协议引发的物权变动，当事人是否可以不用采取物权变动的法定公示方法？

（二）夫妻身份关系协议所引发的债权意思主义物权变动模式

结合《民法典》第464条第2款，能够引发物权变动的身份关系协议通常包括婚内财产分割协议、夫妻财产制协议、婚内离婚协议、以离婚为解除条件的夫妻财产约定、离婚财产分割协议、遗赠扶养协议等，除遗赠扶养协议外，前述列举的其他身份关系协议都是发生在夫妻之间的，都属于基于身份法律行为引发的物权变动。身份关系协议的法律效力是债权效力，还是可以直接引发物权变动不必另行采取法定公示方法的物权效力？身份关系协议引发的物权变动在身份关系当事人内部和外部效力是否有差别？

"民法典技术中立的最大挑战是，能否按照财产法的自治逻辑设计建构家庭法。……民法总则中的法律行为、代理及诉讼时效在家庭关系中几乎都无法适用。……民法典纳入家庭法并非因为它与财产法具有同样的体系逻辑，而主要是因为民法典作为市场经济与家庭生活基本法的地位。"[3] 有学者认为：

---

[1] 参见"周某珠与青岛威邦贸易有限公司、周某海案外人执行异议之诉案"，最高人民法院（2017）最高法民申3915号民事裁定书。另参见"杨梅与刘某、谢某、杨某、陈某第三人撤销之诉案"，最高人民法院（2019）最高法民申2965号民事裁定书。

[2] 参见"唐某诉李某某、唐某乙法定继承纠纷案"，载《最高人民法院公报》2014年第12期。有学者认为该案当事人所达成的是婚内财产分割协议，而非夫妻财产制协议，笔者认为这种区分只是解释选择差异，价值判断上并无差别。参见程啸：《婚内财产分割协议、夫妻财产制契约的效力与不动产物权变动——"唐某诉李某某、唐某乙法定继承纠纷案"评释》，载《暨南学报（哲学社会科学版）》2015年第3期。

[3] 谢鸿飞：《民法典与特别民法关系的建构》，载《中国社会科学》2013年第2期。

"涉及夫妻财产的归属，应优先适用《民法典》婚姻家庭编的规定，如《民法典》婚姻家庭编没有明确规定的，可适用《民法典》物权编关于一般民事主体不动产物权变动效力基于登记的规定。"[1]笔者认为，应该结合身份关系协议的不同类型，分别讨论其物权变动效力。

第一，以离婚为生效条件的婚内离婚协议，此种生效条件不违反法律、不违背公序良俗，如果夫妻未能离婚，该离婚协议未生效，也就不会在夫妻之间引发物权变动。即便该婚内离婚协议约定的房产已经转移登记，也不会当然成为登记名义人的房产，在该协议生效条件未成就的情况下，仍须物归原主。[2]《民法典婚姻家庭编司法解释一》第69条第1款规定："当事人达成的以协议离婚或者到人民法院调解离婚为条件的财产以及债务处理协议，如果双方离婚未成，一方在离婚诉讼中反悔的，人民法院应当认定该财产以及债务处理协议没有生效，并根据实际情况依照民法典第一千零八十七条和第一千零八十九条的规定判决。"

第二，以离婚为解除条件的夫妻财产约定，此种解除条件不违反法律、不违背公序良俗，如果双方离婚，则该约定解除，不能作为确定离婚财产分割的依据，不会在当事人之间引发物权变动。例如，为维护婚姻关系稳定，夫妻双方约定在婚姻关系存续期间一方的婚前财产归属双方共同所有，若双方离婚，则物归原主，共同共有变为单独所有。

第三，夫妻财产制约定和离婚财产分割协议，可以直接在当事人之间引发物权变动效力，不以采取物权变动法定公示方法为必要。

司法实践中存在此种观点："《民法典》合同编对赠与问题的规定也没有指明夫妻关系除外。一方赠与另一方不动产或约定夫妻共有，在没有办理变更登记之前，依照《民法典》第六百五十八条的规定，是完全可以撤销的，这与《民法典》第一千零六十五条的规定并不矛盾。"[3]根据《民法典》第1065条第2款，夫妻对婚姻关系存续期间所得的财产以及婚前财产的约定，对双方具有法

---

[1] 张伟主编：《婚姻家庭继承法学》，法律出版社2021年版，第21页，张伟教授执笔。

[2] 参见"莫某诉李某离婚纠纷案"，载《最高人民法院公报》2011年第12期。

[3] 最高人民法院民事审判第一庭编：《民事审判实务问答》，法律出版社2021年版，第119页。

律约束力。夫妻财产制约定不同于《民法典婚姻家庭编司法解释一》第 32 条夫妻间的房产赠与。立法者未将夫妻间的赠与作为身份关系协议，而是归入普通赠与合同，直接适用民法典合同编赠与合同的规定。根据《民法典》第 659 条，基于夫妻间赠与引发的物权变动须遵循民法典物权编物权变动的一般规定。[1] 对夫妻财产协议不能简单补充适用《民法典》第 658 条等规定，否则就会使得夫妻财产协议的法律约束力落空，出现明显的法律碰撞矛盾。

离婚协议中的所谓赠与义务，是赠与方为换取另一方同意协议离婚而承诺履行的义务，无论该义务是向另一方履行，还是向子女或者其他第三方履行，都不能将之看作赠与合同中的单方负担赠与义务。离婚协议中的赠与条款也不能直接适用《民法典》合同编第 658 条等规定。根据《民法典婚姻家庭编司法解释一》第 69 条第 2 款规定，当事人依照《民法典》第 1076 条签订的离婚协议中关于财产以及债务处理的条款，对男女双方具有法律约束力。登记离婚后当事人因履行上述协议发生纠纷提起诉讼的，人民法院应当受理。该款规定中的"法律约束力"不意味着司法解释起草者认可离婚协议在当事人之间直接发生物权变动效力，[2] 还需更多论证。根据《民法典婚姻家庭编司法解释一》第 70 条，夫妻双方协议离婚后就财产分割问题反悔，请求撤销财产分割协议的，人民法院应当受理。人民法院审理后，未发现订立财产分割协议时存在欺诈、胁迫等情形的，应当依法驳回当事人的诉讼请求。

第四，夫妻财产制约定引发物权变动是否属于《民法典》第 209 条和第 224 条但书对应的情形？立法未予明确夫妻财产制约定的公示方法和对应财产的特别公示方法，存在法律漏洞。"主张婚内财产分割协议不适用物权变动之一般规则的讨论者，无疑需要面临更重的论证负担。"[3] "还有一种意见认为，夫妻对财产的约定应当向婚姻登记机关进行登记，未经登记不生效或不得对抗善意第三人。由于夫妻财产登记的内容、效力等问题比较复杂，而我

---

[1] 参见最高人民法院民事审判第一庭编著:《最高人民法院民法典婚姻家庭编司法解释（一）理解与适用》，人民法院出版社 2021 年版，第 308—309 页。

[2] 参见最高人民法院民事审判第一庭编著:《最高人民法院民法典婚姻家庭编司法解释（一）理解与适用》，人民法院出版社 2021 年版，第 600—603 页。

[3] 王轶、蔡蔚然:《基于婚内财产分割协议的物权变动》，载《国家检察官学院学报》2023 年第 2 期。

国对家庭财产的监管还不够规范和完善,因此这次编纂民法典没有采纳这种意见。"[1]立法机关认为,在立法技术方面,法律应侧重原则性规定,夫妻财产关系登记、约定财产制登记公示等具体问题交由司法解释规定。[2]"倘若实证法中缺少某个规整,而这一规整却是法秩序在整体上所要求的,那么就存在漏洞。"[3]不能当然认为法律对夫妻财产制约定对应物权变动模式没有明确规定,就适用第 209 条和第 224 条债权形式主义的物权变动模式。"夫妻财产约定是否直接产生物权效力,实务与理论也存在歧见。"[4]夫妻财产制约定可以直接引发物权变动效力,不以采取物权变动公示方法为必要。"基于夫妻财产制契约而发生的不动产物权变动均无须登记即可发生效力。"[5]

立法上,夫妻财产约定下的物权变动应区分内外效力[6],这实际上是对夫妻财产约定的法律效力采折中说[7]。

理论上,"由于《民法典》婚姻家庭编未规定通过登记或交付的方式确定夫妻财产约定的公示方式,未经公示的夫妻财产约定,不具有对抗第三人的效力"[8]。"无论是夫妻法定财产制还是夫妻约定财产制,都属于《民法典》第 209 条及第 224 条的'法律另有规定的除外'。"[9]"约定财产制与法

---

[1] 黄薇主编:《中华人民共和国民法典婚姻家庭编释义》,法律出版社 2020 年版,第 98 页。

[2] 参见《民法典立法背景与观点全集》编写组编:《民法典立法背景与观点全集》,法律出版社 2020 年版,第 631 页。

[3] [德]克劳斯-威廉·卡纳里斯:《法律漏洞的确定:法官在法律外虚造法之前提与界限的方法论研究》(第 2 版),杨旭译,法律出版社 2023 年版,第 40 页。

[4] 陈信勇:《身份关系视角下的民法总则》,载《法治研究》2016 年第 5 期。

[5] 刘耀东:《非基于法律行为的不动产物权变动研究》,中国法制出版社 2021 年版,第 275 页。另参见裴桦:《也谈约定财产制下夫妻间的物权变动》,载《海南大学学报(人文社会科学版)》2016 年第 5 期。

[6] 参见黄薇主编:《中华人民共和国民法典婚姻家庭编释义》,法律出版社 2020 年版,第 99—101 页。最高人民法院民法典贯彻实施工作领导小组主编:《中华人民共和国民法典婚姻家庭编继承编理解与适用》,人民法院出版社 2020 年版,第 175—176 页。

[7] 参见杨代雄主编:《袖珍民法典评注》,中国民主法制出版社 2022 年版,第 928 页,夏平执笔。

[8] 夏吟兰、龙翼飞、曹思捷、姚邢、赫欣:《中国民法典释评·婚姻家庭编》,中国人民大学出版社 2020 年版,第 134 页。

[9] 薛宁兰、谢鸿飞主编:《民法典评注:婚姻家庭编》,中国法制出版社 2020 年版,第 252 页,刘征峰教授执笔。

定财产制应具有相同的财产权变动效力，但出于保护善意第三人之必要，当前者未满足法律规定的公示形式（如登记、交付）时，不得对抗善意第三人。"[1]

司法实践中，夫妻双方约定一方的婚前个人财产为双方共有或者转归对方单独所有的，不当然构成赠与，如果约定还涉及其他财产安排的，各财产安排彼此之间具有关联性，具有交换性质，应当认定该协议为夫妻财产约定而非赠与合同。[2] 夫妻财产制约定并非纯粹的财产合同，而是以身份关系为前提，兼具身份和财产双重属性。夫妻约定财产制有优先于法定财产制的效力，法定财产制则为补充性或者推定性的夫妻财产制，类似于财产法中的补充性任意性规范。夫妻婚内协议将婚后共同财产的房产约定归一方个人所有的，属夫妻共同财产约定，即使未办物权转移登记，一方亦可依约取得房产所有权。[3]

第五，离婚财产分割协议、离婚协议中的财产条款均可以直接引发物权变动效力。离婚协议中财产分割的赠与条款不同于夫妻间赠与或者对第三方的赠与，离婚协议的当事人不享有赠与合同中赠与人的任意撤销权，离婚协议中将夫妻一方的个人财产约定为归另一方所有的，不属于赠与，而具有交换性质，此种一揽子协议除了财产利益考虑外，往往还包括夫妻感情及子女抚养等因素，并非由夫妻一方单方负担义务。[4]《民法典婚姻家庭编司法解释一》第69条第2款后段没有赋予离婚财产分割协议直接导致物权变动的效力。笔者认为，与夫妻财产制约定一样，离婚财产分割协议既具有债权效力，

---

[1] 徐涤宇、张家勇主编：《〈中华人民共和国民法典〉评注》（精要版），中国人民大学出版社2022年版，第1111页，刘征峰教授执笔。

[2] 参见"马某与于某离婚纠纷案"，2020年2月27日北京市第三中级人民法院新闻通报会上发布的涉夫妻财产约定纠纷典型案例三。

[3] 参见"北京法院参阅案例第18号：孙某诉刘某离婚纠纷案"，北京市第三中级人民法院（2014）三中民终字第5398号民事判决书，北京市高级人民法院2015年3月10日发布。另参见"师某诉陈某离婚纠纷案——夫妻约定共有房产归一方所有，无需物权转移登记即产生法律效力"，北京市第三中级人民法院（2014）三中民终字第06092号民事判决书，载《人民法院案例选》2015年第4期。

[4] 参见"刘某与杨某离婚后财产纠纷案"，2020年2月27日北京市第三中级人民法院新闻通报会上发布的涉夫妻财产约定纠纷典型案例一。

也具有直接引发物权变动的效力，理由在于，夫妻财产制约定和离婚财产分割协议都属于身份关系协议，面对身份关系既成事实，不能因为协议一方基于主客观原因未能对相应财产采取物权变动的法定公示方法而认为物权变动未发生，毕竟物权变动附随于身份关系既成事实之上，当身份关系既成事实木已成舟，物权变动水到渠成自动完成，不必强求法定公示方法，这才符合身份关系的持续性、安定性特点。夫妻间的赠与不属于身份关系协议，夫妻间的赠与只具有债权效力，在赠与财产的权利转移之前，赠与人享有任意撤销权[1]，此类赠与的赠与人有参照适用《民法典》第533条情事变更规则和第663条赠与合同中赠与人法定撤销权的可能[2]。《民法典婚姻家庭编司法解释一》第32条规定："婚前或者婚姻关系存续期间，当事人约定将一方所有的房产赠与另一方或者共有，赠与方在赠与房产变更登记之前撤销赠与，另一方请求判令继续履行的，人民法院可以按照民法典第六百五十八条的规定处理。"

综上，《民法典》第209条第1款规定："不动产物权的设立、变更、转让和消灭，经依法登记，发生效力；未经登记，不发生效力，但是法律另有规定的除外。"第224条规定："动产物权的设立和转让，自交付时发生效力，但是法律另有规定的除外。"物权变动公示原则允许法定例外情形的存在：一方面，根据《民法典》第1062条，夫妻在婚姻关系存续期间所得的财产，为夫妻的共同财产，归夫妻共同所有，此种法定财产制下的共同所有不以对应采取法定公示方法为必要。另一方面，《民法典》第1065条规定的夫妻对婚姻关系存续期间所得的财产以及婚前财产的约定，对双方具有法律约束力，此种约定财产制引发的物权变动不以采取法定公示方法为必要，不是债权形式主义的物权变动模式，而是债权意思主义的物权变动模式，以充分尊重夫妻之间的真实意思表示。基于其他身份关系协议的物权变动对民法典物权编物权变动规则是参照适用，而非直接适用或者排除适用。当然，夫妻身份关系协议可以直接引发物权变动效力，不必采取物权变动法定公示方法，但相

---

[1] 相反观点，参见叶名怡：《夫妻间房产给予约定的性质与效力》，载《法学》2021年第3期。
[2] 参见王雷：《论身份关系协议对民法典合同编的参照适用》，载《法学家》2020年第1期。

关夫妻身份关系协议须合法有效,如果该身份关系协议因为欺诈等事由被撤销,也就不可能引发物权变动效力。[1]

(三)夫妻身份关系协议物权变动的对外效力:公示对抗主义

《民法典》第 1065 条第 2 款和第 3 款分别规定夫妻财产制约定的对内效力和对外效力:"夫妻对婚姻关系存续期间所得的财产以及婚前财产的约定,对双方具有法律约束力。夫妻对婚姻关系存续期间所得的财产约定归各自所有,夫或者妻一方对外所负的债务,相对人知道该约定的,以夫或者妻一方的个人财产清偿。"夫妻财产制约定的对外效力为第三人"知道"或者"应当知道"即可对抗第三人,第三人不知道且不应当知道时则为善意,并不要求夫妻财产制约定采取法定公示方法。基于夫妻身份关系协议引发的不动产物权变动,未经登记,不得对抗善意第三人。"由于《民法典》婚姻家庭编未规定通过登记或交付的方式确定夫妻财产约定的公示方式,未经公示的夫妻财产约定,不具有对抗第三人的效力。"[2]

夫妻财产约定、离婚协议一旦生效,即在当事人之间发生物权变动效力,若未采取法定公示方法,新的物权权利人不得对抗善意第三人的物权主张,但对原物权权利人的债权人则可对抗。[3]

例如,约定财产制是夫妻双方自由意志、自愿协商的结果,其效力不是来自法律规定而是来自双方合意,故不应与法定财产制有同样的法律效果,出于对家事自治的尊重,目前我国尚无对约定财产制的有效公示方法,应该区分约定财产制的内部效力与外部效力。对夫妻财产约定,在未办理物权变动手续之前,不宜认定具有外部对抗效力,除非相对人知道该约定。但对非交易关系中的第三人,不适用保护交易安全的登记外观主义,而应该采取实质主义的物权

---

[1] 参见"吴某诉施某夫妻财产约定纠纷案",北京市第三中级人民法院(2017)京 03 民终 2550 号民事判决书。

[2] 夏吟兰、龙翼飞、曹思捷、姚邢、赫欣:《中国民法典释评·婚姻家庭编》,中国人民大学出版社 2020 年版,第 134 页。

[3] 参见"王某英诉王某琪、赵某阳执行异议之诉案",北京市大兴区人民法院(2016)京 0115 民初 11974 号民事判决书。

变动规则。[1]"在夫妻基于法定财产制或约定财产制的适用而取得财产共有权的情形,任何一方均可基于法律的直接规定取得财产共有权,而不需要经过公示。但在涉及第三人利益时,善意第三人可依我国《物权法》第106条的规定获得保护。在夫妻间的物权变动系基于赠与合同等法律行为发生的情形,则需遵循公示原则并同时适用我国《合同法》的相关规定。"[2]基于夫妻财产约定引发的物权变动,在不涉及第三人时应该充分尊重当事人的真实意思。"债权意思主义是能够与夫妻财产契约这一领域完美契合的。"[3]"夫妻间物权变动在夫妻财产约定发生效力时即已发生,对于第三人则应适用公示公信原则,在没有变更登记之前不得对抗第三人。"[4]有法官认为,夫妻双方书面约定一方个人所有的财产,归夫妻双方共同所有,属于夫妻财产契约,可直接产生财产归属变动效果,任何一方不能单方变更、撤销契约内容。[5]在婚姻财产纠纷案件中,夫妻采用约定财产制情形下,对所涉及不动产的归属认定应适用《民法典》第209条第1款"但书"条款,即可根据婚姻法相关规定确定权属,真实物权人和名义物权人有可能不一致,不宜以登记作为认定不动产物权归属绝对的依据。[6]"夫妻财产契约,直接发生夫妻财产法的效力。为引起财产契约所定的所

---

[1] 参见"唐某诉李某某、唐某乙法定继承纠纷案",北京市第三中级人民法院(2014)三中民终字第9467号民事判决书,载《最高人民法院公报》2014年第12期。

[2] 田韶华:《婚姻领域内物权变动的法律适用》,载《法学》2009年第3期。

[3] 姚辉:《夫妻财产契约中的物权变动论》,载《人民司法·案例》2015年第4期。相反观点,参见夏江皓:《家庭法介入家庭关系的界限及其对婚姻家庭编实施的启示》,载《中国法学》2022年第1期。夏江皓:《形式主义模式下离婚财产分割协议的物权变动》,载《法学》2022年第3期。

[4] 裴桦:《夫妻财产制与财产法规则的冲突与协调》,载《法学研究》2017年第4期。裴桦教授关注"夫妻财产制与财产法规则的冲突与协调",系统梳理了在夫妻财产制问题上存在的五个方面的法律冲突。分别是:在财产归属上夫妻财产制与物权法规则的冲突;在物权变动中夫妻财产制与物权法的冲突;在权利行使中夫妻财产制与物权法规则的冲突;在夫妻债务认定上夫妻财产制与合同法规则的冲突;在夫妻间赠与问题上夫妻财产制与合同法规则的冲突。对此,裴桦教授认为应该秉持"婚姻法不出家门,而财产法原则上不入家门的原则",在夫妻关系内部就夫妻财产问题的处理,应适用婚姻法的规定,在涉及夫妻一方或双方与第三方的外部关系时应适用财产法的相关规定。在物权法中以形式主义物权变动模式为主,这在家事法领域确实可能存在变化,学者们可能更容易认可对抗主义。参见2019年10月7日,"第二届民法典编纂与家事法改革研讨会"实录。

[5] 参见刘璨:《夫妻间财产归属约定的性质》,载《人民司法·案例》2018年第20期。

[6] 参见王忠、朱伟:《夫妻约定财产制下的不动产物权变动》,载《人民司法·案例》2015年第4期。

有权之变更，不须有法律行为的所有权或权利之移转。"[1]

又如，鉴于离婚财产分割协议的整体性特点，出于对离婚当事人意思自治的充分尊重，对离婚财产分割协议引发的物权变动，应该区分内外部关系，在不动产产权人未依法变更的情况下，离婚协议中关于不动产归属的约定不具有对抗在先发生的外部第三人债权的法律效力。[2] 离婚财产分割协议一方对不动产的登记请求权特定情况下可以优先于另一方之债权人的金钱债权。有法院在判决中认定，配偶一方基于离婚协议的约定而享有约定不动产之物权，外部债权人对上述财产的执行系源于债权请求权，离婚协议先于外部债权人的起诉而签订，现有证据也不能推定双方在利用离婚逃避债务，故配偶一方对执行标的享有的物权应当优先于外部普通债权予以保护。[3]

基于身份关系协议引发不动产物权变动效力的，新物权人可以依据《最高人民法院关于适用〈中华人民共和国民法典〉物权编的解释（一）》（以下简称《民法典物权编司法解释一》）第2条："当事人有证据证明不动产登记簿的记载与真实权利状态不符、其为该不动产物权的真实权利人，请求确认其享有物权的，应予支持。"

（四）基于遗赠扶养协议的物权变动

有学者认为，遗赠扶养协议并非"身份协议"，而是合同法所规范的"合同"。遗赠扶养协议应该是"适用"合同编而不是"准用"合同编。[4] 有学者认为，遗赠扶养协议中的扶养条款和安葬条款"可以适用"合同编的委托合同规则。在扶养人和遗赠人之间的信任关系遭到破坏时，"可参照适用"《民法典》第933条第1句，承认双方当事人享有任意解除权。[5] 笔者认为，遗赠扶养协议并非财产合同，而是身份关系协议，扶养人和被扶养人之间并非

---

[1] 史尚宽：《亲属法论》，中国政法大学出版社2000年版，第344页。

[2] 参见"付某诉吕某、刘某案外人执行异议之诉案"，载《最高人民法院公报》2017年第3期。

[3] 参见"武某、张某申请执行人执行异议之诉案"，最高人民法院（2018）最高法民申613号民事裁定书。

[4] 参见张平华：《〈民法典〉合同编的体系问题》，载《财经法学》2020年第5期。

[5] 参见缪宇：《遗赠扶养协议中的利益失衡及其矫治》，载《环球法律评论》2020年第5期。

处理纯粹财产事务，而是围绕生养死葬和遗赠等人身关系内容展开。遗赠扶养协议并不直接适用委托合同法律规则。与《民法典》第933条委托合同任意解除权规则不同，《民法典继承编司法解释一》第40条规定："继承人以外的组织或者个人与自然人签订遗赠扶养协议后，无正当理由不履行，导致协议解除的，不能享有受遗赠的权利，其支付的供养费用一般不予补偿；遗赠人无正当理由不履行，导致协议解除的，则应当偿还继承人以外的组织或者个人已支付的供养费用。"

遗嘱继承和遗赠都通过遗嘱的方式实现，均属于单方民事法律行为。《民法典》第230条在《物权法》第29条的基础上，对基于身份法上的事件（被继承人死亡）引发的物权变动规则进行规定："因继承取得物权的，自继承开始时发生效力。"第1121条第1款规定："继承从被继承人死亡时开始。"在法定继承或者遗嘱继承的情形下，被继承人死亡时，遗产即转移归继承人所有，此环节不必也无法要求被继承人和继承人遵循物权变动法定公示方法。[1]继承人有多人时，遗产由全体继承人共同共有，每位继承人的应继份是潜在的；若要最终转变为继承人单独所有，须经遗产分割程序并遵循物权变动法定公示方法方可；若要处分相关共同共有的不动产，也须根据《民法典》第232条办理登记。

《民法典》第230条不再规定"受遗赠"引发的物权变动规则。[2]被继承人作出的遗赠和受遗赠人相应取得的受遗赠权仅具有债权效力。[3]被继承人作出遗赠、被继承人死亡均不当然导致相应遗产权属转移归受遗赠人单独所有，而是使得受遗赠人取得移转所有权的请求权，受遗赠人还须根据《民法典》第1124条第2款作出接受或者放弃受遗赠的表示。被继承人作出遗赠、被继承人死亡、受遗赠人作出接受受遗赠的表示，三个要件齐备时，遗产方

---

[1] 参见房绍坤：《论继承导致的物权变动——兼论继承法相关制度的完善》，载《政法论丛》2018年第6期。

[2] 参见崔建远：《民法分则物权编立法研究》，载《中国法学》2017年第2期。

[3] 参见房绍坤、范李瑛、张洪波编著：《婚姻家庭继承法》，中国人民大学出版社2020年版，第229页。张一凡：《民法典遗赠效力解释论——以〈民法典〉第230条为中心》，载《西南政法大学学报》2021年第3期。

归受遗赠人所有。受遗赠人若要处分遗产中的不动产，也须类推适用《民法典》第 232 条办理登记。可见，受遗赠人和继承人取得遗产的时间规则不同。同时有受遗赠人和继承人时，受遗赠人和继承人之间也不会因为被继承人（遗赠人）死亡即构成共同共有关系。

在引发物权变动问题上，遗赠扶养协议可否类推适用遗赠规则？基于遗赠扶养协议的物权变动不适用债权意思主义的物权变动模式，达成遗赠扶养协议使得扶养人生养死葬的义务生效，扶养人受遗赠的权利也生效，但不当然导致物权变动结果的发生，这不同于夫妻财产约定或者离婚财产分割协议。根据《民法典》第 1123 条，虽然遗赠扶养协议优先于法定继承或者遗赠，但与遗赠中的受遗赠人一样，扶养人受遗赠的权利也仅具有债权效力，而非物权效力。"遗赠扶养协议的扶养人取得约定遗赠财产的权利自遗赠人死亡后才发生效力，并且以其认真履行扶养义务为前提条件。"[1] 问题是，遗赠扶养协议中的扶养人是否还须类推适用《民法典》第 1124 条受遗赠人作出接受受遗赠的表示？使得扶养人取得遗产的时间和受遗赠人取得遗产的时间等同？笔者持否定意见。不同于法定继承、遗嘱继承或者遗赠，遗赠扶养协议属于有偿行为，遗赠扶养协议的合意中已经包含了扶养人接受受遗赠的意思表示。因此，基于遗赠扶养协议取得物权的，自被扶养人死亡时发生效力，这与类推适用《民法典》第 230 条的结论一致。遗赠扶养协议中，扶养人的生养义务类似于合同义务，扶养人的死葬义务类似于后合同义务，扶养人在被扶养人死亡时取得遗产，若其不尽死葬义务，则可类推适用后合同义务的违约责任规则。

四、基于身份关系协议等身份法律行为的居住权变动

居住权可以通过合同方式、遗嘱方式或者裁判方式设立。

通过裁判方式设立居住权，如根据《民法典》第 1090 条法院判决一方以居住权的方式对另一方进行离婚经济帮助，在离婚财产分割时也可以通过判

---

[1] 王利明、杨立新、王轶、程啸：《民法学》（下），法律出版社 2020 年版，第 1017 页，杨立新教授执笔。

决设立居住权，[1] 此时均直接适用《民法典》第 229 条自人民法院法律文书生效时发生居住权效力。

遗嘱不属于身份关系协议，而属于单方身份法律行为。以遗嘱方式设立居住权的，遗嘱本身的形式和效力直接适用民法典继承编的有关规定。《民法典》第 371 条规定："以遗嘱方式设立居住权的，参照适用本章的有关规定。"以遗嘱方式设立居住权的设立时间是否适用以合同设立居住权的登记生效主义规则？第 368 条规定："居住权无偿设立，但是当事人另有约定的除外。设立居住权的，应当向登记机构申请居住权登记。居住权自登记时设立。"以遗嘱方式设立居住权的，居住权若自登记时设立，则易出现住宅的继承人拒绝协助办理居住权登记等违背遗嘱人真实意思的现象，使得遗嘱设立居住权的目的落空。以遗嘱设立居住权的，不参照适用《民法典》第 368 条居住权登记生效主义规则，而应作变通调适。考虑到遗嘱属于死因行为，以遗嘱方式设立居住权的物权变动模式要排除《民法典》第 368 条的适用，不参照适用居住权一章，转而直接适用第 230 条。以遗嘱方式设立居住权的，居住权自被继承人死亡时设立。"通过遗嘱方式设立居住权的，可参照《民法典》第 230 条的规定，自遗嘱生效即继承开始时，居住权设立。即依遗嘱创设居住权的，不以办理登记为设立条件。"[2]

以遗嘱继承和遗赠方式设立居住权的，受遗赠人和继承人取得居住权的时间规则不同。以遗赠方式设立居住权的，被继承人作出遗赠、被继承人死亡均不当然导致相应居住权的设立，而只是具有债权效力，受遗赠人还须根据《民法典》第 1124 条第 2 款作出接受或者放弃受遗赠的表示。被继承人作出遗赠、被继承人死亡、受遗赠人作出接受受遗赠的表示，三个要件齐备时，受遗赠人方享有居住权。

类推适用《民法典》第 230 条，如果通过遗赠扶养协议给扶养人设立居住权，自被扶养人死亡时发生效力。

---

[1] 参见陈莉、胡超：《重庆荣昌区法院创造性以判决设立居住权》，载《人民法院报》2022 年 5 月 16 日，第 3 版。

[2] 谭启平主编：《中国民法学》，法律出版社 2021 年版，第 349 页，吴春燕教授执笔。

如果通过夫妻财产约定、离婚财产分割协议等夫妻身份关系协议设立居住权，居住权的设立也采取债权意思主义而非债权形式主义物权变动模式，该居住权未经登记不得对抗善意第三人。为此，笔者曾建议将"第371条前段修改为'以遗嘱或者身份关系协议方式设立居住权的'。遗嘱属于单方民事法律行为，身份关系协议属于与合同并列的双方民事法律行为，居住权一章主要基于合同行为引发居住权的变动，基于离婚财产分割协议、遗赠扶养协议等身份关系协议引发居住权变动不属于民法典草案第464条第2款的调整范围，对此应该在民法典草案第371条单设参照适用规定"[1]。

五、基于夫妻身份关系协议物权变动对强制执行制度的类推适用

根据夫妻身份关系协议内外有别的物权变动模式，夫妻财产约定、离婚协议等夫妻身份关系协议一旦生效，即在当事人之间发生物权变动效力，若未采取法定公示方法，不得对抗善意第三人。以离婚不动产分割协议为例，若基于此协议取得不动产权利的一方（约定所有权人）未采取法定公示方法，能否对抗强制执行程序中该不动产登记名义人的其他债权人？

债权平等是债法的一项基本原理。离婚一方基于财产分割协议享有的权利属于债权，基于债权之间的平等性，不应享有优先于其他债权人的权利。申请执行人（债权人）对被执行人（如夫妻关系中的男方）享有金钱债权（请求权），而夫妻关系中的女方或者其子女基于离婚协议对登记在男方名下的房产享有过户登记请求权（该请求权属于债权，非物权），两种请求权不属于同种类别，法院基于占有、伦理等因素认定后者优先于前者，这并不违反债权平等原则。执行程序需要贯彻已经生效判决的执行力，因此在对执行异议是否成立的判断标准上，应坚持较高的、外观化的标准。符合《最高人民法院关于人民法院办理执行异议和复议案件若干问题的规定》第25条至第28条所列条件的，执行异议能够成立；不满足这些规定所列条件的，异议人

---

[1] 王雷：《对〈中华人民共和国民法典（草案）〉的完善建议》，载《中国政法大学学报》2020年第2期。

在执行异议之诉中的请求未必不成立。是否成立，应根据案件的具体情况和异议人主张的权利、申请执行人债权实现的效力以及被执行人对执行标的的权利作出比较并综合判断，从而确定异议人的权利是否能够排除执行。

离婚协议的性质属于身份关系协议，而非法定的能够引起物权变动的法律文书，特定情形下基于离婚协议所获得的对不动产转移登记的请求权可以排除在其之后设立的债权对不动产的强制执行申请。离婚协议引发物权变动可以类推适用《最高人民法院关于人民法院办理执行异议和复议案件若干问题的规定》第 28 条，这就扩大了该条物权期待权排除强制执行的适用范围：第一，离婚协议是在法院查封前就签订生效的，以证明没有利用离婚协议逃避债务的故意；第二，离婚后业已实际占有不动产；第三，离婚后有客观原因未办理登记。例如，因为房屋处在按揭中，登记名义人迟迟未清偿按揭，导致无法办理变更登记。符合以上三点，为保护无过错方的利益，离婚协议中对不动产归属的约定一般就可排除强制执行。[1]

最高人民法院在"钟某与王某、林某案外人执行异议纠纷案"中，[2] 提出了应综合考虑各债权成立的先后顺序、债权的具体内容和性质以及涉及的不动产是否为了配偶一方的生活保障等四个因素，确定保护顺序。除上述因素

---

[1] 参见"张某与万某及成某、吉林成城集团股份有限公司、江西富源贸易有限公司案外人执行异议之诉案"，最高人民法院（2017）最高法民终 42 号民事判决书。"周某诉江苏某银行案外人执行异议之诉"，江苏省扬州经济技术开发区人民法院（2019）苏 1091 民初 2050 号民事判决书。另参见叶名怡：《离婚房产权属约定对强制执行的排除力》，载《法学》2020 年第 4 期。但《最高人民法院关于人民法院办理执行异议和复议案件若干问题的规定》第 28 条的司法态度在实践中并未被贯彻如一。参见"刘某与周某、河北融投担保集团有限公司、邢台依林山庄食品有限公司、中元宝盛（北京）资产管理有限公司、郑某案外人执行异议之诉"，最高人民法院（2018）最高法民终 462 号民事判决书。"周某与刘某、邢台依林山庄食品有限公司、河北融投担保集团有限公司、中元宝盛（北京）资产管理有限公司、郑某案外人执行异议之诉"，最高人民法院（2019）最高法民申 5165 号民事裁定书。在本案中，案涉房屋虽然根据离婚协议归刘某所有，但未办理转移登记手续，案涉房屋一直由被执行人的父母占有居住，但法院仍然认定刘某对案涉房产享有足以排除强制执行的民事权益。另参见"刘某、王某再审审查与审判监督民事裁定书"，最高人民法院（2018）最高法民申 6099 号民事裁定书。在本案中，案外人符合《最高人民法院关于人民法院办理执行异议和复议案件若干问题的规定》第 28 条规定的情形，法院仍未认定其享有足以排除强制执行的民事权益。

[2] 参见"钟某与王某、林某案外人执行异议纠纷案"，最高人民法院（2015）民一终字第 150 号民事判决书，载《最高人民法院公报》2016 年第 6 期。

外，还应当考虑配偶一方对不动产未能过户登记是否存在过错，以及第三人债权是否具有法定优先或者应予特别保护的情形。在配偶一方的过户请求权与其他债权人的债权之间的冲突，属于婚姻法与财产法的交叉领域，如何解决两者的冲突本质上是利益衡量问题。如果配偶一方对不动产未能过户登记存在过错，第三人债权具有法定优先或者应予特别保护的理由的，应当优先于配偶一方的请求权清偿。但基于现实的多样性，如何确定清偿顺序还需要在个案中进行衡量。[1] 法院不宜仅因未办理过户手续即排除案外人基于离婚协议约定对执行标的提出的权利主张，而应从立法目的角度、全面综合考量离婚协议是否存在恶意串通及债权形成时间、债权性质、债权内容、社会伦理等因素，进而确定对未过户房产享有更为优先民事权益的权利主张。[2]

六、总结：宜确立基于身份关系协议、内外有别的物权变动模式

"法官在进行家庭法的续造时，不仅将目光投向了债法，而且投向了整个财产法。当涉及家庭关系中的财产时，还存在对物权法规则的类推适用。"[3] 伦理家庭思维和市场经济思维有别，身份关系协议与普通财产合同是引发物权变动的两类不同民事法律事实，基于身份关系协议的伦理性、身份共同体性及身份关系的持续性、安定性考虑，无论是在合同法上还是在物权法上都不宜将二者完全同等对待。我国对身份关系协议本身没有法定公示方法的要求，身份关系协议引发物权变动时，宜内外有别、内外兼顾，所以更倾向于"债权意思主义＋公示对抗主义"。由此，身份关系协议引发物权变动时对物权变动公示原则是参照适用，而非简单补充适用。身份关系引发股权变动时，还需遵循《公

---

[1] 参见吴宁：《离婚协议分割房产未过户时对外效力》，载微信公众号"高杉 LEGAL"，2016 年 10 月 24 日。

[2] "刘某与杨某、高某、蒋某、李某执行纠纷案"，四川省高级人民法院（2018）川民申 3857 号民事裁定书，参见程媛媛：《离婚协议对未过户房产的约定可阻却强制执行》，载《人民司法·案例》2019 年第 8 期。

[3] 刘征峰：《论民法教义体系与家庭法的对立与融合：现代家庭法的谱系生成》，法律出版社 2018 年版，第 239 页。

司法》第 71 条等规定，这是基于有限责任公司股权人合性特点决定的。

身份法回归民法是必要的和有益的。财产法规则能够兜住身份关系协议及相应物权变动法律适用的"底"，成为身份法领域的开放法源。婚姻财产关系离不开民法典物权编，但也不是直接适用或者补充适用物权编。民法典婚姻家庭编、继承编等身份法不可能面面俱到、巨细无遗，但是民法典合同编、物权编等财产法规则也从来都不是简单适用于身份关系领域，而是要充分尊重婚姻家庭关系的本质和基本原则。

解释论上，民法典婚姻家庭编一般规定中宜包含基于夫妻身份关系协议引发物权变动规定——"债权意思主义 + 公示对抗主义"的物权变动模式，夫妻内部物权变动关系适用身份法规则，夫妻外部物权变动关系适用财产法规则：因夫妻财产约定、离婚协议等身份关系协议，导致物权设立、变更、转让或者消灭的，自该协议生效时在当事人之间发生物权变动效力，未经法定公示方法，不得对抗善意第三人。

遗赠扶养协议和夫妻身份关系协议不同，前者属于死因行为，且扶养人和被扶养人的主给付义务有先后履行顺序，后者具有身份共同体的整体性特点，二者在物权变动模式上也有差别。基于民法典继承编遗赠扶养协议引发物权变动的，不采债权意思主义的物权变动模式，而要类推适用《民法典》第 230 条和第 232 条规定。

第十二章　股权转让合同对民法典的参照适用

股权转让合同是引发股权变动的重要法律事实，股权转让合同是《公司法》中的典型合同，属于《公司法》第 1 条所指公司行为的具体类型之一，也是商法上的营利性商事合同，是我们观察民法商法关系的一个重要窗口。股权转让纠纷还是"与公司有关的纠纷"的重要案由。

我国《民法典》采取民商合一的立法体例，围绕民法商法的适用关系，通说观点认为："在出现商事纠纷后，首先应当适用商事特别法，如果无法适用商事特别法，则适用《民法典》的规则。"[1] "我国坚持民商合一主义，民法规则统一适用于所有的民商事关系，并不存在单独的商法典。《民法典》不仅适用于民事关系，而且适用于商事关系。商事活动的特殊性，由《公司法》

---

[1] 王利明主编：《民法》（上册），中国人民大学出版社 2022 年版，第 8 页。

等单行法体现。"[1]《公司法》对股权转让合同所配置的特别法律规范无法自足自洽,《民法典》的有关规定如何"适用"于股权转让合同纠纷,值得研究。

一、公司纠纷等商法疑难案件的法律适用方法

《民法典总则编司法解释》第 1 条第 2 款和第 3 款分别规定:"就同一民事关系,其他民事法律的规定属于对民法典相应规定的细化的,应当适用该民事法律的规定。民法典规定适用其他法律的,适用该法律的规定。民法典及其他法律对民事关系没有具体规定的,可以遵循民法典关于基本原则的规定。"从法律适用方法角度,无论是《民法典》还是《民法典总则编司法解释》都未明确针对商事纠纷,商法没有特别规定或者细化规定时,《民法典》处于何种适用地位。

商事纠纷优先适用商事特别法,当商事特别法没有规定时,民事一般法并非处于简单补充适用的地位。简单补充适用民事一般法有可能忽视商事关系的特殊性质。公司纠纷等商法领域疑难案件的法律适用方法表现出补充适用、类推适用、参照适用等多元法律适用方法和漏洞填补方法。

(一)商行为的类推适用和参照适用问题概述

"我国对法律类推适用问题,在法理学和刑法学领域研究成果颇丰,但在私法领域的研究却寥若晨星,尤其是商法领域少有问津,这与法律类推适用在私法领域具有普遍意义极不相称。"[2] 参照适用是法定类推适用、授权式类推适用,股权转让合同等商行为具有营利性营业特点,以有偿性为必要,天然存在参照适用买卖合同规定的可能。《合同法》第 174 条、《民法典》第 646 条自然扩展了商法的法源,商行为有参照适用买卖合同有关规定的广泛空间。又如,《公司法》对公司董事以法人名义实施的法律行为缺乏规范,应以类推适用的方法适用民法总则的规定,以填补该项漏洞。[3]

---

[1] 李永军主编:《中国民法学》(第一卷 总则),中国民主法制出版社 2022 年版,第 11 页。
[2] 郭富青:《论商法类推适用的依据、范围和正当性》,载《甘肃政法学院学报》2012 年第 5 期。
[3] 参见钱玉林:《民法总则与公司法的适用关系论》,载《法学研究》2018 年第 3 期。

《合同法》第 52 条第 5 项、《民法典》第 153 条第 1 款是公法进入私法的"管道"。《合同法》第 174 条、《民法典》第 646 条、《买卖合同司法解释》第 32 条是作为一般法的民法在买卖合同制度中给商事特别法中的商行为留存的回归"接口"，它们都属于参照适用条款。

不同于补充适用，参照适用方法在充分尊重差异基础上努力求同存异，同其所同异其所异，既敬其所异又重其所同。有必要仔细考察股权转让合同在股权变动和合同履行环节参照适用民法典物权编和合同编的可能。

（二）董事职务解除纠纷可以补充适用委托合同的有关规定

《合同法》第 410 条规定："委托人或者受托人可以随时解除委托合同。因解除合同给对方造成损失的，除不可归责于该当事人的事由以外，应当赔偿损失。"《民法典》第 933 条规定："委托人或者受托人可以随时解除委托合同。因解除合同造成对方损失的，除不可归责于该当事人的事由外，无偿委托合同的解除方应当赔偿因解除时间不当造成的直接损失，有偿委托合同的解除方应当赔偿对方的直接损失和合同履行后可以获得的利益。"公司与董事之间存在委托关系，依股东会的选任决议和董事同意任职而成立合同法上的委托合同。既然为委托合同，则合同双方均有任意解除权，即公司可以随时解除董事职务，无论任期是否届满，董事也可以随时辞职。董事职务无因解除，只要公司解聘董事的决议有效，不需要考察解除的具体原因，也不取决于董事和公司之间是否存在劳动合同或者聘任合同，这实际上是类推适用委托合同中的任意解除权规则。无因解除不能损害董事的合法权益。为平衡双方利益，公司解除董事职务应合理补偿，以保护董事的合法权益，并防止公司无故任意解除董事职务。从本质上说，离职补偿是董事与公司的一种自我交易，其有效的核心要件应当是公平，所以强调给付的是合理补偿。

我国《合同法》和《民法典》中明确规定了委托人因解除合同给受托人造成损失的，除不可归责于该当事人的事由以外，应当赔偿损失。《公司法司法解释五》第 3 条第 2 款对法院审理此类案件时的自由裁量权行使进行了相应指引。《公司法司法解释五》第 3 条规定："董事任期届满前被股东会或者股东大会有效决议解除职务，其主张解除不发生法律效力的，人民法院不予支持。董事职务被解除后，因补偿与公司发生纠纷提起诉讼的，人民法院应当依据法律、行政法规、公司章程的规定或者合同的约定，综合考虑解除的原因、剩余任期、董事薪酬等因素，确定是否补偿以及补偿的合理数额。"对该条第 1 款作反面解释，董事任期届满前被股东会或者股东大会效力存在瑕疵的决议解除职务，其主张解除不发生法律效力的，人民法院应予支持。人民法院在公司无因解除董事职务问题上，不做实质审查，不看决议中解除的理由或者原因，只做决议程序审查形式审查。解除的理由或者原因是对董事进行离职补偿时要考量的重要因素之一。该条第 2 款对董事职务解除后的补偿问题，实质上是《民法典》第 933 条有偿委托合同的解除方违约损害赔偿规则的具体化，第 933 条在董事职务解除后的补偿纠纷中处于补充适用地位。即便董事和公司之间存在劳动合同关系，当公司无因解除董事职务时，也不能简单适用《劳动合同法》第 46 条经济补偿规则，不能混淆董事职务解除和劳动合同关系解除。《公司法》第 71 条规定："股东会可以决议解任董事，决议作出之日解任生效。无正当理由，在任期届满前解任董事的，该董事可以要求公司予以赔偿。"

（三）公司法中的类推适用与参照适用问题概述

还有法院指出："公司股东仅存在单笔转移公司资金的行为，尚不足以否认公司独立人格的，不应依据公司法第二十条第三款判决公司股东对公司的债务承担连带责任。但该行为客观上转移并减少了公司资产，降低了公司的偿债能力，根据'举重以明轻'的原则参照《最高人民法院关于适用〈中华人民共和国公司法〉若干问题的规定（三）》第十四条关于股东抽逃出资情况下的责任形态之规定，可判决公司股东对公司债务不能清偿的部分在其转移资金的金额及相应利息范围内承担补充赔偿责任。"[1] 该案例中的裁判方法并非参照适用，而是类推适用，针对公司股东单笔转移公司资金的行为，类推适用《公司法司法解释三》第 14 条关于抽逃出资股东补充赔偿责任规则。

---

[1] 参见"海南碧桂园房地产开发有限公司与三亚凯利投资有限公司、张某等确认合同效力纠纷案"，载《最高人民法院公报》2021 年第 2 期。

股权转让合同的效力判断，可以补充适用民法典总则编第六章第三节规定。例如，股权转让合同的出让人被羁押于看守所，惧于受让人借助公权力对其不当刑事追责，被迫同意签订股权转让合同以求恢复人身自由，股权转让合同因出让人受胁迫签订，出让人有权根据《民法典》第150条请求人民法院或者仲裁机构予以撤销。[1] 针对股权转让合同，补充适用《民法典》不能包打天下，在股权变动模式、股权转让合同履行等问题上，要充分重视股权转让合同的特殊性。

从股权转让合同的法律适用上，我们可以发现，商事特别法没有规定时，并非一概简单补充适用民事一般法，而是要注意结合商事交易的固有本质，参照适用最相类似的买卖合同等相关规定。从宏观上看，民法和商法是一般法和特别法的关系，但在具体法律适用过程中，参照适用而非补充适用才是妥善处理民商关系的常态适用方法。还要特别注意股权转让合同当事人法定注意义务和约定注意义务，特别是前者对应提出的当事人的尽职调查范围和程度。

以下着重就股权转让合同的法律适用方法进行分析，尤其是探讨股权转让合同对民法典物权编和合同编有关规定的法律适用方法。

二、基于股权转让合同的股权变动模式

股权转让合同是引发股权变动的最重要最常见法律事实。股权变动的判断标准复杂多样，争议颇多，现行法上至少包括股权转让合同、出资证明书的记载、股东名册的记载、公司章程的记载、公司登记机关登记事项的记载，哪些标准是充分条件？哪些是必要条件？哪些是充分必要条件？基于股权转让合同的股权变动模式不能参照适用不动产物权变动模式的有关规定。

股权可以通过出资取得或者通过交易转让继受取得。《公司法》第56条第2款："记载于股东名册的股东，可以依股东名册主张行使股东权利。"第

---

[1] 参见"陈某、范某与许某股权转让纠纷案"，江苏省高级人民法院（2018）苏民终1388号民事判决书。

34 条规定:"公司登记事项发生变更的,应当依法办理变更登记。公司登记事项未经登记或者未经变更登记,不得对抗善意相对人。"通过出资取得有限责任公司的股权,其股权设立采取对内修正的意思主义(以记载于股东名册为必要)和对外登记对抗主义(未经登记不得对抗善意相对人)。鉴于有限责任公司的封闭性和股东间的人身信任关系,我国有限责任公司股权变动采取修正的意思主义模式。从交易法的视角看,在转让人和受让人之间,采取债权意思主义的股权变动模式。从组织法的视角看,股权变动的事实需要通知公司且取得认可为必要。从外部第三人的视角看,股权变动的对抗要件是股权工商变更登记。其他股东优先购买权行使与否的意思表示,影响的是股权转让合同的效力,而非股权变动的效果。股权变动发生后,受让人基于新股东身份有权请求公司签发出资证明书、变更股东名册记载、变更公司章程记载以及变更工商登记。[1]

如学者所言,参考物权变动模式来论证股权变动模式的思路值得怀疑。[2]与不动产物权变动模式不同,债权形式主义的股权变动模式未被实定法采纳。《公司法》第 87 条规定:"依照本法转让股权后,公司应当及时注销原股东的出资证明书,向新股东签发出资证明书,并相应修改公司章程和股东名册中有关股东及其出资额的记载。对公司章程的该项修改不需再由股东会表决。"《公司法司法解释三》第 23 条规定:"当事人依法履行出资义务或者依法继受取得股权后,公司未根据公司法第三十一条、第三十二条的规定签发出资证明书、记载于股东名册并办理公司登记机关登记,当事人请求公司履行上述义务的,人民法院应予支持。"

对基于股权转让合同的有限责任公司股权变动而言,严格的形式主义或者意思主义均不适合,前者明确未被我国《公司法》采纳,后者则忽视了使公司知晓受让人受让股权事实之必要。为此,"修正意思主义股权变动模式"认为股权变动的发生在最低限度须有股权转让合同(初始取得时对应股东之间投资设立公司的协议)加出让人通知,这就兼顾了受让股东和公司的

---

[1] 参见李建伟:《公司法学》,中国人民大学出版社 2018 年版,第 242—243 页。

[2] 参见张双根:《论股权让与的意思主义构成》,载《中外法学》2019 年第 6 期。

利益。[1]有学者进一步指出，完全依赖于出让人的通知，若出让人怠于通知，仅凭股权转让合同，无法给公司信赖受让人为股东的外观，应该课加给出让人交付出资证明书的义务，受让人持有出资证明书和股权转让合同，即可认定其为新股东，公司对此可以形成合理信赖。[2]受让人作为新股东有权依据《公司法》第 87 条要求公司向自己签发出资证明书、修改公司章程和股东名册、办理公司登记机关登记。

股份有限公司股权变动采取债权形式主义。记名股票背书转让，背书一经完成，股权即发生变动。簿记式记名股票转让无法背书，而是表现为证券交易所电脑系统中股东账户电子信息变化。《公司法》第 159 条第 1 款规定："股票的转让，由股东以背书方式或者法律、行政法规规定的其他方式进行；转让后由公司将受让人的姓名或者名称及住所记载于股东名册。"

三、股权转让合同的特殊性

股权转让合同属于典型的商行为，在股权转让合同的法律适用方法上，民法的地位远非补充适用可以简单概括的。股权转让合同与买卖合同最相类似但绝非等同，在有偿性问题上，可以同其所同；在股权转让合同特殊性问题上，需要异其所异。

（一）法律或者公司章程对股权（份）转让的特别限制

国有资产（包括国有股权）的转让，应当严格按照《企业国有资产法》第 47 条、第 53 条等规定的程序进行。企业未在依法设立的产权交易机构中公开进行企业国有产权转让，而是进行场外交易的，其交易行为违反公开、公平、公正的交易原则，损害社会公共利益，应依法认定其交易行为无效。规定企业国有产权转让应当进场交易的目的，在于通过严格规范的程序保

---

[1] 参见李建伟：《有限责任公司股权变动模式研究——以公司受通知与认可的程序构建为中心》，载《暨南学报（哲学社会科学版）》2012 年第 12 期。

[2] 参见林斯韦：《股权转让准用买卖合同规范》，中国政法大学 2019 年硕士学位论文。

证交易的公开、公平、公正，最大限度地防止国有资产流失，避免损害国家利益。

类似地，《公司法》第 158 条规定："股东转让其股份，应当在依法设立的证券交易场所进行或者按照国务院规定的其他方式进行。"但该规定不能否定受让人通过合法的民事法律行为取得股份的权利，也不影响当事人之间《股份转让协议》的效力。《股份转让协议》系当事人的真实意思表示，内容不违反法律、行政法规的强制性规定，且受让人已按协议完成了支付股权转让款的义务，故《股份转让协议》应认定为有效。[1]

"股权转让合同的效力受《民法典》的调整；股权转让合同的履行受《民法典》和《公司法》特别规定的共同调整。"[2]《公司法》第 84 条和第 85 条是股权转让合同的特别法，以维护有限责任公司的人合性特点。《公司法》第 84 条第 3 款规定："公司章程对股权转让另有规定的，从其规定。"公司董事违反公司章程规定内部转让股权的，未违反法律法规的强制性规定，转让股权协议并不当然认定无效；股权转让款项的来源并不影响股权转让合同的效力。[3]当然，有些股东权利不能被公司章程或者股东间的协议"实质性剥夺"，《最高人民法院关于适用〈中华人民共和国公司法〉若干问题的规定（四）》（以下简称《公司法司法解释四》）第 9 条规定："公司章程、股东之间的协议等实质性剥夺股东依据公司法第三十三条、第九十七条规定查阅或者复制公司文件材料的权利，公司以此为由拒绝股东查阅或者复制的，人民法院不予支持。"

根据《公司法》第 84 条第 1 款、第 2 款，有限责任公司的股东向非股东转让股权的，其他股东在同等条件下具有优先购买权。其他股东放弃优先购买权，是股权转让合同得以顺利履行的程序性条件。有限责任公司具有人合性的特点，股东之间具有一定的信任与合作基础，其他股东的优先购买权维持有限责任公司股东关系的稳定性，同时又保障了股东退出的自由。最终未

---

[1] 参见"荆某与陈某、湖南大康国际农业食品股份有限公司股权转让纠纷案"，湖南省高级人民法院（2016）湘民初 45 号民事判决书，本案为 2018 年湖南省法院十大典型案例。

[2] 钱玉林：《股权转让行为的属性及其规范》，载《中国法学》2021 年第 1 期。

[3] 参见"徐某诉杨某股权转让纠纷案"，北京市第三中级人民法院（2017）京 03 民终 2997 号民事判决书。

能取得其他股东过半数同意的，转让人须向受让人承担股权转让合同的违约责任。[1]如果公司章程对股权转让作出特殊规定的，依照公司章程的规定。

《公司法》第85条规定："人民法院依照法律规定的强制执行程序转让股东的股权时，应当通知公司及全体股东，其他股东在同等条件下有优先购买权。其他股东自人民法院通知之日起满二十日不行使优先购买权的，视为放弃优先购买权。"有限公司股权转让情形下，其他股东的同意权和优先购买权，也是为了维护有限公司封闭性和股东间人身信任关系。《公司法司法解释四》第16—22条分别对股东优先购买权中的转让、通知、同等条件、犹豫期、出让股东的反悔权、优先购买权受侵害时的救济进行细化规定。《民法典》第726—728条规定了房屋承租人的优先购买权，立法未尽事宜，可参照适用《民法典物权编司法解释一》第9—13条按份共有人优先购买权规则、《公司法司法解释四》第16—22条股东优先购买权规则。

《公司法司法解释四》第18条是对其他股东优先购买权之"同等条件"的界定，在《公司法司法解释四》施行前，实践中可以类推适用《最高人民法院关于适用〈中华人民共和国物权法〉若干问题的解释（一）》（以下简称《物权法司法解释一》）第10条。《公司法司法解释四》第18条在《物权法司法解释一》第10条基础上又提供了新的考量因素——"转让股权的数量"，对按份共有人优先购买权的"同等条件"判断反过来可以类推适用《公司法司法解释四》第18条。

《公司法》第160条第1款对股份公司股东原始股特定时间内不得转让的规定，有助于防止原始股东的投机、欺诈行为，保护公众投资者的利益。第160条第2款对公司管理层所持有的本公司股份转让作了限制规定。《证券法》第44条第1款归入权制度能够限制上市公司中特殊主体的股份转让，第40条和第42条规定对中介机构及其人员的股份买卖限制。法律对股份转让的限制，限制了股东对股权的处分权，股东违反相关法定限制转让股权构成

---

[1] 有学者建议："为避免在适用法上的分歧，修订《公司法》时可以明示《公司法》第71条仅在规范股权转让合同的履行和股权转让人违约责任的立法意旨。"钱玉林:《股权转让行为的属性及其规范》，载《中国法学》2021年第1期。

无权处分，但此时不能参照适用《民法典》第 597 条第 2 款，在民法上，受让人知道或者应当知道法律对交易的限制规定，鉴于股份的外观主义特点，股东无权处分转让股权不会导致转让协议无效，而是通过适用或者类推适用归入权制度，以兼顾交易安全和公司权益保护。

（二）股权转让合同有别于普通买卖合同的特殊规则

股权转让合同原则上可以适用合同法调整，与一般的商事合同具有相似性，但也应当注意到，股权转让涉及团体的稳定，应当遵守团体法（公司法）上的特殊规定，尤其是程序性规定。在签订股权转让合同时，应当先按照公司法的规定，履行股权转让的程序性要求，在协议的具体权利义务设置上，可依据合同法的具体规定。[1] 有学者认为，针对股权转让合同纠纷的特殊性，解释买卖合同的规范，形成"三扩张"——将交付义务扩张至股权转让中的第三人、将物之瑕疵担保扩张至公司之物、将权利瑕疵担保扩张至公司债权人，如此方能实现股权转让妥适准用买卖合同规范。[2]

在股权转让纠纷案件中，受让人已实际作为股东身份参与了目标公司的经营管理，并领取了该公司的分红，转让人要求解除合同并要求返还购股款，原则上不能被支持，这是股权转让合同营利性营业特点的体现。

有限责任公司股权转让合同的出让人和知情的受让人对出资不足承担连带责任。公司基本法律制度的三个面向是独立人格、独立财产和独立责任。《公司法司法解释三》第 18 条规定："有限责任公司的股东未履行或者未全面履行出资义务即转让股权，受让人对此知道或者应当知道，公司请求该股东履行出资义务、受让人对此承担连带责任的，人民法院应予支持；公司债权人依照本规定第十三条第二款向该股东提起诉讼，同时请求前述受让人对此承担连带责任的，人民法院应予支持。受让人根据前款规定承担责任后，向该未履行或者未全面履行出资义务的股东追偿的，人民法院应予支持。但是，当事人另有

---

[1] 参见高春乾：《股权转让中应当注意的三个易生纠纷点》，载北京律师网，http://www.govgw.com/article/13670.html，2023 年 10 月 11 日访问。

[2] 参见林斯韦：《股权转让如何准用买卖合同规范？——跨越契约法与组织法的解释》，载《兰州学刊》2020 年第 12 期。

约定的除外。"无论是认缴制还是实缴制，公司财产均包含公司注册资本在内。在认缴制下，公司股东虽然享有出资期限利益，但当公司财产不足以清偿债务时，认缴出资的股东应向公司履行出资义务；并且，该出资义务被触发后不因股权转让而消灭，否则将导致股东向偿债能力较差的受让人转让股权、逃避出资义务进而损害公司债权人的利益和交易安全。此时，公司或者债权人请求股东与受让人在未出资范围内承担连带责任的，应予支持。[1]

在股权转让合同中，转让人要承担权利瑕疵担保义务。《公司法司法解释三》第 16 条规定："股东未履行或者未全面履行出资义务或者抽逃出资，公司根据公司章程或者股东会决议对其利润分配请求权、新股优先认购权、剩余财产分配请求权等股东权利作出相应的合理限制，该股东请求认定该限制无效的，人民法院不予支持。"可见，虽然不知道或者不应当知道出让股东未履行或者未全面履行出资义务之受让人对出资义务无须承担连带责任，但其受让的股权有可能被公司章程或者股东会决议作出相应的合理限制，参照适用《民法典》第 612 条或者补充适用《民法典》第 148 条，受让人有权要求出让人承担权利瑕疵担保责任或者撤销股权转让合同。

在股权转让合同中，出让人还可以参照适用《民法典》第 616 条、第 617 条规定，承担物的瑕疵担保义务。股权除包括股东自益权和共益权之外，还包括对公司的实际控制和支配，股权比例越高，控制和支配的程度就越高。当然，基于公司人格、财产、责任与股东人格、财产、责任的分离，股权转让合同参照适用《民法典》第 610 条 "法定质量瑕疵担保责任"似乎存在一定障碍，但参照适用 "约定质量瑕疵担保责任"无碍。当股权转让合同中存在约定瑕疵担保的意思表示，就可以参照适用《民法典》第 616 条，因为结合目的解释方法，公司债务、资产等因素直接影响股权的价值，出让人对公司债务、资产等非转让股权之标的物的保证，也是对股权价值的保证。相反，如果股权转让合同中不存在约定瑕疵担保的意思表示，哪怕公司负债累累、资不抵债、濒临破产，也不能参照适用法定质量瑕疵担保责任，目标公司的

---

[1] 参见 "中铁建业集团有限公司与中铁建业物流有限公司、江阴市远大燃料有限公司股东出资纠纷案"，江苏省无锡市中级人民法院（2018）苏 02 民终 1516 号民事判决书。

这些财务状况属于受让人尽职调查自行判断、化解乃至负担的商业交易风险，除非股权转让方违反告知义务未如实向受让方披露目标公司的潜在风险、客观经营状况等。[1] 股权转让的受让方对目标公司进行尽职调查，并不因此免除转让方的告知义务，但股权转让合同中转让方的告知义务不能简单等同于营业转让合同中转让方的告知义务，"营业转让合同与买卖合同相似，应当参照适用有关买卖合同的规定"[2]。股权转让合同中转让方告知义务程度须与所转让股权在公司股权结构中的占比相匹配。

四、股权转让合同对分期付款买卖合同规则的参照适用

（一）分期付款股权转让合同与分期付款买卖合同的相似性论证

就分期付款买卖中的合同解除，《合同法》第 167 条规定："分期付款的买受人未支付到期价款的金额达到全部价款的五分之一的，出卖人可以要求买受人支付全部价款或者解除合同。出卖人解除合同的，可以向买受人要求支付该标的物的使用费。"《民法典》第 634 条规定："分期付款的买受人未支付到期价款的数额达到全部价款的五分之一，经催告后在合理期限内仍未支付到期价款的，出卖人可以请求买受人支付全部价款或者解除合同。出卖人解除合同的，可以向买受人请求支付该标的物的使用费。"分期付款买卖合同中出卖人的解除权有利于降低出卖人可能承受的价款不能收回风险，这在消费领域合同中尤其普遍。《买卖合同司法解释》第 32 条规定："法律或者行政法规对债权转让、股权转让等权利转让合同有规定的，依照其规定；没有规定的，人民法院可以根据民法典第四百六十七条和第六百四十六条的规定，参照适用买卖合同的有关规定。权利转让或者其他有偿合同参照适用买卖合同的有关规定的，人民法院应当首先引用民法典第六百四十六条的规定，再引用买卖合同的有关规定。"

---

[1] 参见"陈某、西藏鼎瀚创业投资管理中心股权转让纠纷再审审查与审判监督纠纷案"，最高人民法院（2020）最高法民申 6513 号民事裁定书。

[2] 王文胜：《论营业转让的界定与规制》，载《法学家》2012 年第 4 期。

最高人民法院第 67 号指导案例指出："有限责任公司的股权分期支付转让款中发生股权受让人延迟或者拒付等违约情形，股权转让人要求解除双方签订的股权转让合同的，不适用《中华人民共和国合同法》第一百六十七条关于分期付款买卖中出卖人在买受人未支付到期价款的金额达到合同全部价款的五分之一时即可解除合同的规定。"分期付款股权转让合同，与一般以消费为目的的分期付款买卖合同有较大区别。对案涉《股权转让资金分期付款协议》不宜简单适用《合同法》第 167 条规定的合同解除权。[1]

参照适用是一种法定类推适用，是一种取向于规范目的、价值评价式的思考论证过程。经由参照适用/类推适用，本质一致的事物在法律适用上被等量齐观。"法学上的类推适用无论如何都是一种评价式的思考过程，而非仅形式逻辑的思考操作。法定构成要件中，哪些要素对于法定评价具有重要性，其原因何在，要答复这些问题就必须回归到该法律规整的目的、基本思想，质言之，法律的理由上来探讨。"[2] 团体法上的合同能否准用交易法的规则，很大程度上须从团体法内部发现该合同的特有性质和目的。从法律评价重要之点出发，在股权转让的转让人已经给受让人完成股东名册变更和工商登记变更的情况下，受让人拒付股权转让款，出让人价款不能回收的风险现实化，股权受让人具有权利外观，足以使得善意第三人受让股权，如果不赋予出让人分期付款解除权，会致利益失衡。[3]

股权转让合同能否参照适用分期付款买卖合同解除权制度？这给《民法典》第 646 条其他有偿合同参照适用买卖合同制度提供了一个具体分析样本。有学者认为："于此情形，准用之功能不在于填补法律漏洞，而是提供更为精准的解除规则。"[4] 最高人民法院第 67 号指导案例在论证股权转让合同和买卖合同的相似性和特殊性时，未作充分有说服力的论证，导致股

---

[1] 参见最高人民法院第 67 号指导案例："汤某诉周某股权转让纠纷案"，最高人民法院（2015）民申字第 2532 号民事裁定书。
[2] [德] 卡尔·拉伦茨：《法学方法论》，陈爱娥译，商务印书馆 2003 年版，第 258 页。
[3] 参见林斯韦：《股权转让准用买卖合同规范》，中国政法大学 2019 年硕士学位论文。
[4] 杨旭：《〈合同法〉第 167 条对股权买卖之准用——〈指导案例〉67 号评释》，载《现代法学》2019 年第 4 期。

权转让合同不参照适用分期付款买卖合同解除权制度的结论可接受程度不高。简单认定股权转让合同不参照适用分期付款买卖合同解除权制度，致使出现股权受让人比消费者买方受到法律更高保护的明显体系违反现象。股权转让合同和买卖合同的相似性（而非同一性）论证须结合被参照适用条款的规范目的、调整对象、履行的顺序、是否已经发生财产权变动、出卖人是否存在价款回收的风险、分期付款的期数、债的类型、合同目的、交易安全维护展开。股权转让合同的特殊性（如基于有限责任公司的人合性所赋予其他股东同意权和优先购买权的行使、股权价值的变动性、受让人后续的经营管理等）成为不参照适用分期付款买卖合同解除权制度的核心理由，但如果股权转让合同的这些特殊性可以通过允许其他股东再次行使优先购买权、[1]协议解除股权回转后转让人的返还范围等技术手段予以充分尊重，则允许股权转让合同参照适用分期付款买卖合同解除权制度即无障碍。

（二）被参照条款存在法律漏洞时的法律适用方法

即便成功论证分期付款股权转让合同与分期付款买卖合同具有相似性，分期付款股权转让合同可以参照适用分期付款买卖合同法定解除权规则，若被参照适用的分期付款买卖合同法定解除权规则自身有漏洞，该如何弥补？此时离不开类推适用方法。有学者认为，从规范体系上看，对比《合同法》第 94 条第 3 项，第 167 条第 1 款因缺少催告要件而存在漏洞，应通过整体类推（《合同法》第 94 条第 3 项、第 248 条第 2 句以及《融资租赁司法解释》第 12 条第 3 项）的方式予以填补，以形成适用于股权买卖的完整规则。由此还可以充分展现原《合同法》第 174 条之法定准用的思考方法。[2]

笔者认为，《合同法》第 167 条第 1 款解除权催告要件存在立法缺漏，《合同法》第 227 条第 1 句后段同样可以作为前述整体类推时被类推规范之

---

[1] 参见吴飞飞：《论股权转让合同解除规则的体系不一致缺陷与治愈——指导案例 67 号组织法裁判规则反思》，载《政治与法律》2021 年第 7 期。

[2] 参见杨旭：《〈合同法〉第 167 条对股权买卖之准用——〈指导案例〉67 号评释》，载《现代法学》2019 年第 4 期。

一。这也说明作为法定类推适用的参照适用，并不能否定类推适用的存在空间。司法实践中成熟的类推适用可以被转化为立法上的参照适用。立法上的参照适用不是对司法裁判中类推适用的终结。当被参照适用条款自身有漏洞时，又离不开类推适用方法的接力，以济其穷。《民法典》第 634 条第 1 款增加了解除权催告要件，弥补了这一法律漏洞。

五、股权转让合同对民法典善意取得制度的参照适用

（一）其他物权对所有权善意取得制度的参照适用

《民法典》第 311 条第 3 款（《物权法》第 106 条第 3 款同此）规定："当事人善意取得其他物权的，参照适用前两款规定。"其他物权善意取得，可参照适用所有权善意取得规则。但《民法典》没有规定股权能否善意取得的问题。"运用商法外观主义处理股权转让、质押和其他处分问题，较之于采用民法实质主义或者较为迂回的善意取得制度更加简捷、便利和明确。这样的话，股权善意取得是否有必要就值得讨论了。"[1] 外观主义不等同于善意取得，善意取得的构成要件对善意相对人有更多要求。

（二）股权转让参照适用所有权善意取得制度时的类型细分和变通调适

《公司法司法解释三》第 25 条将善意取得制度引入股权交易领域，该条规定："名义股东将登记于其名下的股权转让、质押或者以其他方式处分，实际出资人以其对于股权享有实际权利为由，请求认定处分股权行为无效的，人民法院可以参照民法典第三百一十一条的规定处理。名义股东处分股权造成实际出资人损失，实际出资人请求名义股东承担赔偿责任的，人民法院应予支持。"此外，《公司法司法解释三》第 7 条规定以不享有处分权的财产出资时善意取得："出资人以不享有处分权的财产出资，当事人之间对于出资行为效力产生争议的，人民法院可以参照民法典第三百一十一条的规定予以

---

[1] 施天涛：《商事法律行为初论》，载《法律科学》2021 年第 1 期。

认定。以贪污、受贿、侵占、挪用等违法犯罪所得的货币出资后取得股权的，对违法犯罪行为予以追究、处罚时，应当采取拍卖或者变卖的方式处置其股权。"第 27 条规定未向登记机关办理变更登记的原股东处分股权时的善意取得："股权转让后尚未向公司登记机关办理变更登记，原股东将仍登记于其名下的股权转让、质押或者以其他方式处分，受让股东以其对于股权享有实际权利为由，请求认定处分股权行为无效的，人民法院可以参照民法典第三百一十一条的规定处理。原股东处分股权造成受让股东损失，受让股东请求原股东承担赔偿责任、对于未及时办理变更登记有过错的董事、高级管理人员或者实际控制人承担相应责任的，人民法院应予支持；受让股东对于未及时办理变更登记也有过错的，可以适当减轻上述董事、高级管理人员或者实际控制人的责任。"

股权不同于物权，有限责任公司的名义股东对外转让股权，受让人基于对股权登记外观的信赖有可能构成善意，但要满足股权善意取得的构成要件，完成股权变更登记，则须经其他股东半数以上同意方有可能。而股权质押或者其他处分形式对应的善意取得则更容易，因为此时不涉及股东变更，无须遵循《公司法》第 84 条的强制性规定。因此，不能绕开公司法的相关规定，直接参照适用民法典物权编善意取得制度。[1] 股权转让参照适用善意取得制度时须做必要的变通调适。

参照适用的前提是拟处理案件事实与被参照适用的法律规定构成要件事实之间存在相似性。《公司法司法解释三》第 7 条规定以不享有处分权的财产出资时对所有权善意取得制度的参照适用，本条类型化不足，导致涵括范围过宽，也混淆了"参照适用"和"适用"的边界。对此，应区分三种类型加以讨论：第一，如果以出资形式无权处分的对象是动产或者不动产所有权，当然可以涵摄到《民法典》第 311 条第 1 款之下，此时属于适用所有权善意取得制度，而非参照适用。第二，如果以出资形式无权处分的是其他物权，则可以涵摄到《民法典》第 311 条第 3 款之下，此时参照适用所有权善意取

---

[1] 参见钱玉林：《民法与商法适用关系的方法论诠释——以〈公司法〉司法解释（三）第 24 条、第 25 条为例》，载《法学》2017 年第 2 期。

得制度即可，不属于法律漏洞。第三，如果以出资形式无权处分的是股权、知识产权等财产权，无法涵摄到《民法典》第 311 条任何一款，构成法律漏洞，方存在对所有权善意取得制度的参照适用。

名义股东处分登记在其名下股权时，究竟属于有权处分还是无权处分？若属于有权处分，则不存在善意取得的前提。笔者认为，有限责任公司的名义股东对内对外分别通过股东名册和股权登记展现其股东身份，其对股权的处分属于有权处分，《公司法司法解释三》第 25 条涵括了不应该等量齐观的事实。"我国法律明确规定记载于股东名册的股东推定为股东，既然如此，名义股东的股权处分行为就应被推定为有权处分。"[1] 当然，基于登记错误的名义股东处分股权属于无权处分，可被纳入《公司法司法解释三》第 25 条的调整范围。

针对《公司法司法解释三》第 27 条所谓未向登记机关办理变更登记的原股东处分股权的情形，笔者认为其更类似于"一物二卖"，而非类似于所有权无权处分。从对外关系上看，未办理变更登记，股权变动未完成，原股东仍是股东，其对股权再处分，属于"一股二卖"，系有权处分，并非无权处分，也就不存在善意取得的前提。因此，就《公司法司法解释三》第 27 条对应的法律后果，参照／类推适用《买卖合同司法解释》第 7 条更为合适。须注意的是，《九民纪要》第 8 条就有限责任公司的股权变动指出："当事人之间转让有限责任公司股权，受让人以其姓名或者名称已记载于股东名册为由主张其已经取得股权的，人民法院依法予以支持，但法律、行政法规规定应当办理批准手续生效的股权转让除外。未向公司登记机关办理股权变更登记的，不得对抗善意相对人。"这就在对外关系上采取登记对抗主义的股权变动模式。由此，未向登记机关办理变更登记的原股东处分股权时，通过受让人未办理股东变更登记不得对抗善意相对人即可解决，同样不必类推适用善意取得制度。

六、总结

股权转让合同是《公司法》中的合同，属于《公司法》第 1 条所指公司

---

[1] 施天涛：《商事法律行为初论》，载《法律科学》2021 年第 1 期。

行为的具体类型之一。股权转让合同属于典型的营利性商事合同，是我们观察民法商法关系的一个重要窗口。股权转让合同有参照适用《民法典》有关规定的必要性，也有因应其自身性质的特殊性。

股权转让合同有参照适用瑕疵担保责任等买卖合同法律规则的可能，但对分期付款买卖合同中的法定解除权，则要慎重参照，以免不合宜的等量齐观，但也非完全没有参照适用分期付款买卖合同法定解除权制度的可能。

股权转让合同有参照适用所有权善意取得规则的可能，但须作类型细分和必要的变通调适。《公司法司法解释三》第 7 条、第 25 条和第 27 条过于扩大了股权善意取得规则的适用范围，宜结合股权变动模式特殊性和有限责任公司的人合性，作必要的目的性限缩解释。

法律或者公司章程也会对股权转让作特殊限制，使得股权转让合同类似但又有别于买卖合同。

股权转让合同关乎合同双方当事人的私人利益，即便在股权转让合同可以参照适用《民法典》相关规定的情形下，也应允许转让方和受让方自行约定排除可能的参照适用，展现股权转让合同当事人的个性需求。股权转让合同的法律适用方法和漏洞填补方法展现出民法在商法漏洞填补过程中参照适用求同存异的谦逊态度，而非补充适用的兜底式大包大揽。

结 语

一

参照适用又被称为准用、授权式类推适用、法定类推适用等，是指法律明定将关于某种事项所作的规定，适用于最相类似的其他事项。参照适用、类推适用、拟制、直接适用、补充适用属于不同的法律思考方法和法律适用方法。我国《民法典》中明确规定了大量参照适用条款，具有规范性的约束力，给我们在法学（律）方法论找法、用法问题上提出了新研究对象和新命题，有助于丰富和完善"寻找法律"环节的方法论。

参照适用可以引导我们探索立法者在实定法中的未尽之言。参照适用是释放民法典体系效益、避免重复规定的立法技术，参照适用立法技术有助于避免重复规定，实现立法简约；对法律条文适用范围的妥当安排有助于避免不必要的参照适用。参照适用技术形塑动态法源观，妥当协调法律适用衔接关系，动态法源观有助于妥当协调民法典内部各编的适用衔接；动态法源观有助于妥当协调民法商法的适用衔接。参照适用有意识地弥补了民法典漏洞，是具有造法功能的司法技术，但参照适用不是对法律漏洞的终结。经由参照适用技术可以创造法律，推动法律发展，实现民法典的再体系化和与时俱进。参照适用的核心难题是规范参照适用司法技术，防止法官恣意，增强法律安定性。参照适用较之类推适用具有更高的确定性。

参照适用技术的内部构成包括是否参照和如何参照，这也是其主要内容。是否参照又可细化为法理基础、前提条件，如何参照可细化为找法方法、援引技术、逻辑结构、说理论证和运用边界。主张参照适用之人，应该对拟处理的案件事实和被参照法律规定构成要件事实之间的相似性承担论证责任，这是参照适用条款中论证负担的一般原则。相似性论证是参照适用成败的关键和难点。相似性论证属于法律论证中的外部证成。相似性论证不是一个逻辑问题，而是价值判断和目的考量，不是形式论证，而是实质论证。相似性论证是发现两个事物之间的大同小异，求同存异，同等对待。参照适用过程要"根据其性质"展开，以避免参照适用带来削足适履和不合宜的等量齐观，不参照适用带来不合理的差别对待。相似性论证的关键是拟处理案件事实的性质，以及被参照适用法律规定的规范目的，前者也即事物本质，后者即规范意旨。性质考量是相似性判断中的重要且首要因素，但并非唯一因素。相似性论证的核心就是对构成要件异同点重要程度的评价，以谨慎严密地提出可以被检验的论证，展现法律适用者的思考过程，追求参照适用方法论上诚实可观，增强裁判的可接受性。参照适用方法论包括总论和分论，总论分论结合，构成参照适用方法论的完整体系。参照适用方法论分论运用类型化和体系化方法分析参照适用在民法商法中的应用，充分展现参照适用立法技术如何成就大民法典、如何形塑隐性总则，充分展现参照适用司法技术如何保持大民法典的与时俱进。

大民法典六编制蓝图属于民法问题中的立法技术问题，大民法典重构财产法体系，展现了苏永钦教授的宏观巨视。大民法典所追求的更大体系容量和更高体系效益也许还可通过其他中观层面的立法技术和司法技术实现或者接近。我国民法典中的参照适用法律技术是一盏照亮大民法典理想的"阿拉丁神灯"。参照适用立法技术承载大民法典的理想。参照适用司法技术保持大民法典的与时俱进。参照适用立法技术成就大民法典，通过参照适用所释放出的民法典体系效益经得住找法、储法、立法和传法四个角度的检验。参照适用立法技术还有助于我们更好理解大民法典，参照适用是民法典"提取公因式"的总则式立法技术的升级版。我们也要规范参照适用的论证过程，约束参照适用带给法官的自由裁量权，避免打开裁判恣意的"潘多拉魔盒"。

二

民法典总则编对各分编具有统领性作用，这展现了总则编的总则性特点。民法典总则编还具有鲜明的非总则性特点，总则编对合同行为之外的其他民事法律行为、对身份法律行为的法律适用存在一定的"非总则性",非总则性成为大陆法系民法典总则编的"宿命"。如果把民法典总则编看成一个矛盾统一体,总则性是矛盾的主要方面,非总则性则是矛盾的次要方面。总则性特点的体系影响是总分结合的立法技术和司法技术。非总则性特点的体系影响是参照适用立法技术和司法技术。"提取公因式"的总则式立法技术和用于弥补总则式立法技术缺憾的参照适用技术相依相存。总则编无法充分有效发挥兜底适用和补充适用的功能,这给了各分编做大的默许和机会。总则编的非总则性特点催生了大量隐性总则。参照适用在民法典各编中搭建起了释放法典体系效益的一座座桥梁。参照适用法律技术弥补了总则编的非总则性缺憾。

《民法典》第71条参照适用公司法清算规则完善法人退出制度。《民法典》第108条规定:"非法人组织除适用本章规定外,参照适用本编第三章第一节的有关规定。"该条是立法者对非法人组织规则有意识的沉默、是对法律适用者的明示授权,使民法典总则编法人"一般规定"可以发挥法人、非法人组织"小总则"的功能。就非法人组织负责人代表权的限制、非法人组织清算等问题,参照适用应该本着由近及远的顺序展开,如果参照适用调整同类型非法人组织的《合伙企业法》能够解决的,就不必也不应跨类型去参照适用《公司法》的相关规定。立法鉴于非法人组织的特殊性质配置的特别规定,排斥《民法典》第108条参照适用方法的作用空间。立法上的参照适用不是对司法中类推适用的终结。当立法者应配置而未能配置参照适用条款时,需要裁判者通过类推适用接力,以济其穷。参照适用方法的适用顺序劣后于优先适用,特别法有明确规定时优先适用特别法的规定,特别法没有规定时,适用一般规定,仍无一般规定时,方有参照适用其他最相类似规定的可能。

婚姻、收养、监护等有关身份关系的协议存在"参照适用"民法典合同编的空间。"身份关系协议的性质"是身份法律行为及相应身份权利义务关系所展现出的身份共同体特点,也是"参照适用"民法典合同编时对被引用法条限制或者修正变通的判断标准和解释依归。"身份关系协议的性质"具体包括契合婚姻家庭伦理、鼓励缔结婚姻、维护夫妻等身份关系和谐安定,实现夫妻乃至家庭共同利益、养老育幼、未成年子女利益最大化等价值追求。应该区分不同类型的身份关系协议、区分同一类型身份关系协议中不同内容约款、区分身份关系协议的内部效力与外部效力，分别讨论"参照适用"的空间。不能脱离身份关系协议的"整体"来看待忠诚协议、离婚财产分割协议或者夫妻财产约定中的所谓"赠与条款"这个"部分"，身份关系协议原则上应该作为一个整体，且形成继续性民事法律关系。也不能完全堵塞身份关系协议补充适用民法典总则编甚至物权编的空间。理解《民法典》第464条第2款后段的关键是"根据其性质"，这展现了身份法的本质，具体表现为如下类型：第一，身份共同体的特点使得身份关系协议原则上属于不可分之债，是作为一个整体存在的。第二，鼓励结婚，维持婚姻等身份关系的安定性特点使得身份关系协议原则上属于继续性之债，而非一时性之债。第三，（未成年）子女利益最大化特点，使得身份关系协议不得做任何减损对未成年子女法定扶养义务的约定。第四，知恩图报的特点使得身份关系当事人特别是父母子女之间存在"回馈"关系，而非简单的"接续"关系。家庭育幼和养老的功能具有长时段性。

根据《民法典》第467条第1款，非典型合同在直接适用合同编通则和参照适用最相类似典型合同的规定之间，没有先后顺序之分。要根据区分技术，区分面对的是非典型合同法律适用的总则式问题还是分则式问题，通过直接适用合同编通则实现总则的归总则，通过参照适用典型合同规定实现分则的归分则。无论是非典型合同对典型合同有关规定的参照适用，还是典型合同彼此之间的参照适用，相似性论证是关键，相似性论证是要对比非典型合同和典型合同、两个典型合同彼此之间的主给付义务，重点围绕合同的性质和目的，结合合同分类的其他分类标准，多角度观察分析，求同存异，恰如其分。参照适用通过同其所同，弥补法律漏洞；通过异其所异，对被参照适用的法律规定进行适当变通调适，避免不合宜的等量齐观。非典型合同和典型合同中的参照适用方法塑造了不同于补充适用方法语境下的别样总分关系，也释放了民法典的体系效益。

当存在法律漏洞时，非因合同产生的债权债务关系对民法典合同编通则是原则适用，例外不参照适用。身份关系协议对民法典合同编是原则不适用，例外参照适用。《民法典》第468条后段通过原则适用，展现了立法的刚性和严格规定性，第 464 条第 2 款后段通过衡平规定展现了立法的柔性、弹性并赋予法律适用者相对更大的自由裁量权。民法典合同编通则得债法总则之意，忘/舍债法总则之形，可谓"得其意，忘其形"。《民法典》不存在独立成编的形式意义上的债法总则，而是由合同编通则代行债法总则的实质功能，塑造出了大合同编的气象，是大合同法思想的生动体现。民法典合同编通则对债法总则"得意而忘形"，使得债法分则体系"形散而神聚"所依赖的关键法律技术就是参照适用，合同编通则通过参照适用释放出自身的体系效益，避免对非合同之债照应不周。立法上的参照适用不是对司法中类推适用的终结。当立法未授权法律适用者参照适用，而实定法又存在开放漏洞时，需要通过类推适用来补充。当被参照适用条款自身有漏洞时，也离不开类推适用方法的接力，以济其穷。以民法典合同编通则特别是第 468 条为中心，分析非合同之债对合同之债有关规定的具体适用方法，债的分类理论可以帮助我们发现债的性质并据此判断哪些具体类型的债根据其性质不能参照适用合同编通则的哪些具体规定，体悟如何用合同编通则的"旧瓶"来装下合同之债和非合同之债法律适用的"新酒"，在看得见的合同编通则中找到看不见的实质意义上的债法总则，在显性的合同编通则中发现隐性的债法总则，并努力实现非合同之债法律规则与合同之债法律规则的体系融贯。

参照适用是人格权编中的一项重大法律技术创新，参照适用法律技术使得人格权编能够真正兜住人格权的享有和保护产生的民事关系之"底"。充分论证"根据其性质"的参照适用限制技术，使得参照适用条款成为释放人格权编体系效益的"阿拉丁神灯"，而非打开裁判恣意的"潘多拉魔盒"。因婚姻家庭关系等产生的身份权利保护是否参照适用、何时参照适用、如何参照适用人格权编，均取决于《民法典》第 1001 条第 2 句后段的"根据其性质"，即身份权利性质。如何确定身份权利乃至人身权利的性质？民事权利的类型化思维就是化解应对之道。婚姻家庭是一个休戚与共、利害攸关的身份共同体，身份关系的场景决定身份权利的内容和属性。身份共同体下的配偶权、监护权等身份权不属于支配权，而在身份关系当事人之间具有鲜明的请求权、相对权、专属权等品格；对外关系上这些身份权则具有绝对权属性，以落实"婚姻家庭受国家保护"的基本价值。身份共同体下的人格权保护也不能坚持个体主义思维，而要凸显在身份关系当事人之间的相互性、整体性特点。

身份关系协议存在参照适用合同法的空间，身份关系协议还可能变通适用物权变动公示规则、强制执行顺位规则等。应该区分身份关系协议所引发物权变动的内部效力与外部效力，物权变动公示原则在身份关系协议的内部法律效力判断上宜秉持适当的谦抑性，从而适用债权意思主义的物权变动模式。因夫妻身份关系协议，导致物权设立、变更、转让或者消灭的，自该协议生效时在身份关系当事人之间发生物权变动效力，未经法定公示方法，不得对抗善意第三人。基于夫妻身份关系协议的物权变动对民法典物权编物权变动公示制度是"参照适用"而非"直接适用"或者"补充适用"。

股权转让合同属于典型的营利性商事合同，是我们观察民法商法关系的重要窗口。股权转让合同有参照适用瑕疵担保责任等买卖合同法律规则的可能，但对分期付款买卖合同中的法定解除权，则要慎重参照，以免不合宜的等量齐观，但也非完全没有参照适用分期付款买卖合同法定解除权制度的可能。股权转让合同有参照适用所有权善意取得规则的可能，但须作类型细分和必要的变通调适。《公司法司法解释三》第7条、第25条和第27条过于扩大了股权善意取得规则的适用范围，宜结合股权变动模式特殊性和有限责任公司的人合性，作必要的目的性限缩解释。法律或者公司章程也会对股权转让作特殊限制，股权转让合同类似于但又有别于买卖合同。股权转让合同的法律适用方法和漏洞填补方法展现出民法在商法漏洞填补过程中参照适用的谦逊态度，而非补充适用的兜底大包大揽。

参考文献

一、中文著作

1. 胡元义:《民法总则》,上海书店 1934 年版。
2. 梅仲协:《民法要义》,上海昌明书屋 1947 年版,中国政法大学 1998 年再版。
3. 胡长清:《中国民法总论》,中国政法大学出版社 1997 年版。
4. 史尚宽:《债法总论》,中国政法大学出版社 2000 年版。
5. 史尚宽:《亲属法论》,中国政法大学出版社 2000 年版。
6. 王泽鉴:《民法学说与判例研究》(重排合订本),北京大学出版社 2015 年版。
7. 王泽鉴:《民法思维:请求权基础理论体系》,北京大学出版社 2009 年版。
8. 王泽鉴:《民法总则》,北京大学出版社 2009 年版。
9. 王泽鉴:《债法原理》,北京大学出版社 2013 年版。
10. 张俊浩主编:《民法学原理》(修订第三版)上册,中国政法大学出版社 2000 年版。
11. 王利明:《法学方法论》(典藏本),中国人民大学出版社 2018 年版。
12. 王利明主编:《民法》(上册),中国人民大学出版社 2020 年版。
13. 王利明主编:《中国民法典释评·合同编·通则》,中国人民大学出版社 2020 年版。
14. 王利明主编:《中华人民共和国民法总则详解》(上册),中国法制出版社 2017 年版。
15. 王利明:《合同法研究》第一卷,中国人民大学出版社 2011 年版。
16. 王利明:《合同法通则》,北京大学出版社 2022 年版。
17. 王利明、杨立新、王轶、程啸:《民法学》(下),法律出版社 2020 年版。
18. 梁慧星:《合同通则讲义》,人民法院出版社 2021 年版。
19. 梁慧星:《民法总论》,法律出版社 2017 年版。

20. 梁慧星:《民法解释学》(第三版),法律出版社 2009 年版。

21. 梁慧星、陈华彬:《物权法》,法律出版社 2020 年版。

22. 杨仁寿:《法学方法论》,中国政法大学出版社 1999 年版。

23. 苏永钦:《寻找新民法》,北京大学出版社 2012 年版。

24. 黄茂荣:《法学方法与现代民法》,法律出版社 2007 年版。

25. 谢在全:《民法物权论》(上册),中国政法大学出版社 2011 年版。

26. 郭明瑞:《民法总则通义》,商务印书馆 2018 年版。

27. 董安生:《民事法律行为》,中国人民大学出版社 2002 年版。

28. 苏力:《大国宪制:历史中国的制度构成》,北京大学出版社 2018 年版。

29. 张保生:《法律推理的理论与方法》,中国政法大学出版社 2000 年版。

30. 黄薇主编:《中华人民共和国民法典合同编解读》(上册),中国法制出版社 2020 年版。

31. 黄薇主编:《中华人民共和国民法典人格权编释义》,法律出版社 2020 年版。

32. 夏吟兰、龙翼飞、曹思婕、姚邢、赫欣:《中国民法典释评·婚姻家庭编》,中国人民大学出版社 2020 年版。

33. 崔建远:《中国民法典释评·物权编》(上卷),中国人民大学出版社 2020 年版。

34. 崔建远、陈进:《债法总论》,清华大学出版社 2021 年版。

35. 崔建远:《物权法》,中国人民大学出版社 2017 年版。

36. 崔建远:《合同法》,北京大学出版社 2012 年版。

37. 陈甦主编:《民法总则评注》(下册),法律出版社 2017 年版。

38. 季卫东:《法律程序的意义》(增订版),中国法制出版社 2012 年版。

39. 张新宝:《〈中华人民共和国民法总则〉释义》,中国人民大学出版社 2017 年版。

40. 谭启平主编:《中国民法学》,法律出版社 2021 年版。

41. 姚辉:《民法学方法论研究》,中国人民大学出版社 2020 年版。

42. 王轶:《民法原理与民法学方法》,法律出版社 2009 年版。

43. 薛宁兰、金玉珍主编:《亲属与继承法》,社会科学文献出版社 2009 年版。

44. 薛宁兰、谢鸿飞主编:《民法典评注:婚姻家庭编》,中国法制出版社 2020 年版。

45. 徐涤宇、张家勇主编:《〈中华人民共和国民法典〉评注:精要版》,中国人民大学出版社 2022 年版。

46. 房绍坤、范李瑛、张洪波编著:《婚姻家庭继承法》,中国人民大学出版社 2020 年版。

47. 余延满:《亲属法原论》,法律出版社 2007 年版。
48. 黄建辉:《法律漏洞·类推适用》,台湾蔚理法律出版社 1988 年版。
49. 刘春堂:《判解民法债编通则》,三民书局股份有限公司 2010 年版。
50. 陈自强:《契约法讲义 I：契约之成立与生效》,元照出版有限公司 2014 年版。
51. 韩世远:《合同法学》,高等教育出版社 2022 年版。
52. 刘家安:《物权法论》,中国政法大学出版社 2015 年版。
53. 朱庆育:《民法总论》,北京大学出版社 2016 年版。
54. 王洪亮、张双根、田士永、朱庆育、张谷主编:《中德私法研究》第 10 卷,北京大学出版社 2015 年版。
55. 王洪亮:《债法总论》,北京大学出版社 2016 年版。
56. 李建伟:《公司法学》,中国人民大学出版社 2018 年版。
57. 张伟主编:《婚姻家庭继承法学》,法律出版社 2021 年版。
58. 宁红丽:《我国典型合同理论与立法完善研究》,对外经济贸易大学出版社 2016 年版。
59. 雷磊:《类比法律论证——以德国学说为出发点》,中国政法大学出版社 2011 年版。
60. 郭明龙:《侵权责任一般条款研究》,中国法制出版社 2019 年版。
61. 孙海波:《裁判对法律的背离与回归：疑难案件的裁判方法新论》,中国法制出版社 2019 年版。
62. 刘征峰:《论民法教义体系与家庭法的对立与融合：现代家庭法的谱系生成》,法律出版社 2018 年版。
63. 刘耀东:《非基于法律行为的不动产物权变动研究》,中国法制出版社 2021 年版。
64. 王融擎编译:《日本民法：条文与判例》(上册),中国法制出版社 2018 年版。
65. 《民法典立法背景与观点全集》编写组编:《民法典立法背景与观点全集》,法律出版社 2020 年版。
66. 最高人民法院民法典贯彻实施工作领导小组主编:《中华人民共和国民法典合同编理解与适用》(一),人民法院出版社 2020 年版。
67. 最高人民法院民法典贯彻实施工作领导小组主编:《中华人民共和国民法典人格权编理解与适用》,人民法院出版社 2020 年版。
68. 最高人民法院民事审判第一庭编著:《最高人民法院婚姻法司法解释（三）理解与适用》,人民法院出版社 2015 年版。
69. 最高人民法院民事审判第一庭编:《民事审判实务问答》,法律出版社 2021 年版。

70. 最高人民法院民法典贯彻实施工作领导小组编著：《中国民法典适用大全：合同卷（五）》，人民法院出版社 2022 年版。

二、中文论文

1. 胡长清：《论民法总则编之非总则性》，载《法律评论（北京）》1931 年第 8 卷第 19 期。
2. 谢怀栻：《论民事权利体系》，载《法学研究》1996 年第 2 期。
3. 王利明：《论〈民法典〉实施中的思维转化——从单行法思维到法典化思维》，载《中国社会科学》2022 年第 3 期。
4. 王利明：《民法典中参照适用条款的适用》，载《政法论坛》2022 年第 1 期。
5. 王利明：《民法典人格权编的亮点与创新》，载《中国法学》2020 年第 4 期。
6. 王利明：《民法典的体系化功能及其实现》，载《法商研究》2021 年第 4 期。
7. 王利明：《论民法典合同编发挥债法总则的功能》，载《法学论坛》2020 年第 4 期。
8. 王利明：《人格权法的新发展与我国民法典人格权编的完善》，载《浙江工商大学学报》2019 年第 6 期。
9. 王利明：《民法典人格权编草案的亮点及完善》，载《中国法律评论》2019 年第 1 期。
10. 王利明：《民法典合同编通则中的重大疑难问题研究》，载《云南社会科学》2020 年第 1 期。
11. 王利明：《构建中国特色的民法学理论体系》，载《中国大学教学》2021 年第 3 期。
12. 王利明：《论民法典时代的法律解释》，载《荆楚法学》2021 年第 1 期。
13. 王利明：《总分结构理论与我国民法典的编纂》，载《交大法学》2019 年第 3 期。
14. 苏永钦：《大民法典的理念与蓝图》，载《中外法学》2021 年第 1 期。
15. 苏永钦：《法学的想象》，载《现代法治研究》2020 年第 1 期。
16. 苏永钦：《体系为纲，总分相宜——从民法典理论看大陆新制定的〈民法总则〉》，载《中国法律评论》2017 年第 3 期。
17. 郭明瑞：《人身权立法之我见》，载《法律科学》2012 年第 4 期。
18. 王胜明：《制订民法典需要研究的部分问题》，载《法学家》2003 年第 4 期。
19. 孙宪忠：《中国民法典总则与分则之间的统辖遵从关系》，载《法学研究》2020 年第 3 期。
20. 孙宪忠：《民法体系化科学思维的问题研究》，载《法律科学》2022 年第 1 期。

21. 崔建远：《民法分则物权编立法研究》，载《中国法学》2017 年第 2 期。
22. 杨立新：《人格权编草案二审稿的最新进展及存在的问题》，载《河南社会科学》2019 年第 7 期。
23. 谢晖：《"应当参照"否议》，载《现代法学》2014 年第 2 期。
24. 尹田：《民法典总则与民法典立法体系模式》，载《法学研究》2006 年第 6 期。
25. 龙翼飞：《我国〈物权法〉对家庭财产关系的影响》，载《浙江工商大学学报》2008 年第 6 期。
26. 陈小君：《我国民法典：序编还是总则》，载《法学研究》2004 年第 3 期。
27. 李永军：《论我国民法典中无因管理的规范空间》，载《中国法学》2020 年第 6 期。
28. 李永军：《婚姻属性的民法典体系解释》，载《环球法律评论》2021 年第 5 期。
29. 温世扬、朱海荣：《中国民法典对潘德克顿体系的扬弃》，载《苏州大学学报（哲学社会科学版）》2020 年第 4 期。
30. 徐国栋：《论〈民法典〉采用新法学阶梯体系及其理由——兼榷〈民法典〉体系化失败论》，载《财经法学》2021 年第 2 期。
31. 刘贵祥：《〈民法典〉实施的若干理论与实践问题》，载《法律适用》2020 年第 15 期。
32. 施天涛：《商事法律行为初论》，载《法律科学》2021 年第 1 期。
33. 王轶、关淑芳：《民法商法关系论：以民法典编纂为背景》，载《社会科学战线》2016 年第 4 期。
34. 王轶：《民法总则之期间立法研究》，载《法学家》2016 年第 5 期。
35. 王轶、蔡蔚然：《基于婚内财产分割协议的物权变动》，载《国家检察官学院学报》2023 年第 2 期。
36. 谢鸿飞：《民法典与特别民法关系的建构》，载《中国社会科学》2013 年第 2 期。
37. 谢鸿飞：《民法典的外部体系效益及其扩张》，载《环球法律评论》2018 年第 2 期。
38. 蔡小雪：《参照民事法律规范认定涉及民事问题的行政行为合法性分析》，载《中国审判》2008 年第 5 期。
39. 虞政平、陈辛迪：《商事债权融资对债权让与通知制度的冲击》，载《政法论丛》2019 年第 3 期。
40. 黄学贤：《行政法中的法律保留原则研究》，载《中国法学》2004 年第 5 期。
41. 薛宁兰：《婚姻家庭法定位及其伦理内涵》，载《江淮论坛》2015 年第 6 期。
42. 薛宁兰、许莉：《我国夫妻财产制立法若干问题探讨》，载《法学论坛》2011 年第 2 期。

43. 刘风景：《准用性法条设置的理据与方法》，载《法商研究》2015 年第 5 期。
44. 房绍坤：《论继承导致的物权变动——兼论继承法相关制度的完善》，载《政法论丛》2018 年第 6 期。
45. 费安玲：《我国民法典中的成年人自主监护：理念与规则》，载《中国法学》2019 年第 4 期。
46. 韩世远：《财产行为、人身行为与民法典适用》，载《当代法学》2021 年第 4 期。
47. 屈茂辉：《类推适用的私法价值与司法运用》，载《法学研究》2005 年第 1 期。
48. 李建华、何松威、麻锐：《论民法典"提取公因式"的立法技术》，载《河南社会科学》2015 年第 9 期。
49. 董惠江：《票据表见代理适用及类推适用的边界》，载《中国法学》2007 年第 5 期。
50. 姚辉：《夫妻财产契约中的物权变动论》，载《人民司法·案例》2015 年第 4 期。
51. 高圣平：《〈物权法〉背景下的海域使用权抵押制度——兼及物权法上的类推适用》，载《海洋开发与管理》2008 年第 2 期。
52. 石佳友：《人格权立法的进步与局限》，载《清华法学》2019 年第 5 期。
53. 钱玉林：《商法漏洞的特别法属性及其填补规则》，载《中国社会科学》2018 年第 12 期。
54. 钱玉林：《民法总则与公司法的适用关系论》，载《法学研究》2018 年第 3 期。
55. 钱玉林：《股权转让行为的属性及其规范》，载《中国法学》2021 年第 1 期。
56. 钱玉林：《民法与商法适用关系的方法论诠释——以〈公司法〉司法解释（三）第 24、25 条为例》，载《法学》2017 年第 2 期。
57. 于莹：《民法基本原则与商法漏洞填补》，载《中国法学》2019 年第 4 期。
58. 郭富青：《论商法类推适用的依据、范围和正当性》，载《甘肃政法学院学报》2012 年第 5 期。
59. 陈刚：《民事实质诉讼法论》，载《法学研究》2018 年第 6 期。
60. 马强：《配偶权研究》，载《法律适用》2000 年第 8 期。
61. 马强：《试论贞操权》，载《法律科学》2002 年第 5 期。
62. 金可可：《〈民法典〉无因管理规定的解释论方案》，载《法学》2020 年第 8 期。
63. 薛军：《中国民法典编纂：观念、愿景与思路》，载《中国法学》2015 年第 4 期。
64. 张双根：《论股权让与的意思主义构成》，载《中外法学》2019 年第 6 期。
65. 段厚省：《论身份权请求权》，载《法学研究》2006 年第 5 期。

66. 王洪亮:《论民法典规范准用于行政协议》,载《行政管理改革》2020 年第 2 期。
67. 周江洪:《民法典中介合同的变革与理解——以委托合同与中介合同的参照适用关系为切入点》,载《比较法研究》2021 年第 2 期。
68. 周江洪:《关于〈民法典合同编〉(草案)(二次审议稿)的若干建议》,载《法治研究》2019 年第 2 期。
69. 朱庆育:《第三种体例:从〈民法通则〉到〈民法典〉总则编》,载《法制与社会发展》2020 年第 4 期。
70. 朱庆育:《法典理性与民法总则:以中国大陆民法典编纂为思考对象》,载《中外法学》2010 年第 4 期。
71. 张平华:《〈民法典〉合同编的体系问题》,载《财经法学》2020 年第 5 期。
72. 张平华、于惠:《分期付款股权转让合同解除制度之漏洞填补——以最高人民法院第 67 号指导性案例为切入点》,载《经贸法律评论》2021 年第 4 期。
73. 李建伟:《有限责任公司股权变动模式研究——以公司受通知与认可的程序构建为中心》,载《暨南学报(哲学社会科学版)》2012 年第 12 期。
74. 陈信勇:《身份关系视角下的民法总则》,载《法治研究》2016 年第 5 期。
75. 孙若军:《论夫妻财产制的定位及存在的误区——以〈婚姻法〉司法解释(三)第 7 条为视角》,载《法律适用》2013 年第 4 期。
76. 丁慧:《身份行为基本理论的再认识》,载《法学杂志》2013 年第 1 期。
77. 金眉:《婚姻家庭立法的同一性原理——以婚姻家庭理念、形态与财产法律结构为中心》,载《法学研究》2017 年第 4 期。
78. 许莉:《夫妻财产归属之法律适用》,载《法学》2007 年第 12 期。
79. 田韶华:《婚姻领域内物权变动的法律适用》,载《法学》2009 年第 3 期。
80. 田韶华:《夫妻间赠与的若干法律问题》,载《法学》2014 年第 2 期。
81. 赵晓力:《中国家庭资本主义化的号角》,载《文化纵横》2011 年第 1 期。
82. 程啸:《婚内财产分割协议、夫妻财产制契约的效力与不动产物权变动——"唐某诉李某某、唐某乙法定继承纠纷案"评释》,载《暨南学报(哲学社会科学版)》2015 年第 3 期。
83. 冉克平:《"身份关系协议"准用〈民法典〉合同编的体系化释论》,载《法制与社会发展》2021 年第 4 期。
84. 冉克平:《夫妻之间给予不动产约定的效力及其救济》,载《法学》2017 年第 11 期。
85. 冉克平:《论第三人侵害夫妻身份权的民事责任》,载《华中科技大学学报(社会科学版）》2020 年第 1 期。

86. 冉克平：《民法典总则的存废论——以民法典总则与亲属法的关系为视野》，载易继明主编：《私法》第 8 辑·第 1 卷／总第 15 卷，华中科技大学出版社 2008 年版。

87. 叶名怡：《夫妻间房产给予约定的性质与效力》，载《法学》2021 年第 3 期。

88. 叶名怡：《离婚房产权属约定对强制执行的排除力》，载《法学》2020 年第 4 期。

89. 叶名怡：《论事前弃权的效力》，载《中外法学》2018 年第 2 期。

90. 李国强：《成年意定监护法律关系的解释——以〈民法总则〉第 33 条为解释对象》，载《现代法学》2018 年第 5 期。

91. 于飞：《我国民法典实质债法总则的确立与解释论展开》，载《法学》2020 年第 9 期。

92. 于飞：《合同法总则替代债法总则立法思路的问题及弥补——从"参照适用"的方法论性质切入》，载《苏州大学学报（法学版）》2018 年第 2 期。

93. 易军：《原则／例外关系的民法阐释》，载《中国社会科学》2019 年第 9 期。

94. 易军：《买卖合同之规定准用于其他有偿合同》，载《法学研究》2016 年第 1 期。

95. 易军：《论中国法上"无因管理制度"与"委托合同制度"的体系关联》，载《法学评论》2020 年第 6 期。

96. 占善刚：《证据保全程序参照适用保全程序质疑——〈中华人民共和国民事诉讼法〉第 81 条第 3 款检讨》，载《法商研究》2015 年第 6 期。

97. 张家勇：《体系视角下所有权担保的规范效果》载《法学》2020 年第 8 期。

98. 裴桦：《夫妻财产制与财产法规则的冲突与协调》，载《法学研究》2017 年第 4 期。

99. 裴桦：《也谈夫妻间赠与的法律适用》，载《当代法学》2016 年第 4 期。

100. 裴桦：《也谈约定财产制下夫妻间的物权变动》，载《海南大学学报（人文社会科学版）》2016 年第 5 期。

101. 肖海军：《民法典编纂中非法人组织主体定位的技术进路》，载《法学》2016 年第 5 期。

102. 曾祥生：《再论民法典总则编之存废》，载《法商研究》2015 年第 3 期。

103. 张红：《〈民法典（人格权编）〉一般规定的体系构建》，载《武汉大学学报（哲学社会科学版）》2020 年第 5 期。

104. 刘承韪：《论演艺经纪合同的解除》，载《清华法学》2019 年第 4 期。

105. 刘承韪：《民法典合同编的立法取向与体系开放性》，载《环球法律评论》2020 年第 2 期。

106. 李宇：《保理合同立法论》，载《法学》2019 年第 12 期。

107. 王竹：《论医疗产品责任规则及其准用——以〈中华人民共和国侵权责任法〉第 59 条为中心》，载《法商研究》2013 年第 3 期。

108. 朱虎：《债法总则体系的基础反思与技术重整》，载《清华法学》2019 年第 3 期。

109. 陆青：《离婚协议中的"赠与子女财产"条款研究》，载《法学研究》2018 年第 1 期。

110. 王文胜：《论营业转让的界定与规制》，载《法学家》2012 年第 4 期。

111. 翟远见：《论〈民法典〉中债总规范的识别与适用》，载《比较法研究》2020 年第 4 期。

112. 吴香香：《中国法上侵权请求权基础的规范体系》，载《政法论坛》2020 年第 6 期。

113. 章程：《论行政协议变更解除权的性质与类型》，载《中外法学》2021 年第 2 期。

114. 朱晓峰：《孝道理念与民法典编纂》，载《法律科学》2019 年第 1 期。

115. 朱晓峰：《配偶权侵害的赔偿责任及正当性基础》，载《浙江大学学报（人文社会科学版）》2017 年第 6 期。

116. 王叶刚：《民法典人格权编的亮点与创见》，载《中国人民大学学报》2020 年第 4 期。

117. 贺剑：《论婚姻法回归民法的基本思路——以法定夫妻财产制为重点》，载《中外法学》2014 年第 6 期。

118. 石一峰：《再论冒名处分不动产的私法适用——类推适用的视角》，载《现代法学》2017 年第 3 期。

119. 刘征峰：《结婚中的缔约过失责任》，载《政法论坛》2021 年第 3 期。

120. 缪宇：《遗赠扶养协议中的利益失衡及其矫治》，载《环球法律评论》2020 年第 5 期。

121. 于程远：《〈民法典〉背景下婚姻法回归民法的路径选择——兼论〈民法典〉分编转介规范的运用》，载《中国高校社会科学》2021 年第 4 期。

122. 夏江皓：《家庭法介入家庭关系的界限及其对婚姻家庭编实施的启示》，载《中国法学》2022 年第 1 期。

123. 夏江皓：《情事变更制度在与离婚相关的财产协议中的参照适用——以婚前协议为例》，载《法制与社会发展》2022 年第 1 期。

124. 张剑源：《家庭本位抑或个体本位？——论当代中国家事法原则的法理重构》，载《法制与社会发展》2020 年第 2 期。

125. 钱炜江:《论民事司法中的类推适用》,载《法制与社会发展》2016 年第 5 期。
126. 陈坤:《法律推理中的独特思维倾向及其可能的误区》,载《现代法学》2020 年第 1 期。
127. 吴飞飞:《论股权转让合同解除规则的体系不一致缺陷与治愈——指导案例 67 号组织法裁判规则反思》,载《政治与法律》2021 年第 7 期。
128. 王春蕾:《行政协议诉讼中的〈民法典〉准用》,载《现代法学》2021 年第 3 期。
129. 冯莉:《论情势变更原则在行政协议履行中的适用》,载《经贸法律评论》2021 年第 5 期。
130. 郭鸣:《论亲属身份权的侵权法保护》,载《江西社会科学》2010 年第 3 期。
131. 唐波涛:《承揽合同的识别》,载《南大法学》2021 年第 4 期。
132. 辛焕平:《物权法与婚姻法的关系及适用中的衔接问题探讨》,载《中华女子学院学报》2009 年第 4 期。
133. 张弓长:《论民法上之类推适用》,对外经济贸易大学 2019 年博士学位论文。
134. 张弓长:《〈民法典〉中的"参照适用"》,载《清华法学》2020 年第 4 期。
135. 张弓长:《中国法官运用类推适用方法的现状剖析与完善建议——以三项重要的合同法制度为例》,载《中国政法大学学报》2018 年第 6 期。
136. 刘牲:《民事准用制度探析》,载《苏州大学学报(哲学社会科学版)》2016 年第 4 期。
137. 张焕然:《论拟制规范的一般结构——以民法中的拟制为分析对象》,载《法制与社会发展》2021 年第 4 期。
138. 杨旭:《〈合同法〉第 167 条对股权买卖之准用——〈指导案例〉67 号评释》,载《现代法学》2019 年第 4 期。
139. 林斯韦:《股权转让准用买卖合同障碍研究——〈合同法〉的假设、解释与不完备性》,载《中国政法大学学报》2019 年第 5 期。
140. 林斯韦:《股权转让如何准用买卖合同规范?——跨越契约法与组织法的解释》,载《兰州学刊》2020 年第 12 期。
141. 张一凡:《民法典遗赠效力解释论——以〈民法典〉第 230 条为中心》,载《西南政法大学学报》2021 年第 3 期。
142. 陈枫:《在现实与文本之间的慎重选择——从实务角度看建筑物区分所有权司法解释》,载《法律适用》2009 年第 7 期。
143. 李冬、陈林:《合同解除后的互负债务类推适用同时履行抗辩权》,载《人民司法·案例》2011 年第 22 期。

144. 何建:《民办学校举办者可类推适用公司法行使知情权》,载《人民司法·案例》2017 年第 8 期。

145. 单华东、江厚良:《民法规范在行政审判中的类推适用》,载《人民司法·应用》2012 年第 23 期。

146. 张胜:《黄甲等与江苏省如皋师范学校附属小学返还捐赠余款纠纷上诉案——受赠人死亡,募捐余款归谁所有?》,载《人民司法·案例》2007 年第 2 期。

147. 程建乐:《黄建军与徐东辉等彩票合同纠纷上诉案——错输彩票号码的法律分析》,载《人民司法·案例》2007 年第 14 期。

148. 刘璨:《夫妻间财产归属约定的性质》,载《人民司法·案例》2018 年第 20 期。

149. 王忠、朱伟:《夫妻约定财产制下的不动产物权变动》,载《人民司法·案例》2015 年第 4 期。

150. 程媛媛:《离婚协议对未过户房产的约定可阻却强制执行》,载《人民司法·案例》2019 年第 8 期。

151. 邓青菁、郭莹:《家事合同认定欺诈的角度和思路——吴永刚诉施丽静夫妻财产约定纠纷案》,载《北京审判》2018 年第 5 期。

152. 李颹:《类似性判断的失范与规范——以〈民法典〉第 646 条的适用为中心》,载《厦门大学法律评论》2020 年卷(总第 32 辑),厦门大学出版社 2021 年版。

153. 梁展欣:《论民法规范的参照适用》,载《判解研究》2022 年第 2 辑(总第 100 辑),人民法院出版社 2023 年版。

154. 肖俊:《遗嘱设立居住权研究——基于继承法与物权法的交叉视角》,载《比较法研究》2023 年第 1 期。

155. 李伟平:《债务加入对保证合同规则的参照适用》,载《中国政法大学学报》2022 年第 4 期。

三、译著、译文

1. [德] 汉斯·格奥尔格·伽达默尔:《诠释学 I 真理与方法——哲学诠释学的基本特征》,洪汉鼎译,商务印书馆 2007 年版。

2. [德] 黑格尔:《法哲学原理》,范扬、张企泰译,商务印书馆 1961 年版。

3. [德] 卡尔·拉伦茨:《法学方法论》,陈爱娥译,商务印书馆 2003 年版。

4. [德] 卡尔·拉伦茨:《法学方法论》(全本·第六版),黄家镇译,商务印书馆 2020 年版。
5. [德] 卡尔·恩吉施:《法律思维导论》,郑永流译,法律出版社 2004 年版。
6. [德] 罗伯特·阿列克西:《法律论证理论》,舒国滢译,中国法制出版社 2002 年版。
7. [德] 弗朗茨·维亚克尔:《近代私法史:以德意志的发展为观察重点》,陈爱娥、黄建辉译,上海三联书店 2006 年版。
8. [美] 梅因:《古代法》,沈景一译,商务印书馆 1984 年版。
9. [美] 本杰明·卡多佐:《司法过程的性质》,苏力译,商务印书馆 2000 年版。
10. [美] 本杰明·N.卡多佐:《法律的成长 法律科学的悖论》,董炯、彭冰译,中国法制出版社 2002 年版。
11. [美] 罗素:《婚姻革命》,靳建国译,东方出版社 1988 年版。
12. [美] 史蒂文·J.伯顿:《法律和法律推理导论》,张志铭、谢兴权译,中国政法大学出版社 2000 年版。
13. [德] 齐佩利乌斯:《法学方法论》,金振豹译,法律出版社 2009 年版。
14. [奥] 恩斯特·A.克莱默:《法律方法论》,周万里译,法律出版社 2019 年版。
15. [德] 阿图尔·考夫曼、温弗里德·哈斯默尔主编:《当代法哲学和法律理论导论》,郑永流译,法律出版社 2002 年版。
16. [德] 亚图·考夫曼:《类推与"事物本质"——兼论类型理论》,吴从周译,台湾学林文化事业有限公司 1999 年版。
17. [德] 魏德士:《法理学》,丁晓春、吴越译,法律出版社 2005 年版。
18. [德] 罗尔夫·旺克:《法律解释》,蒋毅、季红明译,北京大学出版社 2020 年版。
19. [德] 莱奥·罗森贝克:《证明责任论》(第五版),庄敬华译,中国法制出版社 2018 年版。
20. [德] 迪特尔·梅迪库斯:《请求权基础》,陈卫佐、田士永、王洪亮、张双根译,法律出版社 2012 年版。
21. [德] 奥托·迈耶:《德国行政法》,刘飞译,商务印书馆 2002 年版。
22. [德] 本德·吕特斯、阿斯特丽德·施塔德勒:《德国民法总论》,于馨淼、张姝译,法律出版社 2017 年版。
23. [德] 迪特尔·施瓦布:《德国家庭法》,王葆莳译,法律出版社 2010 年版。
24. [德] 马克斯·卡泽尔、罗尔夫·克努特尔:《罗马私法》,田士永译,法律出版社 2018 年版。

25. [德]乌尔里希·克卢格:《法律逻辑》,雷磊译,法律出版社2016年版。
26. [德]汉斯·波赛尔:《科学:什么是科学》,李文潮译,上海三联书店2002年版。
27. [法]莫里斯·奥里乌:《法源:权力、秩序和自由》,鲁仁译,商务印书馆2015年版。
28. [日]富井政章:《民法原论》(第一卷),陈海瀛、陈海超译,杨廷栋修正,王兰萍点校,中国政法大学出版社2003年版。
29. [日]北川善太郎:《日本民法体系》,李毅多等译,科学出版社1995年版。
30. [日]我妻荣、有泉亨:《日本民法·亲属法》,远藤浩补订,夏玉芝译,工商出版社1996年版。
31. [日]我妻荣:《我妻荣民法讲义IV:新订债权总论》,王燚译,中国法制出版社2008年版。
32. [日]我妻荣:《我妻荣民法讲义V4:债权各论》(下卷一),冷罗生、陶芸、江涛译,中国法制出版社2008年版。
33. [日]星野英一:《现代民法基本问题》,段匡、杨永庄译,上海三联书店2012年版。
34. [日]大村敦志等:《民法研究指引:专业论文撰写必携》,徐浩等译,北京大学出版社2018年版。
35. [日]河上正二:《民法学入门:民法总则讲义·序论》(第2版增订本),[日]王冷然、郭延辉译,北京大学出版社2019年版。
36. [日]大木雅夫:《比较法》,范愉译,法律出版社1999年版。
37. [日]加藤雅信等编:《民法学说百年史:日本民法施行100年纪念》,牟宪魁等译,商务印书馆2017年版。
38. [奥]瓦尔特·维尔伯格:《私法领域内动态体系的发展》,李昊译,载《苏州大学学报(法学版)》2015年第4期。
39. [德]埃尔马·邦德:《类推:当代德国法中的证立方法》,吴香香译,载《求是学刊》2010年第3期。
40. [意]桑德罗·斯奇巴尼:《债之概念反思及其在体系中的地位》,陈汉译,载《北方法学》2015年第3期。
41. 台湾大学法律学院、台大法学基金会编译:《德国民法典》,北京大学出版社2017年版。

四、德文文献、英文文献

1. Karl Larenz, Manfred Wolf, Allgemeiner Teil des Bürgerlichen Rechts, C.H. Beck München 2004.
2. Werner Flume, Allgemeiner Teil des Bürgerlichen Rechts. Zweiter Band, Das Rechtsgeschäft, 4.Auflage,Springer-Verlag Berlin 1992.
3. Dieter Medicus. Allgemeiner Teil des BGB, 9. neu bearbeitete Auflage, 2006 C.F. Müller Verlag Heidelberg.
4. Restatement of the Law, Second, Torts, Copyright (c) 1977, The American Law Institute.
5. Bryan A Garner, Black's Law Dictionary, 9th. 2009.
6. Edwin Peel, B.C.L., M.A. The Law of Contract. Fourteenth Edition 2015, London: Thomson Reuters UK Limited.
7. H.G.Beale (General Editor), Chitty on Contracts. Thirtieth Edition 2008, Volume 1, General Principles, London: Thomson Reuters (legal) Limited.
8. Luís Duarte d'Almeida, Cláudio Michelon, The Structure of Arguments by Analogy in Law, Argumentation, 2017, Vol.31 (2).
9. Tokuyasu Kakuta, Makoto Haraguchi, Yoshiaki Okubo, A Goal-Dependent Abstraction for Legal Reasoning by Analogy, Artificial Intelligence and Law, 1997, Vol.5 (1-2).
10. Nigel Lowe, 'The Changing Face of Adoption - The Gift/Donation Model versus the Contract/Services Model', Child and Family Law Quarterly, Vol. 9, Issue 4 (1997).
11. Kristina V. Foehrkolb, 'When the Child's Best Interest Calls for It: Post-Adoption Contract by Court Order in Maryland', Maryland Law Review, Vol. 71, Issue 2 (2012).

附 录

本书作者围绕"民法典中的参照适用条款研究"这一主题发表了以下阶段性成果：

1. 王雷:《基于身份关系协议的物权变动对民法典物权编的参照适用》，载《甘肃社会科学》2024 年第 1 期。

2. 王雷:《非合同之债对合同之债有关规定的参照适用》，载《当代法学》2023 年第 4 期。

3. 王雷:《非典型合同和典型合同中的参照适用》，载《财经法学》2023 年第 3 期。

4. 王雷:《民法典中参照适用条款的方法论意义》，载《现代法学》2023 年第 2 期，被《社会科学文摘》2023 年第 6 期转载。

5. 王雷:《民法典总则编的总则性和非总则性特点及其体系影响》，载《山东大学学报（哲学社会科学版）》2022 年第 5 期。

6. 王雷:《民法典人格权编中的参照适用法律技术》，载《当代法学》2022 年第 4 期。

7. 王雷:《股权转让合同对民法典的参照适用》，载《广东社会科学》2022 年第 4 期。

8. 王雷:《民法典适用衔接问题研究——动态法源观的提出》，载《中外法学》2021 年第 1 期，被人大复印报刊资料《民商法学》2021 年第 6 期全文转载。该成果还以《动态法源观视角下的民法典适用衔接问题——访中国政法大学民商经济法学院王雷副教授》为题被转摘，载《民主与法制》周刊 2021 年第 18 期。

9. 王雷：《最高法院宜尽早考虑民法典适用衔接问题》，载最高人民法院中国应用法学研究所主办的内参性刊物《司法决策参考》2020 年第 10 期（总第 291 期），最高人民法院四位院领导作出批示，2020 年 6 月 17 日最高人民法院中国应用法学研究所出具"《司法决策参考》领导批示证明"，2021 年 12 月 1 日最高人民法院中国应用法学研究所出具"《司法决策参考》采纳证明"。

10. 王雷：《参照适用法律技术是照亮大民法典的阿拉丁神灯》，载《北大法律评论》第 21 卷·第 2 辑（2020），北京大学出版社 2022 年版。

11. 王雷：《身份关系协议的法律适用》，载周江洪、陆青、章程主编：《民法判例百选》，法律出版社 2020 年版。

12. 王雷：《论身份关系协议对民法典合同编的参照适用》，载《法学家》2020 年第 1 期，被人大复印报刊资料《民商法学》2020 年第 10 期全文转载。

后　记

我国《民法典》中有大量参照适用条款，这在找法、用法问题上为我们提供了法学方法论的新素材、新命题，有助于丰富和完善"寻找法律"环节的方法论。为此，笔者申请到 2020 年国家社科基金年度项目一般项目"《民法典》中的参照适用条款研究"（20BFX103），最终成果形式是研究报告，并于 2022 年 3 月 28 日"免于鉴定"结项（结项证书号 20220835）。

参照适用是"提取公因式"立法技术的升级版，参照适用立法技术形塑动态法源观，催生大量隐性"总则"。参照适用是释放法典体系效益、弥补法典漏洞、实现法典内部体系融贯、照亮大民法典理想的"阿拉丁神灯"，这是参照适用的神奇魅力所在。

参照适用方法论的核心难题是规范参照适用司法技术，规范参照适用的论证过程，充分论证"根据其性质"的参照适用限制技术，细化参照适用方法论的内部构成，约束参照适用带给法官的自由裁量权，避免打开裁判恣意的"潘多拉魔盒"，增强法律安定性。

参照适用方法论的核心任务是使参照适用条款成为释放民法典体系效益的"阿拉丁神灯"，而非打开裁判恣意的"潘多拉魔盒"。

笔者持广义民法学方法论立场。民法典"编纂"而非"制定"本身就是一种值得深刻思考的立法现象，其中包含丰富的方法论命题，可以总结提炼广义民法学方法论。我心目中的广义民法学方法论有四个模块：动态法源观、参照适用方法论、民法证据规范论和利益动态衡量论。

本书展现笔者对参照适用方法论的系统思考，展现笔者从参照适用方法论角度对动态法源观和法律发展理论的探索提出、部分研究和初步论证，未来会继续发掘深化。

本书为中国法制出版社"青蓝文库"出版资助项目，感谢中国法制出版社支持，感谢"青蓝文库"编委会委员评审指导，感谢王利明教授、王轶教授、许德峰教授作序鼓励。中国法制出版社"青蓝文库"编委会有委员评审时曾提出如下意见：

> 参照适用是民事规范体系中常见的立法技术，也是法学方法论中的基本问题之一，作者以民法典中的参照适用条款作为研究对象，对于民法典时代下若干民事规范的正确理解与适用，无疑具有重要的理论和实践意义。
>
> 在论述方面，作者以"总论—分论"的基本框架展开，较为清晰且翔实地构建了参照适用的理论和规范体系。一方面，在总论部分，书稿第三章关于参照适用方法论的理论建构，先后从找法方法、援引技术、逻辑结构、说理论证等方面作了层次性的细致展开，对参照适用的方法论建构具有原创性的理论贡献。同时，书稿第四章关于参照适用法律技术对于大民法典的意义，可见作者宏阔的研究视野下超出一般研究意义的观察与总结。另一方面，在分论部分，作者大体按照民法典的编章体例，依次探讨了总则编、合同编、人格权编等分编中典型参照适用的具体问题，尤其是身份关系协议对合同编的参照适用、非合同之债对合同编的参照适用、基于身份关系协议的物权变动对民法典物权编的参照适用、身份权利对人格权编的参照适用等问题，确系当前我国学界讨论较多且具有明显实务指导价值的焦点和难点问题。作者对上述问题的回应，尤其是在各具体论题下对参照适用条款范围的细化和延伸，实践指导意义尤为显著。
>
> 略可惜的是，作者对物权编的参照适用条款研究似有遗漏，除了基于身份关系协议的物权变动对民法典物权编的参照适用外，《民法典》第311条第4款、第319条、第343条也涉及物权编中的参照适用问题，但作者对此未见专门讨论。实际上，书稿第十二章关于股权转让合同对民法典的参照适用亦与民法典物权编密切相关，按照作者的布局思路，似可在总则编（第六章）

与合同编（第七章）之间补增一章"关于物权编的参照适用"对以上相关内容加以统合，使得书稿的覆盖度更为全面。

总体而言，书稿既有宏观层面具有创新性的理论建构，亦不乏微观层面细致翔实的规范观照，足见作者对我国民法典中参照适用条款较为长期的观察和较为深入的思考。该稿件符合《青蓝文库》的用稿标准，建议采用。

2018年7月25日，我在云南西双版纳草成小诗一首，记于此，收束本书。

王莲

罗梭江水西弯东，
葫芦岛上郁葱茏。
百果香飘蝶恋蜂，
大王莲坐醉花童。

王　雷
2023年3月22日于北京市朝阳区

图书在版编目（CIP）数据

民法典中的参照适用条款研究 / 王雷著 . —北京：
中国法制出版社，2024.4
　（青蓝文库）
　ISBN 978-7-5216-4167-7

Ⅰ . ①民… Ⅱ . ①王… Ⅲ . ①民法—法典—法律适用
—中国　Ⅳ . ① D923.05

中国国家版本馆 CIP 数据核字（2024）第 032793 号

策划 / 责任编辑　王雯汀　　　　　　　　　　封面设计　蒋怡

民法典中的参照适用条款研究
MINFADIAN ZHONG DE CANZHAO SHIYONG TIAOKUAN YANJIU

著　者 / 王雷
经　销 / 新华书店
印　刷 / 三河市紫恒印装有限公司
开　本 / 710 毫米 ×1000 毫米　16 开
印　张 / 22.5
字　数 / 344 千

版次：2024 年 4 月第 1 版 / 2024 年 4 月第 1 次印刷
书号：ISBN 978-7-5216-4167-7　　　　　　　　　　定价：79.00 元

北京市西城区西便门西里甲 16 号西便门办公区
邮政编码：100053　　　　　　　　　　传真：010-63141600
网址：http://www.zgfzs.com　　　　　　编辑部电话：010-63141824
市场营销部电话：010-63141612　　　　邮购部电话：010-63141606

（如有印装质量问题，请与本社印务部联系。）